地理信息技术实训系列教程

地理信息系统基础实验操作 100 例

汤国安　钱柯健　熊礼阳 等　编著

地理信息系统江苏省品牌专业（南京师范大学）建设项目
地理环境国家级虚拟仿真实验教学中心建设项目
江苏省虚拟仿真实验教学共享平台建设项目
苏州高新区中科地理信息系统培训中心
资助出版

科 学 出 版 社
北 京

内 容 简 介

本书以服务于 ArcGIS 初学者自学为基本目标，在系统分析了其他相关教材在内容构成、形式表达以及在教学、科研及行业应用中所存在的实际问题，结合多年教学工作经验编写而成。全书分为 ArcGIS 软件的基础编辑、高级编辑、数据制图和空间分析四大篇，每篇通过丰富的基础实验操作案例来讲述 GIS 功能与软件实现。主要内容包括空间数据的采集、编辑、转换与处理、空间数据的可视化表达、符号化制图、矢量数据的空间分析、栅格数据的空间分析、三维分析等。本书强调科学性、系统性、实用性与易读性的结合，通过 100 个经典的基础实验案例，由浅入深、由专题到综合，涵盖了 ArcGIS 软件应用多方面的知识与操作技巧。全书以文字及图解详细介绍软件操作的具体步骤与方法，并配备典型的实验练习数据，留给学生充分的自我发挥与开拓空间。

本书可作为高等院校地理信息科学以及自然地理与资源环境、环境科学、城乡规划、测绘工程以及其他相关专业学生的教材，也可以作为科学研究、工程设计、规划管理等部门科技人员的参考书。

图书在版编目(CIP)数据

地理信息系统基础实验操作 100 例/汤国安等编著. —北京：科学出版社，2017

地理信息技术实训系列教程

ISBN 978-7-03-051828-6

Ⅰ. ①地… Ⅱ. ①汤… Ⅲ. ①地理信息系统-实验-教材 Ⅳ. ①P208-33

中国版本图书馆 CIP 数据核字(2017)第 032587 号

责任编辑：杨 红/责任校对：郭瑞芝

责任印制：吴兆东/封面设计：迷底书装

科 学 出 版 社 出版

北京东黄城根北街 16 号

邮政编码：100717

http://www.sciencep.com

北京华宇信诺印刷有限公司印刷

科学出版社发行 各地新华书店经销

*

2017 年 3 月第 一 版 开本：787×1092 1/16

2026 年 1 月第十一次印刷 印张：22 1/4

字数：552 000

定价：69.00 元

(如有印装质量问题，我社负责调换)

前　　言

地理信息系统（geographic information system, GIS）是对地理空间信息进行描述、采集、处理、存储、管理、分析和应用的一门交叉学科。自 20 世纪 60 年代由“GIS 之父”Roger Tomlinson 创建起，随着计算机技术、信息技术、空间技术、网络技术的发展，以及与遥感（remote sensing, RS）、全球定位系统（global positioning system, GPS）之间的相互渗透，GIS 已与 RS、GPS 逐渐形成了“3S”集成化技术系统，被广泛应用于资源管理、城乡规划、灾害监测、交通运输、水利水电、环境保护、国防建设等各个领域，并涉及地理信息的社会生产、生活等各个方面。1992 年，Michael F. Goodchild 将传统 GIS 的范畴发展为地理信息科学（GIScience），更加侧重于将地理信息系统视为一门科学，而不仅仅是一个技术实现，其研究内容也从传统的对地理信息技术的研究，逐渐拓展到对支撑地理信息技术发展的基础理论的研究。

因此，GIS 是一门兼顾理论研究与实践操作的综合学科，需要具有地理空间的分析思维、丰富的专业理论知识、较强的 GIS 应用能力、扎实的开发技能的复合型人才。深入理解 GIS 的基础理论知识、灵活运用 GIS 软件解决实际问题是新时代 GIS 专业学生应具备的基本能力，也是培养地理空间新思维模式的重要方法。而纵观当前众多 GIS 方面的书籍，多偏向于讲解专业而深入的基础理论研究，又或者偏向于讲解实践性较强的软件系统开发，尚未有一本适合于 GIS 行业初学者，尤其是适合于高校 GIS 专业本科生学习的基础性实验书籍，能够指导其通过实验操作来学习 GIS 基本知识，锻炼其基本的应用操作能力。而在众多的 GIS 软件平台中，美国环境系统研究所公司（Environmental Systems Research Institute，ESRI）推出的 ArcGIS 地理信息系统平台是最具代表性的 GIS 服务平台，强大的空间数据处理工具和不断更新、完善的空间分析功能使其在学习教育方面具有更好的接受度，适合于 GIS 初学者学习、掌握 GIS 知识和技能。因此，有必要撰写一本以基础实验操作为主，含有大量实验的教材来使读者学习 GIS 理论知识、掌握 GIS 应用技能。

作者通过进行国家“863”计划项目及多项国家自然科学基金项目的研究实践和教学实践，总结了一套利用 ArcGIS 10 软件进行地学空间分析的理论和技术方法，并在南京师范大学本科教学中得到成功应用。2006 年，《ArcGIS 地理信息系统空间分析实验教程》出版，短短 5 年间，该书重印 10 次，需求旺盛。2012 年，面向 ArcGIS 10 软件的《ArcGIS 地理信息系统空间分析实验教程（第二版）》再次出版，对第一版进行了大量更新，该书重印 12 次，需求比第一版更加旺盛。由此可见，GIS 专业亟待增加丰富而优秀的教育书籍。上述所述实验教程以地理空间分析的原理介绍为主，实验操作为辅，使得作者在基础实验教材的撰写上具有丰富的经验。

本书共分为四篇，其中第一篇为基础编辑篇，共 27 个实验，以空间数据的采集、编辑、处理为重点，着重介绍数字化、矢量数据编辑、栅格数据编辑等内容。第二篇为高级编辑篇，共 33 个实验，以数据纠正、数据派生、数据转换等高级编辑实验为主，着重介绍在数据编辑、创建特殊要素、格式转换等过程中的实用技巧。第三篇为数据制图篇，共 10 个实验，以空间数据的符号化、可视化为主，着重介绍了在数据显示、符号表达、制图等过程中的高效方法。第四篇为空间分析篇，共 30 个实验，以地理空间分析为重点，着重介绍了查询分析、叠加分析、缓冲区分析、空间统计分析、邻近分析、要素特征分析、区域划分分析、趋势分析、剖面分析、三维分析等分析方法。全书 100 个实验的学习难度由浅入深，均有详细的操作步骤说明。另外，每个实验都配有实验数据，读者可通过 http://www.ecsponline.com 网站检索图书名称，在图书详情页“资源下载”栏目中获取相关数据，以进行对照练习和复习。如在获取数据和操作过程中发现问题可发邮件到 dx@mail.sciencep.com 咨询。作者还录制了所有实验的操作视频，读者可通过扫描书中二维码观看。

本书由汤国安、钱柯健负责总体设计、组织、审校和定稿工作，熊礼阳负责操作视频录制工作。南京师范大学地理信息科学专业研究生黄骁力、丁浒、张海平、李敏、段家朕、刘玮、钱叶青、王轲、赵吴凡、那嘉明、巫晓玲、卢庆辉、李晨瑞等参与了内容的修订和整理工作，在此一并表示衷心的感谢。

由于作者水平有限，书中难免存在不妥之处，敬请读者批评指正。

作　者

2016 年 12 月于南京师范大学仙林校区

目　录

第一篇 基础编辑篇

空间数据是地理信息系统分析的重要基础，数据的准确性、有效性决定了利用地理信息系统进行空间分析的准确性和有效性。在不同的应用场景和条件下，空间数据常常需要根据特定的条件进行基础性的编辑处理，如平移、旋转、缩放、分割、延伸等。当描述复杂的地理对象时，常规的几何图形还需要进行几何处理，如带孔洞的多边形等。除此以外，不同的数据结构其属性编辑处理的方式也不同，如矢量数据的属性编辑与栅格数据的属性编辑存在本质的不同，编辑方法需要考虑各自的结构特征。对于栅格数据来说，其边界存在模糊性、像元存在分辨率大小，栅格图层的叠加分析需要考虑像元的匹配性。

因此，在运用地理信息系统专业知识进行地理数据的空间分析之前，需要灵活地运用地理信息系统软件来完成对地理空间数据的采集、编辑、处理等基础性工作，满足后续空间分析所需要的数据条件和数据格式。

本篇讲述运用地理信息系统软件对空间数据进行采集、编辑、处理等的基础性操作实验，按照数据格式类型分为矢量数据编辑和栅格数据编辑。全篇共包含 27 个实验，分别讲解了在数字化、属性处理等过程中的实用技巧和快速处理方法。通过结合多样的基础性编辑实验，向读者展示出不同地理空间数据存在的差异性与各自的适用条件，使读者更深入地理解与掌握地理空间数据的特点，从而为后续地理空间数据的分析提供数据基础。

实验1 绘制自定义线、垂线、平行线

【实验背景】

数字化采集是生成地理信息数据的主要方法之一。通常，由具有丰富专业经验的GIS从业人员使用地理信息系统软件进行矢量数据的数字化采集工作。除了根据目视判别来绘制点、线、面图形外，还需要根据特定的数字化条件进行快速、有效地数据绘制，如根据坐标绘制直线端点、定长直线、平行线和垂直线等。

本实验讲述了数字化线要素时绘制自定义直线、定长直线、平行线和垂直线的方法，使读者在地理信息系统软件的操作过程中，理解线要素的结构组成和构建方法。同时，灵活运用软件实现快速、有效地数字化工作。

【实验数据】

实验数据如表1.1所示。

表1.1 实验数据

图层名称	格式	坐标系	说明
map	TIF 栅格	China_Lambert_Conformal_Conic	用于数字化线要素的底图数据
line	Shapefile 线要素	China_Lambert_Conformal_Conic	参考矢量线数据
newline	Shapefile 线要素	China_Lambert_Conformal_Conic	待数字化的矢量线数据

【解决方法】

（1）使用【绝对X,Y】工具，输入指定端点的坐标，完成自定义直线绘制。

（2）使用【长度】工具，输入长度参数并绘制端点，完成定长直线绘制。

（3）使用【平行】工具，指定平行参考线并绘制端点，完成平行线绘制。

（4）使用【垂直】工具，指定垂直参考线并绘制端点，完成垂直线绘制（表1.2）。

表1.2 工具名称及位置

工具名称		工具位置
Line	线	【菜单栏】→【自定义】→【工具条】→【编辑器】→【编辑窗口】→【创建要素】→【线】
Absolute X,Y	绝对 X,Y	【右键菜单】→【绝对 X,Y】
Length	长度	【右键菜单】→【长度】
Parallel	平行	【右键菜单】→【平行】
Perpendicular	垂直	【右键菜单】→【垂直】

【实验步骤】

1）准备数据

加载底图map、参考线图层line和待数字化的图层newline；点击【编辑器】工具条，选择【编辑器】→【开始编辑】选项，【创建要素】窗口中选择【newline】图层；【构造工具】

中选择【线】工具。工具所在位置如图1.1所示。

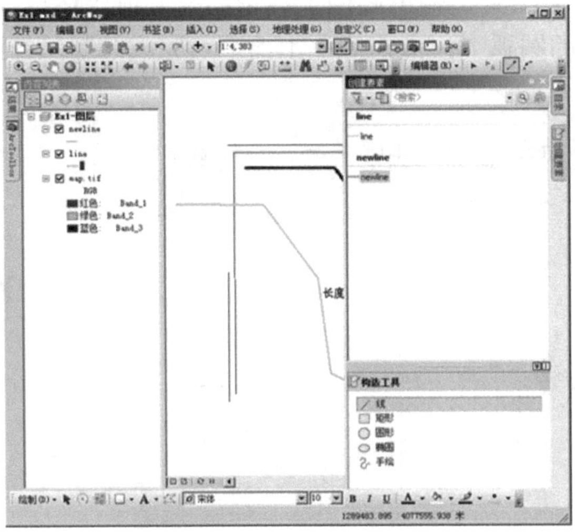

图1.1　选择【线】构造工具

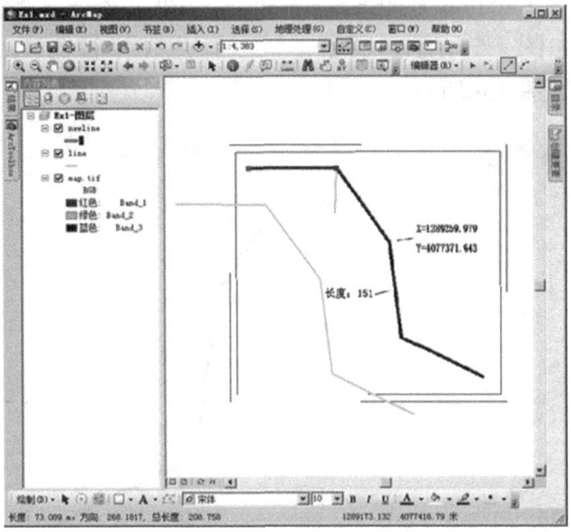

图1.2　任意绘制直线

2）数字化线

以底图黑色线为准，开始绘制直线；第一段线段可以根据两端点确定直线的规则任意绘制。任意绘制第一段线段如图1.2所示。

3）绘制固定端点的直线

保持绘制状态，右击空白处，选择【绝对 X，Y】工具，依次输出地图上标识的端点 X 和 Y 坐标："1289259.979"和"4077371.643"，如图1.3所示。回车；完成绘制，结果如图1.4所示。

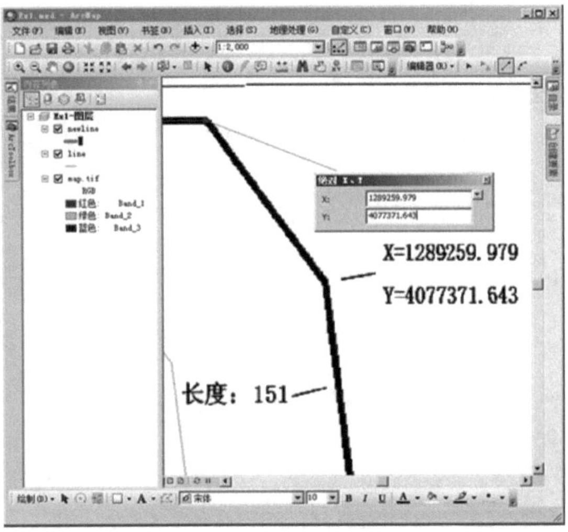

图1.3　输入绝对 X、Y 坐标

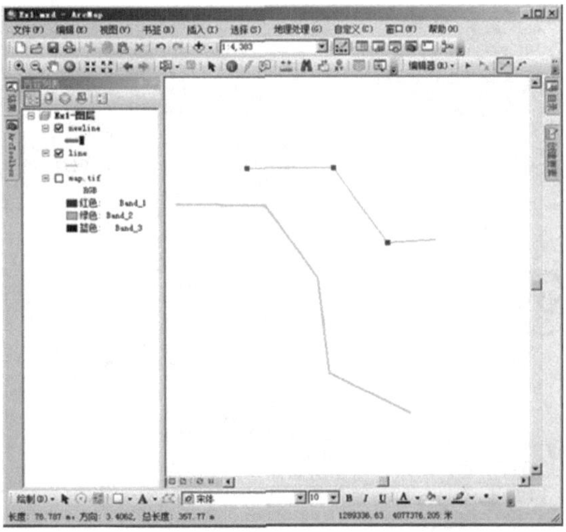

图1.4　完成固定端点的线段绘制

4）绘制固定长度的直线

保持绘制状态，右击空白处，选择【长度】工具，输出底图上标识的长度值“151”，如图 1.5 所示，回车；下一节点在半径为 151 的圆弧上，点击底图上的节点完成绘制，结果如图 1.6 所示。

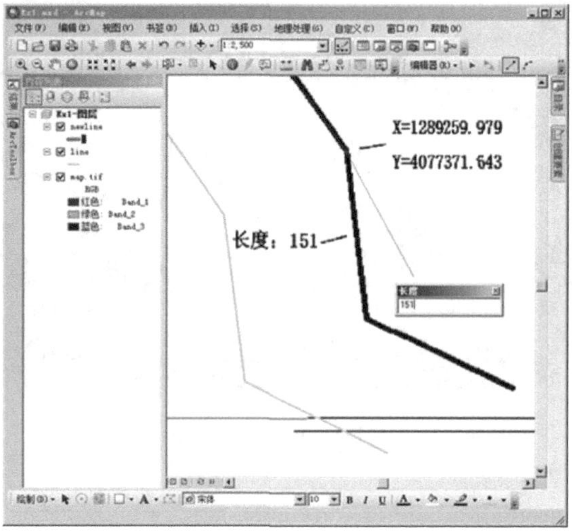

图 1.5　输入长度值

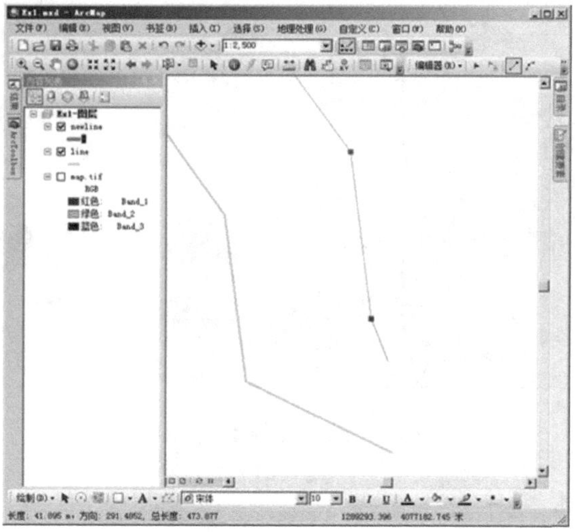

图 1.6　绘制距离 151 处的下一点

5）绘制平行线

保持绘制状态，右击 line 图层的最后一段线段，选择【平行】工具，如图 1.7 所示；此时，不管鼠标如何移动，绘制的线都与右击的线段保持平行；点击底图上的下一点完成绘制，结果如图 1.8 所示。

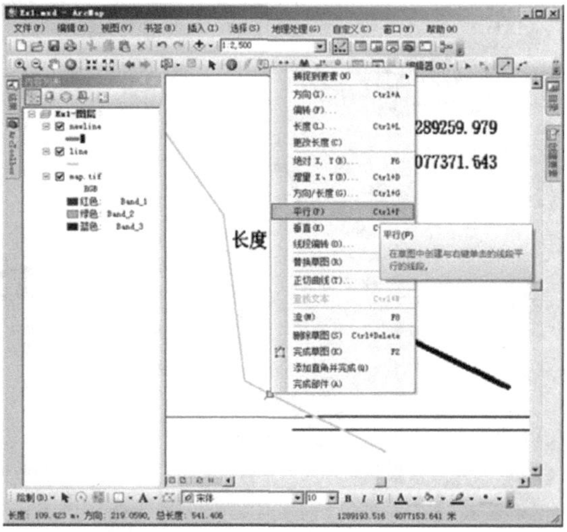

图 1.7　设置平行的线段

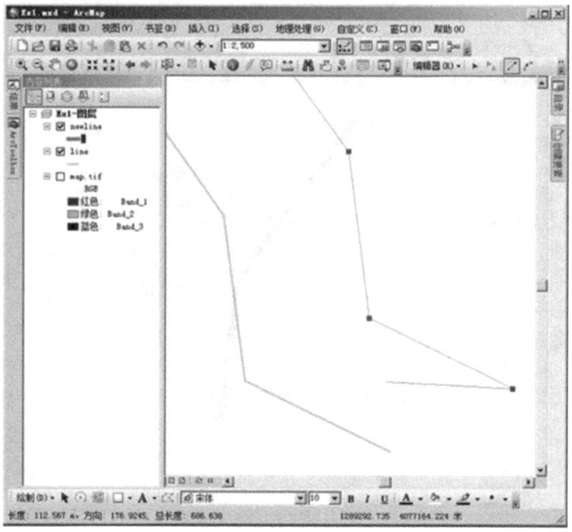

图 1.8　完成平行线绘制

6）绘制垂直线

保持绘制状态，右击 line 图层的任意一段线段，选择【垂直】工具，如图 1.9 所示；此时，不管鼠标如何移动，绘制的线都与右击的线段保持垂直；点击底图上的下一点完成绘制，结果如图 1.10 所示；双击，完成当前线要素的绘制；保存并停止编辑。

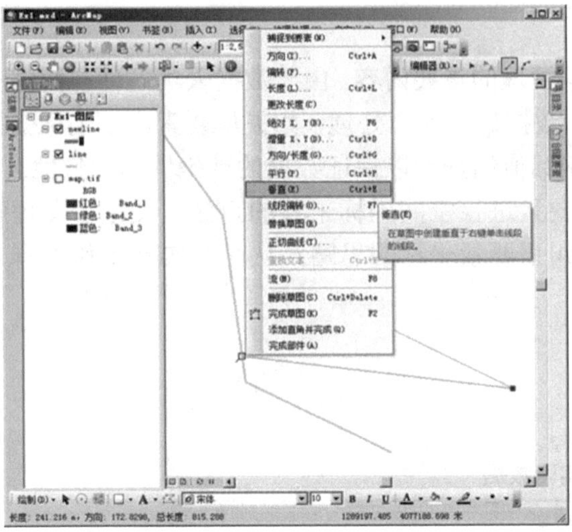

图 1.9　设置垂直线段

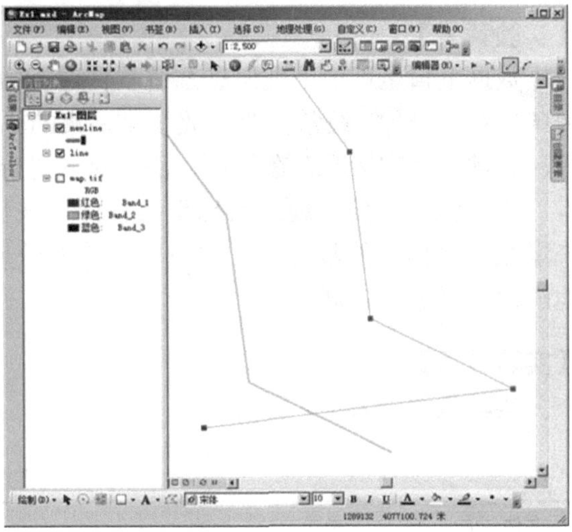

图 1.10　完成垂线绘制

实验 2　平移矢量要素

【实验背景】

数据编辑是运用地理信息系统软件进行数据管理的重要内容。由于数据采集条件与数据应用条件存在差异，经常需要对数字化采集的原始数据进行编辑处理，如矢量要素由于坐标变换等，时常与真实情况存在偏移，需要对其进行坐标值纠正，以保证数据的准确性和一致性。

本实验讲述使用地理信息系统软件对矢量要素进行空间坐标平移的方法，使读者在理解矢量数据坐标系的基础上，掌握以平移方法来纠正要素坐标的思路，从而在实际工作中有效地解决此类编辑问题。

【实验数据】

实验数据如表 2.1 所示。

表 2.1　实验数据

文件名称	格式	坐标系	说明
points	Shapefile 点要素	Krasovsky_1940_Transverse_Mercator	用于矢量要素的平移

【解决方法】

使用【移动】工具，输入平移量参数，实现要素平移（表 2.2）。

表 2.2　工具名称及位置

工具名称		工具位置
Move	移动	【菜单栏】→【自定义】→【命令】→【编辑器】→【移动】

【实验步骤】

1）加载【移动】工具

打开【菜单栏】→【自定义】对话框，选择【命令】选项卡；在左侧【类别】中选择【编辑器】，找到右侧工具列表中的【移动】工具，如图 2.1 所示；将该工具拖动到 ArcMap 软件中任意工具条的任意位置后，关闭【自定义】对话框；完成加载，如图 2.2 所示。

2）平移矢量要素

打开【编辑器】工具条中【开始编辑】工具，用【编辑工具】选中需要平移的要素，如图 2.3 所示，可以观察到【移动】工具从灰色变为可用的黑色状态；点击【移动】工具，分别输入在 *X* 轴和 *Y* 轴方向上的平移分量，400 和 300，如图 2.4 所示，回车；平移后结果如图 2.5 所示，保存编辑，停止编辑。**注：**平移方向可根据 *X* 轴、*Y* 轴方向上的平移分量反算得到，平移距离为 500。

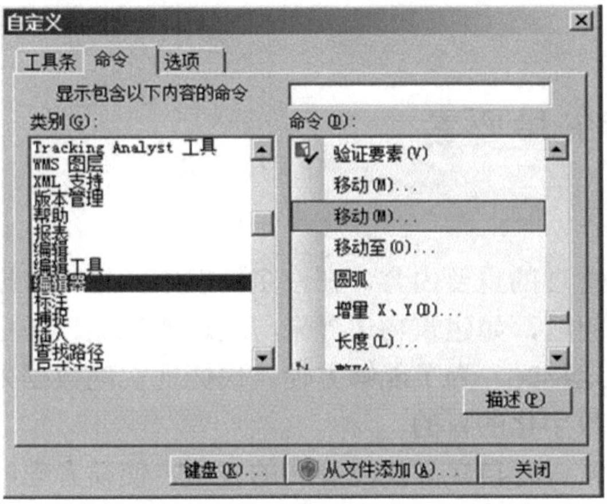

图 2.1　【自定义】对话框

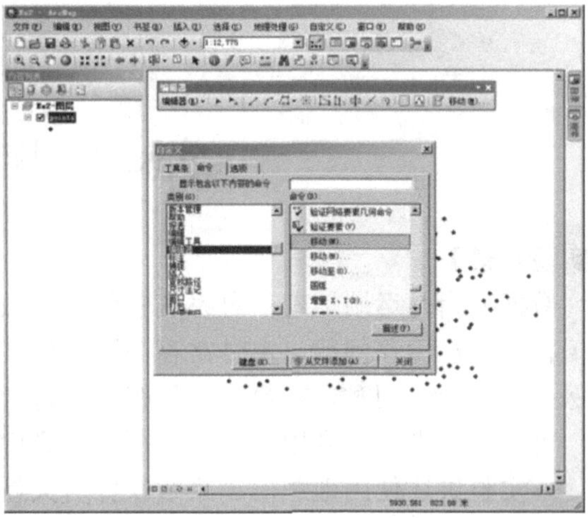

图 2.2　加载【移动】工具

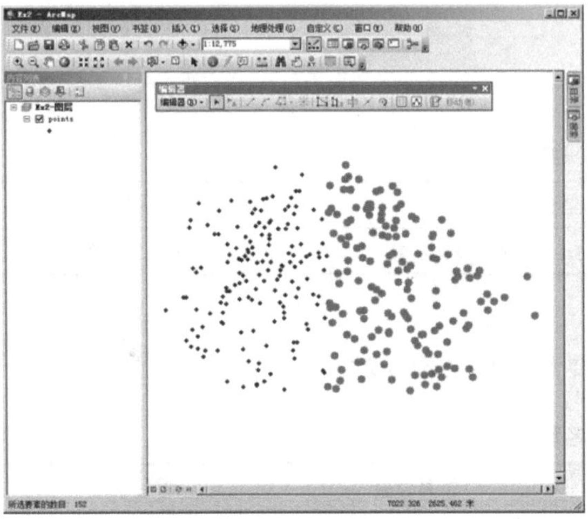

图 2.3　选中待平移的要素

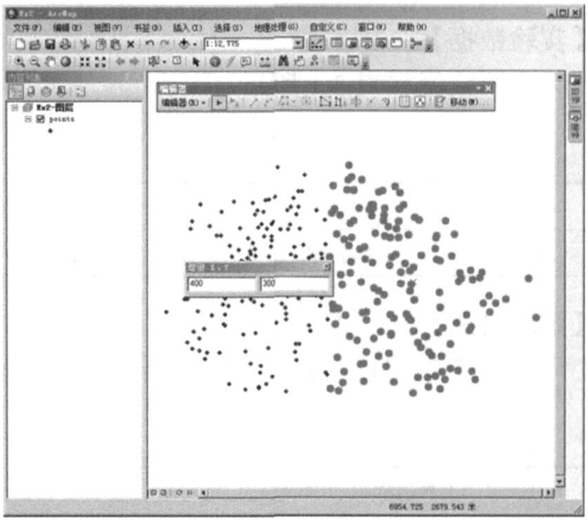

图 2.4　输入平移分量

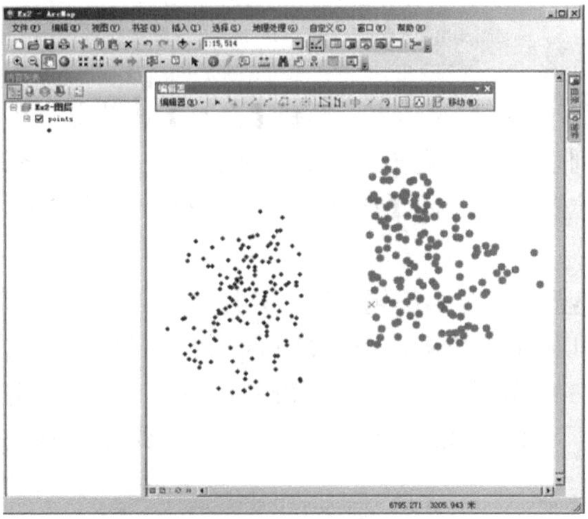

图 2.5　平移后结果

实验3　旋转矢量要素

【实验背景】

数据编辑是运用地理信息系统软件进行数据管理的重要内容。在许多情况下，地理数据不仅存在坐标偏移问题，也时常存在图形偏转等问题，如建筑物边界未与道路或其他设施边界保持平行等。同时，在数字化具有旋转特征的地物时，为了能够方便、快捷地实现数据采集，可以充分考虑并利用该旋转特征以达到敏捷数字化的目的。

本实验讲述使用地理信息系统软件对矢量要素进行自定义角度旋转的方法，使读者理解和掌握旋转矢量要素时的参数设置，灵活地使用旋转工具来解决偏转问题，也可使用该工具构建特定旋转条件的要素图形，帮助读者在实际工作中更好地解决此类问题。

【实验数据】

实验数据如表 3.1 所示。

表 3.1　实验数据

图层名称	格式	坐标系	说明
Buildings	Shapefile 面要素	Xian_1980_3_Degree_GK_Zone_36	用于旋转的二维面数据

【解决方法】

使用【旋转】工具，设置旋转角度，实现要素旋转（表 3.2）。

表 3.2　工具名称及位置

工具名称		工具位置
Rotate	旋转	【菜单栏】→【自定义】→【命令】→【编辑器】→【旋转】

【实验步骤】

1）加载【旋转】工具

打开【菜单栏】→【自定义】对话框，选择【命令】选项卡；在左侧【类别】中选择【编辑器】，找到右侧工具列表中的【旋转工具】，如图 3.1 所示；将该工具拖动到 ArcMap 软件中任意工具条的任意位置后，关闭【自定义】对话框；完成加载，如图 3.2 所示。

2）旋转矢量要素

打开【编辑器】工具条中【开始编辑】工具，用编辑工具选中需要旋转的要素，如图 3.3 所示，旋转中心默认在几何中心位置，以“X”符号标注显示；点击【旋转工具】，手动拖动即可实现旋转，如图 3.4 所示；若要自定义旋转角度，在英文输入法状态下按键盘【A】键，输入角度为“90”， 如图 3.5 所示，回车；旋转结果如图 3.6 所示，保存编辑，停止编辑。

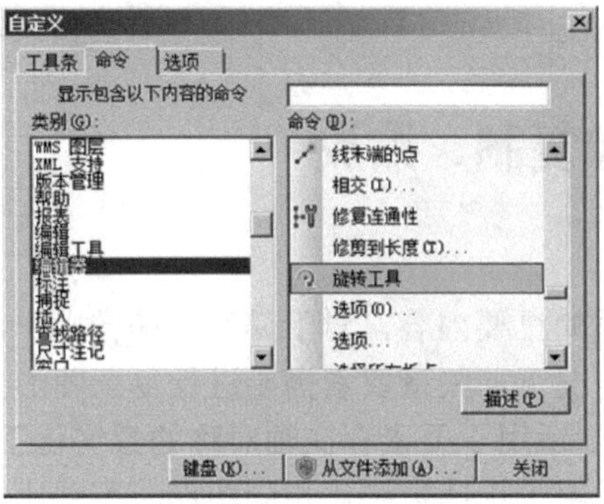

图 3.1 【自定义】对话框

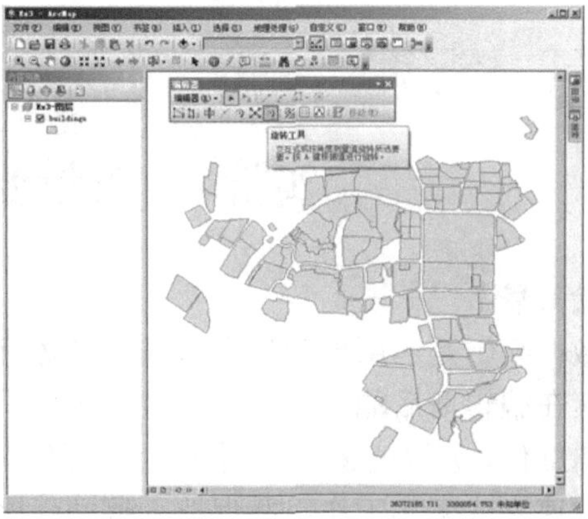

图 3.2 加载【旋转工具】

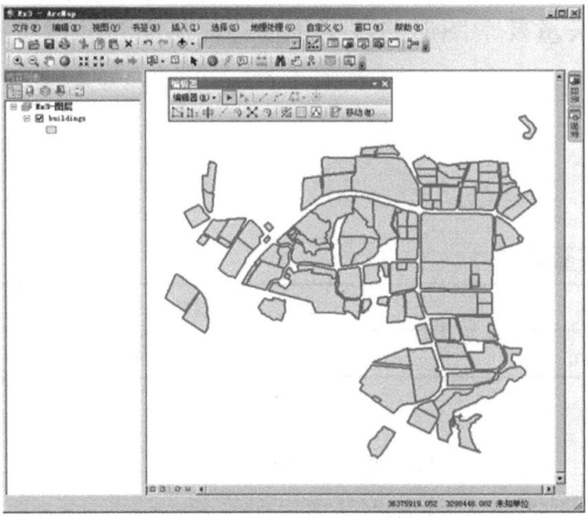

图 3.3 选中待旋转的要素

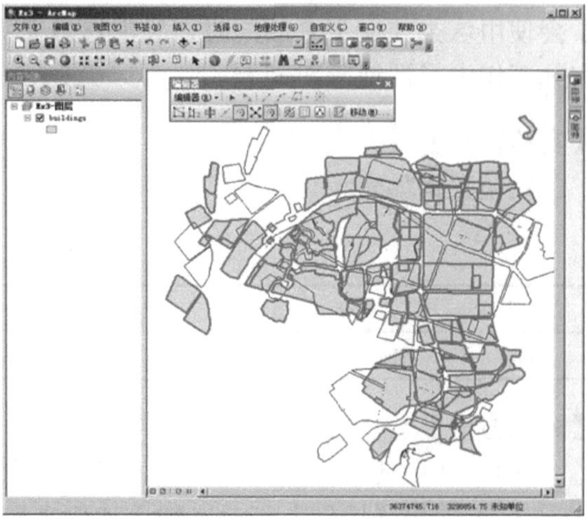

图 3.4 手动拖动旋转

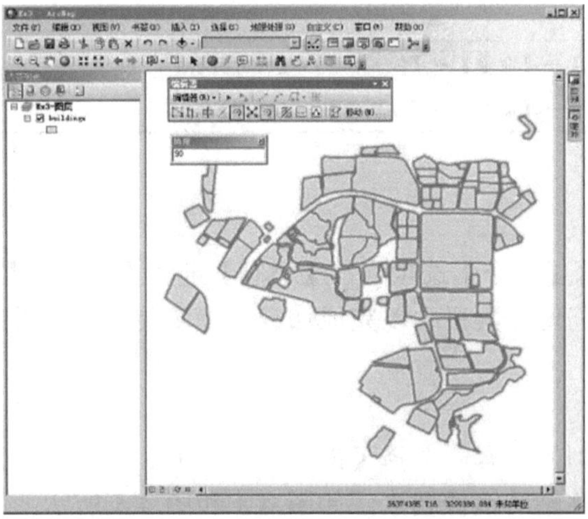

图 3.5 输入旋转角度

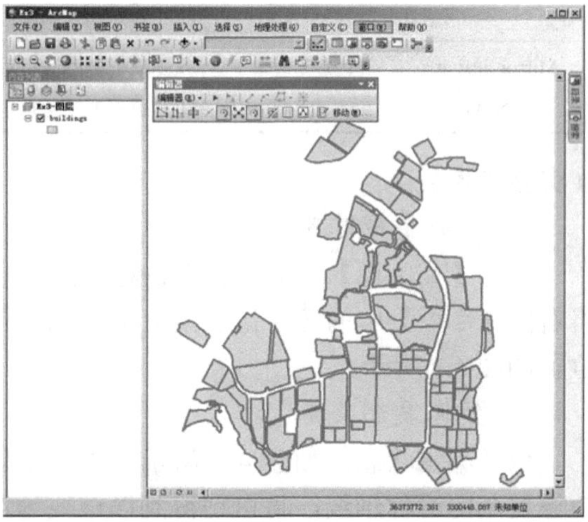

图 3.6 自定义旋转结果

实验 4　矢量要素镜像复制、缩放

【实验背景】

数据编辑是运用地理信息系统软件进行数据管理的重要内容。对于偏移、偏转操作，矢量要素在编辑前后能够保持图形特征不变。而更多情况下，矢量要素需要进行复杂图形变换的编辑操作，如快速镜像复制和比例缩放等。镜像复制适用于要素存在轴对称的数字化工作，能够快速完成采集工作，并保持一致性；比例缩放适用于快速数字化相同图形、不同比例大小的要素。

本实验讲述使用地理信息系统软件对矢量要素进行镜像复制和比例缩放的方法，使读者学会使用这类便捷工具的同时，又能深入掌握矢量要素图形的数字化技巧，从而帮助读者在实际工作中灵活地应对问题。

【实验数据】

实验数据如表 4.1 所示。

表 4.1　实验数据

图层名称	格式	坐标系	说明
plg	Shapefile 面要素	Unknown	用于编辑处理的二维面数据

【解决方法】

（1）使用【镜像要素】工具，设置镜像轴，实现要素的镜像复制。

（2）使用【比例】工具，输入比例参数，实现要素的缩放（表 4.2）。

表 4.2　工具名称及位置

工具名称		工具位置
Mirror Features	镜像要素	【菜单栏】→【自定义】→【命令】→【编辑器】→【镜像要素】
Scale	比例	【菜单栏】→【自定义】→【命令】→【编辑器】→【比例】

【实验步骤】

1）加载【镜像要素】工具

打开【菜单栏】→【自定义】对话框，选择【命令】选项卡，【类别】选择【编辑器】，将右侧【命令】中的【镜像要素】工具拖动至任意工具栏中以完成加载。镜像要素工具所在位置如图 4.1 所示。

2）镜像复制要素

保持编辑状态；如图 4.2 所示，选中要复制的要素，选择【镜像要素】工具；绘制一条镜像复制的对称轴线，将自动得到以该线为对称轴的镜像要素，如图 4.3 和图 4.4 所示；保存编辑。**注：**本实验中的轴线为任意绘制，在特殊情况下可根据特定的线要素进行镜像复制。

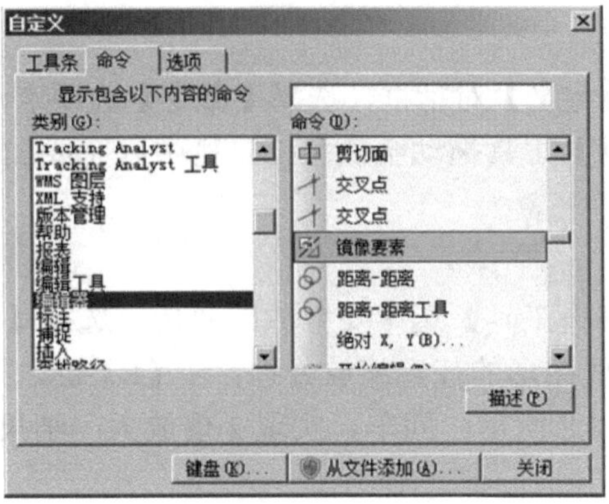

图 4.1　加载【镜像要素】工具

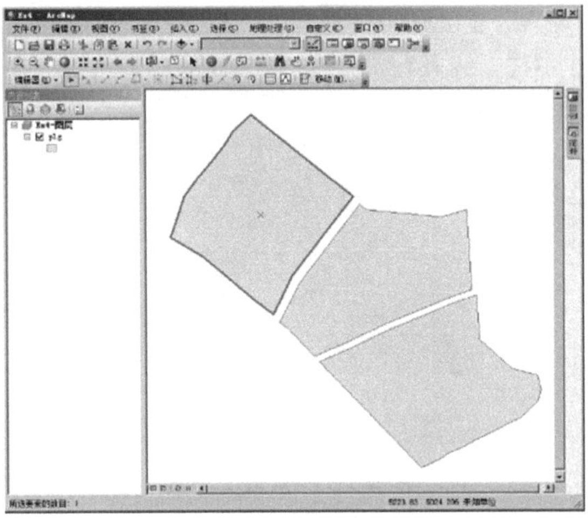

图 4.2　选中要素

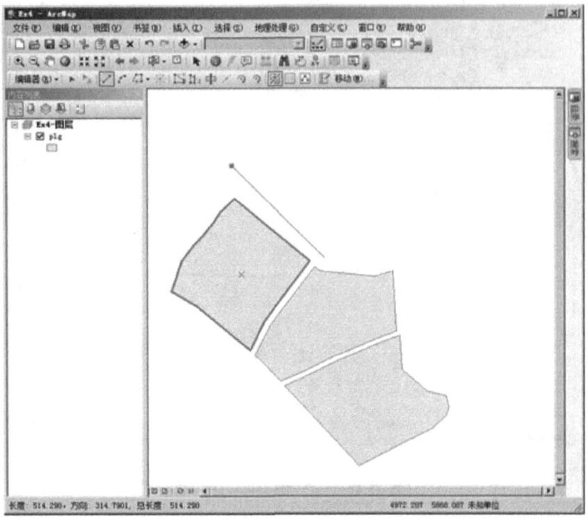

图 4.3　绘制对称轴

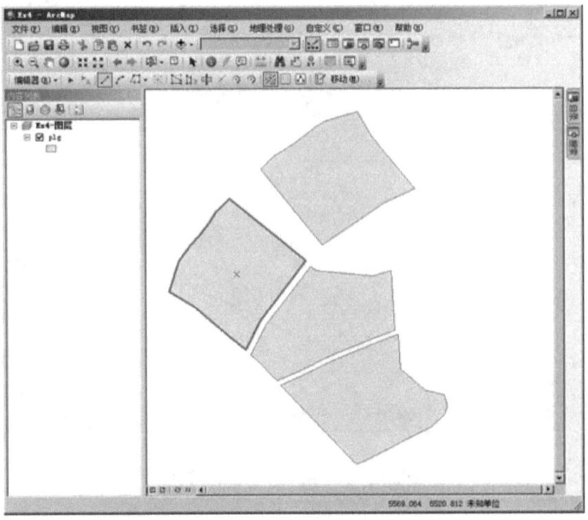

图 4.4　完成镜像复制

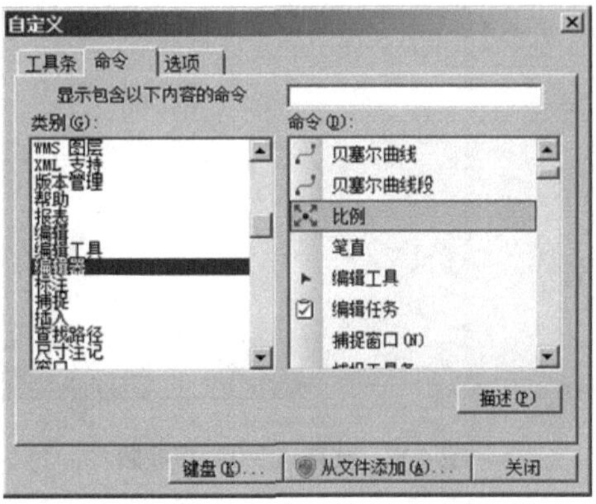

图 4.5　加载【比例】工具

3）加载【比例】工具

打开【菜单栏】→【自定义】对话框，选择【命令】选项卡，【类别】选择【编辑器】，将右侧【命令】中的【比例】工具拖动至任意工具栏中以完成加载。比例工具所在位置如图 4.5 所示。

4）缩放要素

保持编辑状态；用【编辑工具】选中要缩放的要素，选择【比例】工具；如图 4.6 和图 4.7 所示，任意拖动鼠标实现图形的任意缩放处理；按【F】键，打开【比例因子】参数设置，输入“2”，参数设置如图 4.8 所示；回车，实现 2 倍放大；结果如图 4.9 所示，保存并停止编辑。

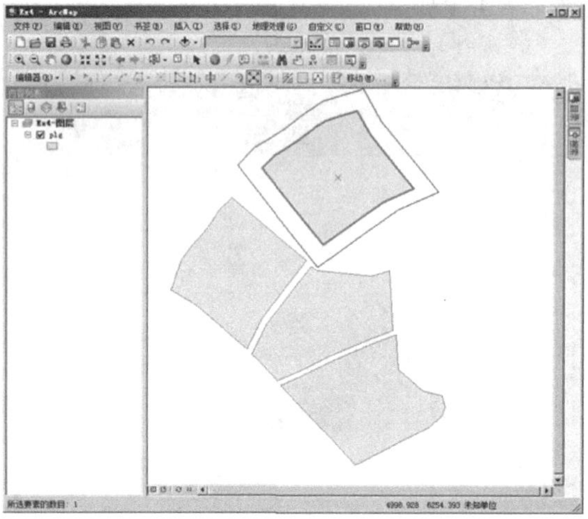

图 4.6　任意拖动缩放

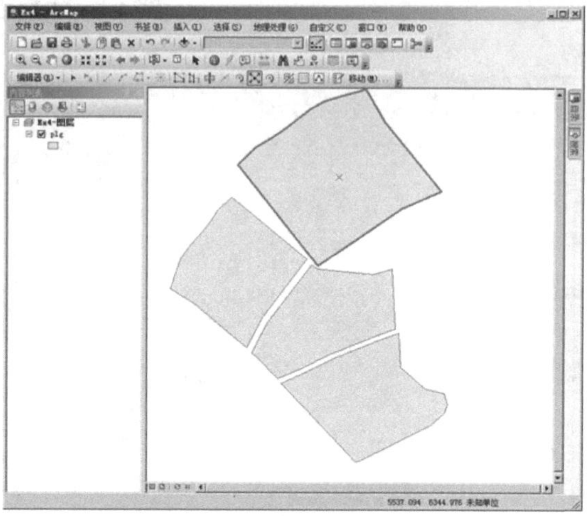

图 4.7　任意放大要素

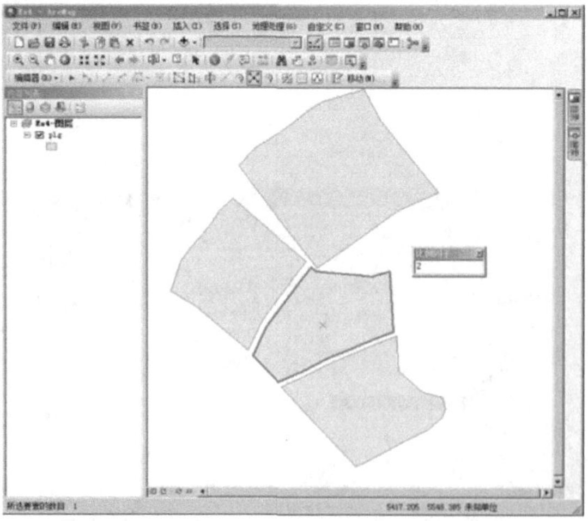

图 4.8　设置比例因子参数

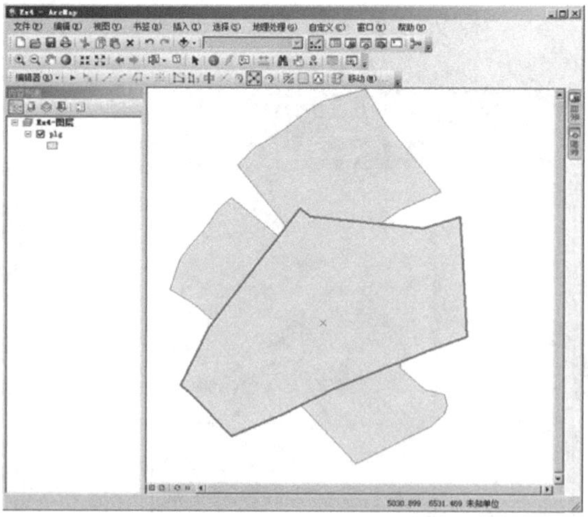

图 4.9　放大 2 倍要素

实验 5　以点要素分割线要素

【实验背景】

单个矢量要素图层往往存在大量的图形要素，而每个要素的编辑方法相同，如对线图层要素进行分割处理等。此时，需要以图层的视角来进行数据编辑操作，面向单个图形的手动编辑工具已无法满足要求。地理信息系统软件提供了众多面向图层所有要素的快速编辑工具，实现诸如图层所有要素的分割、裁剪等处理，以及多图层要素之间的叠加编辑处理。

本实验讲述使用地理信息系统软件实现以点要素分割线要素的方法，与手动指定分割位置来分割线要素所不同的是，所有分割位置均为独立的点要素或线要素自身的结构点（如折点）。读者通过本实验的练习，应能够理解和学会根据特定分割位置来批量分割线要素的方法。

【实验数据】

实验数据如表 5.1 所示。

表 5.1　实验数据

文件名称	格式	坐标系	说明
pt	Shapefile 点要素	Krasovsky_1940_Albers	用于分割线的点数据
line	Shapefile 线要素	Krasovsky_1940_Albers	用于被分割的线数据

【解决方法】

（1）使用【在点处分割线】工具，设置点要素和线要素，实现线要素的分割。

（2）使用【在折点处分割线】工具，输入线要素，实现以折点分割线要素（表 5.2）。

表 5.2　工具名称及位置

工具名称		工具位置
Split Line at Point	在点处分割线	【ArcToolbox】→【数据管理工具】→【要素】→【在点处分割线】
Split Line At Vertices	在折点处分割线	【ArcToolbox】→【数据管理工具】→【要素】→【在折点处分割线】

【实验步骤】

1）以点分割线要素

如图 5.1 所示，在 ArcToolbox 中，打开【数据管理工具】→【要素】→【在点处分割线】对话框，【输入要素】设置为“line”，【点要素】设置为“pt”，【输出要素类】设置为“split_line”，【搜索半径】设置为“10”；点击【确定】，完成线要素分割，分割结果如图 5.2 所示。

2）以折点分割线要素

如图 5.3 所示，打开【数据管理工具】→【要素】→【在折点处分割线】对话框，【输入要素】设置为“line”，【输出要素类】设置为“split_line_vertice”；点击【确定】，完成以折点分割线要素，分割结果如图 5.4 所示。

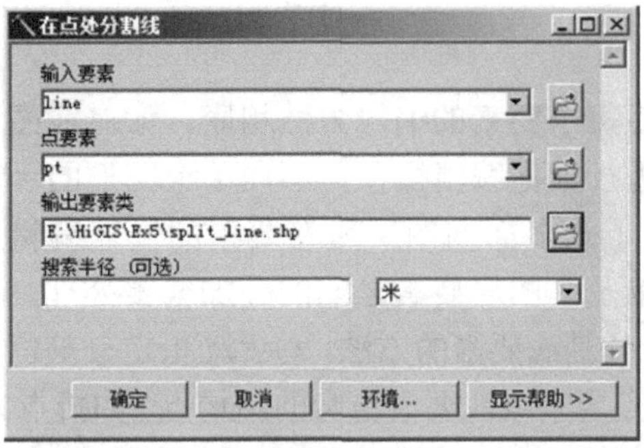

图 5.1　【在点处分割线】参数设置

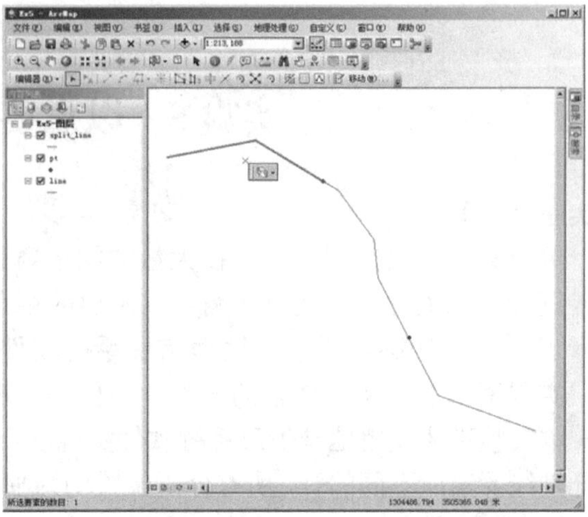

图 5.2　分割结果

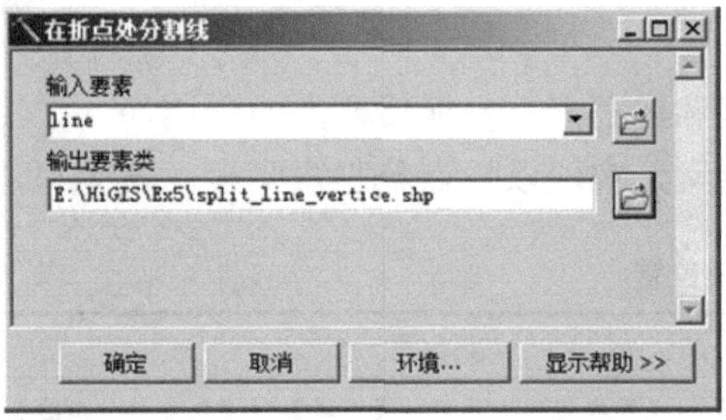

图 5.3　【在折点处分割线】参数设置

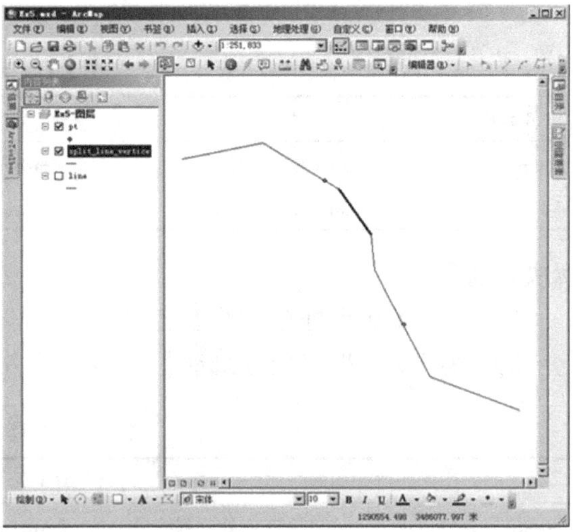

图 5.4　分割结果

实验 6　提取线要素的交点

【实验背景】

城市道路网络具有相互交叉连通的特点，可抽象为由线表达的道路和由点表达的路口。在数字化过程中，由线要素表达的主干道路常常与多条支路发生交汇，为保证其完整性，时常用单个线要素来表达同一道路，后续再将道路在交汇处断开，而道路交汇点则需要再次数字化，步骤烦琐复杂。

本实验讲述使用地理信息系统软件对城市道路线要素进行交汇处分割与道路交汇点提取的方法，使读者能够理解城市道路网的基本组织方式（点-线结构），掌握快速获得交汇点的处理思路。将道路线在交汇处分割的方法有多种，本实验重点在于快速、批量地获取线要素的交汇点数据。

【实验数据】

实验数据如表 6.1 所示。

表 6.1　实验数据

图层名称	格式	坐标系	说明
lines	Shapefile 线要素	Unknown	用于编辑处理的二维线数据

【解决方法】

（1）使用【要素转线】工具，输入线要素，生成线段数据。

（2）使用【要素折点转点】工具，输入线段要素，提取线交点（表 6.2）。

表 6.2　工具名称及位置

工具名称		工具位置
Feature To Line	要素转线	【ArcToolbox】→【数据管理工具】→【要素】→【要素转线】
Feature Vertices To Points	要素折点转点	【ArcToolbox】→【数据管理工具】→【要素】→【要素折点转点】

【实验步骤】

1）分割线数据

如图 6.1 所示，在 ArcToolbox 中，打开【数据管理工具】→【要素】→【要素转线】对话框，【输入要素】设置为“lines”，【输出要素类】设置为“splitline”，【XY 容差】默认；点击【确定】，得到分割后的线段数据。分割前和分割后的结果分别如图 6.2 和图 6.3 所示。

2）提取线段端点

如图 6.4 所示，打开【数据管理工具】→【要素】→【要素折点转点】对话框，【输入要素】设置为“splitline”，【输出要素类】设置为“pts”，【点类型】选择“BOTH_ENDS”；点击【确认】，得到线段端点，如图 6.5 所示。

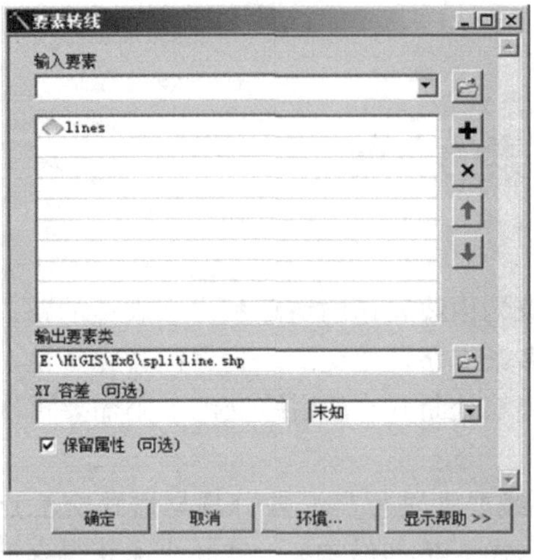

图 6.1　【要素转线】参数设置

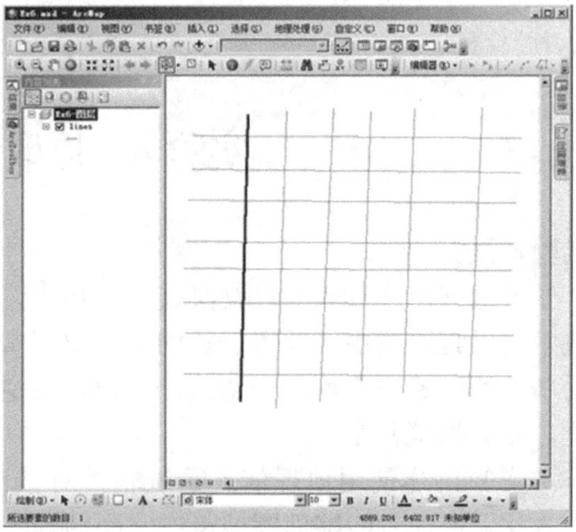

图 6.2　未分割线数据

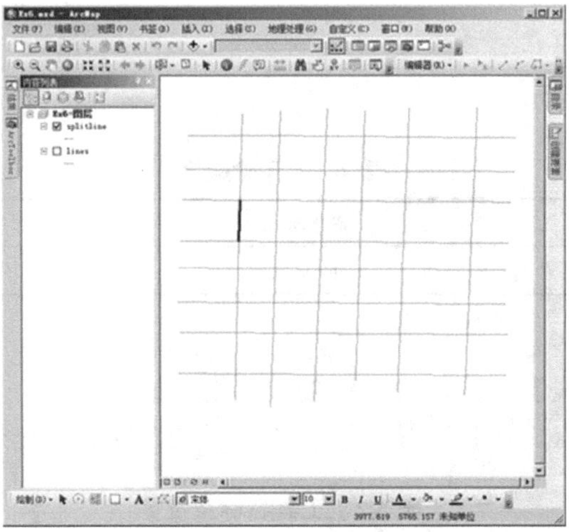

图 6.3　分割后数据

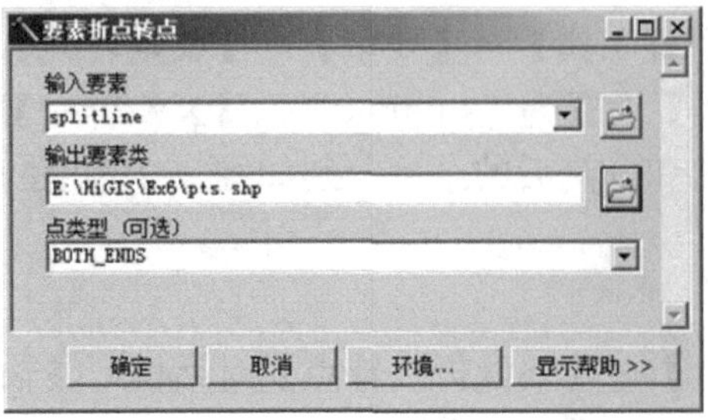

图 6.4　【要素折点转点】参数设置

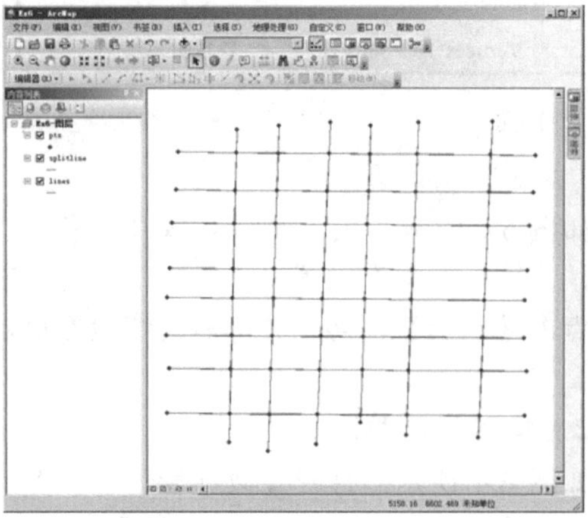

图 6.5　线段端点结果

3）获取点坐标字段

由于交点处不止一条线段经过，因此交点处最多会存在 4 个端点，需要剔除冗余点。冗余点具有相同 *X*、*Y* 坐标值，可以通过删除具有相同（*X*，*Y*）坐标的点实现冗余点的剔除。如图 6.6 所示，打开【数据管理工具】→【要素】→【添加 XY 坐标】对话框，【输入要素】设置为“pts”；点击【确定】，将坐标写入属性表中，如图 6.7 所示。

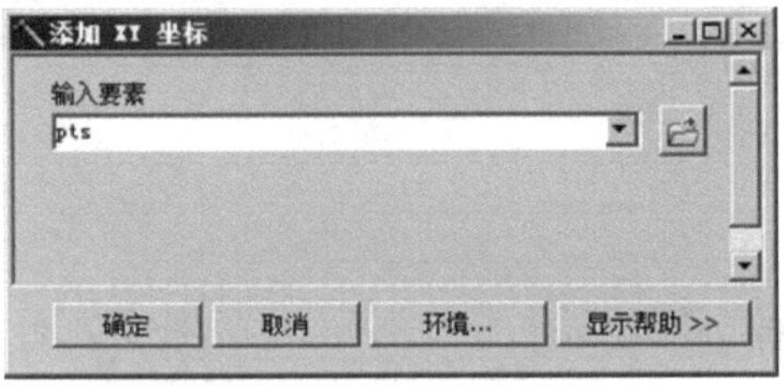

图 6.6　【添加 XY 坐标】参数设置

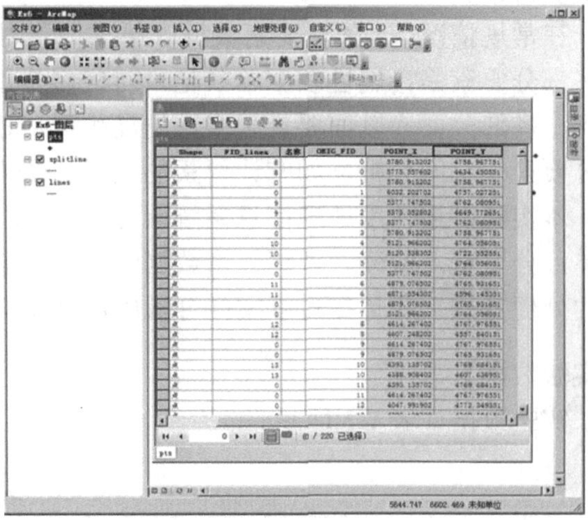

图 6.7　属性表添加 *X*、*Y* 坐标

4）剔除重复点要素

如图 6.8 所示，打开【数据管理工具】→【常规】→【删除相同的】对话框，【输入数据集】设置为“pts”，【字段】勾选“POINT_X”和“POINT_Y”；点击【确认】，得到精简的交点数据，共 76 个点要素，如图 6.9 所示。

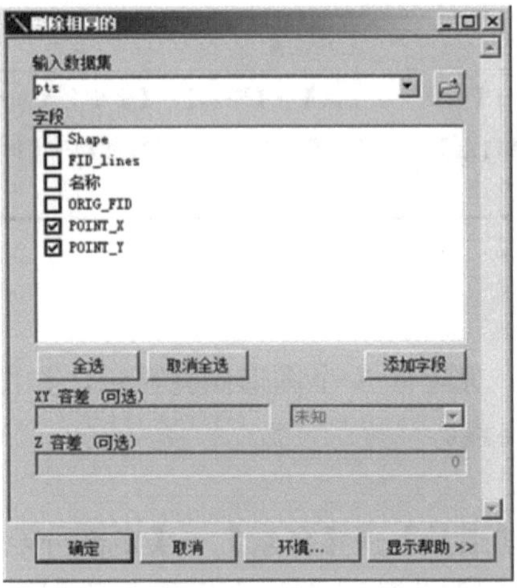

图 6.8　【删除相同的】参数设置

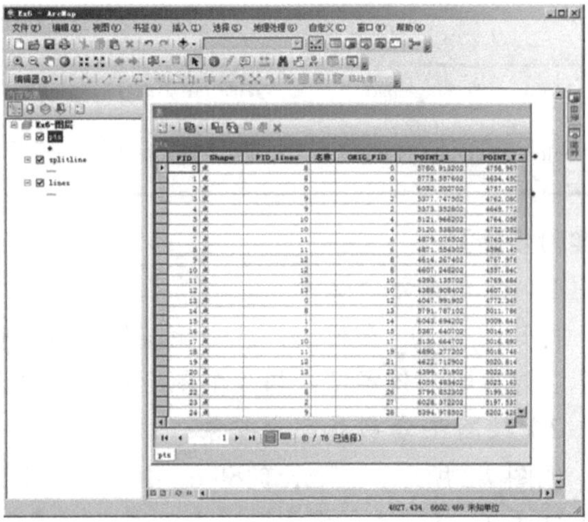

图 6.9　精简后点数据

实验 7　分割多部分要素

【实验背景】

在常规情况下，矢量要素数据以单条记录对应单个图形的方式进行存储，即单部分要素。而多部分要素是指属性表中单条记录对应多个图形的要素，大多由合并操作和数据转换操作得到。多部分要素以面要素居多，如岛屿群，还有点要素等。多部分要素会严重影响基于单部分要素的空间分析，如统计要素的面积、长度等，以及图层分区统计分析等。

本实验讲述使用地理信息系统软件对要素中存在的多部分要素进行分割处理，生成独立的单部分要素，使读者理解矢量数据的常规存储方式和多部分要素的特殊性，掌握多部分要素的处理方法，避免在后续空间分析中出现不必要的错误。

【实验数据】

实验数据如表 7.1 所示。

表 7.1　实验数据

图层名称	格式	坐标系	说明
plg	Shapefile 面要素	Unknown	用于分割处理的二维面数据

【解决方法】

（1）使用【多部分至单部分】工具，输入多部分要素，实现要素的分割。

（2）使用【拆分多部分要素】工具，选中多部分要素，实现要素的分割（表 7.2）。

表 7.2　工具名称及位置

工具名称		工具位置
Multipart To Singlepart	多部分至单部分	【ArcToolbox】→【数据管理工具】→【要素】→【多部分至单部分】
Explode Multi-part Feature	拆分多部分要素	【菜单栏】→【自定义】→【工具条】→【高级编辑】→【拆分多部分要素】

【实验步骤】

1）查看多部分要素

打开图层 plg 属性表，选中第五条记录可查看到，对应有 3 个图形高亮显示，如图 7.1 所示。这表明，该条记录与 3 个图形对应，是多部分要素。

2）按图层分割多部分要素

如图 7.2 所示，在 ArcToolbox 中，打开【数据管理工具】→【要素】→【多部分至单部分】对话框，【输入要素】设置为“plg”，【输出要素类】设置为“single”；点击【确定】，得到 3 个单部分要素，如图 7.3 所示。

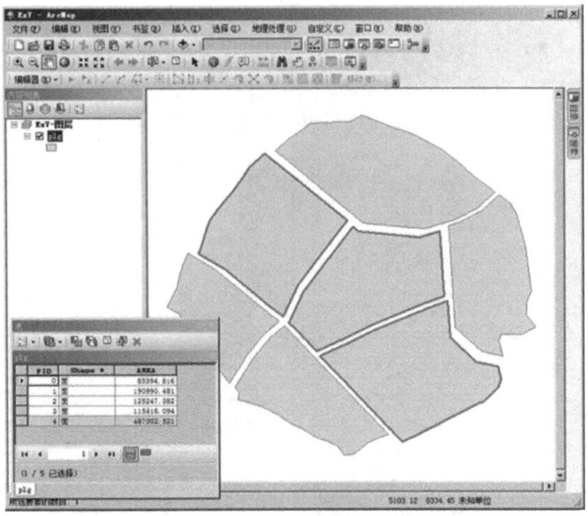

图 7.1　多部分要素

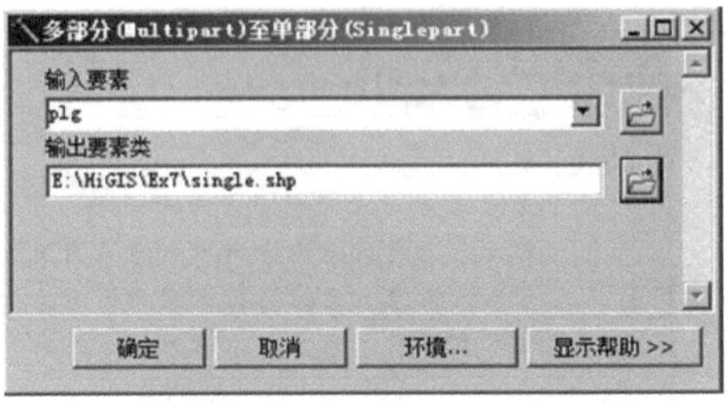

图 7.2　【多部分至单部分】参数设置

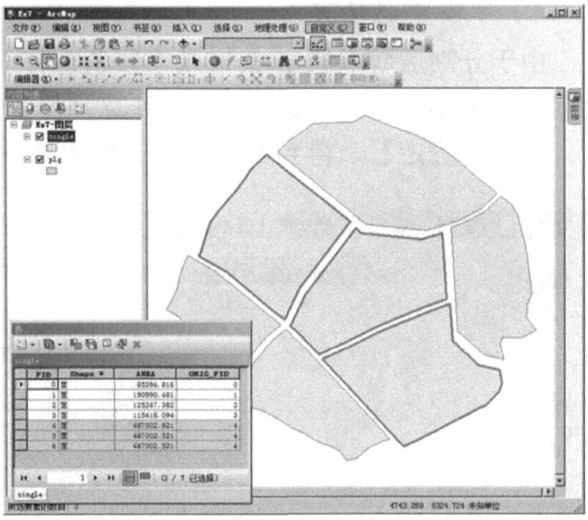

图 7.3　分割结果

3）按要素分割多部分要素

选择【菜单栏】→【自定义】→【工具条】→【高级编辑】工具条，如图 7.4 所示；打开编辑器中的【开始编辑】，选中要分割的多部分要素，如图 7.5 所示，点击【高级编辑】工具条中的【拆分多部分要素】工具，完成炸开处理，炸开结果如图 7.6 所示。

图 7.4　【高级编辑】工具条

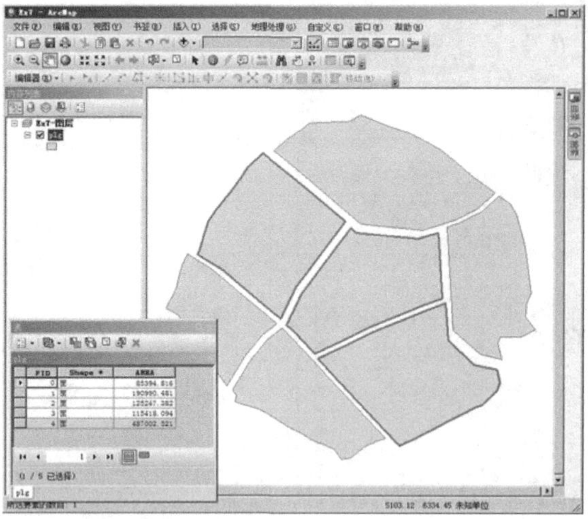

图 7.5　选中多部分要素

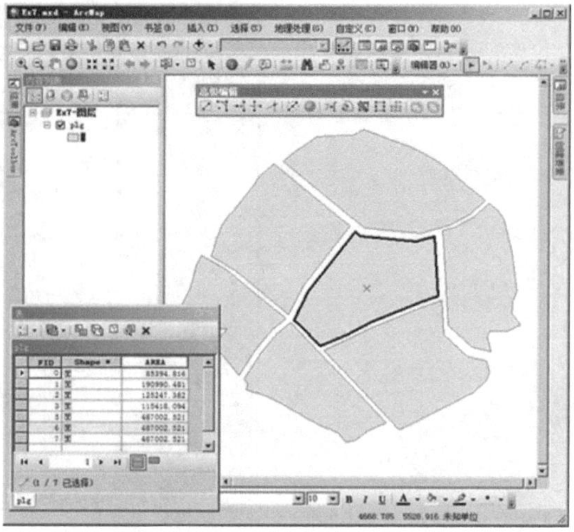

图 7.6　完成炸开操作

4）字段重新计算

由于分割后新增的 2 条记录字段值保持与原始记录值相同，需要重新计算【AREA】字段；右击【AREA】字段，打开【计算几何】对话框，【属性】选择“面积”，如图 7.7 所示；点击【确定】，得到新字段值，结果如图 7.8 所示。

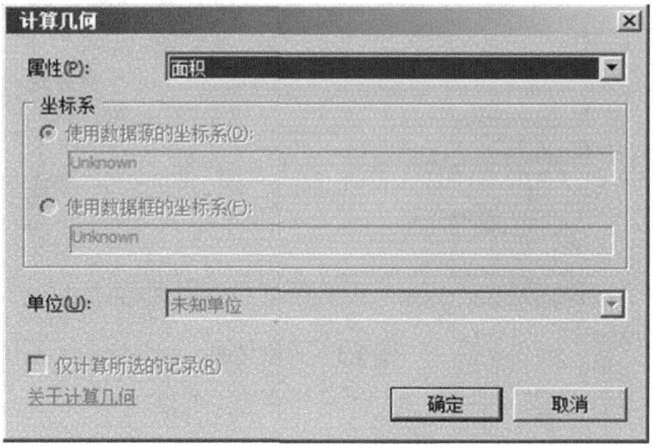

图 7.7　【计算几何】参数设置

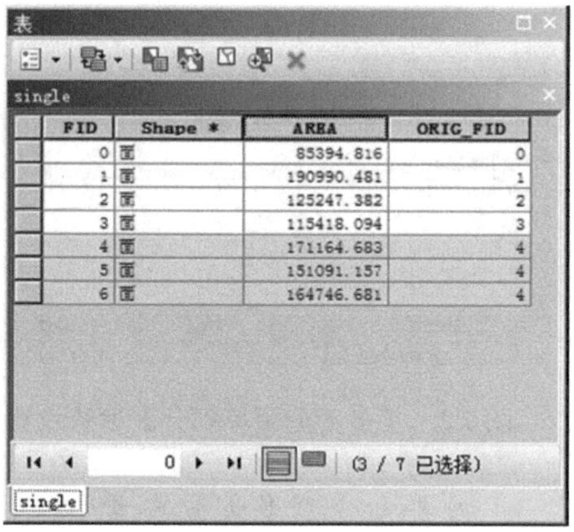

FID	Shape *	AREA	ORIG_FID
0	面	85394.816	0
1	面	190990.481	1
2	面	125247.382	2
3	面	115418.094	3
4	面	171164.683	4
5	面	151091.157	4
6	面	164746.681	4

图 7.8　新字段值

实验 8　绘制中点连线

【实验背景】

地理对象时常具有特殊的几何结构特征和空间位置特征，如路灯沿着道路两侧等间隔排列、车道分割线是路面的中心线等，若对道路两边做垂线，取垂线的中点连成线，即可得到路面的中心线。对地理对象进行数字化时，可充分考虑并借助这些特征，对地理对象进行快速采集，在保证准确性的同时提高工作效率。

本实验讲述使用地理信息系统软件进行中点连线的方法，即将各线段的中点连接成线要素，该方法适用于快速采集位于几何中点或等间距划分的要素。读者通过实验练习，应理解和掌握运用地理对象的几何特征进行数字化采集的方法，从而提高工作效率。

【实验数据】

实验数据如表 8.1 所示。

表 8.1　实验数据

图层名称	格式	坐标系	说明
line	Shapefile 线要素	China_Lambert_Conformal_Conic	用于创建线要素的图层
grid	Shapefile 面要素	China_Lambert_Conformal_Conic	作为绘制边界的面数据

【解决方法】

（1）使用【线】工具，启动线编辑工具。

（2）使用【中点】工具，绘制中点所在线，实现中点绘制（表 8.2）。

表 8.2　工具名称及位置

工具名称		工具位置
Line	线	【菜单栏】→【自定义】→【工具条】→【编辑器】→【编辑窗口】→【创建要素】→【线】
Midpoint	中点	【菜单栏】→【自定义】→【工具条】→【编辑器】→【中点】

【实验步骤】

1）选择中点工具

打开【编辑器】工具条，选择【编辑器】→【开始编辑】菜单；选中【创建要素】对话框中的 line 图层，选择【构造工具】→【线】工具，如图 8.1 所示；选择【编辑器】工具条中的【中点】工具，如图 8.2 所示。

2）绘制中点连线

如图 8.3 所示，以上边界为例，从左端点到右端点绘制线，得到上边界的中点；同理，顺时针绘制格网的 4 条边界，得到格网四边界的中点的连线，如图 8.4～图 8.6 所示；右击空白处，完成草图。

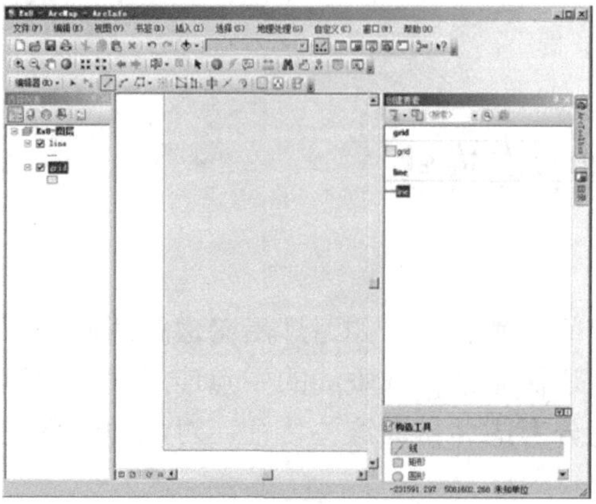

图 8.1　选择【线】工具

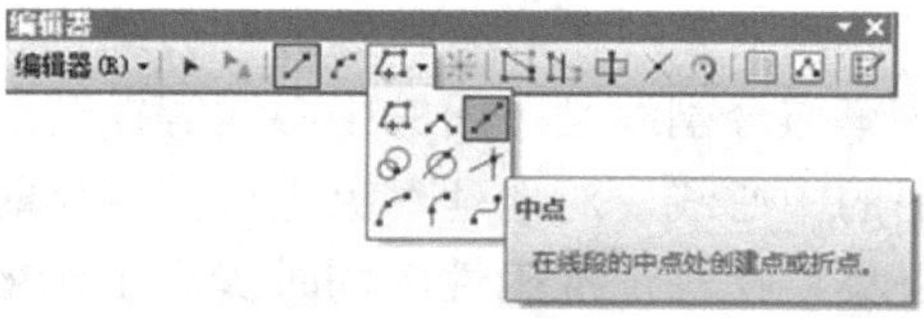

图 8.2　【中点】工具

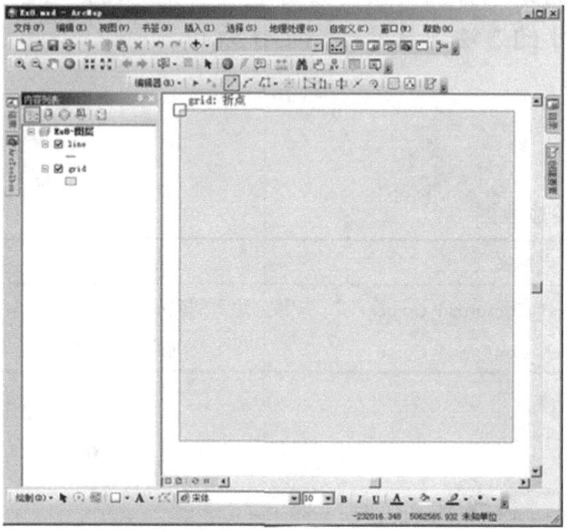

图 8.3　绘制上边界中点

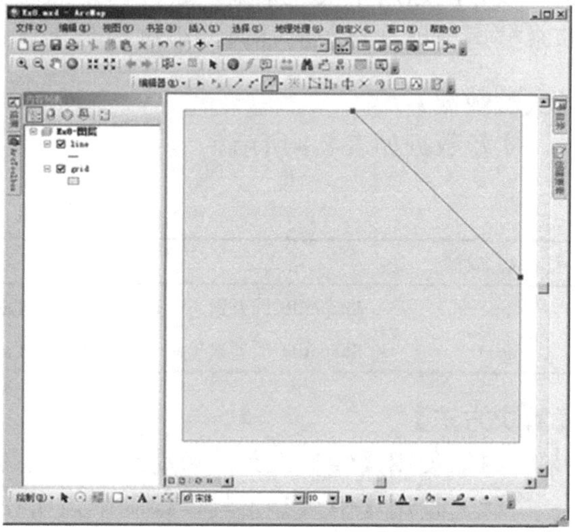

图 8.4　得到右边界中点

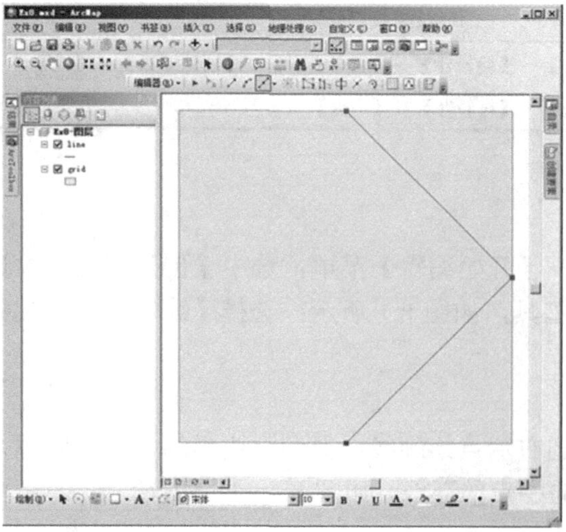

图 8.5　得到下边界中点

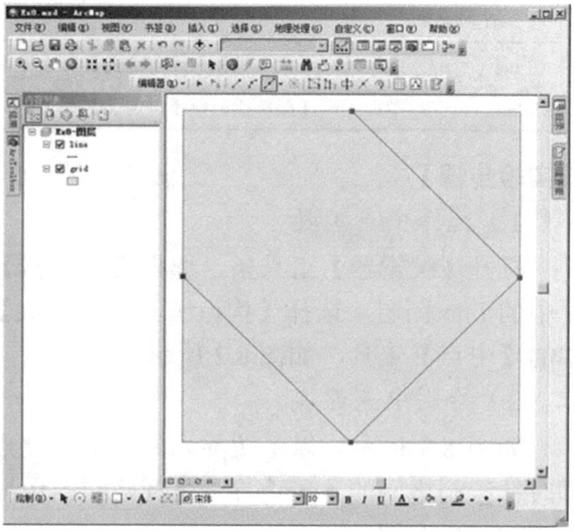

图 8.6　得到左边界中点

实验 9　线要素的延伸与裁剪

【实验背景】

地理数据所描述的地理对象往往存在空间范围或边界的特点，如公路以行政区作为边界条件、小区的用水管线以接入房屋的轮廓作为边界条件等。为了保证地理数据对真实地物表达的准确性，以及基于地理数据进行空间分析的准确性，需要对边界条件不完善的地理数据进行编辑处理，如对区域内的管网进行管理时，需要确保每条管线均满足边界条件，即管线与居民房屋连通。

本实验讲述使用地理信息系统软件对矢量线要素按照面要素边界进行延伸与裁剪的编辑方法。读者通过本实验的练习，应能够学会除了重绘要素外，还能通过延伸工具来有效修补数据的方法。同时，本实验中的裁剪边界既可以是闭合的面要素，也可以是非闭合的线要素，与基于面域的裁剪工具相区别。

【实验数据】

实验数据如表 9.1 所示。

表 9.1　实验数据

图层名称	格式	坐标系	说明
road	Shapefile 线要素	Unknown	用于延伸和修剪的线要素数据
area	Shapefile 面要素	Unknown	作为限制条件的面要素数据

【解决方法】

（1）使用【延伸工具】，选中限制要素，完成线段的延伸。

（2）使用【修剪工具】，选中限制要素，完成线段的裁剪（表 9.2）。

表 9.2　工具名称及位置

工具名称		工具位置
Extend Tool	延伸工具	【菜单栏】→【自定义】→【工具条】→【高级编辑】→【延伸工具】
Trim Tool	修剪工具	【菜单栏】→【自定义】→【工具条】→【高级编辑】→【修剪工具】

【实验步骤】

1）加载高级编辑工具条

如图 9.1 所示，选择【菜单栏】→【自定义】→【工具条】→【高级编辑】工具条。

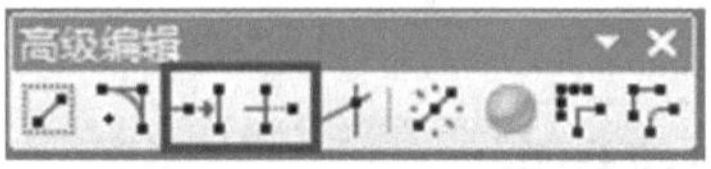

图 9.1　【高级编辑】工具条

2）选中作为限制条件的面要素

打开【编辑器】工具条中的【开始编辑】工具，使用编辑工具选中作为限制条件的面要素，如图 9.2 所示。**注：**本例中两条线要素分别针对面要素进行延伸和裁剪处理，在处理之前必须确定作为限制条件的面要素。

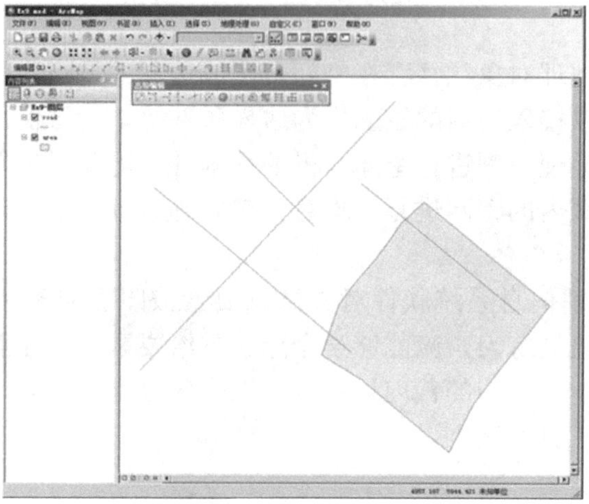

图 9.2　选中限制条件的面要素

3）延伸短的线要素

保持面要素的选中状态；选择【延伸】工具，如图 9.3 所示，点击待延伸的线要素后，自动将线要素延伸至该面要素，延伸结果如图 9.4 所示。**注：**该延伸操作使得线要素自动捕捉到该面要素的边。

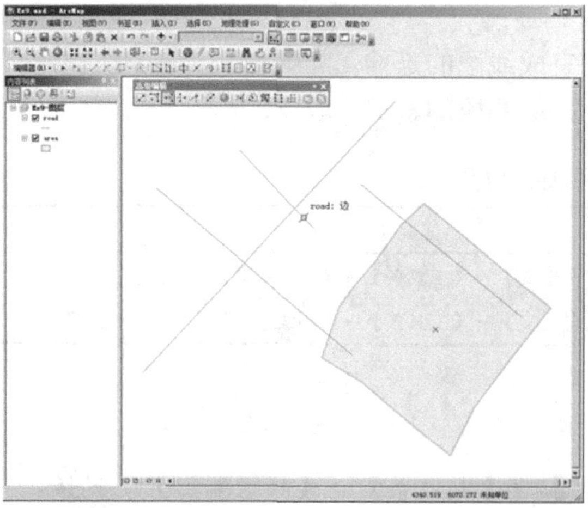

图 9.3　选中待延伸的线要素

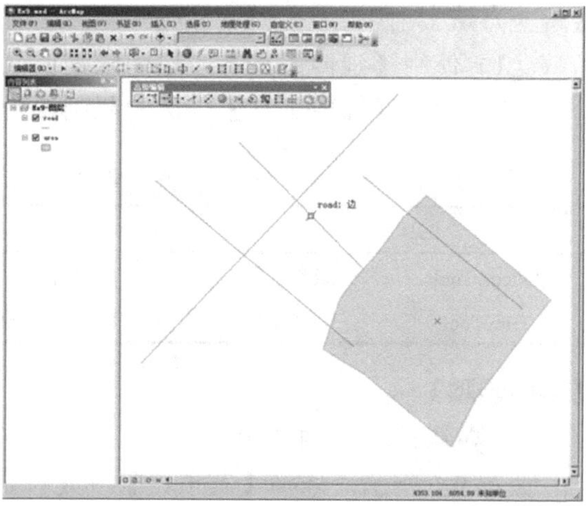

图 9.4　延伸结果

4）裁剪去除面内部和外部的线要素

保持面要素的选中状态；选择【裁剪】工具，如图 9.5 所示，点击面要素内部的待裁剪线要素，即可将面要素内部的线去除，结果如图 9.6 所示；如图 9.7 所示，点击面要素外部的线要素即可去除外部的线，去除结果如图 9.8 所示；完成后，保存并停止编辑。**注：**线要素与面要素自动进行几何运算，将被点中的线要素去除。

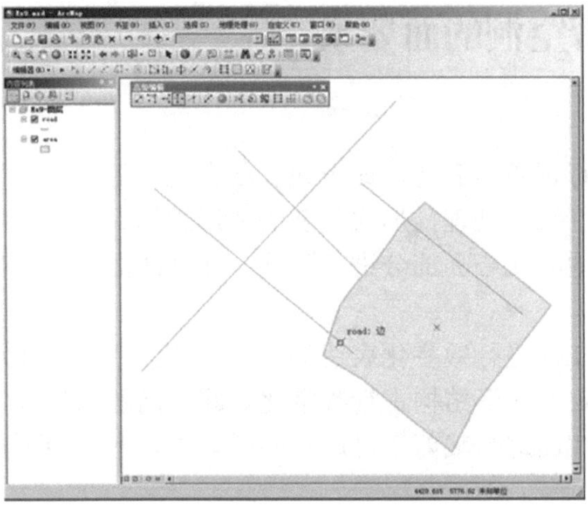

图 9.5　点击面内部的线要素

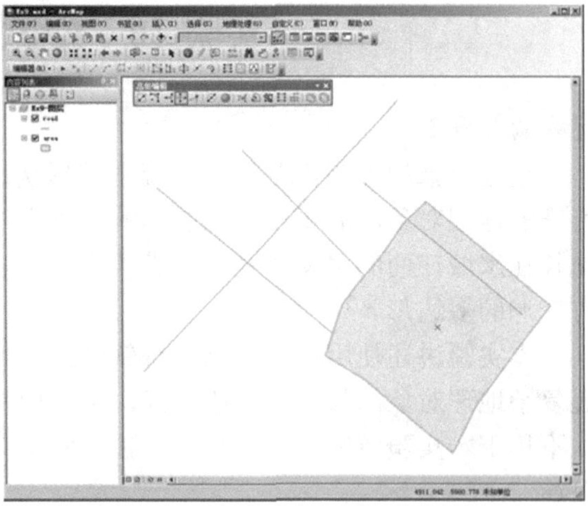

图 9.6　去除内部线要素

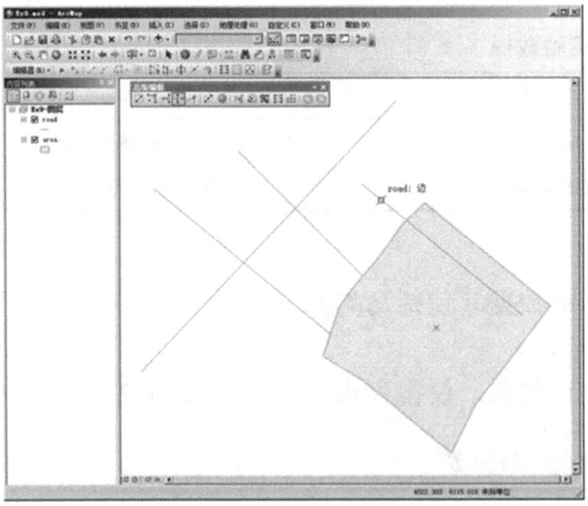

图 9.7　点击面外部的线要素

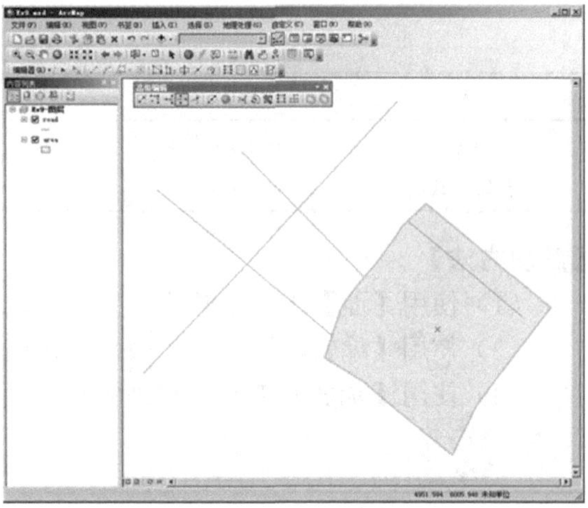

图 9.8　去除外部线要素

实验 10　绘制带空洞的面要素

【实验背景】

地理对象的数字化图形常用规则的形状进行记录与表达，如折线、凸多边形等。而对于特殊的地理对象，需要在常规图形的基础上进行编辑处理，形成复杂的图形结构，如在数字化长江水域江面的水体要素时，必须将属于陆地的江心岛部分进行移除，使其江面图形是带有空洞的多边形。

本实验讲述使用地理信息系统软件对水域江面进行数字化表达的方法，使读者理解和掌握复杂地理对象的数字化表达方式，学会用特定的图形结构进行数字化。此类问题的处理方法不拘于本实验所述，将岛屿作为独立图层对江面进行裁剪也可达到同样效果，本实验不再赘述。

【实验数据】

实验数据如表 10.1 所示。

表 10.1　实验数据

名称	格式	坐标系	说明
river	Shapefile 面数据	Unknown	用于数字化的面要素数据
长江影像数据	JPG 栅格	Unknown	用于数字化的底图数据

【解决方法】

（1）使用【面】工具，数字化整个长江范围数据（包括岛屿部分）。

（2）使用【编辑器】工具，数字化岛屿图形。

（3）使用【裁剪】工具，按岛屿对江面进行裁剪，仅得到水面数据（表 10.2）。

表 10.2　工具名称及位置

工具名称		工具位置
Polygon	面	【菜单栏】→【自定义】→【工具条】→【编辑器】→【编辑窗口】→【创建要素】→【面】
Clip	裁剪工具	【菜单栏】→【自定义】→【工具条】→【编辑器】→【裁剪】

【实验步骤】

1）方法一：数字化长江整个范围（完成草图）

启动编辑，使用数字化工具将长江的整个范围（包括岛屿）数字化。整个范围结果如图 10.1 所示。

（1）绘制岛屿图形。如图 10.2 所示，同样对岛屿的范围进行数字化，注意此时整个江面图形和岛屿图形在同一个图层中。

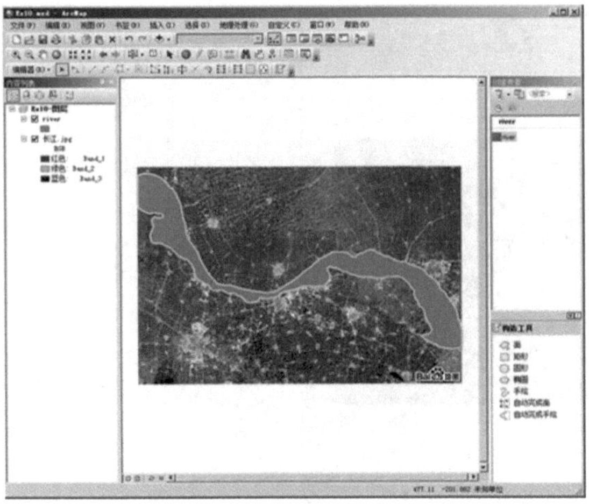

图 10.1　数字化长江整个范围

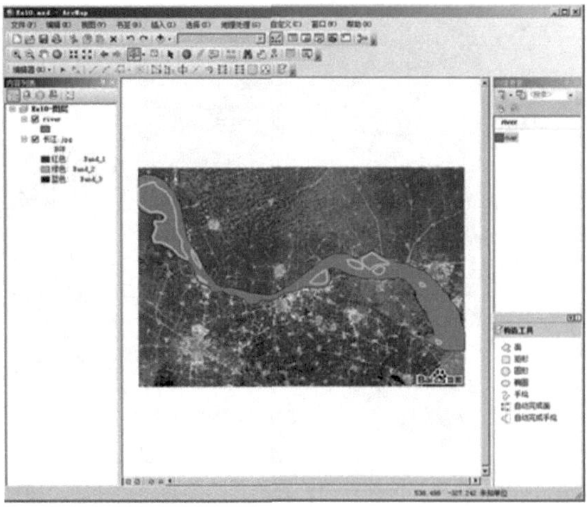

图 10.2　数字化岛屿范围

（2）裁剪岛屿区域。为了能够裁剪岛屿范围，需要将岛屿的图形选中，可以通过选择工具或者属性表选中的方式选中。选中后，点击【编辑器】工具条下拉菜单，选择【裁剪】工具，如图 10.3 所示。在裁剪对话框中，选择“丢弃相交区域”，【缓冲距离】默认，如图 10.4 所示。点击【确定】。执行后删除岛屿图形，即可获得删除岛屿的江面数据，如图 10.5 所示。**注：**该工具只能逐个裁剪岛屿图形，不可一次裁剪多个图形。

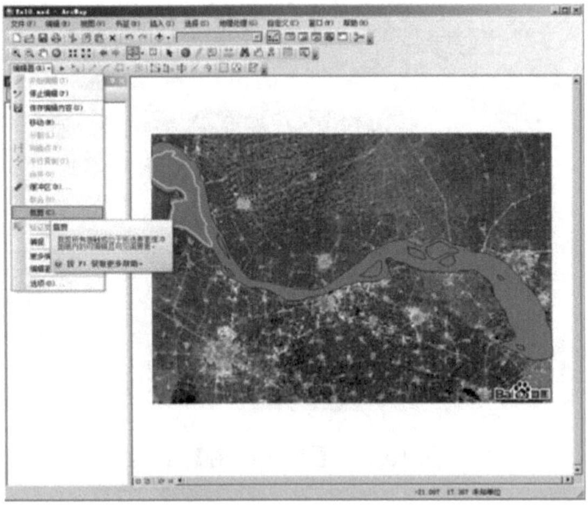

图 10.3　【裁剪】工具

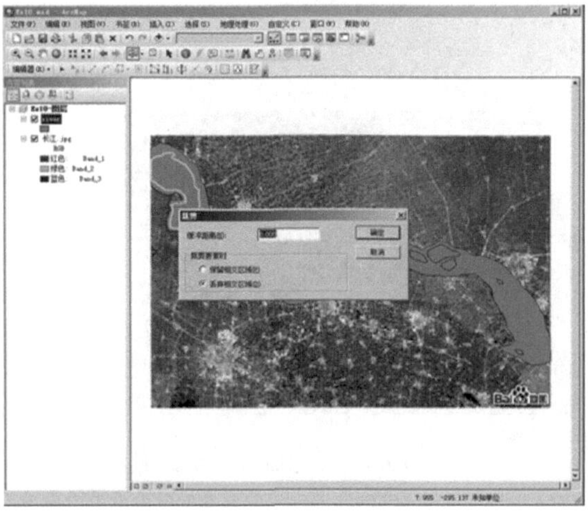

图 10.4　工具参数设置

2）方法二：数字化长江整个范围（完成部件）

启动编辑，使用数字化工具将长江的整个范围（包括岛屿）数字化，与以往不同的是，完成后，不要双击结束，而是打开右击菜单，选择【完成部件】命令，如图 10.6 所示。

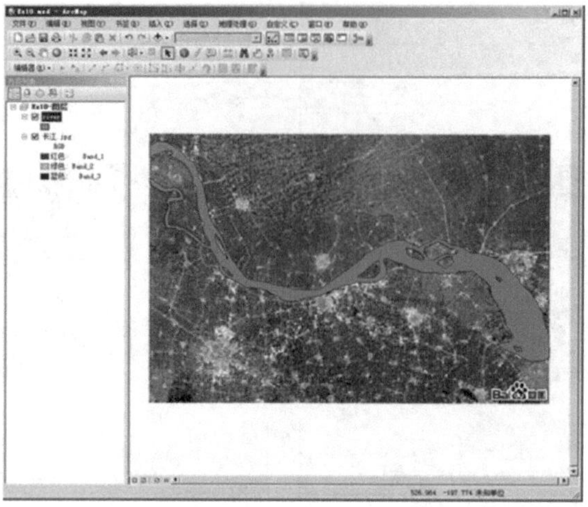

图 10.5　江面数据结果

绘制岛屿要素。使用同样的方法绘制岛屿要素，需要注意的是：绘制完成每个岛屿后，不要双击结束，而是通过点击右击菜单的【完成部件】命令，直到所有岛屿绘制完成，最后一个岛屿通过双击或者右击菜单中的【完成草图】结束，如图 10.7 所示。最终的结果数据为不包含岛屿的江面数据。

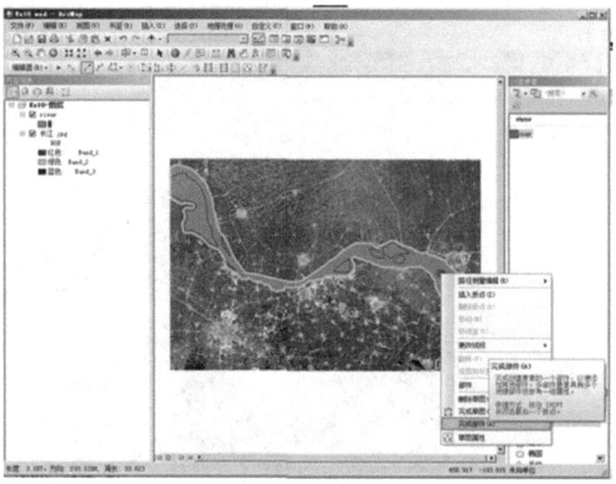

图 10.6　【完成部件】工具

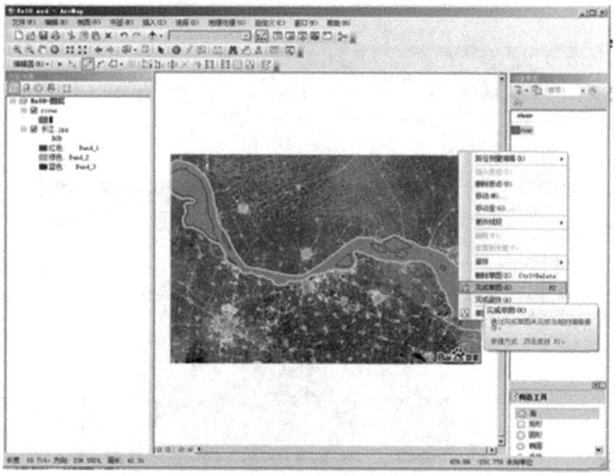

图 10.7　【完成草图】工具

实验 11　以线要素分割面要素（一）

【实验背景】

除了线状地理对象具有边界条件外，以面要素来表达的地理对象同样具有其边界条件，如地块以道路作为边界条件、河岸区以河流作为边界条件等。对城市中的地块区域进行数字化管理时，需要以街道为边界条件，将城市用地划分成不同的地块，而地块的边界需与街道保持一致，该操作可视为以线要素作为边界条件对面要素进行分割。

本实验讲述使用地理信息系统软件对矢量面要素按照线要素进行分割的方法，以面要素转线要素作为中间操作，实现面要素的快速分割。读者经过实验练习，应能够理解和掌握面要素边界条件的处理方法（包括不同要素类型的叠加操作），对地理数据的结构特点有更好的认识。

【实验数据】

实验数据如表 11.1 所示。

表 11.1　实验数据

名称	格式	坐标系	说明
line	Shapefile 线要素	Unknown	用于分割的线数据
parcel	Shapefile 面要素	Unknown	待分割的面数据

【解决方法】

（1）使用【面转线】工具，设置相应参数，得到待分割面的边界线数据。

（2）使用【合并】工具，设置相应参数，合并分割的线数据与边界线数据。

（3）使用【要素转面】工具，输入合并的线数据，得到分割后的面数据（表 11.2）。

表 11.2　工具名称及位置

工具名称		工具位置
Polygon To Line	面转线	【ArcToolbox】→【数据管理工具】→【要素】→【面转线】
Merge	合并	【ArcToolbox】→【数据管理工具】→【常规】→【合并】
Feature To Polygon	要素转面	【ArcToolbox】→【数据管理工具】→【要素】→【要素转面】

【实验步骤】

1）方法一：提取面要素边界线

如图 11.1 所示，在 ArcToolbox 中，打开【数据管理工具】→【要素】→【面转线】工具，【输入要素】设置为“parcel”，【输出要素类】设置为“border”，其余参数默认。点击【确定】，得到面要素的外边界线要素，如图 11.2 所示。

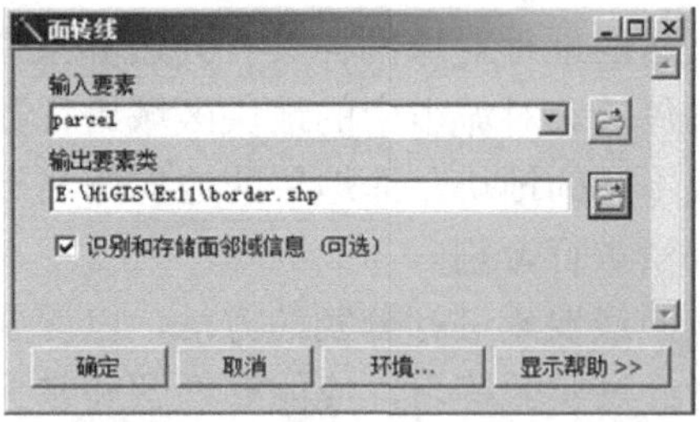

图 11.1　【面转线】工具参数设置

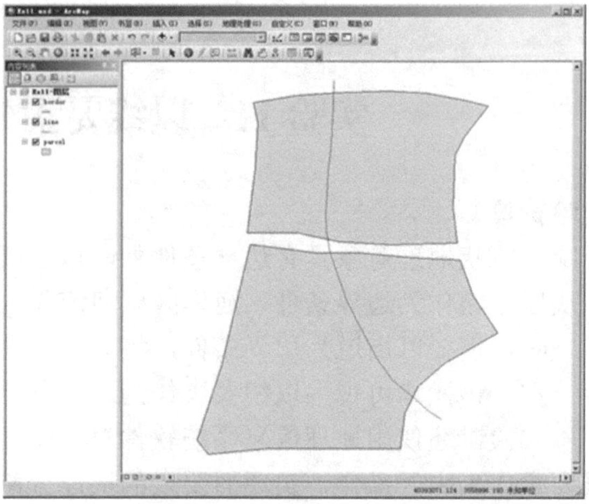

图 11.2　面要素外边界线要素

（1）合并线图层。如图 11.3 所示，打开【数据管理工具】→【常规】→【合并】工具，在【输入数据集】添加 border 图层和 line 图层，【输出数据集】设置为“merge”，其余参数默认。点击【确定】，得到合并后的线图层，如图 11.4 所示。

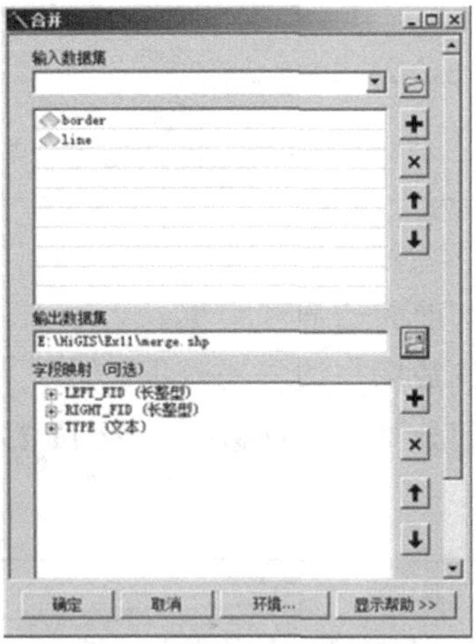

图 11.3　【合并】工具参数设置

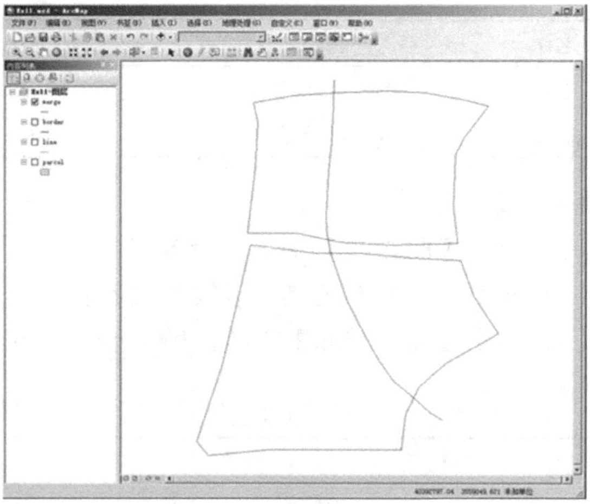

图 11.4　线图层的合并结果

（2）生成分割后的面要素。如图 11.5 所示，打开【数据管理工具】→【要素】→【要素转面】对话框，【输入要素】设置为“merge”，【输出要素类】设置为“split”，其余参数默认。点击【确定】，得到分割后的面要素（图 11.6）。

2）*方法二：直接分割面要素*

打开【数据管理工具】→【要素】→【要素转面】对话框，【输入要素】设置为“merge”和“line”，【输出要素类】设置为“split1”，其余参数默认。点击【确定】，得到同图 11.6 相同的结果。

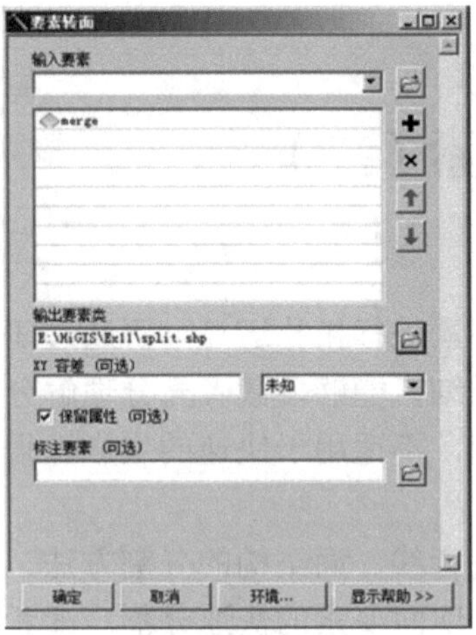

图 11.5　【要素转面】参数设置

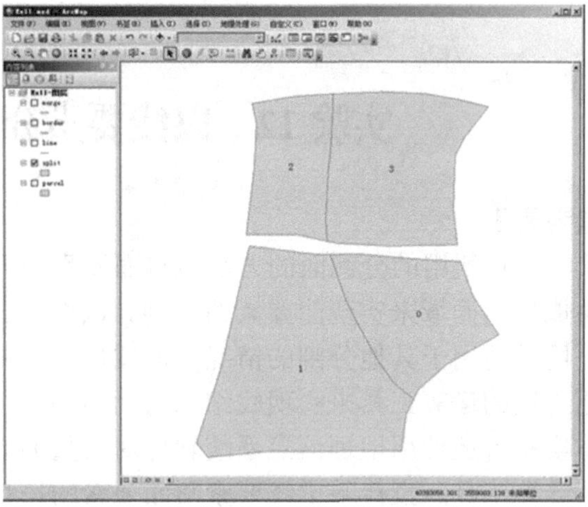

图 11.6　分割后的面要素

实验 12　以线要素分割面要素（二）

【实验背景】

实验 11 所用的分割面的方法是将面要素边界转为线要素进行拓扑运算，再通过闭合线段集生成新的面域来实现面要素的分割。该操作过程较为详细，能够使读者充分理解分割的原理，同时适用于其他分割的情况。但过程较为复杂和烦琐，不适用于快速的生产过程，需要使用直接的运算工具来实现线结构与面结构的拓扑运算。

本实验讲述使用地理信息系统软件对矢量面要素直接进行线、面结构的分割方法，借助有效的计算工具，直接基于线要素与面要素的拓扑结构，实现面要素的快速分割。读者经过实验练习，对比实验 11 的方法，应理解和掌握此类分割方法的原理，在具体应用场景中采用合适的方法。

【实验数据】

实验数据如表 12.1 所示。

表 12.1　实验数据

名称	格式	坐标系	说明
line	Shapefile 线要素	Unknown	用于分割的线数据
parcel	Shapefile 面要素	Unknown	待分割的面数据

【解决方法】

使用【分割面】工具，选中分割线要素，对面要素进行分割（表 12.2）。

表 12.2　工具名称及位置

工具名称		工具位置
Split Polygons	分割面	【菜单栏】→【自定义】→【命令】→【拓扑】→【分割面】

【实验步骤】

1）加载分割面工具

如图 12.1 所示，打开【菜单栏】→【自定义】对话框，选择【命令】→【拓扑】→【分割面】工具，将其拖动至任意工具条内后释放，完成加载操作，如图 12.2 所示。

2）选择参与分割的线要素

启动编辑，使用【编辑器】工具条中的编辑工具选中参与分割面要素的线要素，如图 12.3 所示，仅选中 2 条线要素。**注：**若全部线要素需要参与分割面要素，则可以打开线图层属性表，使用全选工具实现快速选择。

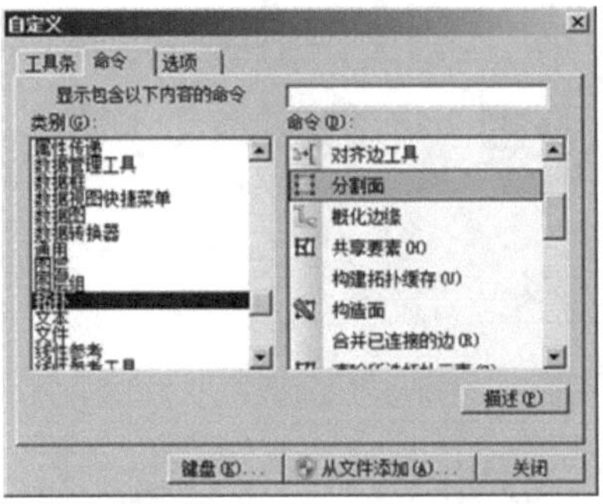

图 12.1　【分割面】工具

图 12.2　完成加载

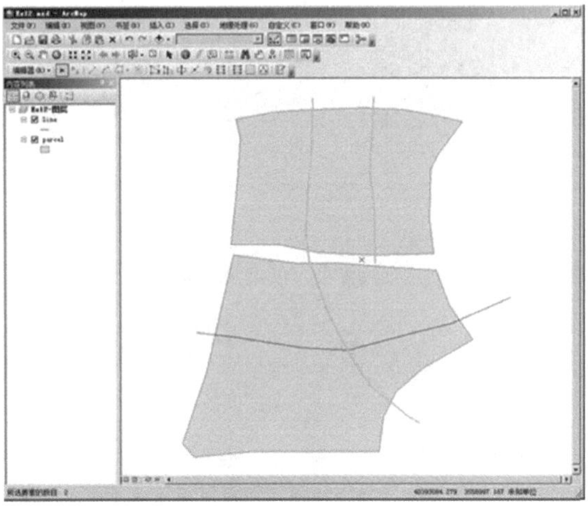

图 12.3　选择参与分割的线要素

3）分割面要素

点击【分割面】工具，【目标】设置为“parcel”，【拓扑容差】默认，如图 12.4 所示。点击【确定】，得到分割后的面要素，如图 12.5 所示。打开属性表，可查看到：由同一面要素分割得到的新面要素与原始面具有相同属性值，如图 12.6 所示。

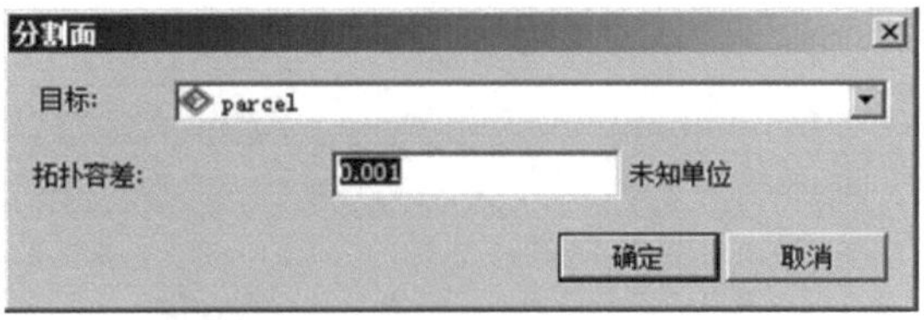

图 12.4　【分割面】工具参数设置

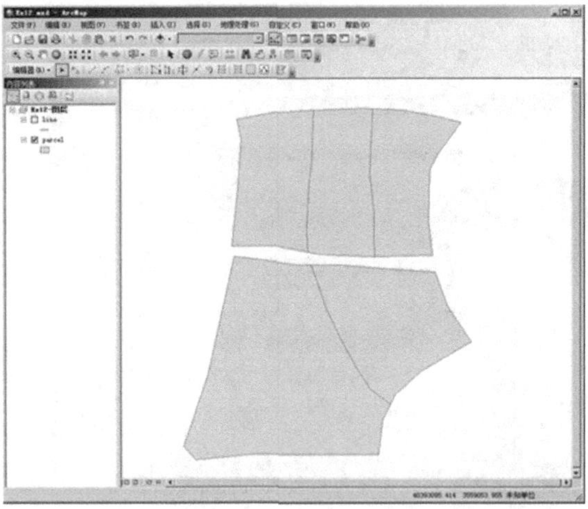

图 12.5　分割后面要素

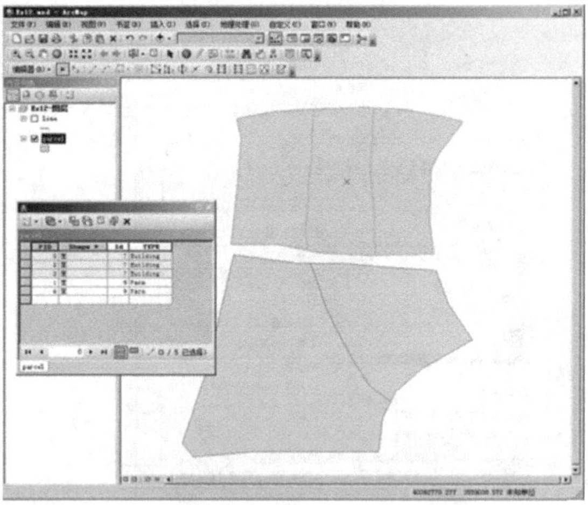

图 12.6　分割后面要素属性表

实验 13　数字化面图形的技巧

【实验背景】

将地理对象以数字的形式进行表达时，最普遍的方法就是数字化采集。不同几何类型的要素采用不同的数字化方法，如对存在相邻关系的要素图形进行数字化采集时，常规方式是对公共要素进行重复性采集，不仅耗时长，而且难以保证重复采集的结果一致，如数字化相邻的 2 个面要素时，相邻面的公共边需要采集 2 次，公共边的结点数越多越难保证采集结果一致，时常出现缝隙。

本实验讲述使用地理信息系统软件进行快速绘制相邻面的数字化采集方法，包括面要素分割和自动完成面两种方法。读者在掌握常规数字化采集方法的同时，理解要素相邻关系对数据采集的重要性，学会快速采集相邻多边形的有效方法。

【实验数据】

实验数据如表 13.1 所示。

表 13.1　实验数据

名称	格式	坐标系	说明
area	Shapefile 面要素	Unknown	待分割的面数据
map	png 图像	Unknown	用于分割的底图

【解决方法】

（1）使用【面】构造工具，创建整个面范围。

（2）使用【裁剪面】将整个面范围分割成相邻面图形。

（3）使用【面】构造工具，绘制某个小面图形。

（4）使用【自动完成面】工具，依次绘制出相邻的面图形（表 13.2）。

表 13.2　工具名称及位置

工具名称		工具位置
Polygon	面	【菜单栏】→【自定义】→【工具条】→【编辑器】→【编辑窗口】→【创建要素】→【面】
Cut Polygons Tool	裁剪面	【菜单栏】→【自定义】→【工具条】→【编辑器】→【裁剪面工具】
Auto Complete Polygon	自动完成面	【菜单栏】→【自定义】→【工具条】→【编辑器】→【编辑窗口】→【创建要素】→【自动完成面】

【实验步骤】

1）加载底图和面图层数据

打开 ArcMap 软件，可以直接将图片拖入视图区，也可使用【加载数据】按钮实现加载。本例中直接加载整幅图片，即 R、G、B 三波段数据。而在实际中，请酌情考虑加载的数据。

加载结果如图 13.1 所示。

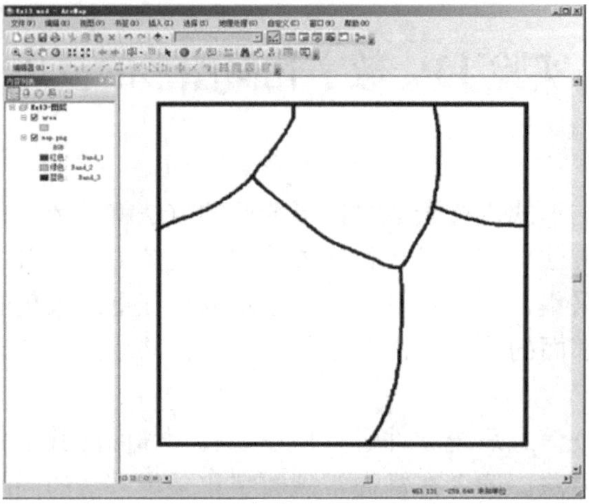

图 13.1　加载图片结果

2）方法一：【裁剪面】工具

裁剪面工具的思想是先创建包含所有小面图形的整个面范围，再对整个面范围逐个按照小面图形的边界进行裁剪，从而得到每个小面图形。如图 13.2 所示，启动编辑，使用【面】构造工具创建整个面范围。整个面范围结果如图 13.3 所示。

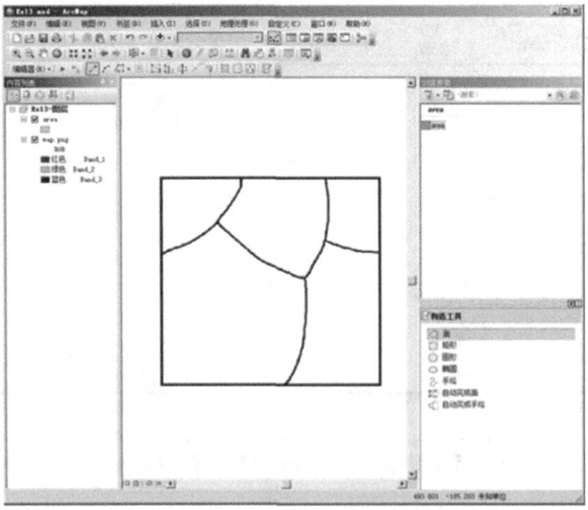

图 13.2　【面】构造工具

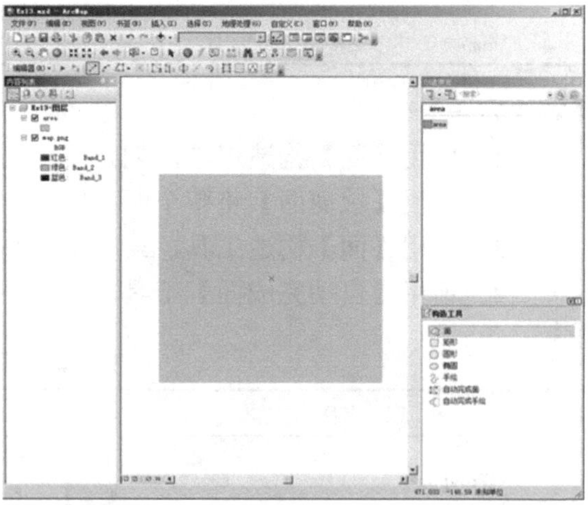

图 13.3　绘制整个面范围

（1）设置图层显示属性。由于矢量面图形被颜色填充，为了能够显示出图片中小面图形的边界，需要设置面图层的【透明度】属性，或者直接设置成“无色填充”。右击 area 图层，打开【属性】对话框，如图 13.4 所示，选择【显示】选项卡，设置【透明度】为“50%”；或者，如图 13.5 所示，选择【符号系统】选项卡，设置【符号】为“无色填充”。点击【确定】，如图 13.6 和图 13.7 所示，得到 50%透明或者无色填充的面图层。

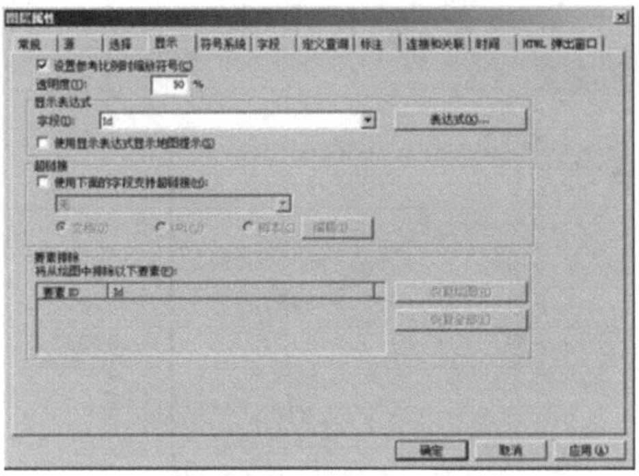

图 13.4　设置【显示】参数

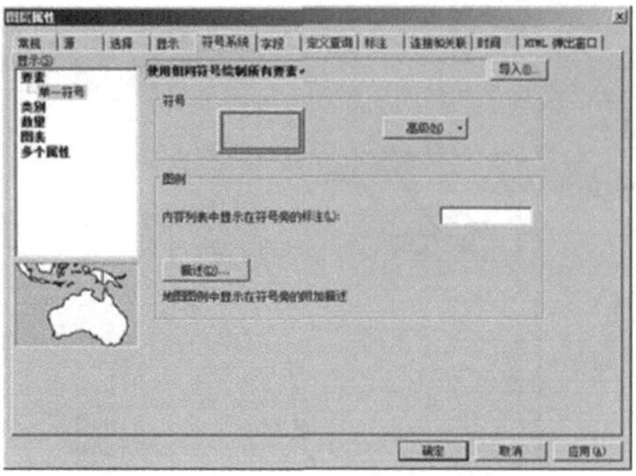

图 13.5　设置【符号系统】参数

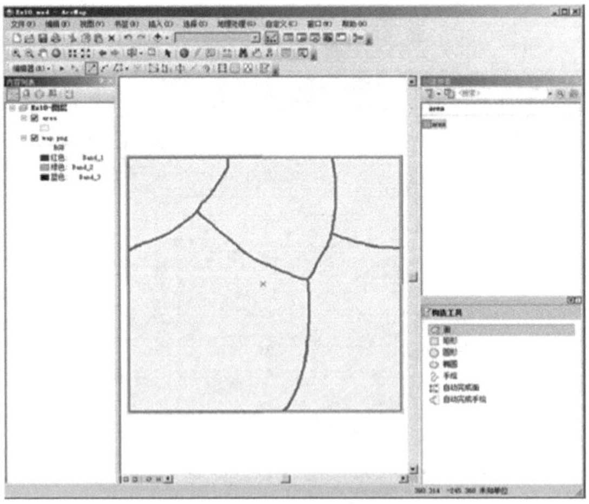

图 13.6　以 50%透明度显示

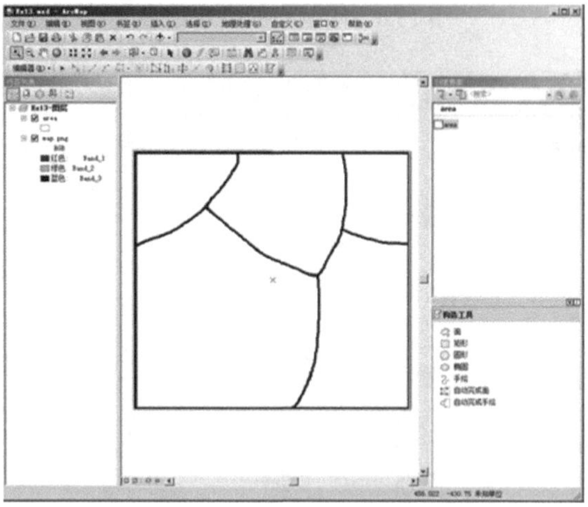

图 13.7　以无填充色显示

（2）裁剪面。使用编辑工具选中需要被裁剪的面图形，点中【裁剪面】工具后沿着小面图形的边界进行追踪绘制，如图 13.8 所示；完成后即将面裁剪出该小面图形，如图 13.9 所示；以此重复，直至裁剪出所有小面图形，如图 13.10 和图 13.11 所示。**注：**由于被裁剪的图形已经部分包含小面图形的边界，因此仅需要绘制内部边界即可，避免了重绘的问题。绘制内部边界时，起始点与终止点必须在裁剪面的外部或边上，否则会失败。

3）方法二：【自动完成面】工具

自动完成面工具的思想是以某个小面图形开始，逐个绘制出与其相邻的小面图形，最终实现整个范围内图形的数字化，与【裁剪面】工具的思想相反。启动编辑，使用【面】构造工具，绘制某个小面图形，如图 13.12 所示。

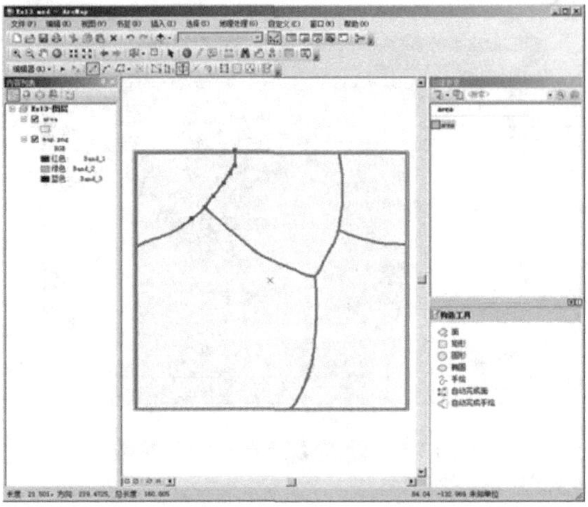

图 13.8　绘制小面图形边界

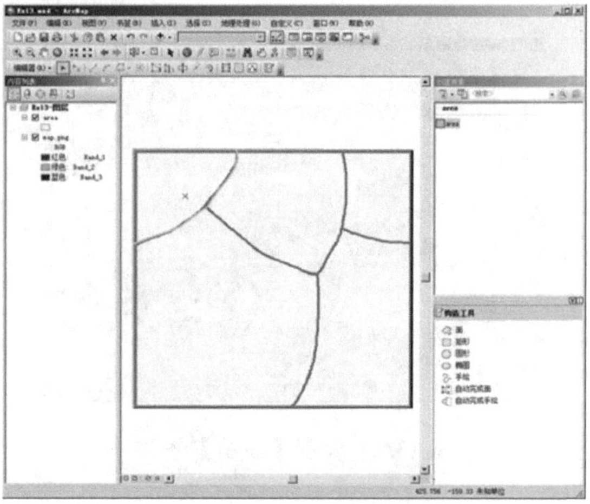

图 13.9　完成裁剪

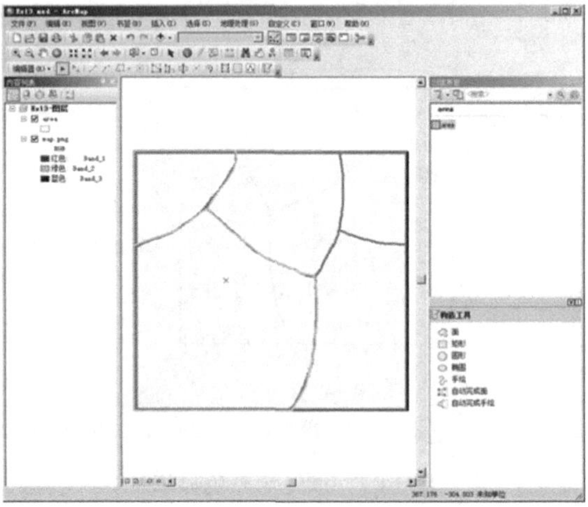

图 13.10　裁剪第二块小面图形

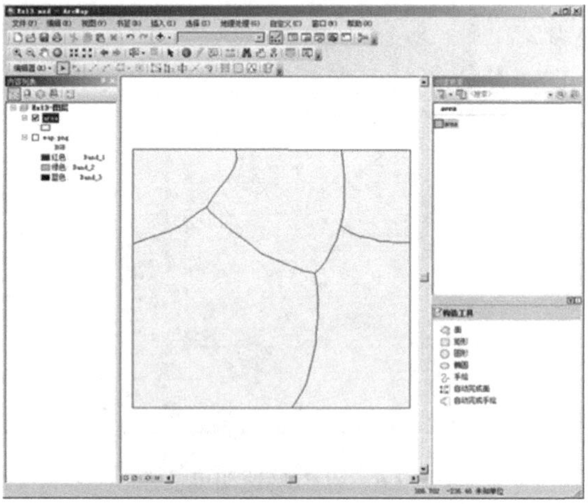

图 13.11　完成所有小面图形裁剪

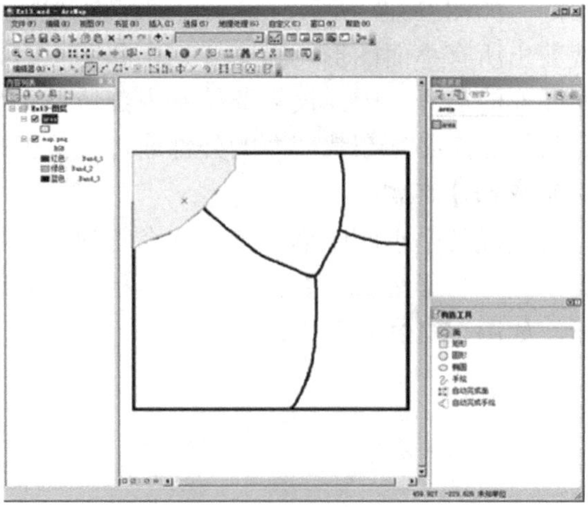

图 13.12　绘制某个小面图形

自动完成面，如图 13.13～图 13.16 所示，使用【自动完成面】工具，依次绘制出相邻的面图形，不必选中图形即可实现相邻面图形的构建。**注**：使用【自动完成面】工具时，起始点与终止点必须在当前面图形的内部或边上，否则会失败。

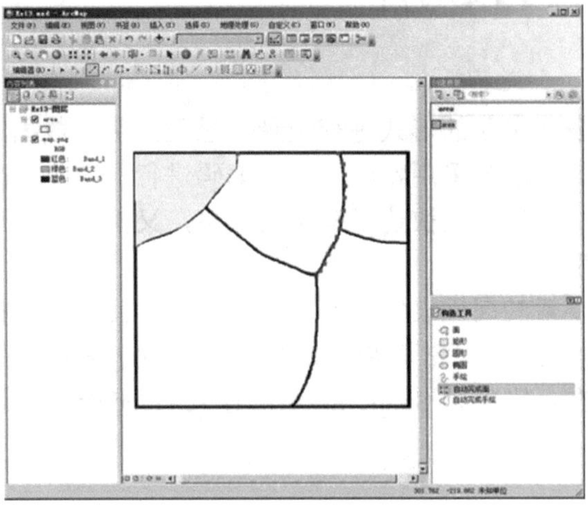

图 13.13　绘制图形边界

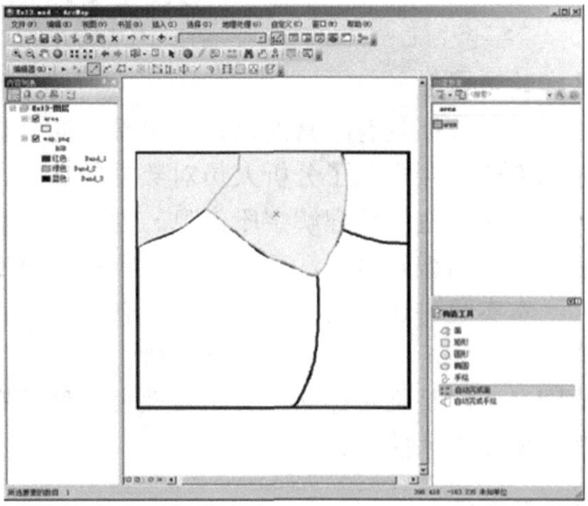

图 13.14　完成当前面的构建

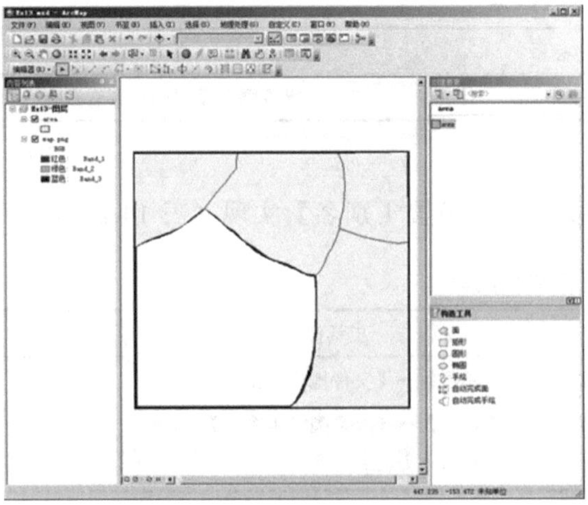

图 13.15　构建剩余图形

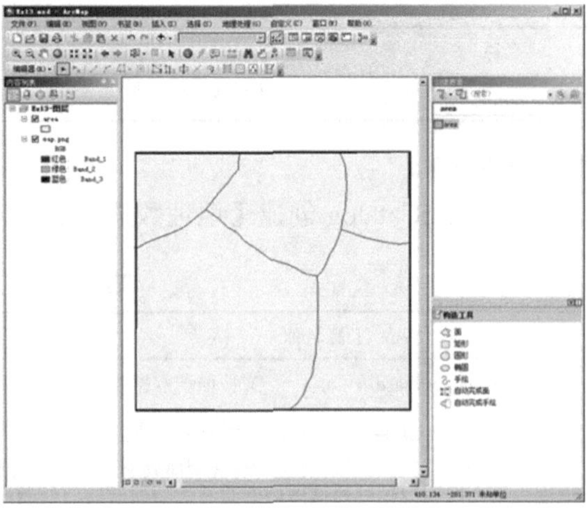

图 13.16　完成所有面图形的构建

实验 14　设置字段别名

【实验背景】

地理数据具有丰富的描述性信息，通常以表格字段的形式进行记录与呈现。字段数据的显示方式直接影响了分析人员对数据的认识，如字段名采用特定的格式编码进行命名时，分析人员无法直观地理解字段信息。为了便于数据分析人员快速了解字段信息，又不破坏原有字段名称的编码格式，可以借助字段别名来实现。

本实验讲述使用地理信息系统软件对矢量要素的属性表字段进行别名设置，使读者掌握该方法后便于更好地开展数据分析工作。要注意的是，对常规 Shapefile 图层属性表字段设置的别名，仅是临时存储，关闭属性表后便不存在，需要将 Shapefile 图层存入 Geodatabase 地理数据库中才能永久性保存。

【实验数据】

实验数据如表 14.1 所示。

表 14.1　实验数据

名称	格式	坐标系	说明
point	Shapefile 点要素	Unknown	字段别名设置的点要素数据

【解决方法】

使用 ArcCatalog 创建【地理数据库】并对要素字段设置【别名】实现（表 14.2）。

表 14.2　工具名称及位置

工具名称		工具位置
File Geodatabase	文件地理数据库	【右键菜单】→【新建】→【文件地理数据库】
Feature Class (single)	导入要素类	【右键菜单】→【导入】→【要素类（单个）】
Alias	修改字段别名	【属性】→【字段】→【别名】

【实验步骤】

1）新建地理数据库

如图 14.1 所示，打开 ArcCatalog，目录指定到存储文件夹“Ex14”下；右击文件夹选择【新建】→【文件地理数据库】，将新的地理数据库命名为“db.gdb”。

2）导入 Shapefile 图层至地理数据库

如图 14.2 所示，右击数据库 db，打开【导入】→【要素类（单个）】工具，【输入要素】设置为“point”，【输出位置】设置为“db.gdb”，【输出要素类】设置为“pt”；点击【确定】，将 point 图层存储至地理数据库中，如图 14.3 所示。

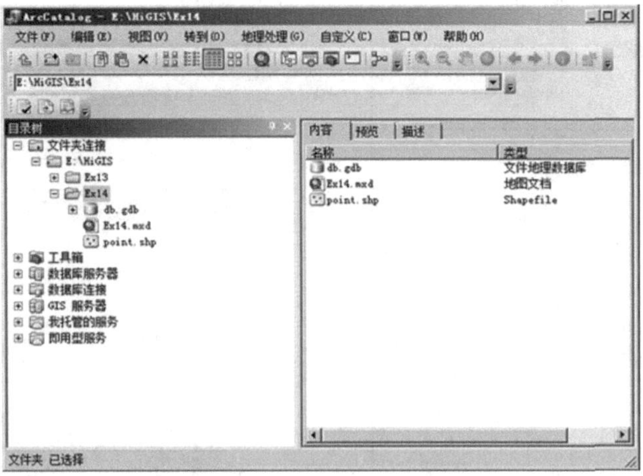

图 14.1　新建地理数据库

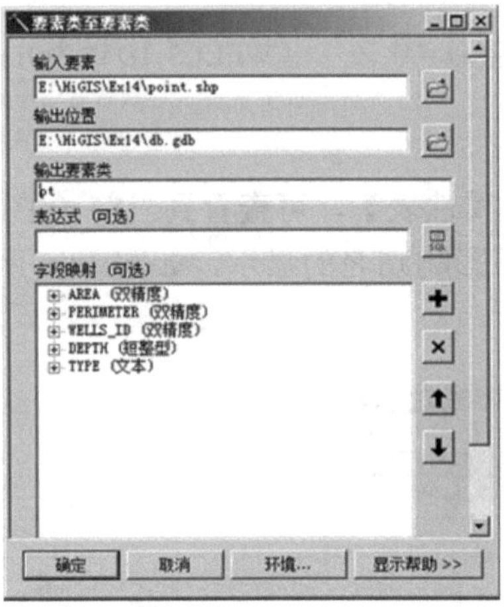

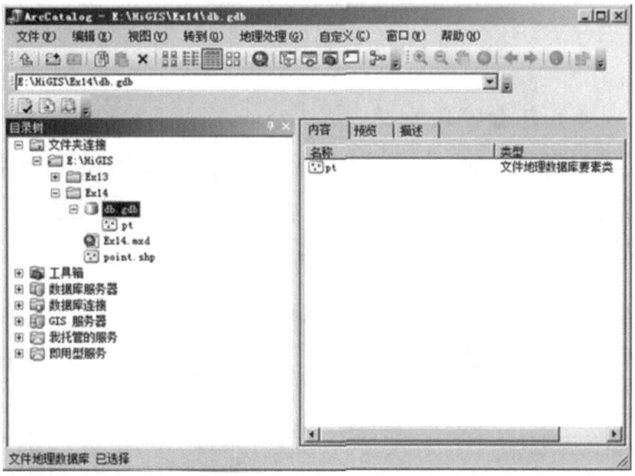

图 14.2　【要素类至要素类】工具参数设置　　　　　　　　图 14.3　导入结果

3）设置字段别名

双击 pt 要素类，打开【要素类属性】对话框，选择【字段】选项卡；选中【字段名】“AREA”后，在【字段属性】中将【别名】设置为“面积”，如图 14.4 所示；同理，将其余字段添加其中文别名；点击【确定】，完成别名参数的设置，如图 14.5 所示。**注**：选中某个字段名后，可以直接输入新字段名来重命名该字段。

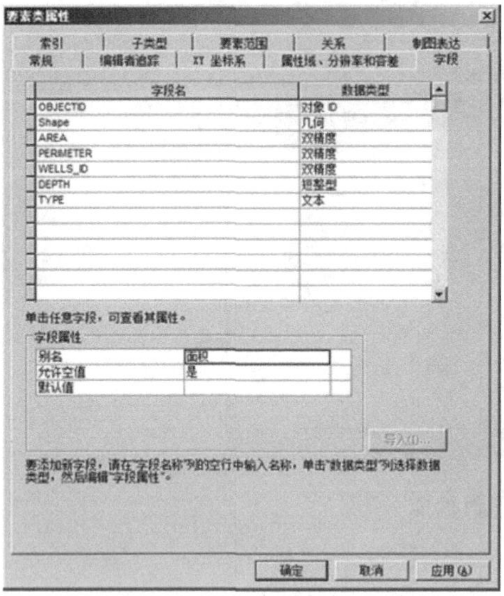

图 14.4　设置别名

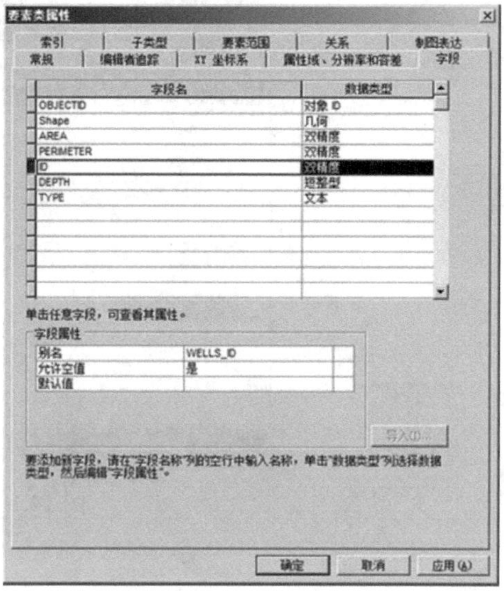

图 14.5　重命名字段（由 WELLS_ID 改为 ID）

4）查看字段别名

打开 ArcMap，添加 pt 要素类；右击图层选择【打开属性表】，可查看到当前 pt 图层的属性表中，字段名均以中文别名显示，且属性表的关闭不影响别名的显示，如图 14.6 所示。属性表的原始字段名如图 14.7 所示。

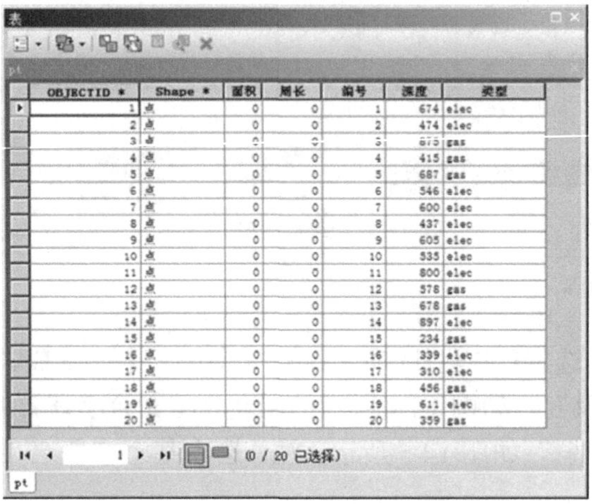

表

pt

OBJECTID *	Shape *	面积	周长	编号	深度	类型
1	点	0	0	1	674	elec
2	点	0	0	2	474	elec
3	点	0	0	3	875	gas
4	点	0	0	4	415	gas
5	点	0	0	5	687	gas
6	点	0	0	6	546	elec
7	点	0	0	7	600	elec
8	点	0	0	8	437	elec
9	点	0	0	9	605	elec
10	点	0	0	10	535	elec
11	点	0	0	11	800	elec
12	点	0	0	12	578	gas
13	点	0	0	13	678	gas
14	点	0	0	14	897	elec
15	点	0	0	15	234	gas
16	点	0	0	16	339	elec
17	点	0	0	17	310	elec
18	点	0	0	18	456	gas
19	点	0	0	19	611	elec
20	点	0	0	20	359	gas

(0 / 20 已选择)

pt

图 14.6　字段别名

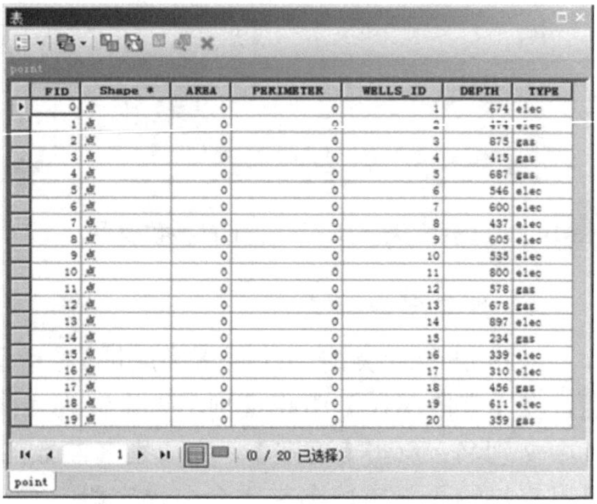

表

point

FID	Shape *	AREA	PERIMETER	WELLS_ID	DEPTH	TYPE
0	点	0	0	1	674	elec
1	点	0	0	2	474	elec
2	点	0	0	3	875	gas
3	点	0	0	4	415	gas
4	点	0	0	5	687	gas
5	点	0	0	6	546	elec
6	点	0	0	7	600	elec
7	点	0	0	8	437	elec
8	点	0	0	9	605	elec
9	点	0	0	10	535	elec
10	点	0	0	11	800	elec
11	点	0	0	12	578	gas
12	点	0	0	13	678	gas
13	点	0	0	14	897	elec
14	点	0	0	15	234	gas
15	点	0	0	16	339	elec
16	点	0	0	17	310	elec
17	点	0	0	18	456	gas
18	点	0	0	19	611	elec
19	点	0	0	20	359	gas

(0 / 20 已选择)

point

图 14.7　原始字段名

实验 15　设置字段属性域

【实验背景】

使用地理数据库对地理数据进行存储时，需要对所存储要素类的属性表进行字段设计，包括字段值的阈值范围、类型等，如字段的属性域类型包括“范围”和“编码的值”两种类型，“范围”限定了字段的有效值域区间，而“编码的值”限定了字段的唯一值列表。设定属性字段的阈值范围能够限定后续属性数据录入的标准性，使地理数据库能够得到有效的管理与组织，也便于后续对地理数据库进行分析。

本实验讲述使用地理信息系统软件对地理数据库的字段进行属性域设定的方法，设定标准为“编码的值”类型。读者通过实验练习，应能够理解字段属性域的设定方法，以及不同属性域类型之间的差异性，具备利用属性域对数据库进行存储管理的能力。

【实验数据】

实验数据如表 15.1 所示。

表 15.1　实验数据

名称	格式	坐标系	说明
road	FeatureClass 线要素类	Unknown	字段属性修改的线要素数据

【解决方法】

（1）使用【创建属性域】工具，对数据库创建属性域。

（2）使用【向属性域添加编码值】工具，设置属性域的编码值。

（3）设置要素类字段的属性域属性（表 15.2）。

表 15.2　工具名称及位置

工具名称		工具位置
File Geodatabase	文件地理数据库	【右键菜单】→【新建】→【文件地理数据库】
Create Domain	创建属性域	【属性】→【属性域】→【属性域名称】
Add Coded Value To Domain	向属性域添加编码值	【属性】→【属性域】→【属性域名称】→【编码值】
Assign Domain To Field	指定字段的属性域	【属性】→【字段名】→【字段属性】

【实验步骤】

1）创建地理数据库

打开 ArcCatalog 软件，将【目录】指定到存储数据库的目标文件夹；如图 15.1 所示，目录树中选择该文件夹后，在右侧空白处右击，选择【新建】→【文件地理数据库】，将新数据库命名为“db”；完成地理数据库的创建，如图 15.2 所示。**注**：文件地理数据库和个人地理数据库的区别在于存储数据的大小，个人地理数据库（*.mdb）是微软 Access 数据库，一般不超过 2G，而文件地理数据库（*.gdb）是 ESRI 自定义的数据库，存储容量非常大。

图 15.1　新建文件地理数据库

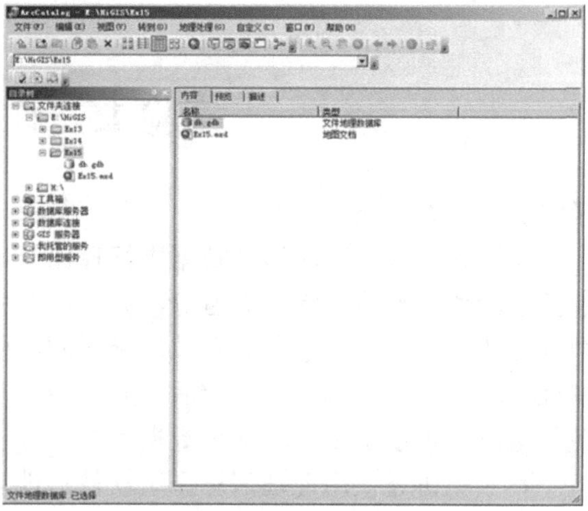

图 15.2　数据库文件

2）设置数据库属性域

右击 db 数据库文件，打开【数据库属性】对话框；如图 15.3 所示，选择【属性域】选项卡，在【属性域名称】列表中直接输入“road_type”，在对应的【描述】列表中添加该属性域的描述“the type of roads”；如图 15.4 所示，选中“road_type”属性域后，在【属性域属性】中设置“字段类型”为“长整型”，“属性域类型”为“编码值”；在【编码值】列表中，依次输入定义的【编码】及其【描述】，如图 15.5 所示；点击【确定】，完成以【编码值】类型为标准的属性域设置。**注：**【描述】列表内容将作为后续选项显示的值，而非具体的编码值；列表中发生输入错误时，可使用“Delete”键进行删除。

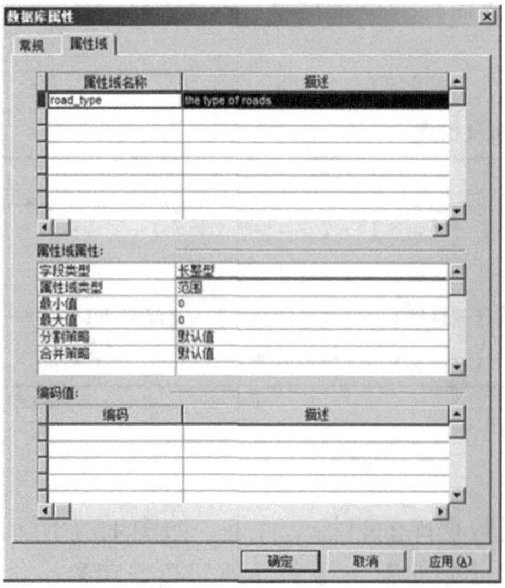

图 15.3　设置属性域名称和描述

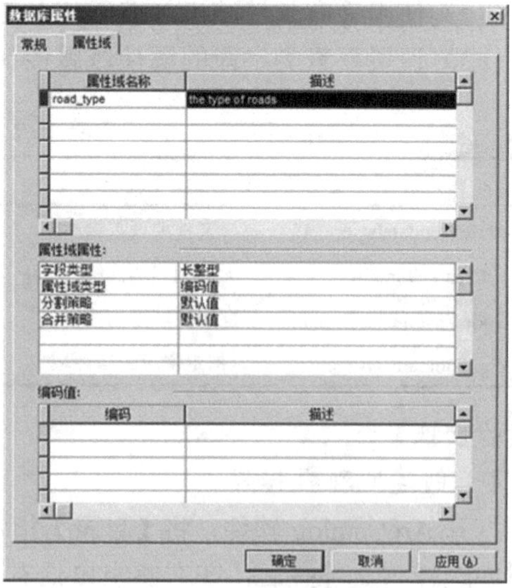

图 15.4　设置属性域类型

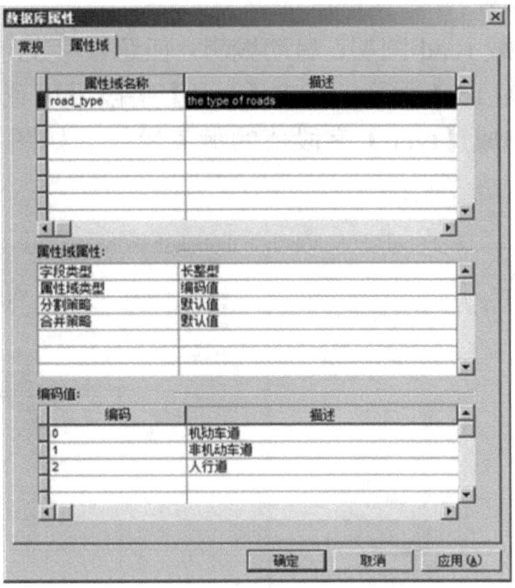

图 15.5　设置【编码】和【描述】

3）设置字段的属性域属性

如图 15.6 所示，右击“db”，选择【新建要素类】，设置图层【名称】为“road”，类型设置为“线要素”；坐标系设置为“Unknown”；默认，点击【下一步】；在【字段名】列表中添加字段“type”，【数据类型】设置为“长整型”，【字段属性】中设置“属性域”参数为“road_type”，如图 15.7 所示；点击【完成】，设置好线图层中 type 字段的属性域。**注：** 由于 road_type 属性域的字段类型是长整型，因此 type 字段的数据类型必须与其一致才能引用该属性域条件。

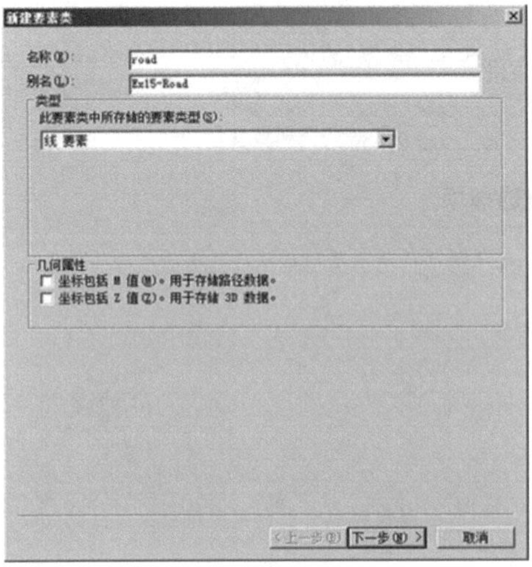

图 15.6　新建线要素类

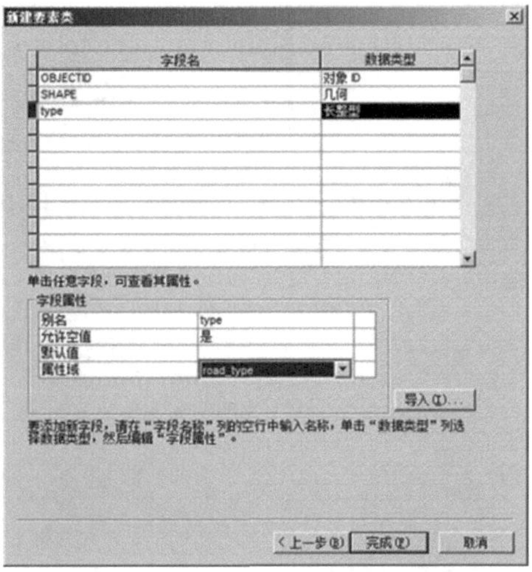

图 15.7　配置图层中字段的属性域参数

4）检验字段的属性选择项

打开 ArcMap 软件，加载 road 图层；启动编辑，任意数字化一条线要素，如图 15.8 所示；打开 road 图层属性表，如图 15.9 所示，点击【type】字段后可查看到已有属性域中定义的选择项，选择任意一个即可完成【type】字段值的赋值操作，如图 15.10 所示；停止编辑，保存编辑。

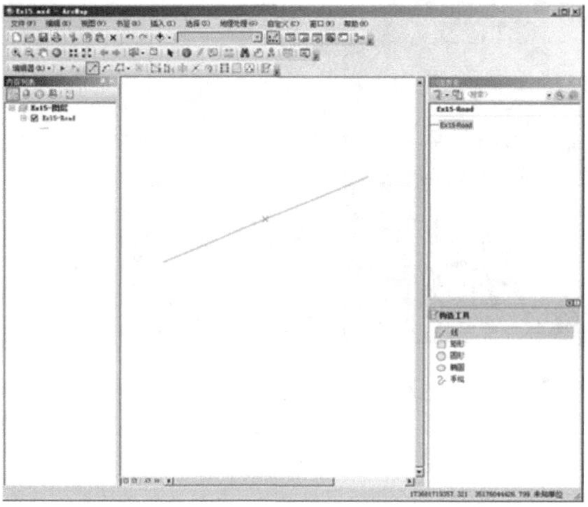

图 15.8　数字化线要素

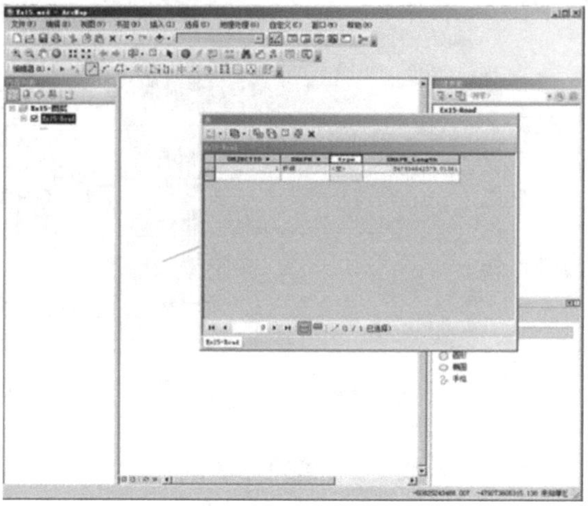

图 15.9　road 图层的属性表

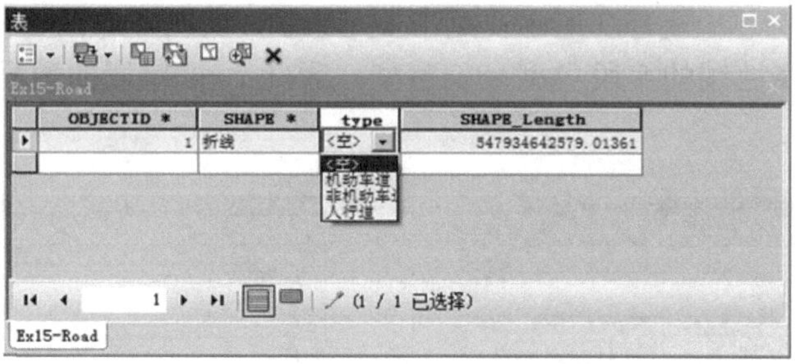

图 15.10　字段值选择项

实验 16　对字段自定义赋值

【实验背景】

地理信息数据的属性表以字段的形式记录了丰富的属性信息，与图形要素进行关联后具有巨大的分析价值，是地理信息数据的价值之一。该数据属性表中所存储的字段值，通常由数据采集人员以手动形式录入，是特定、单一的属性值。而在很多情况下，常常需要根据特定的规律，对字段进行自定义批量化赋值。

本实验讲述使用地理信息系统软件对字段进行自定义批量赋值的方法，字段的赋值规则为“字母+等差数列”，此处“等差数列”使用的是已有的序号字段。读者通过本实验的练习，应能够理解对字段进行批量、快速赋值操作的基本原理，熟练掌握使用已有字段值计算新字段值的方法。

【实验数据】

实验数据如表 16.1 所示。

表 16.1　实验数据

名称	格式	坐标系	说明
point	Shapefile 点要素	Unknown	字段计算的点要素数据

【解决方法】

（1）使用【添加字段】工具，添加新字段。

（2）使用【字段计算器】工具，输入计算公式，完成字段初始赋值。

（3）使用【计算字段】工具，输入计算公式，完成字段初始赋值（表 16.2）。

表 16.2　工具名称及位置

工具名称		工具位置
Add Field	添加字段	【属性表】→【表选项】→【添加字段】
Field Calculator	字段计算器	【右键菜单】→【字段计算器】
Calculate Field	计算字段	【ArcToolbox】→【数据管理工具】→【字段】→【计算字段】

【实验步骤】

1）创建新字段

右击 points 图层，打开属性表；打开【表选项】→【添加字段】对话框，新建字段【名称】设置为“Mark”，【类型】设置为“文本”，如图 16.1 所示；点击【确定】，完成创建。新字段结果如图 16.2 所示。

图 16.1　【添加字段】参数设置

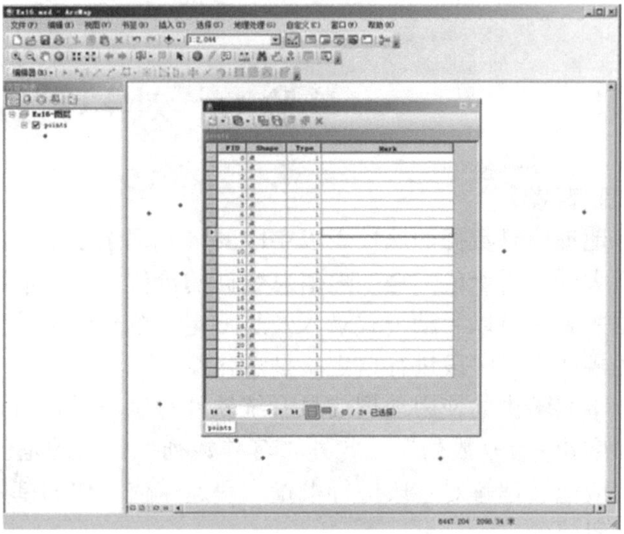

图 16.2　完成创建

2）字段赋初始值

右击 Mark 字段，打开【字段计算器】对话框；【解析程序】中勾选“Python”；在公式栏中填写公式“'ID'+str(!FID!)”，如图 16.3 所示；点击【确定】，完成字段赋值操作，结果如图 16.4 所示。**注**：由于属性表中“FID”字段为默认字段，其值为递增的等差数列，因此可直接借用该字段值作为新字段初始值的一部分，即数字部分；而字母部分则可使用“加”运算将两者进行连接得以实现。

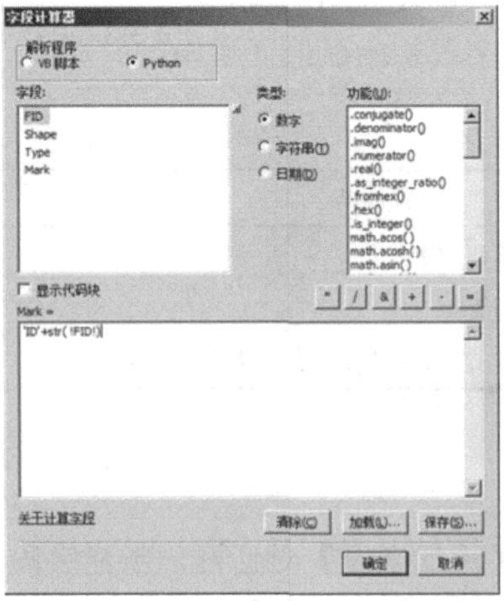

图 16.3　【字段计算器】参数设置

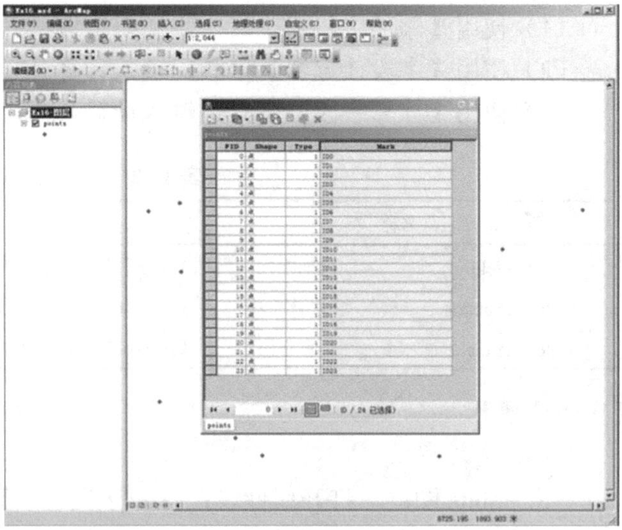

图 16.4　赋值结果

3）字段赋初始值

如图 16.5 所示，在 ArcToolbox 中，打开【数据管理工具】→【字段】→【计算字段】对话框，【输入表】设置为“points”，【字段名】设置为“Mark”，点击【字段计算器】

按钮，输入表达式“'ID'+str(!FID!)”，【表达式类型】选择“PYTHON_9.3”，如图 16.6 所示；点击【确定】，完成字段赋值操作，赋值结果如图 16.7 所示。注：与步骤 2）相似。

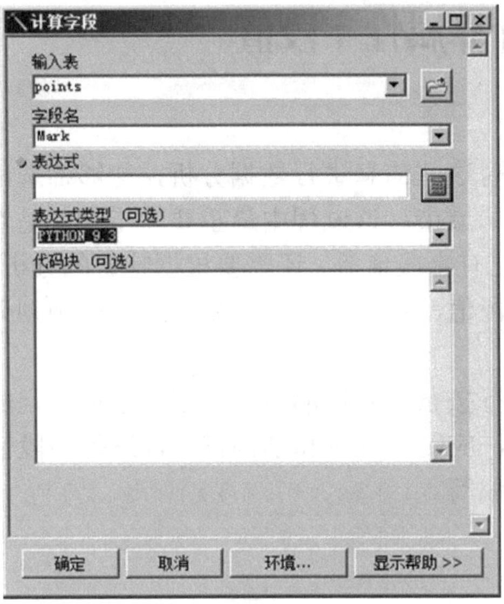

图 16.5　【计算字段】参数设置

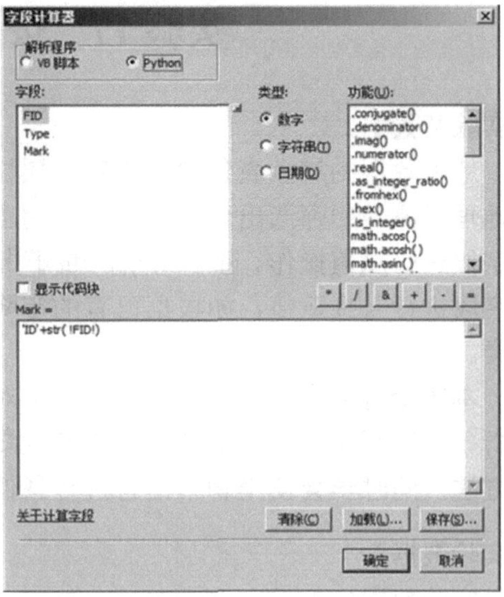

图 16.6　字段计算器

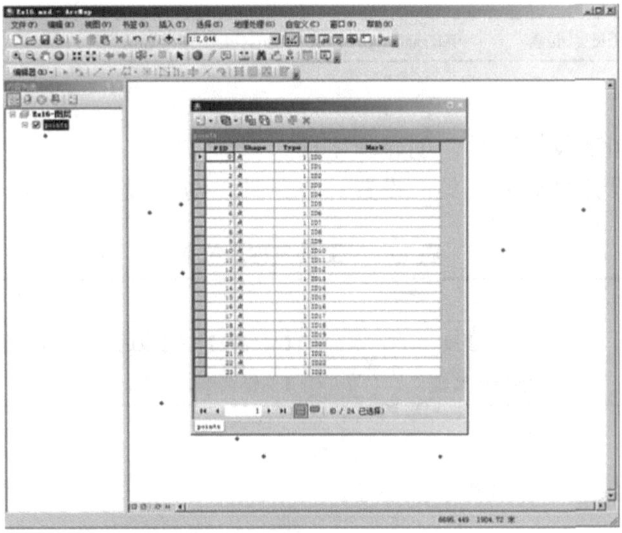

图 16.7　赋值结果

实验 17　按条件计算属性字段值

【实验背景】

地理数据的属性表包含了丰富的属性信息，对这些信息进行数据分析，能够筛选出特定的地理对象，如筛选出全国年降水量超出平均值的城市。该过程中最重要的步骤就是对属性表字段进行赋值操作。除了常规的赋予指定值、已有字段值等，还需要根据特定的分析条件，对字段进行条件赋值，如根据已有的年降水量字段值，对全国各城市要素进行类别划分或值分类。

本实验讲述使用地理信息系统软件对字段进行按条件赋值的方法，字段根据设定的不同分析条件进行属性值的赋予。读者通过实验练习，应能够理解和掌握按条件进行字段值的赋予方法，同时学会使用脚本语言进行条件函数的编写。

【实验数据】

实验数据如表 17.1 所示。

表 17.1　实验数据

名称	格式	坐标系	说明
points	Shapefile 点要素	Krasovsky_1940_Transverse_Mercator	用于实验的点数据

【解决方法】

（1）使用【添加字段】工具，创建新字段。

（2）使用【字段计算器】工具，设置计算条件，对字段赋值（表 17.2）。

表 17.2　工具名称及位置

工具名称		工具位置
Add Field	添加字段	【属性表】→【表选项】→【添加字段】
Field Calculator	字段计算器	【右键菜单】→【字段计算器】

【实验步骤】

1）新建分类字段

如图 17.1 所示，打开 points 图层属性表，添加短整型字段“type”；type 字段默认的初始值为 0。新字段如图 17.2 所示。

2）对字段进行赋值

右击 type 字段，打开【字段计算器】对话框，【解析程序】选择“Python”，勾选【显示代码块】；本例对 value 字段的分类规则：“value<0.2，type=1；0.2<=value<0.8，type=2；value>0.8，type=3”，判断脚本如图 17.3 所示；根据该规则，在【预逻辑脚本代码】编写对应 Python 执行代码；设置【type=】“typeFunc(!value!)”；其中，typeFunc 为执行 type 分类的函数，!value!为原始属性表中的 value 字段，如图 17.4 所示；点击【确定】，得到赋值完成的 type 字段，赋值结果如图 17.5 所示。注：具体情况可自定义 If 结构的判断条件。

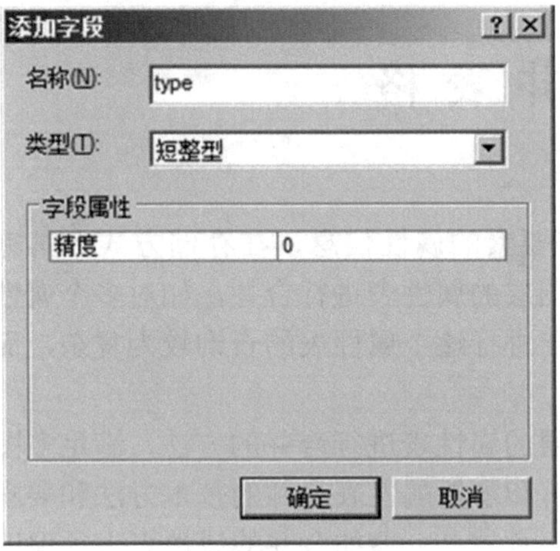

图 17.1　添加字段 type

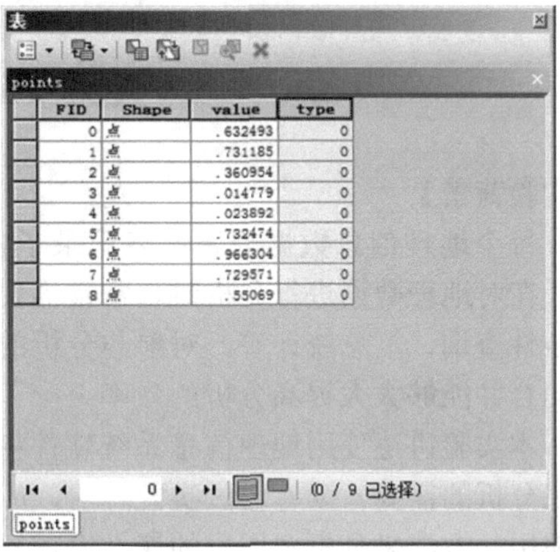

图 17.2　完成添加

```
def typeFunc(value):
    if value < 0.2:                        # 自定义判断条件
        return 1                           # 自定义给 type 字段赋的值
    elif value >= 0.2 and value < 0.8:     # 自定义判断条件
        return 2                           # 自定义给 type 字段赋的值
    else:                                  # 自定义判断条件
        return 3                           # 自定义给 type 字段赋的值
```

图 17.3　判断脚本

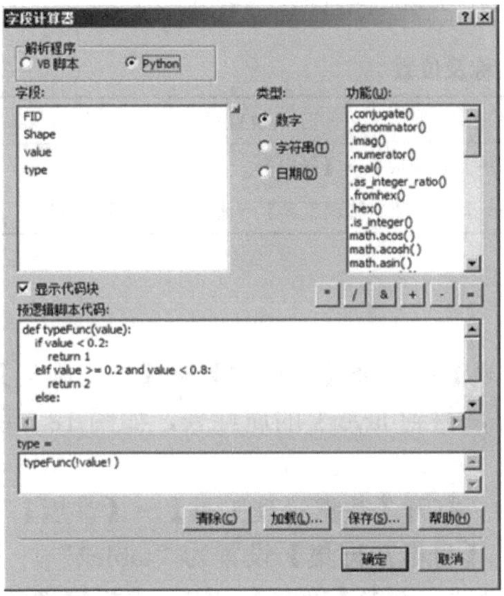

图 17.4　【字段计算器】参数设置

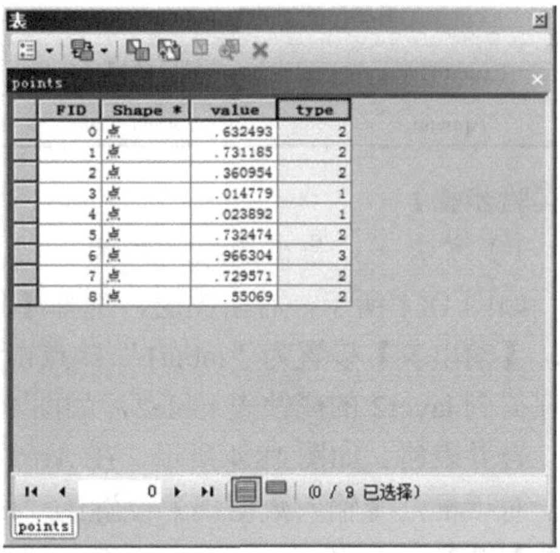

图 17.5　计算结果

实验18　合 并 表 格

【实验背景】

每个地理信息数据的属性表记录了各自图层要素的属性信息，在存储方式上具有独立性。在对地理数据进行分析时，常常需要对多个图层的属性表进行合并，如对多个属性表进行条件查询、汇总统计等。对参与分析的各个图层进行逐个属性表的查询较为复杂，而属性表的合并能够大大提高分析的效率。

本实验讲述使用地理信息系统软件将多个图层的属性表进行合并的方法，满足多图层属性表分析的需要。读者通过实验练习，应能够理解和掌握属性表合并的基本方法和要求，学会使用此方法来分析多图层的属性表信息。需要注意的是，参加合并的属性表必须保证各自的字段结构严格一致。

【实验数据】

实验数据如表 18.1 所示。

表 18.1　实验数据

名称	格式	坐标系	说明
Layer1	Shapefile 面要素	Unknown	属性表的源图层
Layer2	Shapefile 面要素	Unknown	属性表的源图层

【解决方法】

（1）使用【导出】工具，选择源图层，导出表数据。

（2）使用【追加】工具，设置需合并的表格，实现表格合并（表 18.2）。

表 18.2　工具名称及位置

工具名称		工具位置
Export Data	导出数据	【属性表】→【表选项】→【导出】
Append	追加	【ArcToolbox】→【数据管理工具】→【常规】→【追加】

【实验步骤】

1）*方法一：导出图层属性表*

如图 18.1 所示，右击图层，选择【打开属性表】；选择【表选项】→【导出数据】对话框，【输出表】设置为“table1”；点击【确定】，得到 layer1 的属性表，如图 18.2 所示，同理得到 layer2 的属性表 table2，如图 18.3 所示。

合并表格。如图 18.4 所示，在 ArcToolbox 中，打开【数据管理工具】→【常规】→【追加】对话框，【输入数据集】设置为“table1”，【目标数据集】设置为“table2”，【方案类型】设置为“NO_TEST”，【字段映射】默认设置；点击【确定】，实现表格属性的合并，结果如图 18.5 所示。**注**：合并完成后，table1 和 table2 的所有记录都存储在 table2 中。

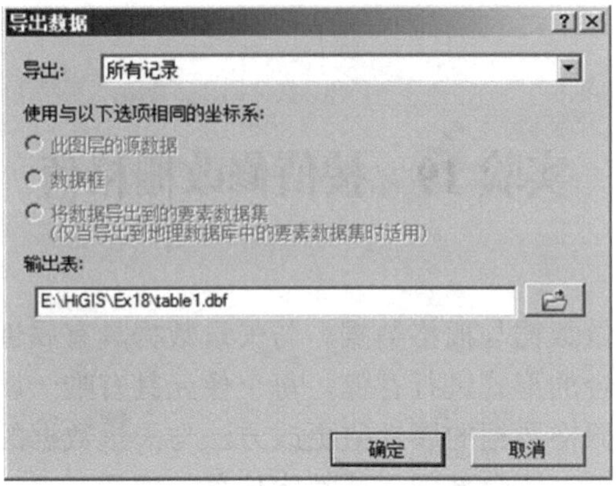

图 18.1　【导出数据】参数设置

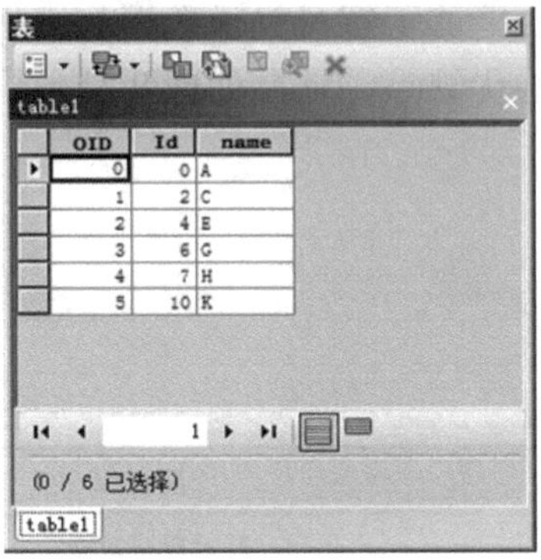

图 18.2　table1 属性

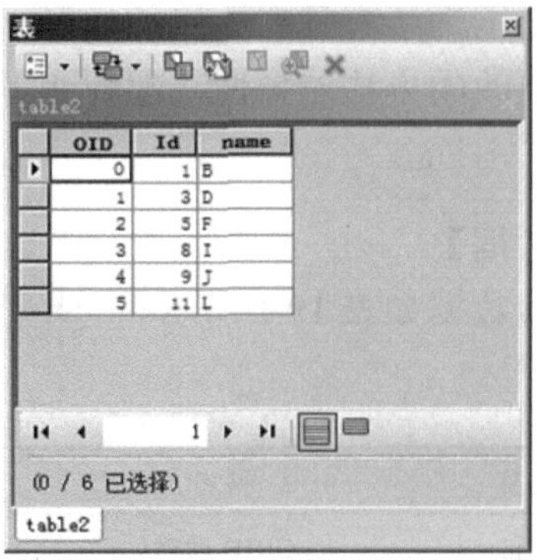

图 18.3　table2 属性

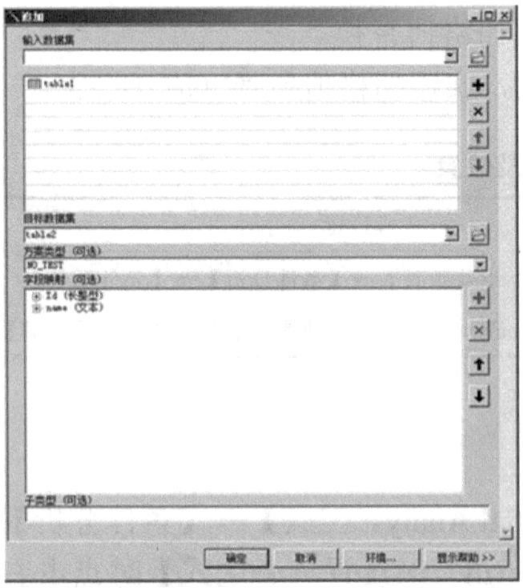

图 18.4　【追加】参数设置

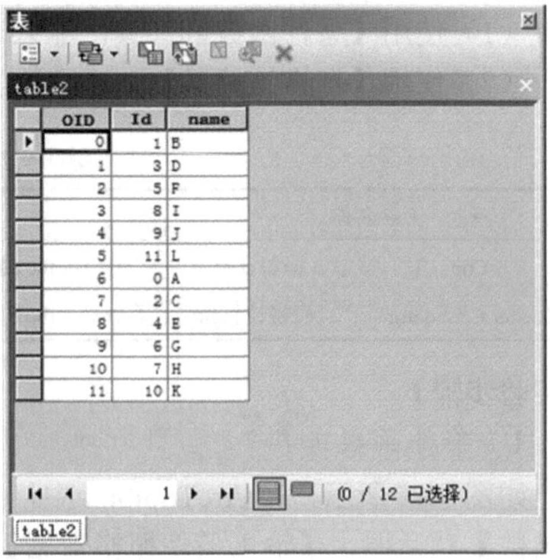

图 18.5　合并结果表

2）方法二：使用合并工具合并表格

在 ArcToolbox 中，打开【数据管理工具】→【常规】→【合并】对话框，【输入数据集】设置为“table1”和“table2”，【字段映射】采用默认设置，【输出表格】设置为“table3”；运行【合并】，实现表格属性的合并。

实验19　按值修改栅格值

【实验背景】

地理信息数据包括矢量数据与栅格数据。与矢量数据具有属性表所不同的是，栅格数据以属性值与图层像元相结合的形式进行存储，每个像元具有唯一属性值，而同一个属性值可能包含多个像元。因此，栅格数据的属性值更改方法与矢量数据的更改方法存在差异，需要考虑属性值对应的像元范围，即全部像元或特定位置的像元。

本实验讲述使用地理信息系统软件对栅格数据进行按值修改属性值的方法，属性值更改的像元范围为所有具有该值的像元。读者通过练习，应能够了解对矢量数据与栅格数据进行属性值更改的方法差异性，理解两者数据结构的差异与优缺点，掌握处理两种数据属性值的方法。

【实验数据】

实验数据如表19.1所示。

表19.1　实验数据

名称	格式	坐标系	说明
grid	GRID 栅格	Unknown	原始栅格数据

【解决方法】

（1）使用【条件函数】工具，输入公式，实现栅格值替换。

（2）使用【栅格计算器】Con函数，输入参数，实现栅格值替换（表19.2）。

表19.2　工具名称及位置

工具名称		工具位置
Con	条件函数	【ArcToolbox】→【Spatial Analyst 工具】→【条件分析】→【条件函数】
Raster Calculator	栅格计算器	【ArcToolbox】→【Spatial Analyst 工具】→【地图代数】→【栅格计算器】

【实验步骤】

1）条件函数工具

如图19.1所示，在ArcToolbox中，打开【Spatial Analyst 工具】→【条件分析】→【条件函数】对话框，【输入条件栅格数据】设置为“grid”；设置【表达式】时点击右侧按钮打开【查询构建器】窗口，输入【表达式】："Value" =3；设置【输入条件为 true 时所取的栅格数据或常量值】为“4”，【输入条件为 false 时所取的栅格数据或常量值】为原始值；点击【确定】，得到更新后的栅格，如图19.2所示。

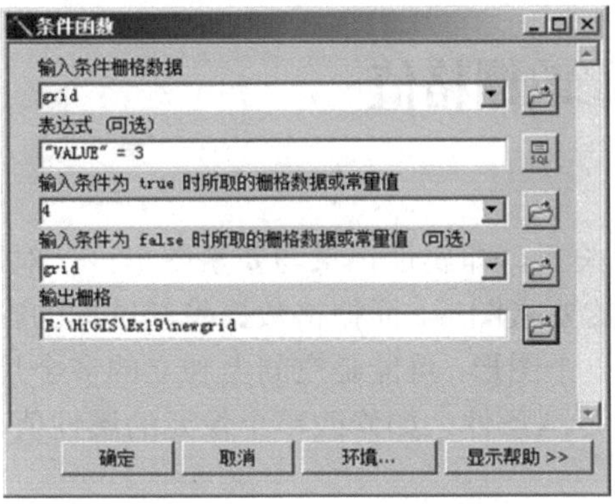

图 19.1　【条件函数】参数设置

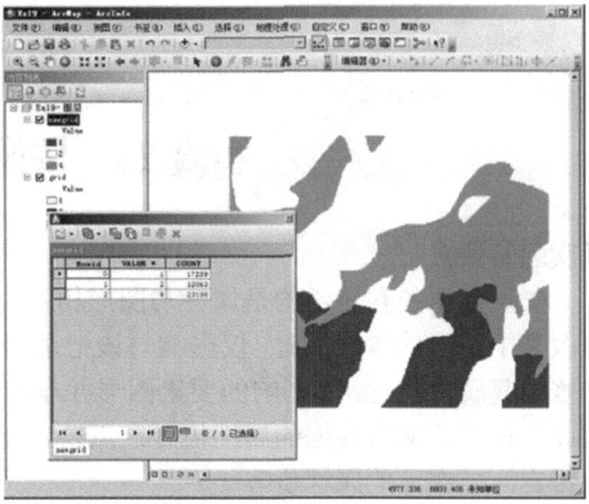

图 19.2　更新后栅格

2）栅格计算器中 Con 函数

如图 19.3 所示，在 ArcToolbox 中，打开【Spatial Analyst 工具】→【地图代数】→【栅格计算器】对话框，输入表达式：Con("grid" ==3,4, “grid”)；点击【确定】，得到更新后的栅格，如图 19.4 所示。

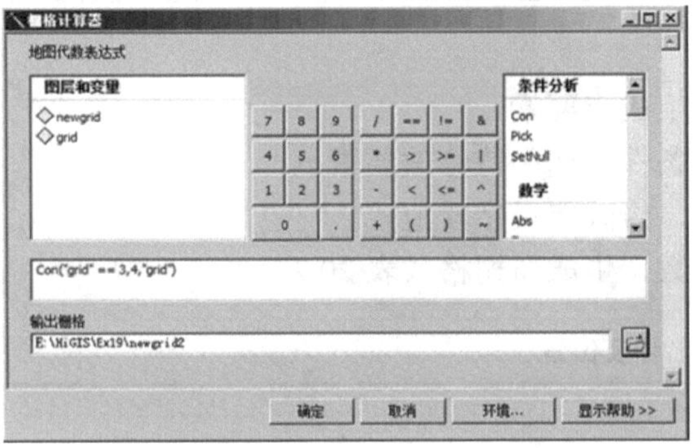

图 19.3　栅格计算器 Con 函数

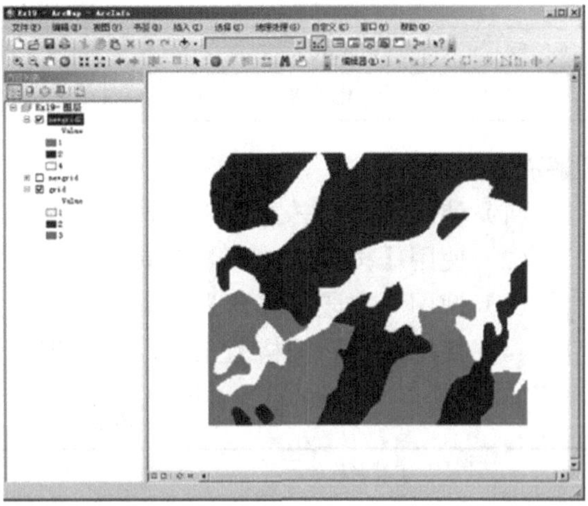

图 19.4　更新后栅格

实验 20　按像元修改栅格值

【实验背景】

矢量数据的存储结构是属性与图形相互对应的关系，即属性记录与要素图形一一对应。修改某个图形的属性值时，仅影响与该记录相对应的要素图形。而栅格数据受其结构的影响，在修改其属性值时，受影响的要素图形并非特定的一个图形，可能是空间上独立的多个片区。因此，在修改栅格数据的属性值时，需要考虑像元范围条件，如修改单个像元的属性值、修改特定区域像元的属性值等。

本实验讲述使用地理信息系统软件对栅格数据按像元进行属性值修改的方法，被修改的像元是指定的单个像元。读者通过练习，应能够理解按像元修改栅格数据的原理，掌握基于像元和基于全栅格修改值的方法差异。

【实验数据】

实验数据如表 20.1 所示。

表 20.1　实验数据

名称	格式	坐标系	说明
dem	GRID 栅格	Krasovsky_1940_Transverse_Mercator	原始栅格数据

【解决方法】

（1）使用【栅格转点】工具，输入栅格，生成点要素。

（2）使用【按属性选择】工具，设置选择条件，选中待修改要素点。

（3）使用【字段计算器】工具，输入公式，修改要素字段值。

（4）使用【点转栅格】工具，设置工具参数，生成新栅格（表 20.2）。

表 20.2　工具名称及位置

工具名称		工具位置
Raster To Point	栅格转点	【ArcToolbox】→【转换工具】→【由栅格转出】→【栅格转点】
Select By Attribute	按属性选择	【属性表】→【表选项】→【按属性选择】
Field Calculator	字段计算器	【属性表】→【字段计算器】
Point To Raster	点转栅格	【ArcToolbox】→【转换工具】→【转为栅格】→【点转栅格】

【实验步骤】

1）栅格转点要素

如图 20.1 所示，在 ArcToolbox 中，打开【转换工具】→【由栅格转出】→【栅格转点】对话框，【输入栅格】设置为“grid”，【字段】设置为“VALUE”，【输出点要素】设置为“pt”；点击【确定】，得到点要素，如图 20.2 所示。**注：**该点要素为每个格网的中心点，每个格网的值被写入点要素的属性表中，即字段 GRID_CODE，如图 20.3 所示。

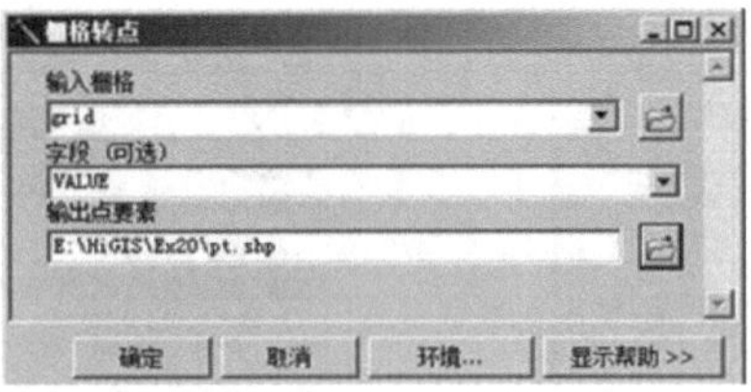

图 20.1　【栅格转点】参数设置

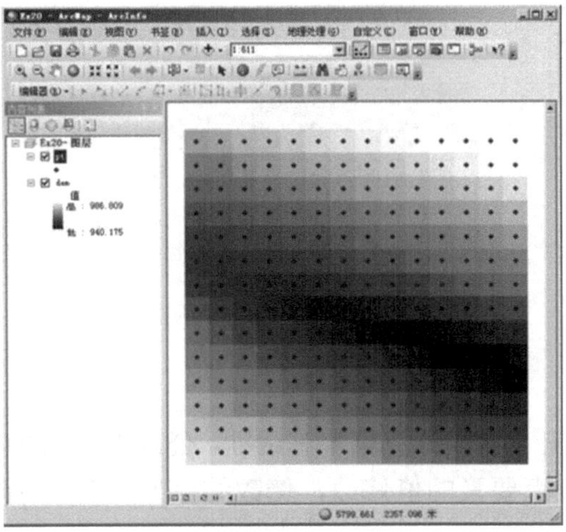

图 20.2　点要素

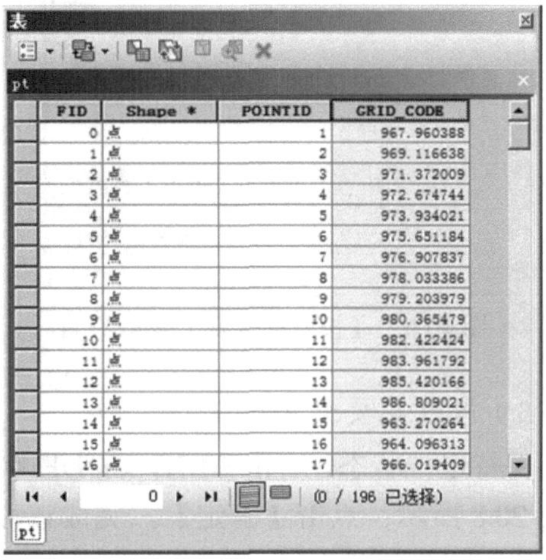

FID	Shape *	POINTID	GRID_CODE
0	点	1	967.960388
1	点	2	969.116638
2	点	3	971.372009
3	点	4	972.674744
4	点	5	973.934021
5	点	6	975.651184
6	点	7	976.907837
7	点	8	978.033386
8	点	9	979.203979
9	点	10	980.365479
10	点	11	982.422424
11	点	12	983.961792
12	点	13	985.420166
13	点	14	986.809021
14	点	15	963.270264
15	点	16	964.096313
16	点	17	966.019409

图 20.3　点要素的栅格值字段

2）选中待修改值的点要素

双击 dem 图层，打开属性对话框，选择【源】选项卡，查询栅格数据的行数和列数为 14 和 14，如图 20.4 所示；由此可计算得到第 8 行第 6 列的栅格对应的点要素 FID 为“（8–1）×14+（6–1）=103”；对点图层按照 FID 字段进行标注，如图 20.5 所示；右击点要素，选择【打开属性表】；打开【表选项】→【按属性选择】对话框，输入公式："FID" = 103，如图 20.6 所示；点击【应用】，选中待修改值的点要素，如图 20.7 所示。

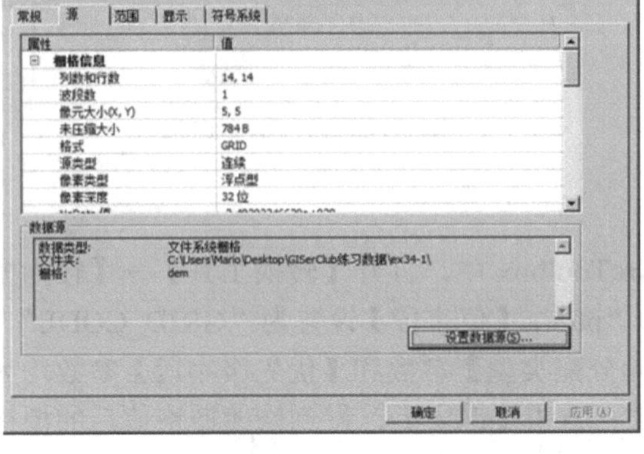

图 20.4　栅格图层【源】属性

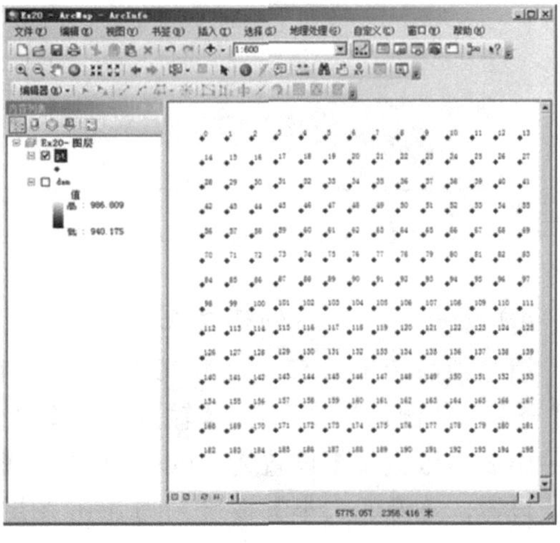

图 20.5　对点要素进行 FID 标注

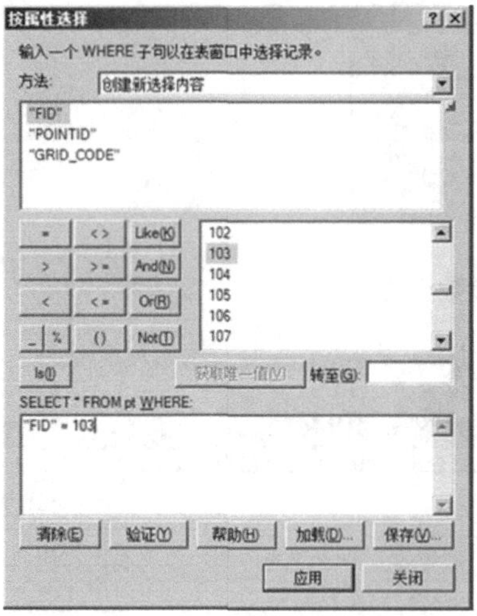

图 20.6　【按属性选择】参数设置

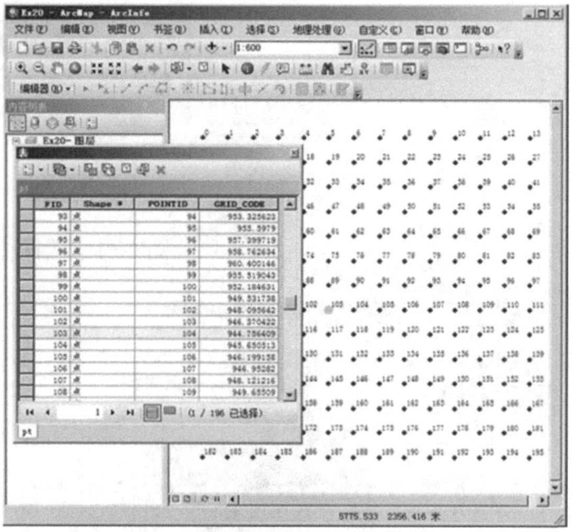

图 20.7　选中待修改值的点要素

3）修改点要素字段值

保持选中状态，右击 GRID_CODE 字段，打开【字段计算器】对话框，公式设置为“0”，如图 20.8 所示；点击【确定】，完成该栅格对应点要素的值修改，修改结果如图 20.9 所示。

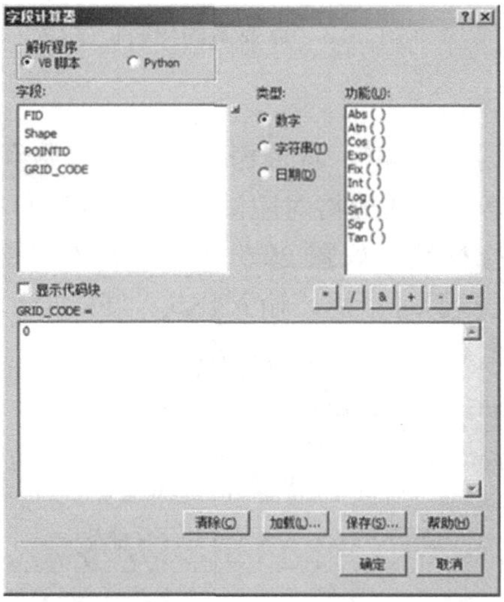

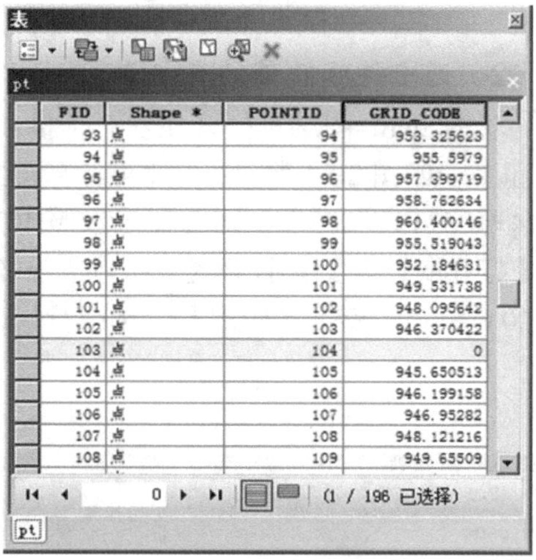

图 20.8　【字段计算器】参数设置　　　　图 20.9　修改后字段值

4）生成修改值后的栅格图层

清空当前选中状态；如图 20.10 所示，在 ArcToolbox 中，打开【转换工具】→【转为栅格】→【点转栅格】对话框，【输入要素】设置为“pt”，【值字段】设置为“GRID_CODE”，【输出栅格数据集】设置为“newdem”，【像元分配类型】参数和【优先级字段】参数均为默认设置，【像元大小】设置为与 dem 图层一致；点击【确定】，得到修改栅格值后的栅格图层，如图 20.11 所示。

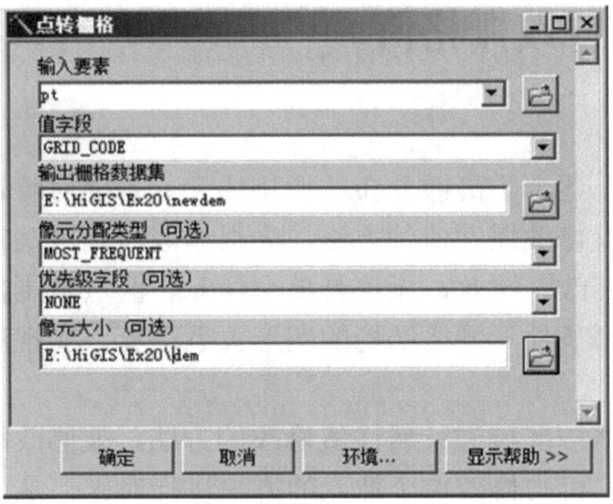

图 20.10　【点转栅格】参数设置

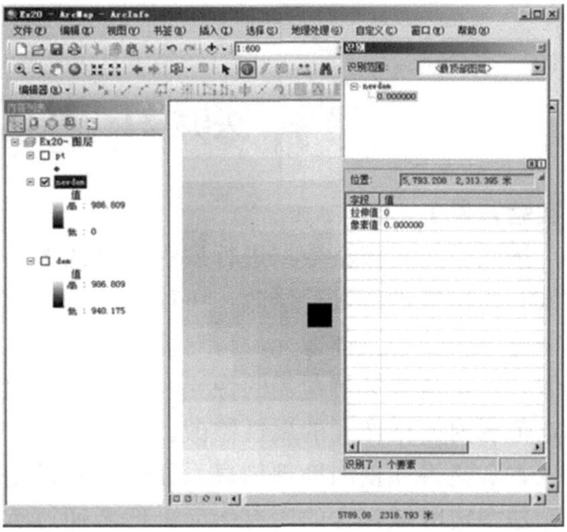

图 20.11　查询修改后的栅格值

实验 21　按区域修改栅格值

【实验背景】

按照像元对栅格数据进行属性值修改的方法，适合于离散分布的栅格像元。若要对特定区域的栅格属性值进行修改，可以借助按像元位置修改属性值的方法，先根据区域范围确定所需修改属性的具体像元，再对像元进行属性值修改。因此，无论是单个像元、区域范围内的像元，还是被条带覆盖的像元，均可以通过范围条件与栅格结构的图形关系运算，实现所指定范围内栅格像元的属性修改。

本实验讲述使用地理信息系统软件对栅格数据按区域进行属性值修改的方法，被修改的像元是指定区域包含的所有像元。读者通过练习，可与修改单个像元的方法进行对比，从而掌握不同的基于像元修改属性值的方法。

【实验数据】

实验数据如表 21.1 所示。

表 21.1　实验数据

名称	格式	坐标系	说明
area	Shapefile 面要素	Unknown	用于限定修改值的范围
dem	GRID 栅格	Unknown	原始栅格数据

【解决方法】

（1）使用【面转栅格】工具，将矢量面要素转为栅格数据。

（2）使用【栅格计算器】工具，输入公式，计算修改的目标值。

（3）使用【镶嵌至新栅格】工具，设置参数，修改原始栅格（表 21.2）。

表 21.2　工具名称及位置

工具名称		工具位置
Polygon To Raster	面转栅格	【ArcToolbox】→【转换工具】→【转为栅格】→【面转栅格】
Raster Calculator	栅格计算器	【ArcToolbox】→【Spatial Analyst 工具】→【地图代数】→【栅格计算器】
Mosaic To New Raster	镶嵌至新栅格	【ArcToolbox】→【数据管理工具】→【栅格】→【栅格数据集】→【镶嵌至新栅格】

【实验步骤】

1）区域面要素转栅格

如图 21.1 所示，在 ArcToolbox 中，打开【转换工具】→【转为栅格】→【面转栅格】对话框，【输入要素】设置为“area”，【值字段】设置为“FID”，【输出栅格数据集】设置为“raster”，【像元大小】设置与 dem 一致；其余参数默认；点击【确定】，得到矢量面要素生成的栅格数据，值为“0”，如图 21.2 所示。注：由于生成的栅格数据值为 FID，可计算调整为修改的目标值。

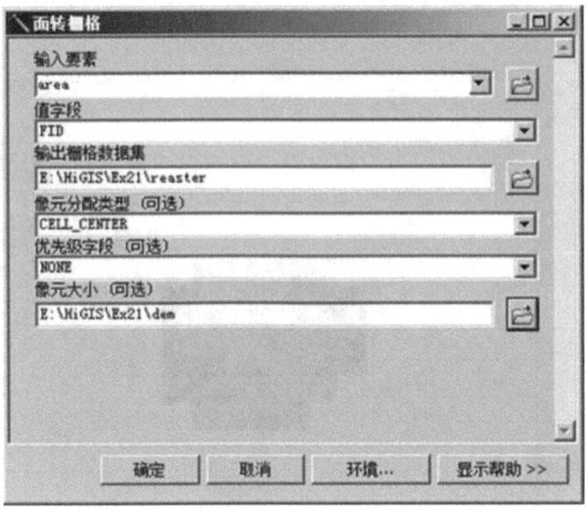

图 21.1　【面转栅格】参数设置

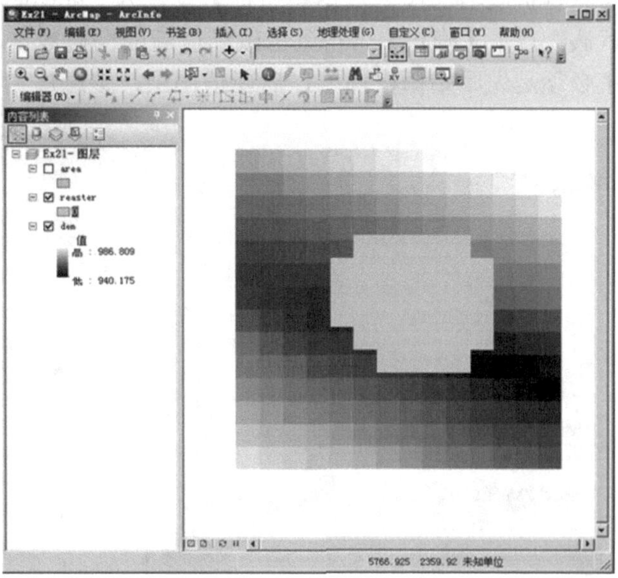

图 21.2　面范围栅格图层

2）计算修改的目标值

如图 21.3 所示，打开【Spatial Analyst 工具】→【地图代数】→【栅格计算器】对话框，输入公式："raster" + 10，【输出栅格】设置为“newvalue”；点击【确定】，得到值为 10 的目标栅格，如图 21.4 所示。

图 21.3　【栅格计算器】参数设置

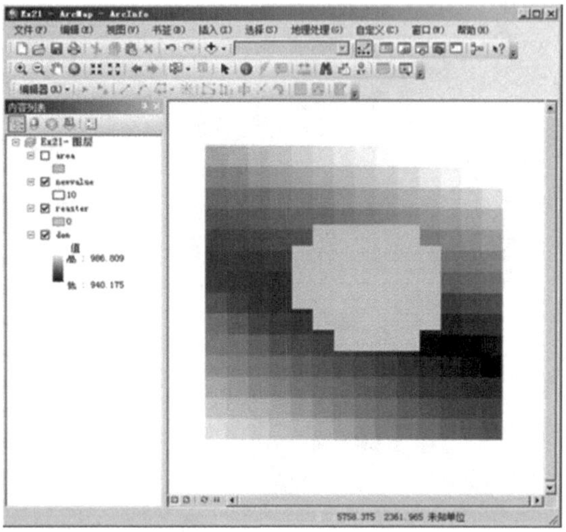

图 21.4　新值栅格图层

3）修改原始栅格

如图 21.5 所示，打开【数据管理工具】→【栅格】→【栅格数据集】→【镶嵌至新栅格】

对话框，依次输入栅格图层“dem”和“newvalue”，【输出位置】指定到“文件夹 Ex21”，【具有扩展名的栅格数据集名称】设置为“newdem”，【波段数】设置为“1”，其余参数默认；点击【确定】，得到修改新值后的栅格数据，如图 21.6 所示。**注：**输入栅格图层的顺序必须是先原始栅格图层，后新值图层，该顺序由参数【镶嵌运算符】决定。

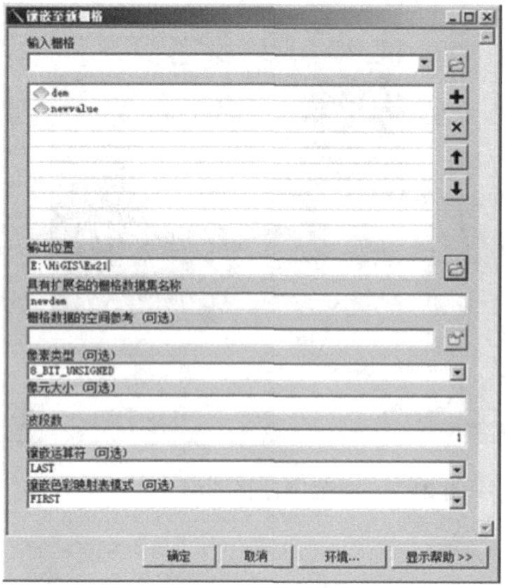

图 21.5　【镶嵌至新栅格】参数设置

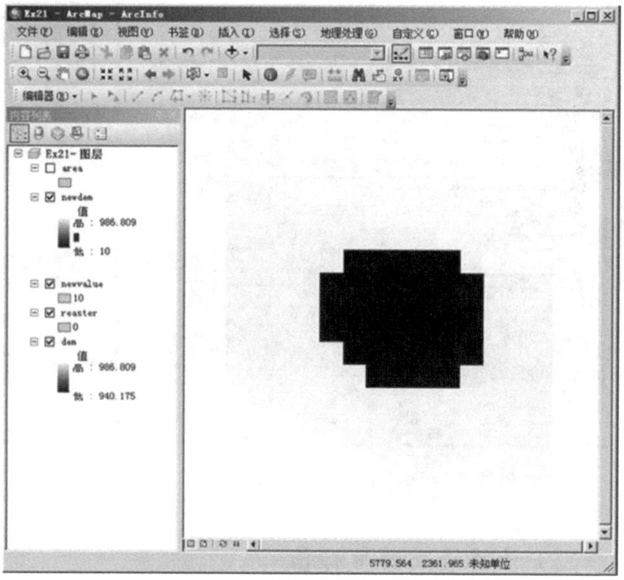

图 21.6　修改后新栅格图层

实验 22　NoData 数据处理

【实验背景】

NoData 数据是栅格数据中的一个特殊值，即属性值为空，代表该像元位置处不存在任何值。因此，在众多分析过程中，具有 Nodata 值的栅格像元不参与运算操作，故而无法使用修改栅格像元值的常规方法来处理 NoData 数据，需要借助条件判断、叠加合并、格式转换等方法来处理。

本实验讲述使用地理信息系统软件对栅格数据中的 NoData 数据进行处理的三种有效方法，每种方法具有各自的优缺点，读者可以通过实验练习，理解和掌握不同方法的优缺点。

【实验数据】

实验数据如表 22.1 所示。

表 22.1　实验数据

名称	格式	坐标系	说明
dem	GRID 栅格	Krasovsky_1940_Transverse_Mercator	用于数据处理的栅格数据

【解决方法】

（1）使用【栅格计算器】工具，设置条件参数，更新栅格值。

（2）使用【重分类】工具，设置工具参数，对栅格值重分类。

（3）使用【镶嵌至新栅格】工具，合并新栅格与原始栅格图层，完成赋值。

（4）使用【栅格转 ASCII】工具，设置工具参数，将原栅格文件转为 ASCII 文件。

（5）使用【ASCII 转栅格】工具，设置工具参数，将修改后的 ASCII 文件转为栅格文件（表 22.2）。

表 22.2　工具名称及位置

工具名称		工具位置
Raster Calculator	栅格计算器	【ArcToolbox】→【Spatial Analyst 工具】→【地图代数】→【栅格计算器】
Reclassify	重分类	【ArcToolbox】→【Spatial Analyst 工具】→【重分类】→【重分类】
Mosaic To New Raster	镶嵌至新栅格	【ArcToolbox】→【数据管理工具】→【栅格】→【栅格数据集】→【镶嵌至新栅格】
Raster To ASCII	栅格转 ASCII	【ArcToolbox】→【转换工具】→【由栅格转出】→【栅格转 ASCII】
ASCII To Raster	ASCII 转栅格	【ArcToolbox】→【转换工具】→【转为栅格】→【ASCII 转栅格】

【实验步骤】

1）方法一：条件赋值

如图 22.1 所示，在 ArcToolbox 中，打开【Spatial Analyst 工具】→【地图代数】→【栅格计算器】对话框，输入公式：Con(IsNull("dem"),1,"dem")；点击【确定】，得到对 NoData

进行赋值为 1 后的栅格数据，如图 22.2 所示。**注：**Con 函数中，第一个参数为条件判断，第二个参数为判断为 True 时的值，第三个参数为判断为 False 时的值。

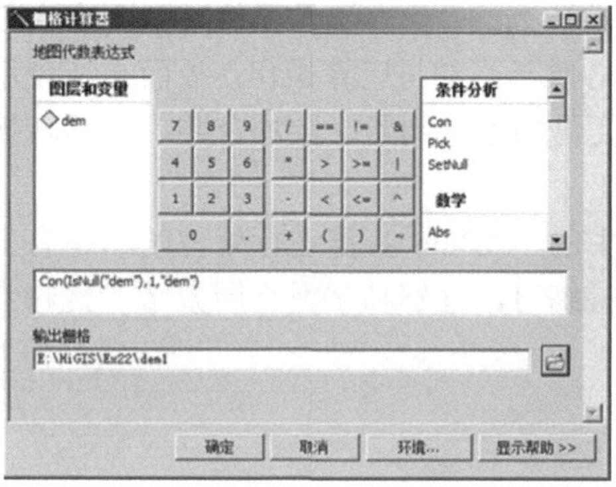

图 22.1 【栅格计算器】参数设置

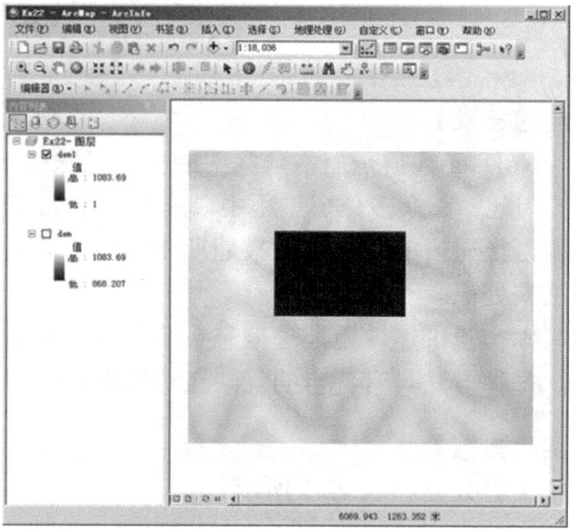

图 22.2 赋值结果

2）*方法二：设置赋值图层*

如图 22.3 所示，打开【Spatial Analyst 工具】→【重分类】→【重分类】对话框，【输入栅格】设置为“dem”，【重分类字段】设置为“Value”，【重分类】项中将 NoData 值设置为“2”，其他值域统一设置为“NoData”；点击【确定】，得到值为 2 的图层，如图 22.4 所示。**注：**点击【分类】按钮打开分类参数设置类别为 1 可快速设置新项。

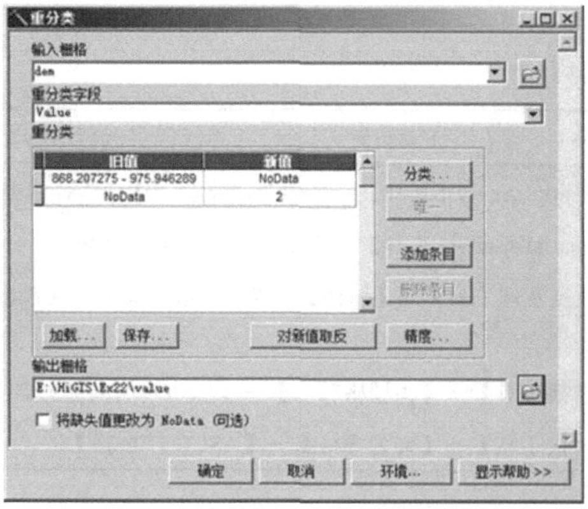

图 22.3 【重分类】参数设置

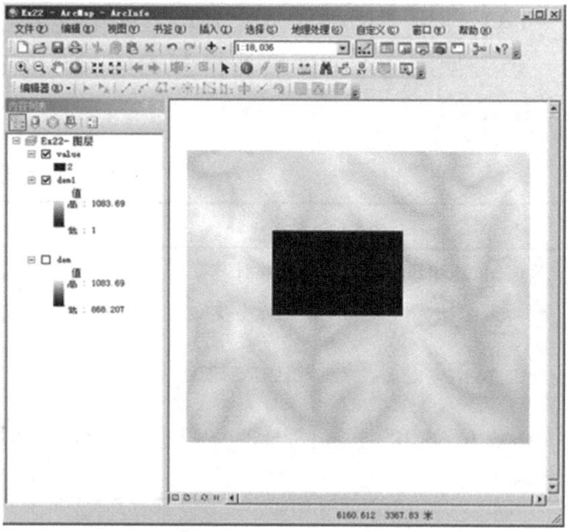

图 22.4 赋值图层结果

合并图层。如图 22.5 所示，打开【数据管理工具】→【栅格】→【栅格数据集】→【镶嵌至新栅格】对话框，【输入栅格】设置为“dem”和“value”，【输出位置】设置为“Ex22”

目录，【具有扩展名的栅格数据集名称】设置为“dem2”，【波段数】设置为“1”；点击【确定】，得到对 NoData 进行赋值为 2 的栅格数据，如图 22.6 所示。注：NoData 区被值为 2 的栅格所代替。

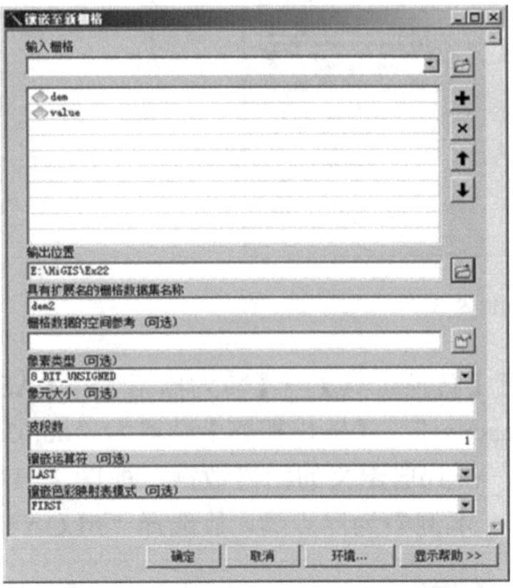

图 22.5　【镶嵌至新栅格】参数设置

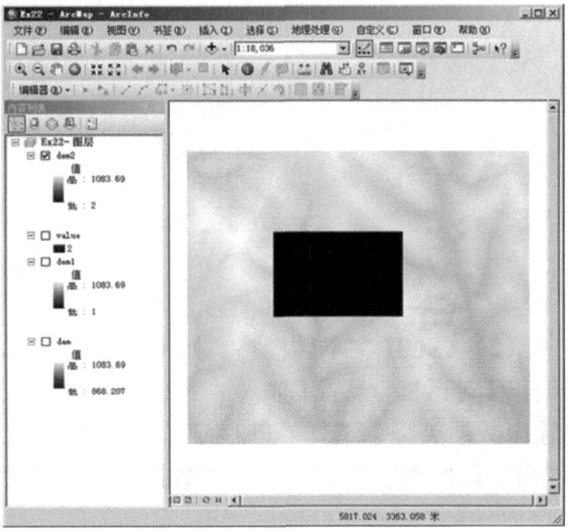

图 22.6　赋值图层结果

3）*方法三：栅格转 ASCII 文本*

如图 22.7 所示，打开【转换工具】→【由栅格转出】→【栅格转 ASCII】对话框，【输入栅格】设置为“dem”，【输出 ASCII 栅格文件】设置为“asc.TXT”。点击【确定】，得到栅格数据对应的文本文件，如图 22.8 所示。

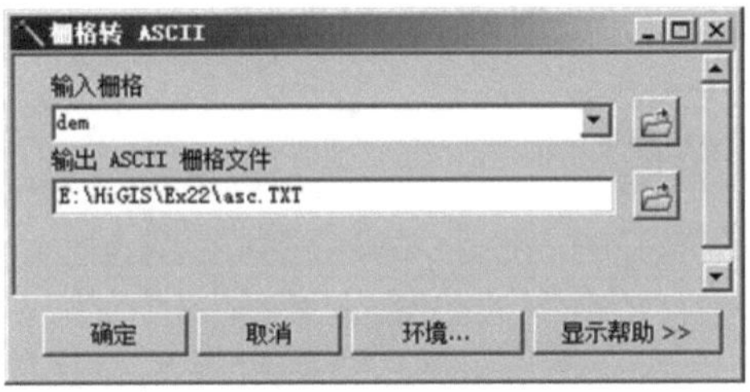

图 22.7　【栅格转 ASCII】参数设置

图 22.8　ASCII 结果

（1）更改 NoData 值。使用记事本软件打开“asc.TXT”文本，如图 22.9 所示，使用【替换】工具，将值“–9999”替换为“3”，点击【保存】。注：直接使用记事本自带的替换工具可以快速地进行 NoData 值的替换，NoData 值默认为“–9999”，但是第六行 NoData 参数必须设置为“–9999”。

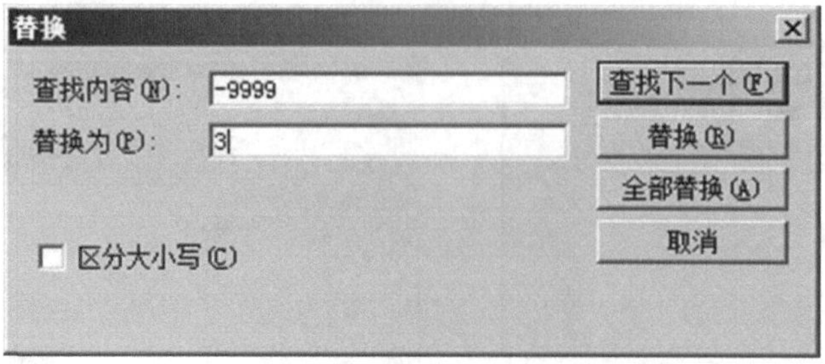

图 22.9　替换 NoData 为 3

（2）ASCII 文本转栅格。如图 22.10 所示，打开【转换工具】→【转为栅格】→【ASCII 转栅格】对话框，设置【输入 ASCII 栅格文件】为“asc.txt”，【输出栅格】设置为“dem3”，【输出数据类型】选择“FLOAT”。点击【确定】，得到自定义的栅格数据，如图 22.11 所示。**注**：数据类型根据实际栅格数据块的值类型选择，本例中为浮点型，故选择“FLOAT”。

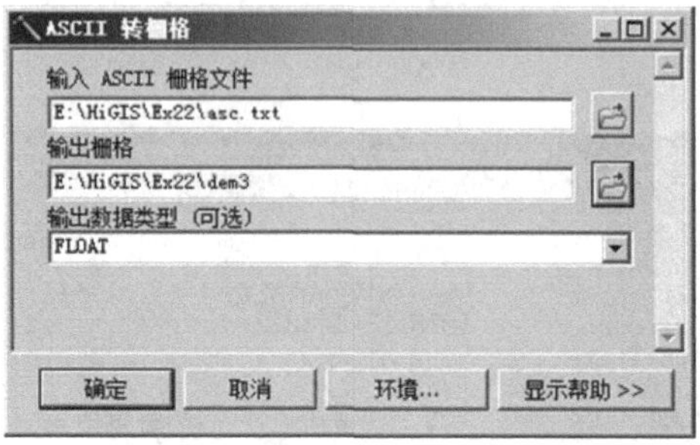

图 22.10　【ASCII 转栅格】工具参数设置

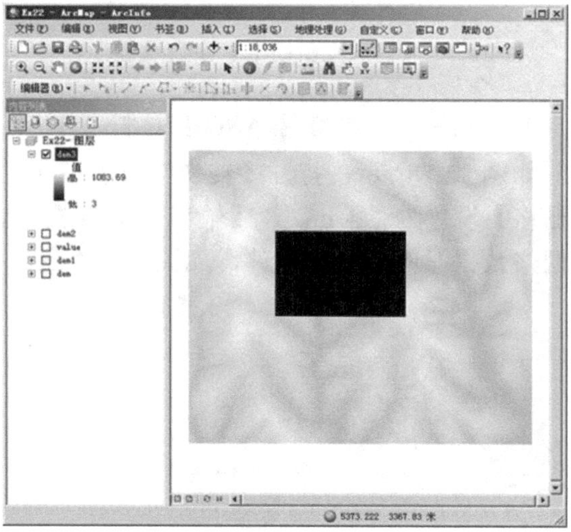

图 22.11　赋值结果

实验 23 提取栅格有效值边界

【实验背景】

地理信息数据是对实际地物的抽象表达，地物的个体特征决定了地理信息数据都具有边界范围条件。受不同数据模型的影响，作为要素模型的矢量数据，其边界范围由要素明确界定。而栅格数据作为场模型，往往以所有像元的外包矩形数据区作为边界，该边界并非实际的有效栅格边界，如江苏省行政区域是不规则的多边形，其栅格化的数据边界是其最小外包矩形，而非实际的行政边界。因此，栅格数据的边界需要依据有效值来确定，剔除 NoData 对边界范围的界定。

本实验讲述使用地理信息系统软件对栅格数据进行边界线提取的方法，该边界线是栅格数据中的有效数据区边界。读者通过实验练习，应能够理解有效栅格数据区的概念，对栅格数据有更好的理解和认识。

【实验数据】

实验数据如表 23.1 所示。

表 23.1 实验数据

名称	格式	坐标系	说明
dem	GRID 栅格	Krasovsky_1940_Transverse_Mercator	用于实验的栅格数据

【解决方法】

（1）使用【栅格范围】工具，输入栅格图层，直接提取栅格外边界线数据。

（2）使用【栅格计算器】工具，输入公式，提取整体栅格数据。

（3）使用【栅格转面】工具，输入工具参数，将范围栅格转矢量面数据。

（4）使用【面转线】工具，输入矢量面数据，得到原栅格外边界线数据（表 23.2）。

表 23.2 工具名称及位置

工具名称		工具位置
Raster Domain	栅格范围	【ArcToolbox】→【3D Analyst 工具】→【转换】→【由栅格转出】→【栅格范围】
Raster Calculator	栅格计算器	【ArcToolbox】→【Spatial Analyst 工具】→【地图代数】→【栅格计算器】
Raster To Polygon	栅格转面	【ArcToolbox】→【转换工具】→【由栅格转出】→【栅格转面】
Polygon To Line	面转线	【ArcToolbox】→【数据管理工具】→【要素】→【面转线】

【实验步骤】

1）提取三维外边界线

如图 23.1 所示，在 ArcToolbox 中，打开【3D Analyst 工具】→【转换】→【由栅格转出】→【栅格范围】对话框，【输入栅格】设置为“dem”，【输出要素类】设置为“border3d”，

【输出要素类类型】设置为“LINE”；点击【确定】，得到栅格外边界线数据，如图 23.2 所示。**注：**【栅格范围】工具直接提取出栅格外边界数据，该数据是三维线数据。【输出要素类类型】还可设置为“POLYGON”，即得到面数据。

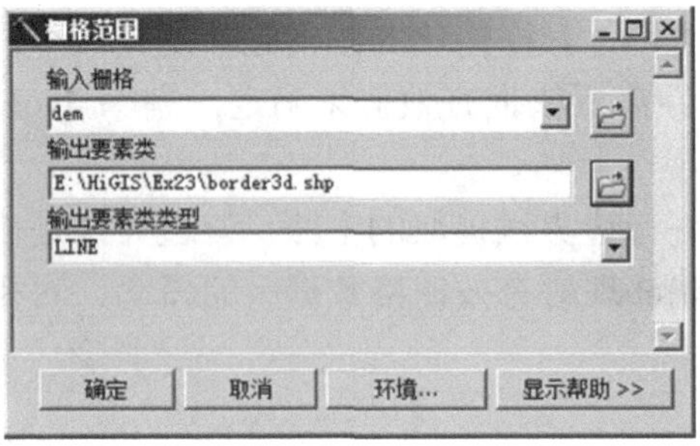

图 23.1　【栅格范围】参数设置

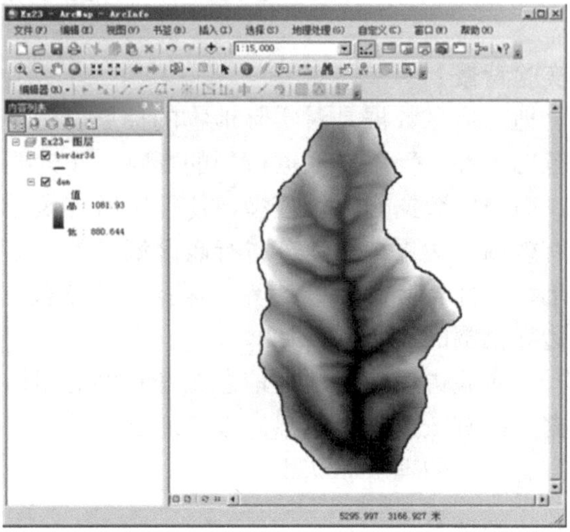

图 23.2　栅格外边界线结果

2）提取数据整体范围栅格

如图 23.3 所示，打开【Spatial Analyst 工具】→【地图代数】→【栅格计算器】对话框，输入公式："dem" > 0，【输出栅格】设置为“all”；点击【确定】，得到数据整体范围栅格，如图 23.4 所示。

图 23.3　【栅格计算器】参数设置

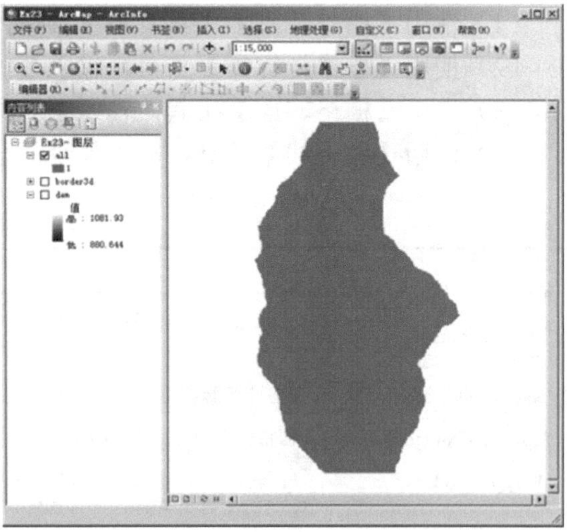

图 23.4　整体范围栅格结果

3）范围栅格转矢量面数据

如图 23.5 所示，打开【转换工具】→【由栅格转出】→【栅格转面】对话框，【输入栅格】设置为“all”，【字段】设置为“VALUE”，【输出面要素】设置为“border_area”，取消勾选【简化面】；点击【确定】，得到范围矢量面数据，如图 23.6 所示。

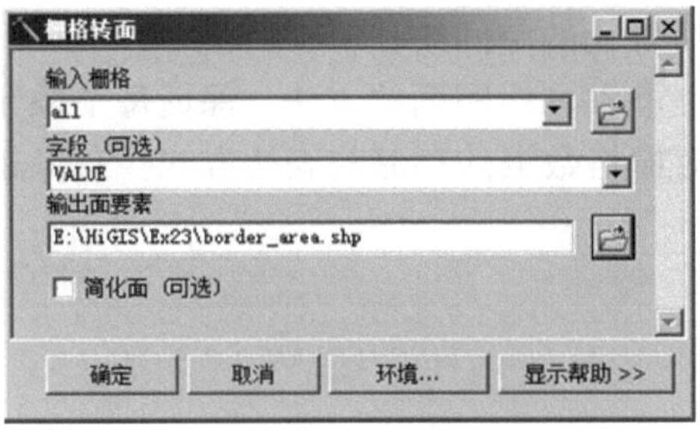

图 23.5　【栅格转面】参数设置

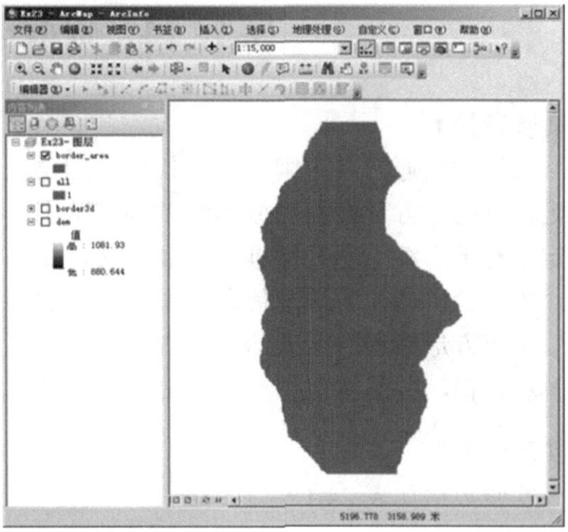

图 23.6　范围矢量面数据

4）提取外边界线数据

如图 23.7 所示，打开【数据管理工具】→【要素】→【面转线】对话框，【输入要素】设置为“border_area”，【输出要素类】设置为“border”；点击【确定】，得到栅格外边界线数据，如图 23.8 所示。

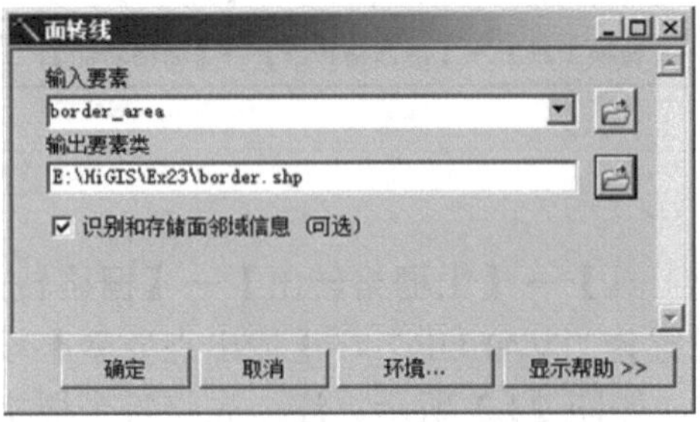

图 23.7　【面转线】参数设置

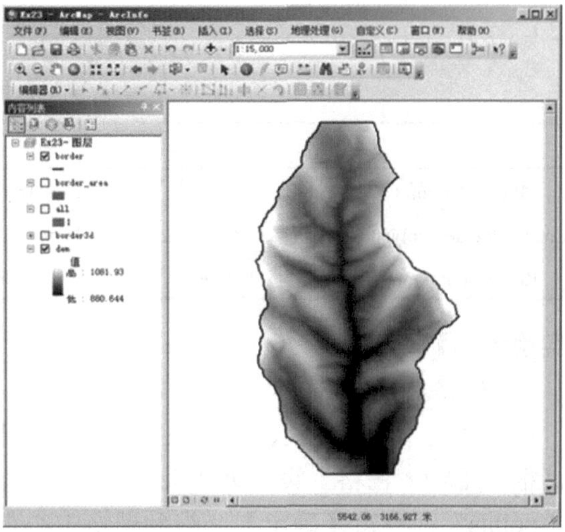

图 23.8　栅格外边界线结果

实验 24　提取栅格独立格网面

【实验背景】

栅格数据通常以规则单元来代表其抽象表达的空间范围，如正方形。常规的栅格数据由规则排列的正方形格网形成连续的场域范围，每个像元对应一个正方形格网。该格网范围的确定，对于后续空间分析具有重要意义，如基于栅格像元的空间统计等。

本实验讲述使用地理信息系统软件对栅格数据提取独立格网面的方法，保证每个像元仅由一个正方形格网面所表达。读者通过实验练习，对栅格数据的存储与表达方式会有深刻的理解和认识，并掌握对像元范围提取的方法。

【实验数据】

实验数据如表 24.1 所示。

表 24.1　实验数据

名称	格式	坐标系	说明
dem	GRID 栅格	Krasovsky_1940_Transverse_Mercator	用于提取格网面的栅格数据

【解决方法】

（1）使用【栅格转点】工具，输入栅格数据，得到栅格中心点数据。

（2）使用【创建泰森多边形】工具，输入栅格中心点数据，得到独立格网面图形（表 24.2）。

表 24.2　工具名称及位置

工具名称		工具位置
Raster To Point	栅格转点	【ArcToolbox】→【转换工具】→【由栅格转出】→【栅格转点】
Create Thiessen Polygons	创建泰森多边形	【ArcToolbox】→【分析工具】→【邻域分析】→【创建泰森多边形】
Raster To Polygon	栅格转面	【ArcToolbox】→【转换工具】→【由栅格转出】→【栅格转面】

【实验步骤】

1）栅格转点

如图 24.1 所示，在 ArcToolbox 中，打开【转换工具】→【由栅格转出】→【栅格转点】对话框，【输入栅格】设置为“dem”，【字段】设置为“VALUE”，【输出点要素】设置为“points”；点击【确定】，得到栅格中心点数据，如图 24.2 所示。**注：**先将每个栅格范围转为中心点数据。

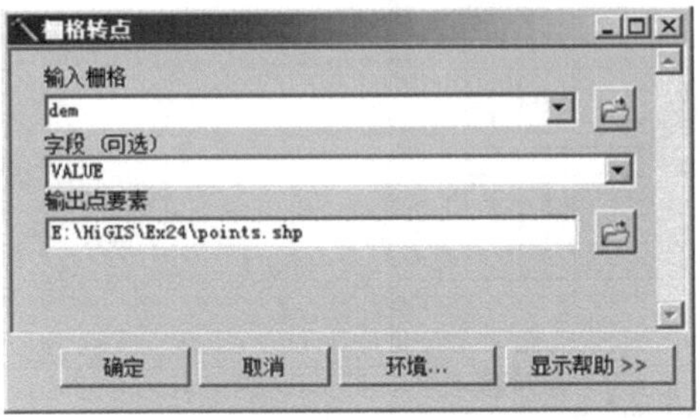

图 24.1　【栅格转点】参数设置

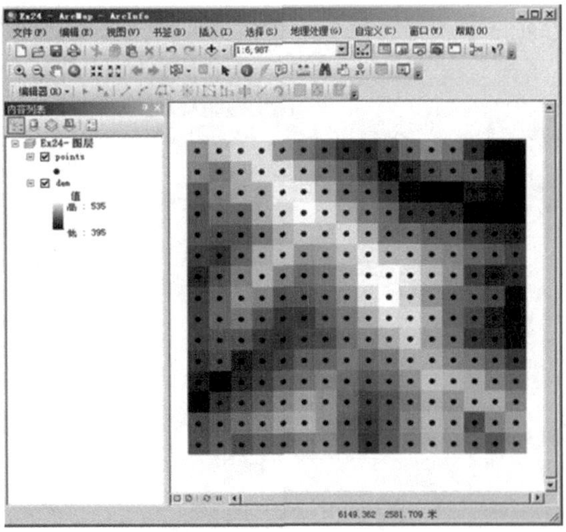

图 24.2　中心点结果

2）创建泰森多边形

如图 24.3 所示，打开【分析工具】→【邻域分析】→【创建泰森多边形】对话框，【输入要素】设置为“points”，【输出要素类】设置为“area”，【输出字段】设置为“ONLY_FID”；点击【环境】，打开【环境设置】对话框，设置【处理范围】参数为“与数据集 dem 相同”，如图 24.4 所示；点击【确定】，得到每个栅格的独立格网面图形，如图 24.5 所示。

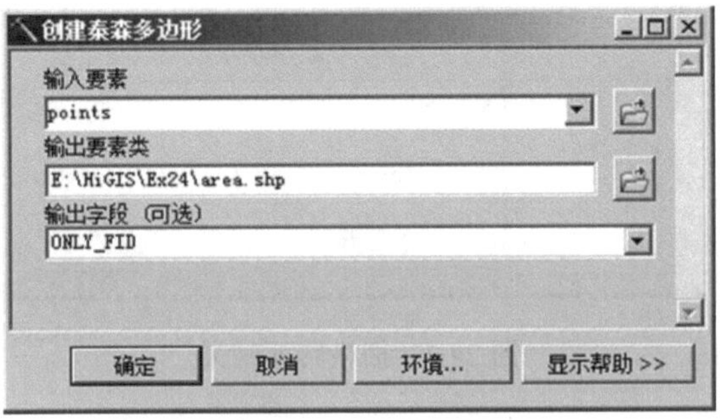

图 24.3　【创建泰森多边形】参数设置

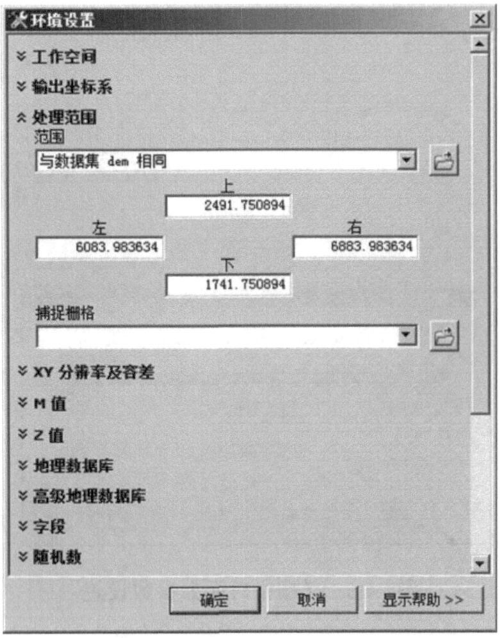

图 24.4　【环境设置】参数设置

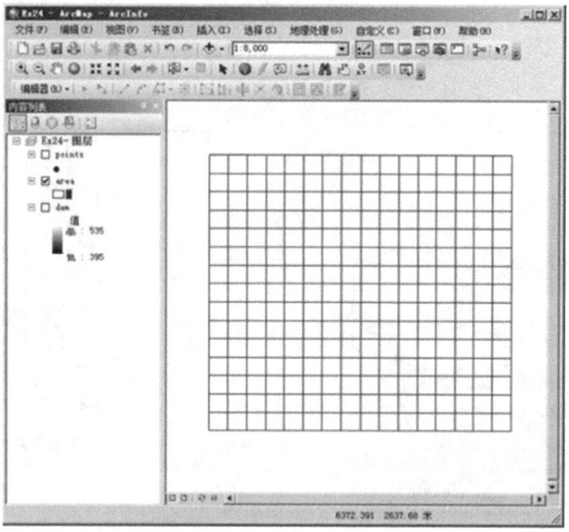

图 24.5　格网面结果

3）栅格转面（错误情况）

如图 24.6 所示，打开【转换工具】→【由栅格转出】→【栅格转面】对话框，【输入栅格】设置为“dem”，【字段】设置为“VALUE”，【输出面要素】设置为“error”；点击【确定】，得到栅格转面结果数据，如图 24.7 所示。**注：**很明显，具有相同值的栅格被融合至同一面图形中，结果无法达到实验目的，因此建议用户使用上述方法提取栅格的范围面图形。同时，【栅格转面】工具要求栅格数据必须为“整型”，“浮点型”栅格请先转为整型后再处理。

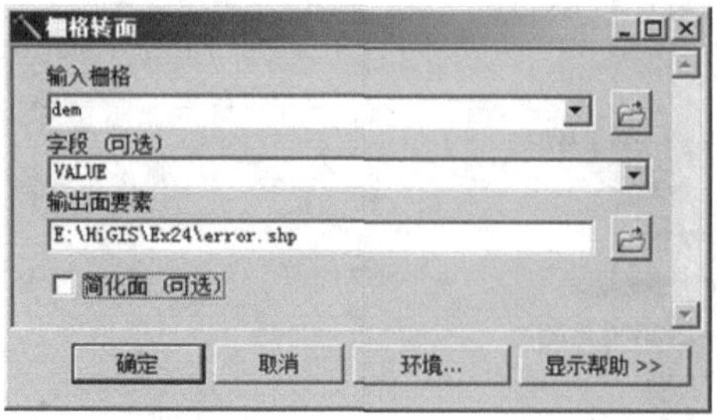

图 24.6　【栅格转面】参数设置

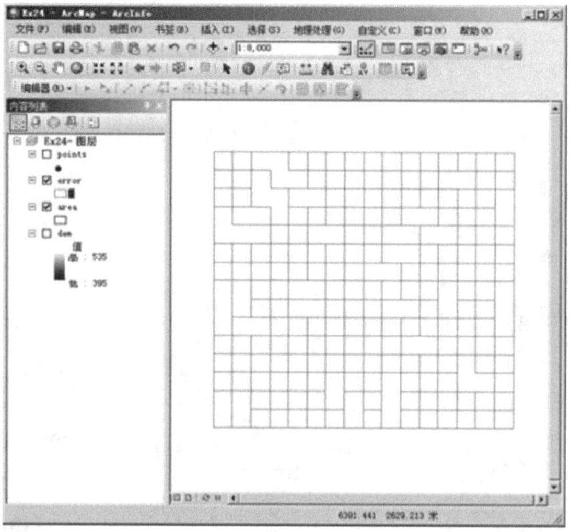

图 24.7　栅格转面结果

实验 25　统一多分辨率栅格数据

【实验背景】

地理栅格数据具有空间分辨率的特点，不同空间分辨率对应了不同的空间尺度。基于栅格数据进行空间分析时，必须保证所有栅格图层具有相同的空间分辨率。若对多种分辨率的栅格数据进行空间分析，常常需要将栅格数据统一到同一分辨率下，一般统一至低分辨率。同时，需要保证栅格数据逐像元对应。

本实验讲述使用地理信息系统软件统一多个分辨率栅格数据的方法，将高分辨率的栅格数据转至低分辨率的栅格数据，同时保证转换后的栅格与低分辨率栅格数据满足逐像元对应的条件。读者通过实验练习，应能够充分理解栅格数据的分辨率特点，对基于栅格数据的空间分析所需考虑的因素具有清晰的认识，掌握对不同分辨率栅格数据的统一化方法。

【实验数据】

实验数据如表 25.1 所示。

表 25.1　实验数据

图层名称	格式	坐标系	说明
raster1	GRID 栅格	Krasovsky_1940_Transverse_Mercator	高分辨率栅格数据
raster2	GRID 栅格	Krasovsky_1940_Transverse_Mercator	低分辨率栅格数据

【解决方法】

（1）使用【重采样】工具，设置工具参数，生成低分辨率栅格数据。

（2）使用【栅格计算器】工具，输入公式，得到统一分辨率的栅格数据（表 25.2）。

表 25.2　工具名称及位置

工具名称		工具位置
Resample	重采样	【ArcToolbox】→【数据管理工具】→【栅格】→【栅格数据处理】→【重采样】
Raster Calculator	栅格计算器	【ArcToolbox】→【Spatial Analyst 工具】→【地图代数】→【栅格计算器】

【实验步骤】

1）设置分析环境参数

右击 ArcToolbox，打开【环境设置】对话框；选择【处理范围】选项卡，【范围】设置为“与图层 raster1 相同”，【捕捉栅格】设置为“raster2”，如图 25.1 所示；选择【栅格分析】选项卡，【像元大小】设置为“与图层 raster2 相同”，如图 25.2 所示；点击【确定】。

注：由于 raster2 为低分辨率，且整个栅格的结构应与 raster2 一致，因此需要以 raster2 为准，设置捕捉栅格参数和像元大小参数；处理范围决定了转换后的栅格范围与 raster1 一致。

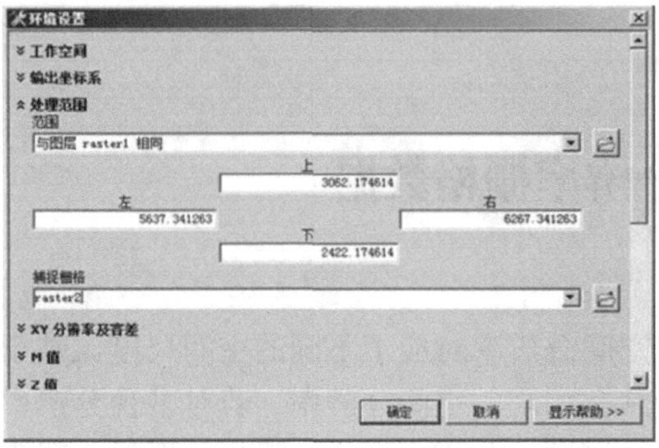

图 25.1　设置【处理范围】和【捕捉栅格】参数

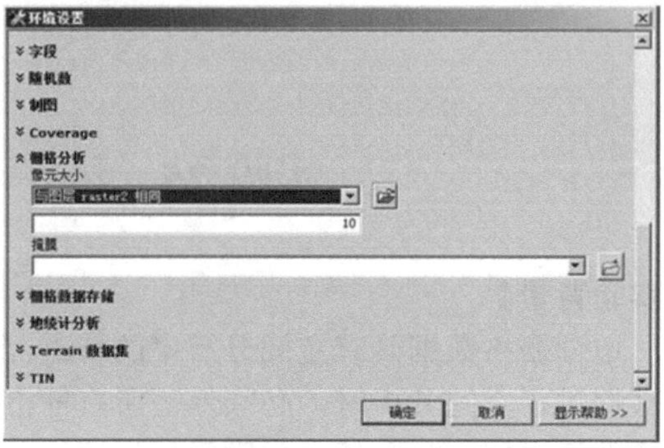

图 25.2　设置像元大小参数

2）生成低分辨率栅格数据

如图 25.3 所示，在 ArcToolbox 中，打开【数据管理工具】→【栅格】→【栅格数据处理】→【重采样】对话框，对原始 raster1 栅格数据进行重采样（图 25.4），【输入栅格】设置为“raster1”，【输出栅格数据集】设置为“newraster1”，【输出像元大小】设置为“10”，【重采样技术】设置为“NEAREST”；点击【确定】，得到转换后的栅格数据，如图 25.5 所示。**注：**转换后栅格数据分辨率要与 raster2 栅格数据的分辨率一致，即 10；重采样方法可以根据特殊需要进行选择，本案例默认使用最近距离法插值得到新栅格值。

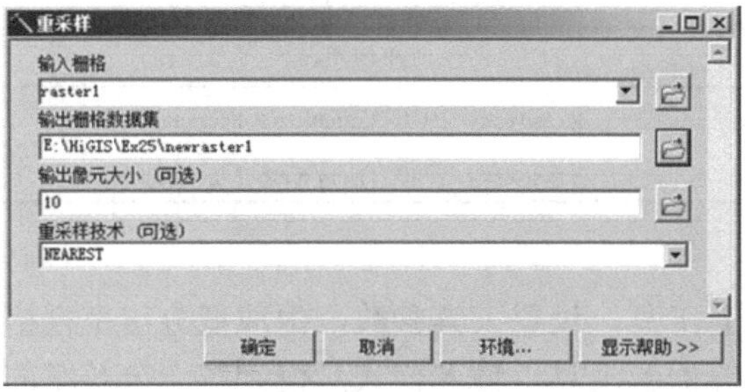

图 25.3　【重采样】参数设置

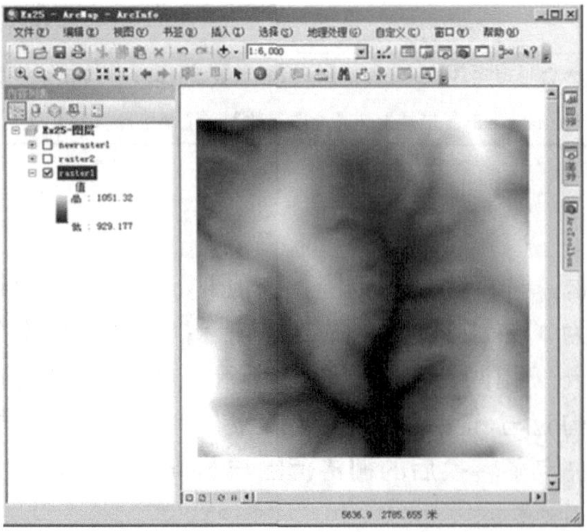

图 25.4　原始 raster1 栅格数据

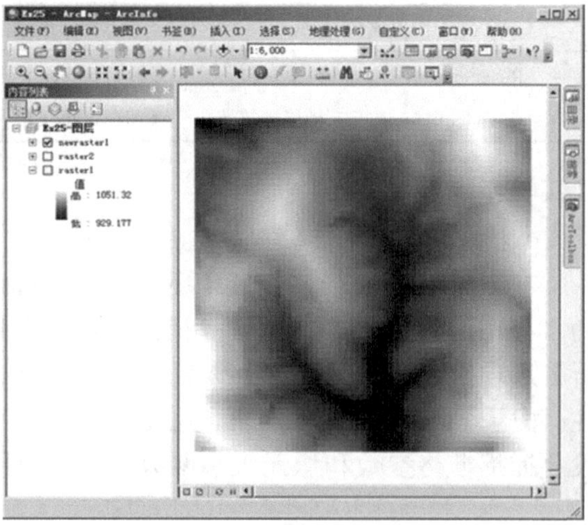

图 25.5　低分辨率 raster1 栅格数据

3）调整栅格结构

如图 25.6 所示，打开【Spatial Analyst 工具】→【地图代数】→【栅格计算器】对话框，输入公式："newraster1" * 1，【输出栅格】设置为“result”；点击【确定】，得到最终结果栅格数据，如图 25.7 所示。

图 25.6　【栅格计算器】参数设置

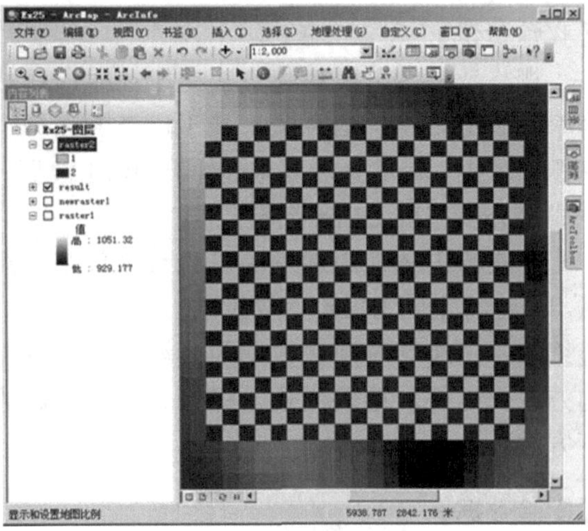

图 25.7　最终结果栅格数据

实验 26　创建多分辨率 DEM

【实验背景】

栅格数据的分辨率特点决定了在生产栅格数据时，需要设定不同的空间分辨率值。高分辨率具有更丰富的信息量，基于已有的高分辨率栅格数据，能够运用算法生产有效的低分辨率栅格数据，满足分析要求。对于 DEM 数据，其连续的值域特征，更适合基于高分辨率 DEM 生成多分辨率的 DEM 数据。

本实验讲述使用地理信息系统软件基于高分辨率DEM数据生成低分辨率DEM数据的方法，通过特定的 DEM 生成算法，保证生成的多分辨率 DEM 具有较高的准确性。读者通过实验练习，应能够对栅格数据的分辨率特点具有较好的认识，掌握快速生成多分辨率栅格数据的方法。另外，重采样是生成多分辨率栅格数据最快捷的方法，这里由于实验需要采用了以下方法。

【实验数据】

实验数据如表 26.1 所示。

表 26.1　实验数据

名称	格式	坐标系	说明
dem	GRID 栅格数据	Krasovsky_1940_Transverse_Mercator	用于实验的原始数据

【解决方法】

1）*方法一*

（1）使用【栅格转点】工具，将栅格转成矢量点数据。

（2）使用【创建 TIN】工具，利用点数据构建 TIN。

（3）使用【TIN 转栅格】工具，将 TIN 数据转为栅格数据（表 26.2）。

表 26.2　工具名称及位置（一）

工具名称		工具位置
Raster to Point	栅格转点	【ArcToolbox】→【转换工具】→【由栅格转出】→【栅格转点】
Create TIN	创建 TIN	【ArcToolbox】→【3D Analyst 工具】→【TIN 管理】→【创建 TIN】
TIN to Raster	TIN 转栅格	【ArcToolbox】→【3D Analyst 工具】→【转换】→【由 TIN 转出】→【TIN 转栅格】

2）*方法二*

使用【重采样】工具，利用原始 DEM 数据创建多分辨率数据（表 26.3）。

表 26.3　工具名称及位置（二）

工具名称		工具位置
Raster to Point	栅格转点	【ArcToolbox】→【转换工具】→【由栅格转出】→【栅格转点】
Create TIN	创建 TIN	【ArcToolbox】→【3D Analyst 工具】→【TIN 管理】→【创建 TIN】
TIN to Raster	TIN 转栅格	【ArcToolbox】→【3D Analyst 工具】→【转换】→【由 TIN 转出】→【TIN 转栅格】
Resample	重采样	【ArcToolbox】→【数据管理工具】→【栅格】→【栅格数据处理】→【重采样】

【实验步骤】

1）*方法一*

（1）**栅格转高程点。**如图 26.1 所示，在 ArcToolbox 中，打开【转换工具】→【由栅格转出】→【栅格转点】对话框，【输入栅格】设置为“dem”，【字段】设置为“Value”，【输出点要素】设置为“points.shp”；点击【确定】，得到高程点数据，如图 26.2 所示。打开属性表，可查看到字段“GRID_CODE”，该字段值表示该点处的高程值，如图 26.3 所示。

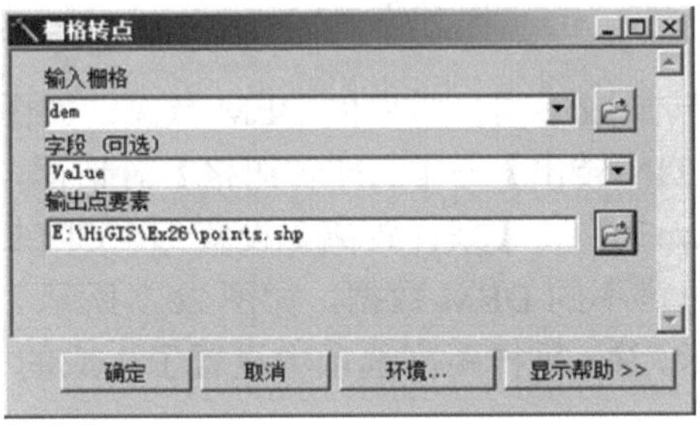

图 26.1　【栅格转点】参数设置

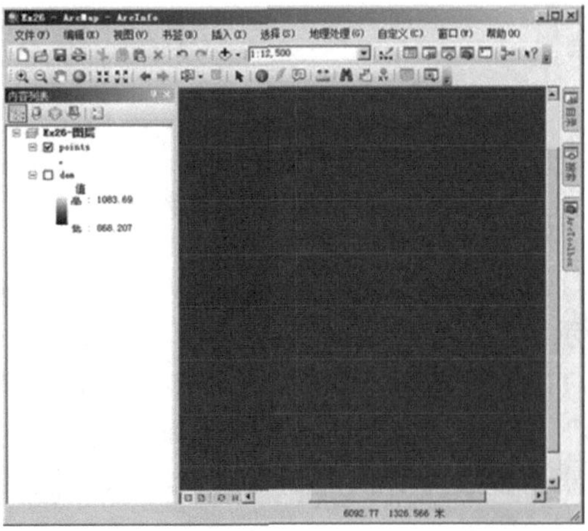

图 26.2　高程点

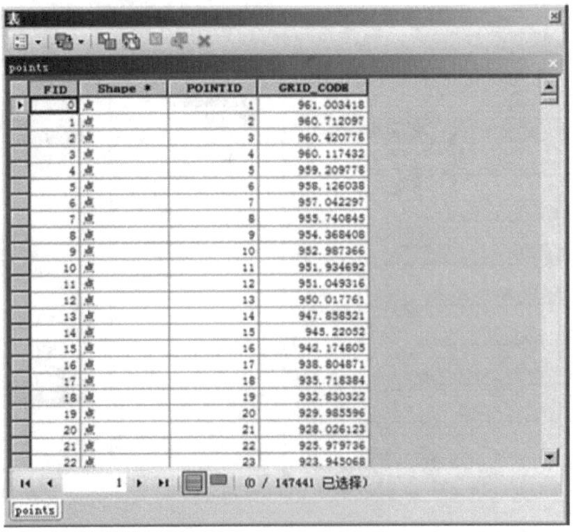

FID	Shape *	POINTID	GRID_CODE
0	点	1	961.003418
1	点	2	960.712097
2	点	3	960.420776
3	点	4	960.117432
4	点	5	959.209778
5	点	6	958.126038
6	点	7	957.042297
7	点	8	955.740845
8	点	9	954.368408
9	点	10	952.987366
10	点	11	951.934692
11	点	12	951.049316
12	点	13	950.017761
13	点	14	947.858521
14	点	15	945.22052
15	点	16	942.174805
16	点	17	938.804871
17	点	18	935.718384
18	点	19	932.830322
19	点	20	929.985596
20	点	21	928.026123
21	点	22	925.979736
22	点	23	923.945068

图 26.3　高程点属性表

（2）创建 TIN 数据。如图 26.4 所示，打开【3D Analyst 工具】→【TIN 管理】→【创建 TIN】对话框，【输出 TIN】设置为“tin”，通过导入 DEM 图层的空间参考信息来设置【空间参考】项参数，【输入要素类】设置为“points”，【height_field】字段设置为“GRID_CODE”，其余参数默认；点击【确定】，得到高程点构建的 TIN 数据，如图 26.5 所示。

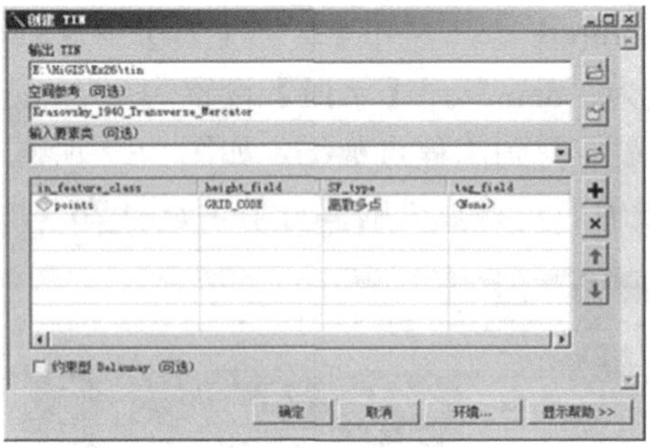

图 26.4　【创建 TIN】参数设置

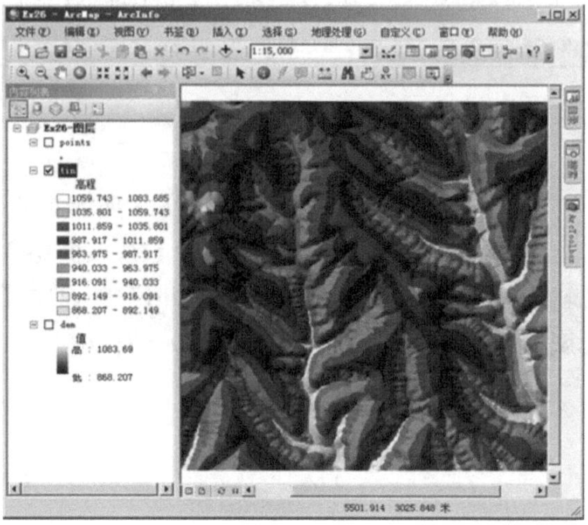

图 26.5　TIN 结果

（3）生成 DEM 数据。建好的 TIN 数据可以转换成不同分辨率的 DEM 数据。如图 26.6 所示，打开【3D Analyst 工具】→【转换】→【由 TIN 转出】→【TIN 转栅格】对话框，【输入 TIN】设置为“tin”，【输出栅格】设置为“dem30”，【采样距离】设置为“CELLSIZE 30”，其余参数默认；点击【确定】，得到 30m 分辨率的 DEM 数据，如图 26.7 所示。更改分辨率参数为 1m（图 26.8），其结果如图 26.9 所示。**注：**采样距离选项中设置了生成的 DEM 数据分辨率。

图 26.6　【TIN 转栅格】参数设置（30m）

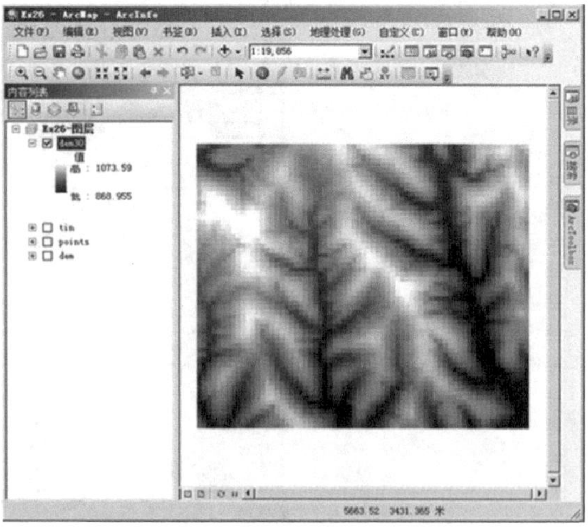

图 26.7　生成 30m DEM

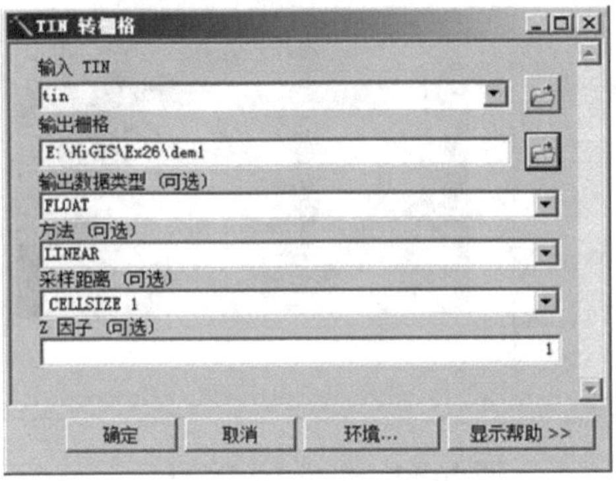

图 26.8　【TIN 转栅格】参数设置（1m）

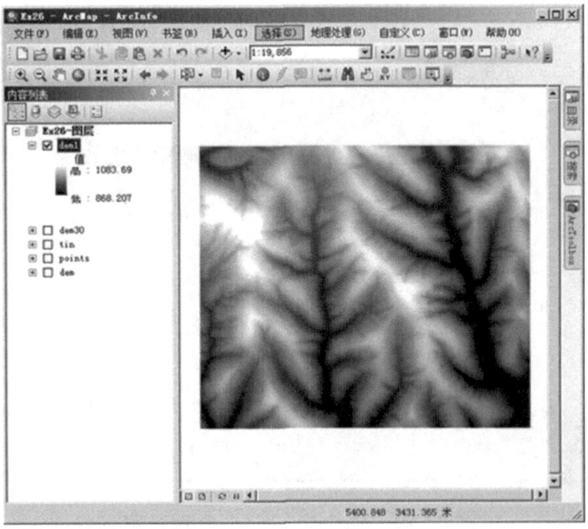

图 26.9　生成 1m DEM

2）*方法二*

生成多分率的 DEM 数据。如图 26.10 所示，在 ArcToolbox 中，打开【ArcToolbox】→【数据管理工具】→【栅格】→【栅格数据处理】→【重采样】对话框，【输入栅格】设置为“dem”，【输出栅格数据集】设置为“dem30”，【输出像元大小】设置为“30”，【重采样技术】选择“NEAREST（最临近分配法）”；点击【确定】，得到 30m 分辨率的 DEM 数据，如图 26.11 所示。设置【输出像元大小】为“1”，如图 26.12 所示，其结果如图 26.13 所示。

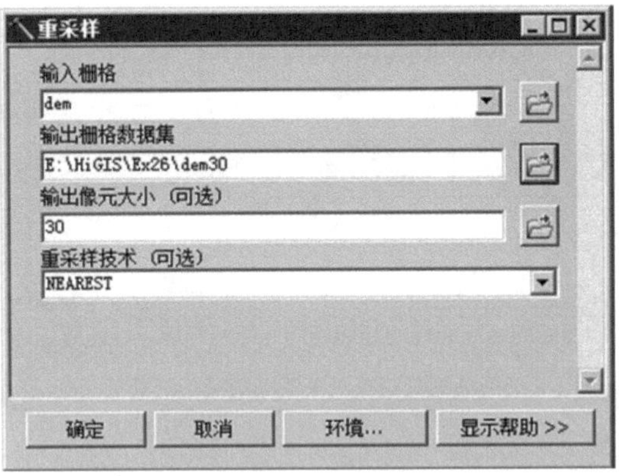

图 26.10　输出像元大小参数设置（30m）

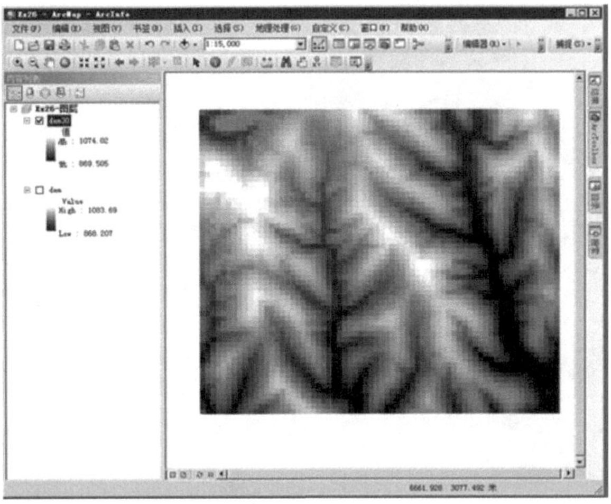

图 26.11　生成 30m DEM

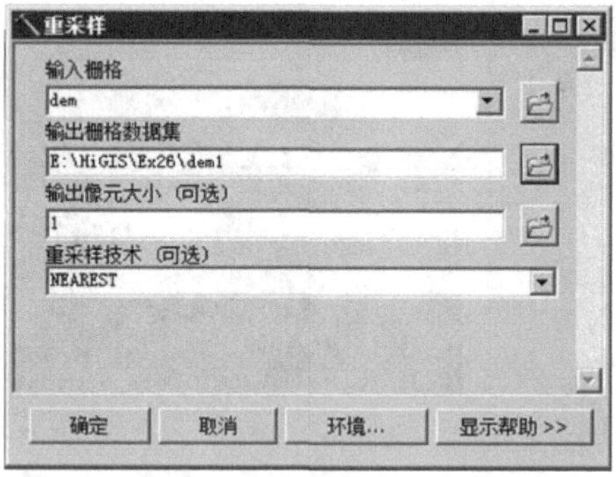

图 26.12　输出像元大小参数设置（1m）

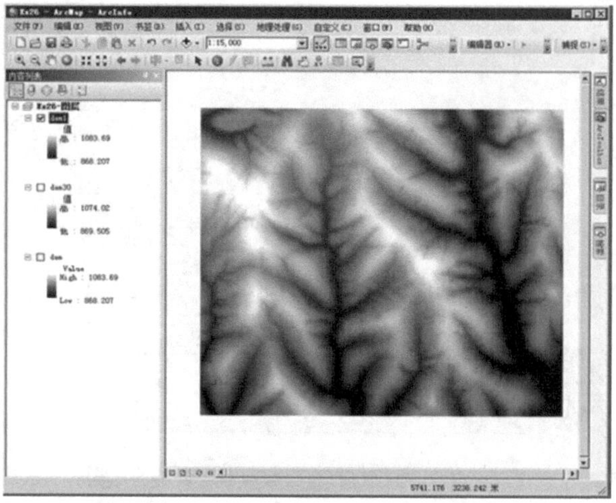

图 26.13　生成 1m DEM

实验 27　细 分 栅 格

【实验背景】

栅格数据的像元结构特征直接对应其空间分辨率特征。除了基于特定的栅格生成算法，还可基于像元的几何结构特征，将原始像元结构细分成结构更小的像元，并对细分像元进行栅格赋值，以此达到变换栅格数据分辨率的目的，同时生成细分的像元格网面。

本实验讲述使用地理信息系统软件对栅格数据进行细分的方法，将原始栅格数据划分为分辨率更小的栅格数据。读者通过实验练习，应能够深入理解栅格数据的结构特征，掌握基于像元几何结构的栅格分辨率变换方法。

【实验数据】

实验数据如表 27.1 所示。

表 27.1　实验数据

名称	格式	坐标系	说明
raster	GRID 栅格	Unknown	用于实验的原始数据

【解决方法】

1）*方法一*

（1）使用【栅格计算器】工具，输入公式，设置环境参数，得到指定数据。

（2）使用【焦点统计】工具，进行邻域分析。

2）*方法二*

使用【重采样】工具，利用原始 DEM 数据细分栅格（表 27.2）。

表 27.2　工具名称及位置

工具名称		工具位置
Raster Calculator	栅格计算器	【ArcToolbox】→【Spatial Analyst 工具】→【地图代数】→【栅格计算器】
Focal Statistics	焦点统计	【ArcToolbox】→【Spatial Analyst 工具】→【邻域分析】→【焦点统计】
Resample	重采样	【ArcToolbox】→【数据管理工具】→【栅格】→【栅格数据处理】→【重采样】

【实验步骤】

1）*方法一*

（1）划分小栅格。在 ArcToolbox 中，打开【Spatial Analyst 工具】→【地图代数】→【栅格计算器】对话框，点击【环境】按钮，打开工具的【环境设置】参数界面；设置【栅格分析】中【像元大小】为“10”，如图 27.1 所示，点击【确定】；输入公式："raster" * 1，【输出栅格】设置为“small”，如图 27.2 所示；点击【确定】，得到细分后的栅格数据，如图 27.3 所示。细分栅格属性如图 27.4 所示。**注：**本例中划分前后的栅格值不变，每个原始栅格被划分为 9 个小栅格。

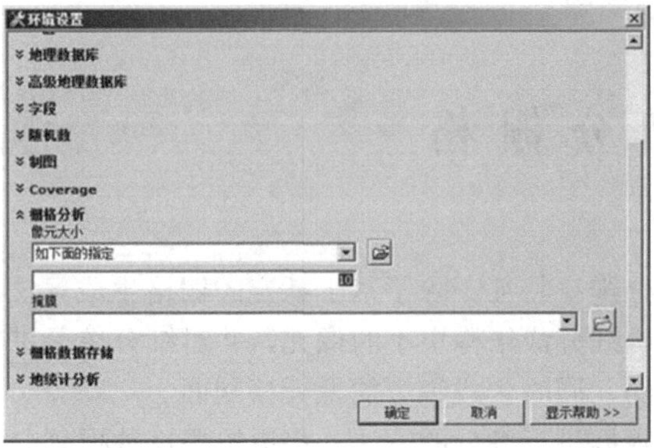

图 27.1　【环境】参数设置

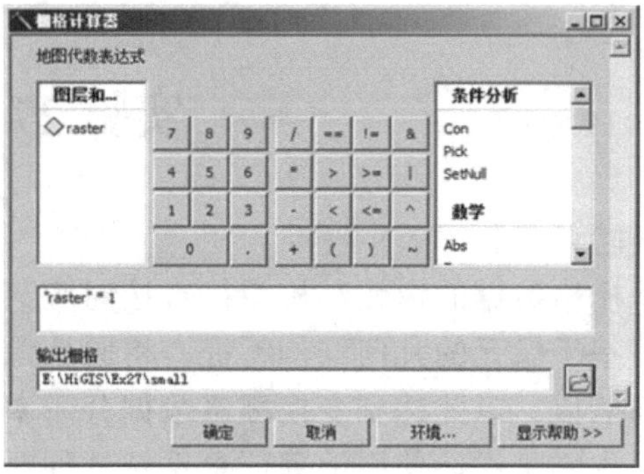

图 27.2　【栅格计算器】参数设置

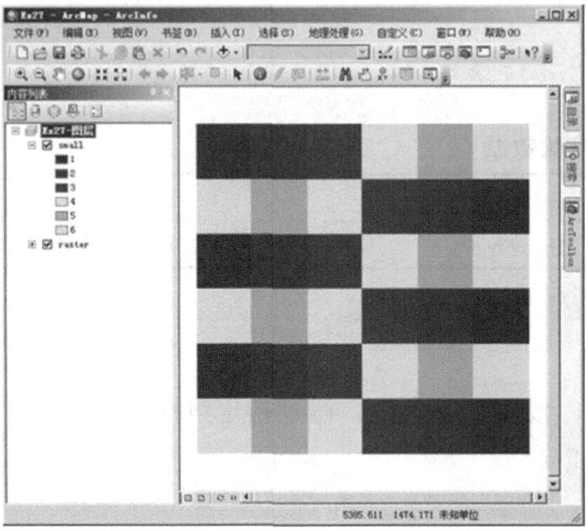

图 27.3　细分后栅格

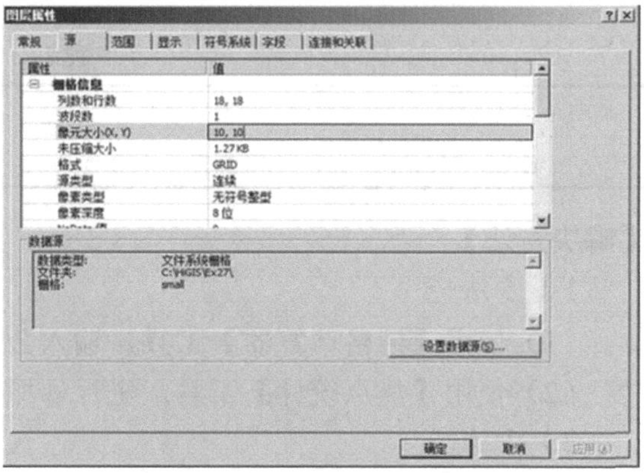

图 27.4　细分栅格的属性

（2）重新赋值。如图 27.5 所示，打开【Spatial Analyst 工具】→【邻域分析】→【焦点统计】对话框，【输入栅格】设置为“raster”，【输出栅格】设置为“newraster”，邻域分析参数设置为“3×3 矩形”窗口，【统计类型】设置为“MEAN”；点击【确定】，得到重新赋值的细分栅格，如图 27.6 所示。**注：**统计类型可根据实际情况选择。

2）*方法二*

使用重采样工具细分栅格。如图 27.7 所示，在 ArcToolbox 中，打开【ArcToolbox】→【数据管理工具】→【栅格】→【栅格数据处理】→【重采样】对话框，【输入栅格】设置为“raster”，【输出栅格】设置为“newraster1”，【输出像元大小】设置为“10”，【重采样技术】选择“BILINEAR”；点击【确定】，得到细分的栅格数据，如图 27.8 所示。**注：**重采样技术可根据实际情况选择。

图 27.5　【焦点统计】工具参数设置

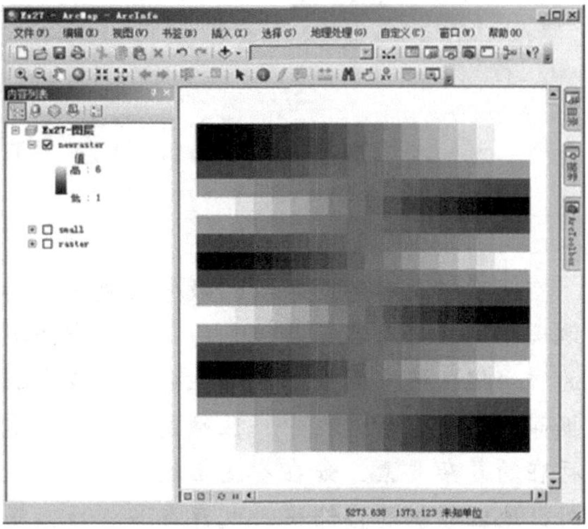

图 27.6　赋值结果

图 27.7　重采样工具参数设置

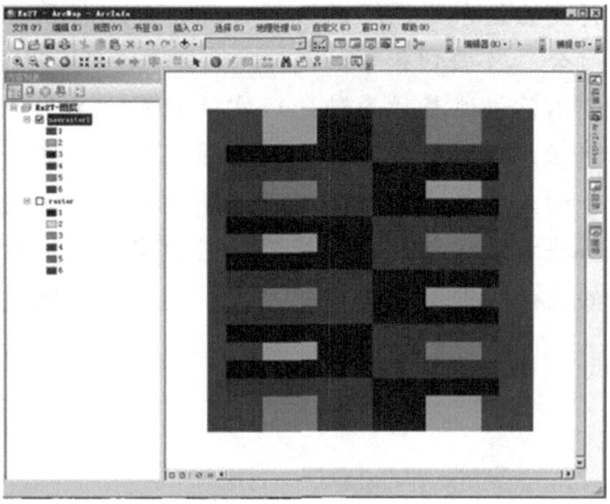

图 27.8　细分结果

第二篇　高级编辑篇

空间数据是对不同事物的数字化表征，其由不同的概念模型和逻辑模型所定义，也就使得地理空间数据存在差异性和适用性。空间数据的来源广泛，不同源的数据往往需要坐标系统的统一化，使空间数据能够在分析过程中保持一致性，如扫描地图、遥感影像、GPS 定位数据等。而在分析过程中，往往需要根据特定的分析目的，衍生构建出在实际地理空间中并不存在的复杂要素，如在空间上均匀分布的统计格网、最临近区域、最近点之间的连线等。同时，地理数据的存储格式也存在多样性，而格式的有效转换使得空间分析能够跨数据模型实现。

因此，基于地理空间数据进行的空间分析存在不同程度的复杂性，往往需要对空间数据进行更为复杂而高级的编辑处理，如坐标系变换、参数统计、衍生数据、创建复杂要素、数据融合、数据划分等。

本篇讲述基于原始地理空间数据，运用地理信息系统软件，根据空间分析的要求进行数据纠正、数据派生、数据转换等高级编辑实验。全篇共包含 33 个实验，分别讲解了数据编辑、创建特殊要素、格式转换等过程中的实用技巧和高效方法。通过学习不同实验问题的高级解决方法，读者不仅能够对地理空间数据有更深入的认识，还能够较好地掌握地理空间数据的空间规则和基本分析方法，是地理空间数据分析的重要组成部分。

实验 28　地形图配准

【实验背景】

地理空间数据的来源广泛，任何格式的数据都显示或隐式的包含有坐标系信息，坐标系包括地理坐标系和投影坐标系。为了能够对不同来源的地理数据进行可视化、数据分析，必须保证每个数据的坐标系是一致的。而将传统的纸质地图转换成可用的地理信息数据，必须对其进行空间坐标系统的定义与转换，即将像素坐标系统转换为地理空间坐标系系统，使其能够与其他空间数据融合在统一的地理坐标框架下。

本实验讲述使用地理信息系统软件对地形图进行地理配准的方法，将不带地理坐标系的地形图进行空间配准，使其具有对应的地理参考系信息。通过实验练习，读者应能够理解地理坐标系的含义及对数据的作用，掌握给地形图添加坐标信息的方法。

【实验数据】

实验数据如表 28.1 所示。

表 28.1　实验数据

名称	格式	坐标系	说明
1∶1 万比例尺地形图	jpg 格式	Unknown	用于配准的地形图

【解决方法】

（1）使用【添加控制点】工具，添加控制点。

（2）使用【纠正】工具，进行数据的纠正。

（3）使用【定义投影】工具，对数据的投影进行定义（表 28.2）。

表 28.2　工具名称及位置

工具名称		工具位置
Add Control Points	添加控制点	【菜单栏】→【自定义】→【工具条】→【地理配准】→【添加控制点】
Rectify	纠正	【菜单栏】→【自定义】→【工具条】→【地理配准】→【纠正】
Define Projection	定义投影	【ArcToolbox】→【数据管理工具】→【投影和变换】→【定义投影】

【实验步骤】

1）确定目标坐标信息

如图 28.1 所示，打开地形图图片，查看该地形图的坐标基准信息、比例尺及坐标范围。坐标基准信息为该地形图的地理坐标系，在图片左下方；如图 28.2 所示，比例尺在图下侧中央，其确定了该地形图的投影方法，我国的大比例尺地形图均采用高斯-克吕格（Gauss-Kruger）投影；如图 28.3 所示，坐标范围确定了高斯-克吕格投影的带号（3°或 6°）和中央经线。地形图全图如图 28.4 所示。**注：**1∶1 万采用 3 度带投影，1∶2.5 万～50 万采用 6 度带投影。

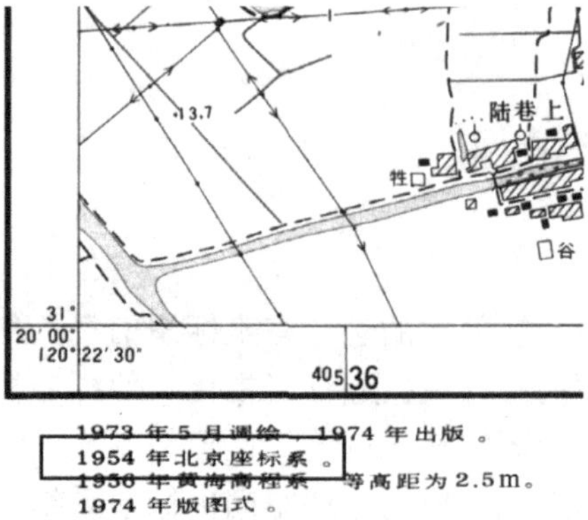

图 28.1　坐标基准信息

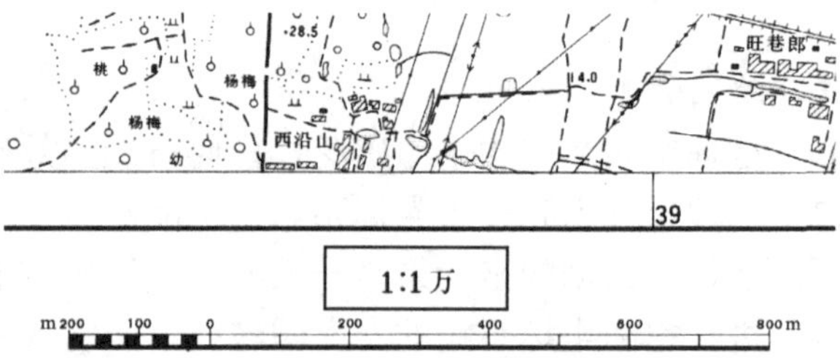

图 28.2　比例尺

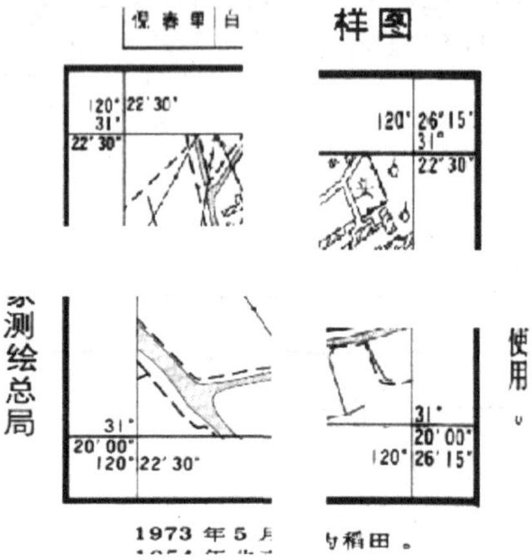

图 28.3　四角点坐标

图 28.4　地形图全图

读图可知如表 28.3 所示信息。

表 28.3　坐标信息

坐标基准信息	1954 北京坐标系	地理坐标系	Beijing 1954
比例尺	1∶1 万	投影方法	高斯-克吕格
坐标范围	120°22'30" E～120°26'15" E 31°20'00" N～31°22'30" N	投影带和中央经线	120°E 3°带 120.40625°

2）确定四角点高斯投影坐标

如前所述，由于大比例尺的地形图都是高斯-克吕格投影，四角点标注的坐标为该区域的地理坐标，进行地理配准前，必须计算该四角点地理坐标对应的高斯投影坐标（表 28.4）。下载一个坐标转换工具，如图 28.5 所示，选择【坐标系】“1954 北京坐标系”，【分带方式】为“3 度分带”；如图 28.6 所示，分别将四角点经纬度坐标填入，计算得到对应的高斯坐标，如图 28.7 所示。

表 28.4　四角点高斯投影坐标的计算

地理坐标	经度	120°22'30"	120°26'15"	120°22'30"	120°26'15"
	纬度	31°22'30"	31°22'30"	31°20'00"	31°20'00"
高斯坐标	*X* 垂直	3472674.044824	3472695.993901	3468054.102740	3468076.035305
	Y 水平	40535673.899531	40541619.598967	40535689.633110	40541637.954970

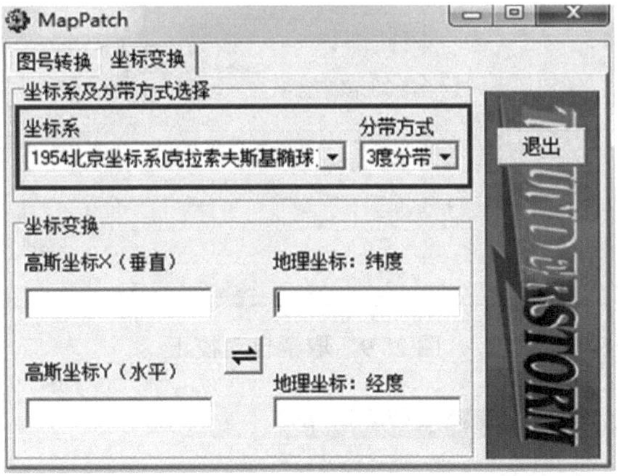

图 28.5　设置坐标系

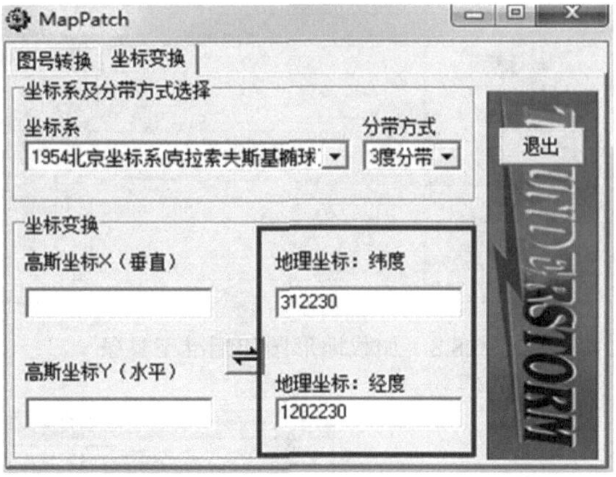

图 28.6　输入角点地理坐标

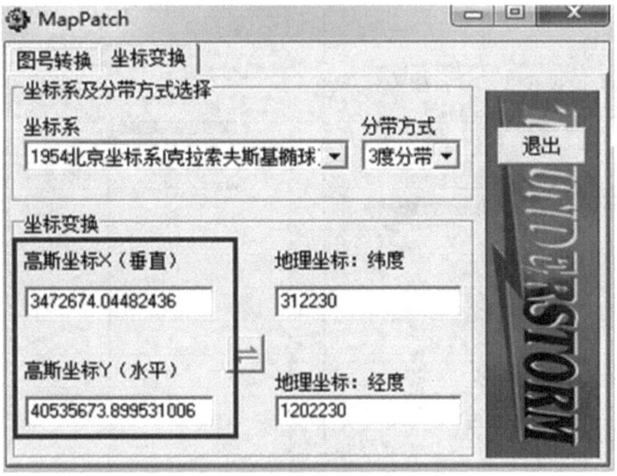

图 28.7　计算高斯坐标

3）设置配准连接

本例已经整平处理。**注**：若内图廓四边不水平或垂直，必须先将该图片整平后方能进行配准。确定好配准信息后，打开 ArcMap，加载地形图图片数据。右击菜单栏空白处，添加【地理配准】工具条，如图 28.8 所示。首先，取消【地理配准】工具条下的【自动校正】的勾选，如图 28.9 所示；其次，使用【添加控制点】工具，对四角点进行配准，如图 28.10 所示；再其次，点击某一角点后，右击任意位置，选择【输入 X 和 Y】，将步骤 2）中的对应高斯坐标输入，如图 28.11 所示，注意 ArcMap 中 *X* 轴为高斯坐标的 *Y* 轴；最后，依次设置好四角点的连接关系，如图 28.12 所示。

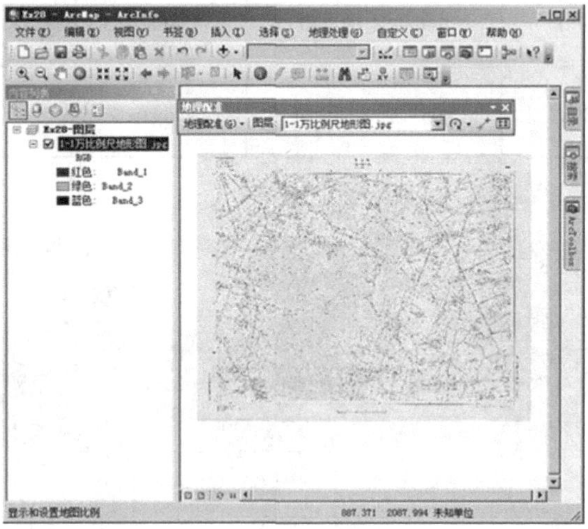

图 28.8　加载地形图和配准工具条

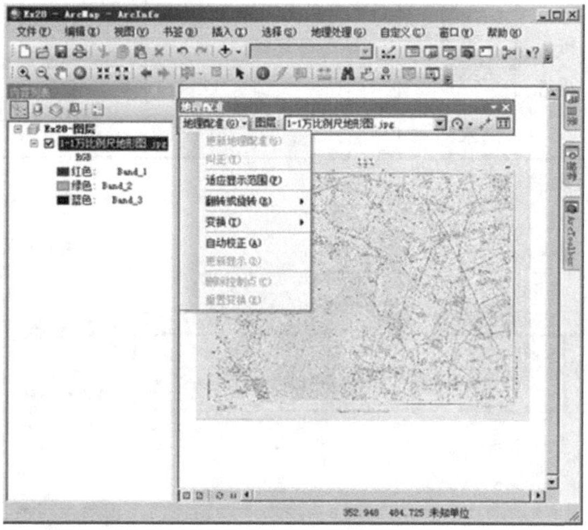

图 28.9　取消自动校正

图 28.10　【添加控制点】工具

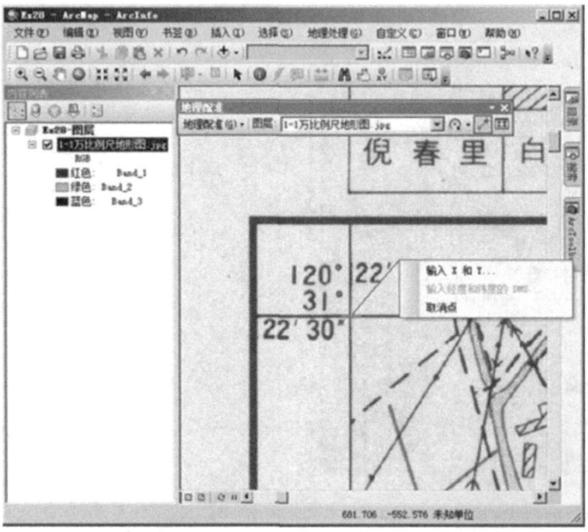

图 28.11　【输入 X 和 Y】工具

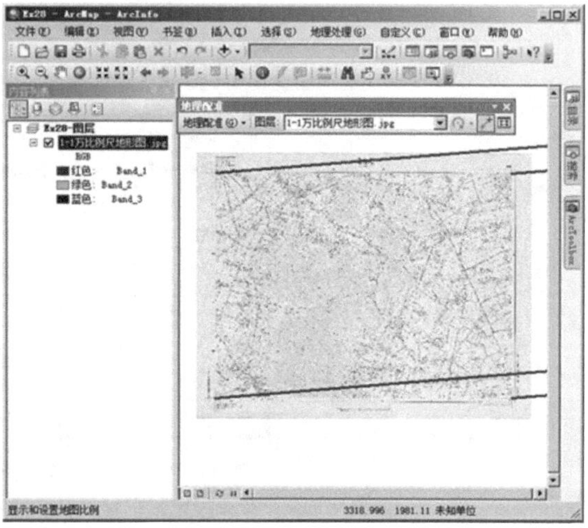

图 28.12　设置四角点

4）查看连接表

如图 28.13 所示，点击工具条中【查看连接表】按钮打开【连接表】，表中列出了从像素坐标系（原始）到高斯坐标系（目标）的控制点对应关系，残差列表为空，如图 28.14 所示。

图 28.13　【查看连接表】按钮

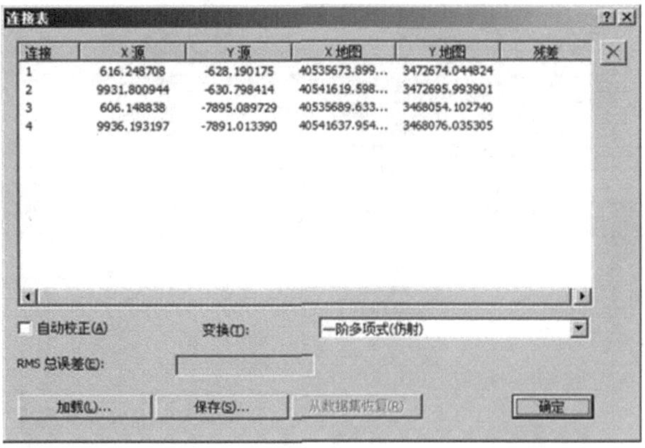

图 28.14　【连接表】

5）执行图像校正

在【连接表】对话框中，变换选择【自动校正】或【一阶多项式（仿射）】，即可计算出四角点校正前后产生的残差值，如图 28.15 所示。由于【自动校正】是强制性变换方法，容易造成图片校正前后发生严重扭曲、错位等错误，不建议使用该方法；而一阶多项式或二阶多项式等变换方法是在牺牲校正精度的情况下，保持图像的整体完整性（无错位），校正结果如图 28.16 所示。本例中，由于控制点为四角点，包含了全部图内容，可以考虑使用【自动校正】方法。如图 28.17 所示，选择工具条【地理配准】下的【纠正】工具，保存校正后的地形图为“纠正.tif”，【格式】为“TIFF”，【像元大小】默认（以一阶多项式变换方法进行纠正），结果如图 28.18 所示。

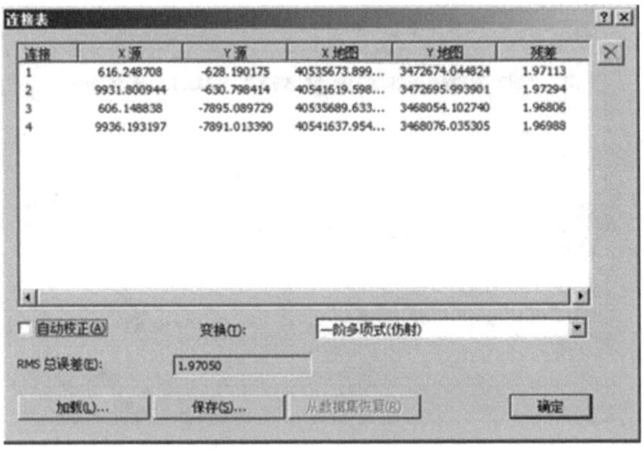

图 28.15　一阶多项式变换

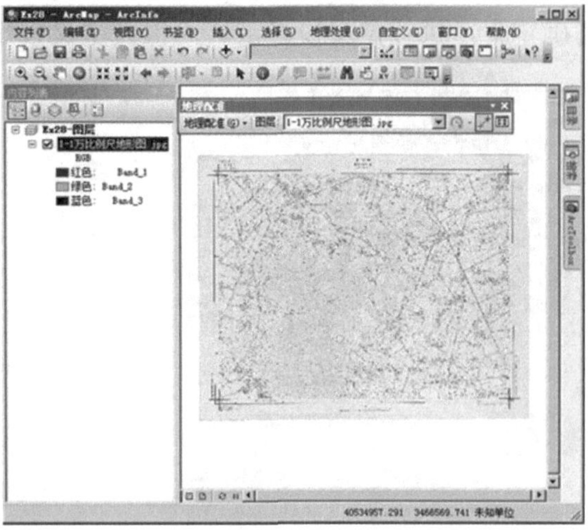

图 28.16　校正效果

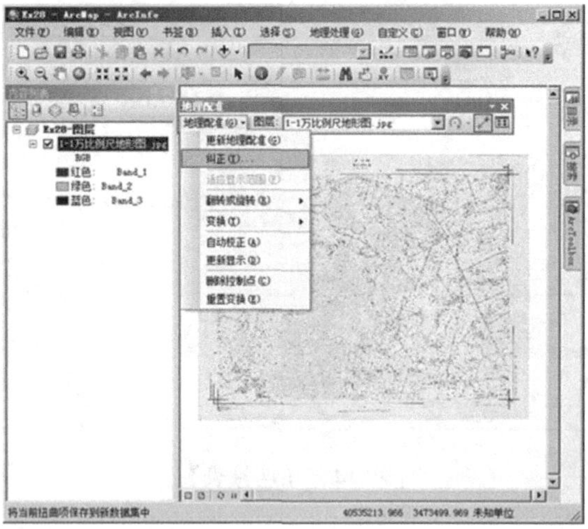

图 28.17　【纠正】工具

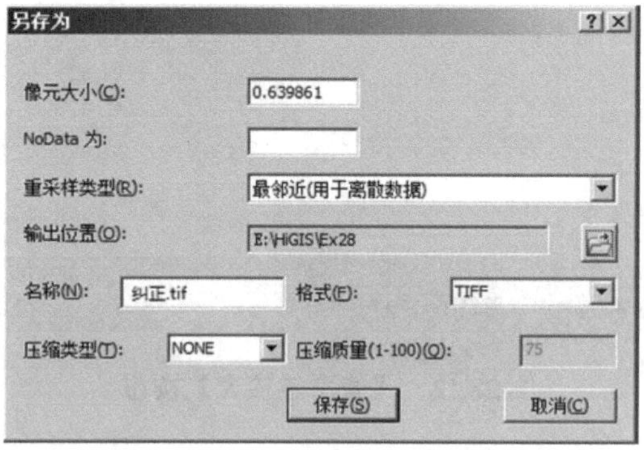

图 28.18　设置输出参数

6）定义投影

重新打开 ArcMap，加载校正后的地形图文件“纠正.tif”，如图 28.19 所示，可以查看到该图层的坐标范围已校正到高斯坐标系下，但该数据只是隐式的具有坐标信息，需要进行定义投影后才具有显示坐标信息，如图 28.20 所示。打开【数据管理工具】→【投影和变换】→【定义投影】对话框，输入数据集或要素类设置为“纠正.tif”，点击右侧坐标系按钮，打开【空间参考属性】对话框，如图 28.21 所示；点击【选择】，选择【Projected Coordinate Systems】→【Gauss Kruger】→【Beijing 1954】→【Beijing_1954_3_Degree_GK_CM_120E.prj】。点击【确定】，执行定义投影工具，得到定义投影的地形图，如图 28.22 所示。

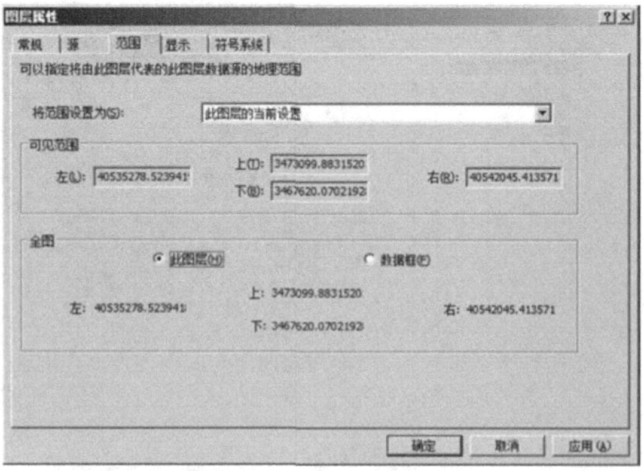

图 28.19　纠正数据坐标范围

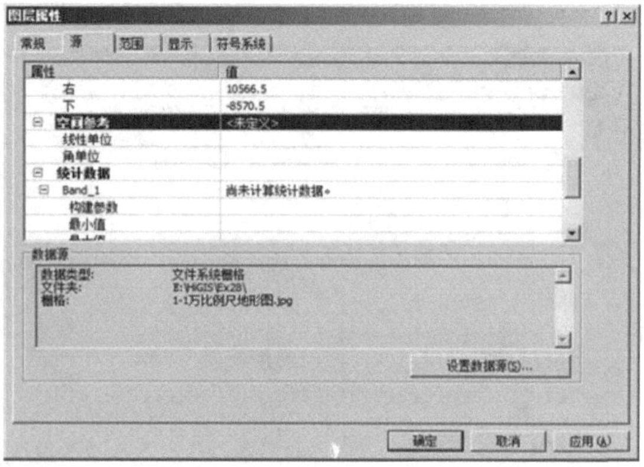

图 28.20　纠正数据描述

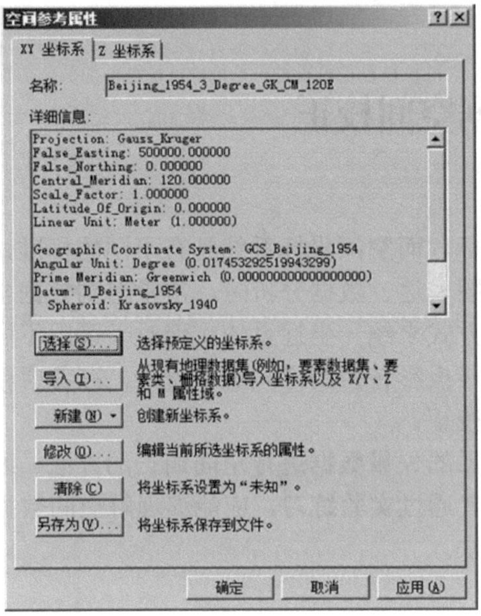

图 28.21　选择投影带

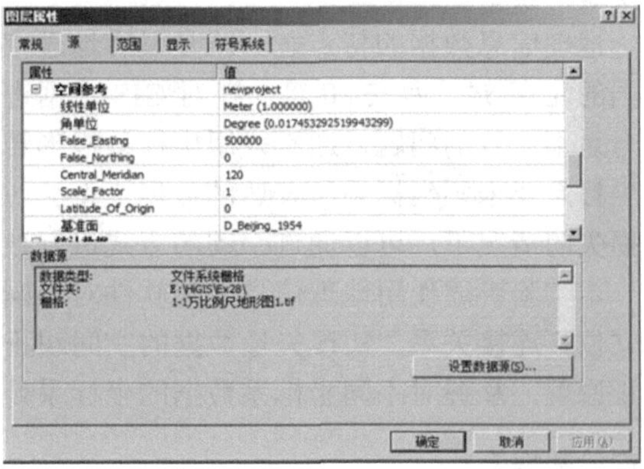

图 28.22　定义完成

实验 29　矢量数据空间校正

【实验背景】

地理信息数据的特点之一就是具有地理空间坐标，而空间坐标系统具有不同的标准，如我国的北京 54、西安 80 等。在对 GIS 数据进行制图表达、数据分析时，常常遇到数据坐标参考系不一致的问题，通常采用坐标系投影转换的方式来统一坐标系统。而对于采用不同地理坐标系或未知坐标系所表达的数据，无法通过直接投影转换的方式进行统一，在考虑精度不损失的情况下，可以通过手动的方式进行数据的校正。

本实验讲述使用地理信息系统软件对不同坐标系的矢量数据进行空间纠正的方法，通过建立位移连接关系，实现矢量数据的空间纠正。读者通过实验练习，应能够理解空间数据的纠正原理，掌握对不同坐标系数据的坐标系处理方法。

【实验数据】

实验数据如表 29.1 所示。

表 29.1　实验数据

名称	格式	坐标系	说明
line1	Shapefile 线要素	Unknown	待校正数据
line2	Shapefile 线要素	Unknown	待校正数据
map	TIFF 格式	China_Lambert_Conformal_Conic	校正参考底图数据

【解决方法】

（1）使用【新建位移连接工具】，实现源图层与待校正图层控制点的连接。

（2）使用【校正】工具，实现待校正图层向源图层的空间校正（表 29.2）。

表 29.2　工具名称及位置

工具名称		工具位置
New Displacement Link Tool	新建位移连接	【菜单栏】→【自定义】→【工具条】→【空间校正】→【新建位移连接】
Adjust	校正	【菜单栏】→【自定义】→【工具条】→【空间校正】→【校正】

【实验步骤】

1）加载空间校正工具条

打开 ArcMap 软件，选择【菜单栏】→【自定义】→【工具条】→【空间校正】工具条，完成加载。工具条如图 29.1 所示。

图 29.1　【空间校正】工具条

2）设置校正参数

如图 29.2 和图 29.3 所示，栅格数据 map 具有空间坐标信息，而矢量图层 line1 的空间坐标系为“未定义”，因此需要将 line1 图层校正到 map 中的黑线位置处。点击【编辑器】工具条，选择【编辑器】→【开始编辑】选项，编辑图层需要选择被校正的图层“line1”；点击【空间校正】工具条，选择【空间校正】→【设置校正数据】选项，勾选图层 line1，点击【确定】，如图 29.4 所示；设置【校正方法】为【变换-仿射】，如图 29.5 所示。**注：**仿射变换通常是图形的整体性变换，而 line1 中数据仅发生了系统性偏移，所以使用仿射变换来校正。

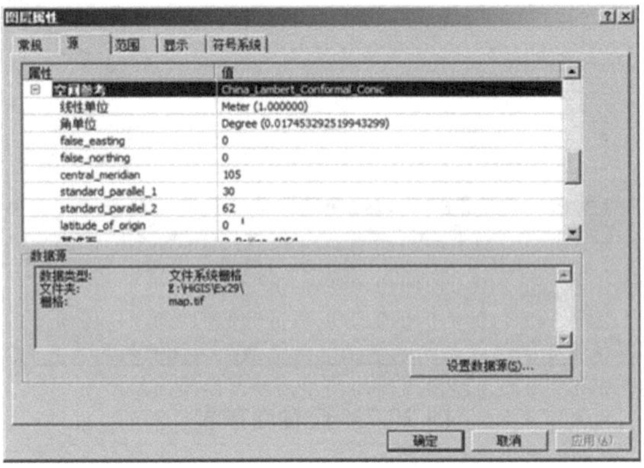

图 29.2　map 图层属性

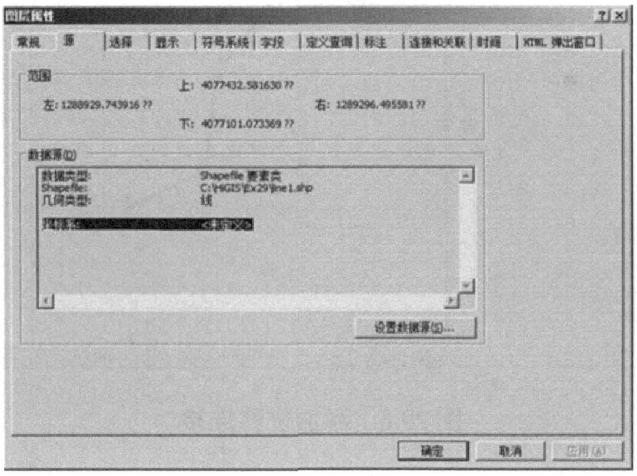

图 29.3　line1 图层属性

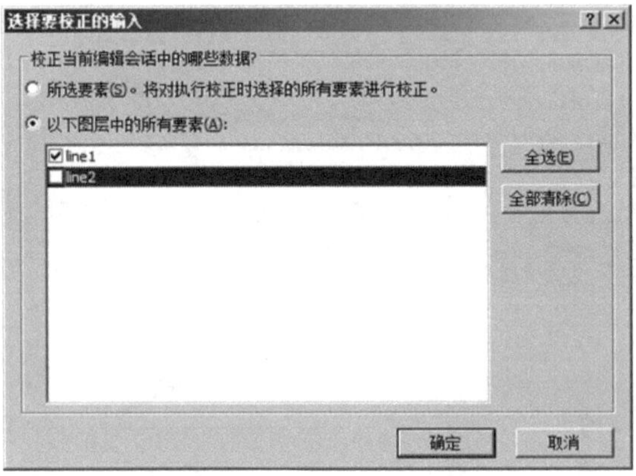

图 29.4　设置校正数据

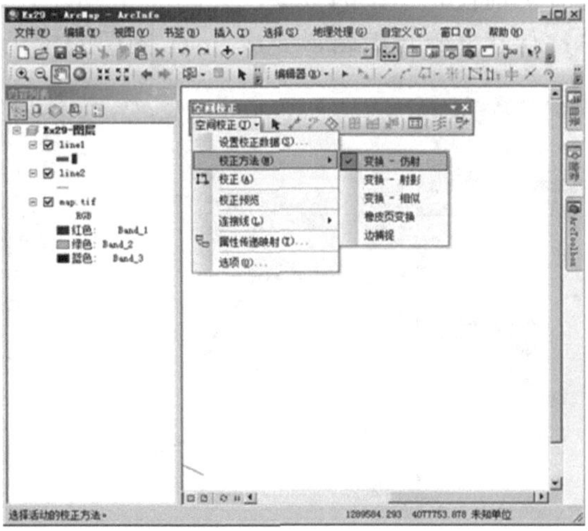

图 29.5　设置校正方法

3）设置校正控制点

使用【空间校正】工具条中的【新建位移连接】工具，对 line1 图层添加控制点连接，控制点要选择 line1 和 map 的对应关键位置，如节点，如图 29.6 所示；点击【空间校正】工具条中的【查看连接表】工具，打开当前设置的控制点坐标对应关系，如图 29.7 所示；表中【X 源】、【Y 源】和【X 目标】、【Y 目标】分别列出了校正前和校正后控制点的坐标值对应关系、【残差】（表示每个控制点产生的误差值）及此次校正的【RMS 误差】。注：本例中实验数据比较简单，控制点仅 5 个，在实际情况中需要多增加控制点个数，且保证其残差尽可能小。

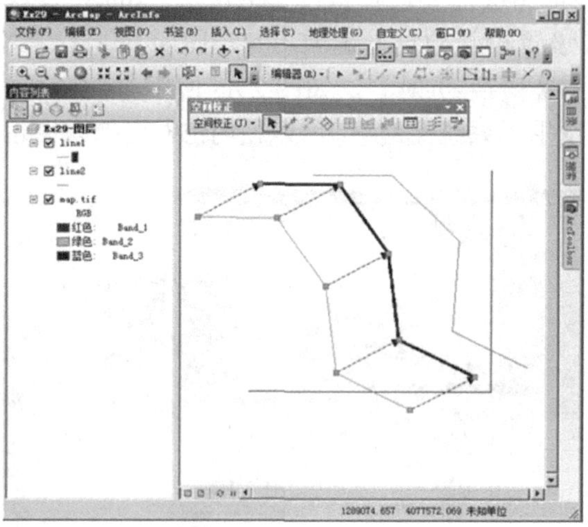

图 29.6　添加位移连接

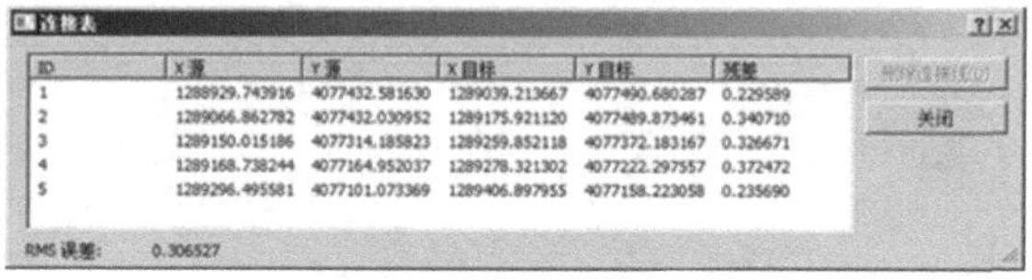

图 29.7　查看连接表

4）校正数据

点击【空间校正】工具条，选择【空间校正】→【校正预览】选项，可以在预览窗口中查看当前校正结果的效果，如图 29.8 所示；选择【空间校正】→【校正】选项，执行校正操作；保存并停止编辑，完成 line1 图层的校正操作，如图 29.9 所示。

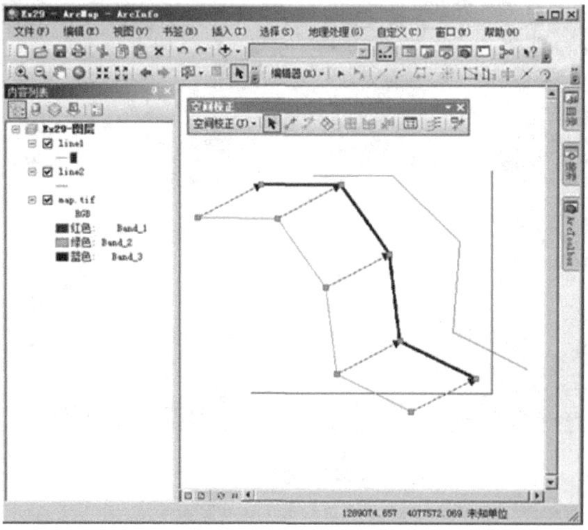

图 29.8　校正预览

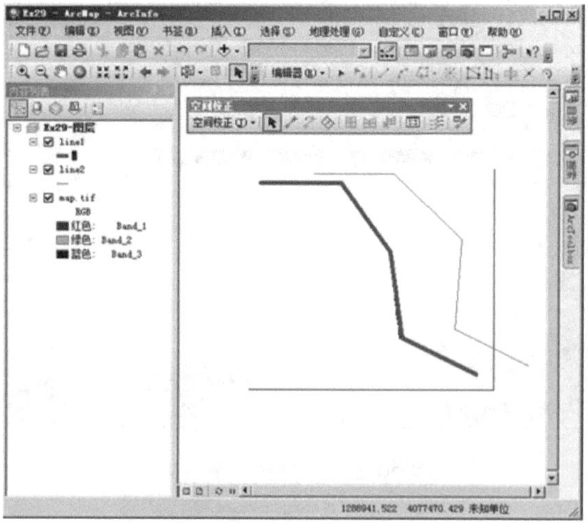

图 29.9　校正结果

5）设置校正参数

同样，矢量图层 line2 的空间坐标系为“未定义”，需要将 line2 图层校正到 map 中的黑线位置处，如图 29.10 所示。点击【编辑器】工具条，选择【编辑器】→【开始编辑】选项，选择图层“line2”；【设置校正数据】为图层 line2，如图 29.11 所示；设置【校正方法】为【橡皮页变换】，如图 29.12 所示。**注：**与 line1 不同的是，line2 中线要素不仅发生了平移，还发生了变形；仿射变换无法校正变形的线段，因此需要使用橡皮页变换方法。

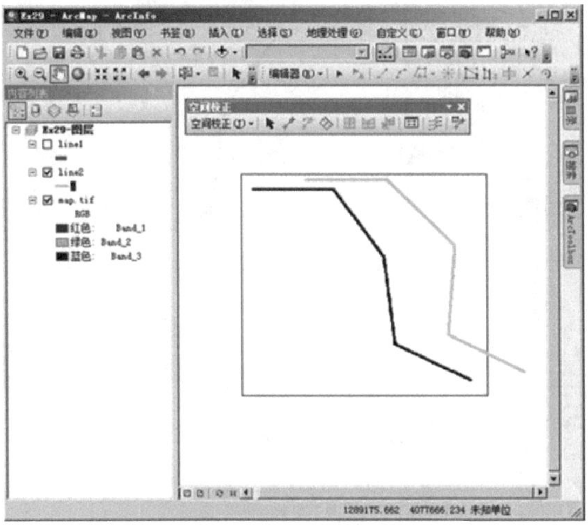

图 29.10　line2 图层变形线段

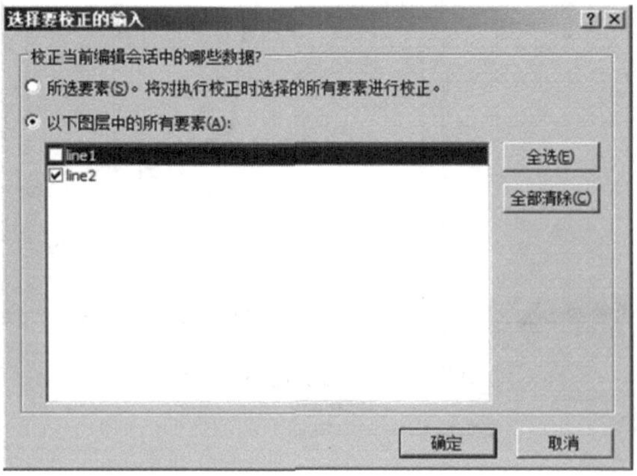

图 29.11　设置校正数据

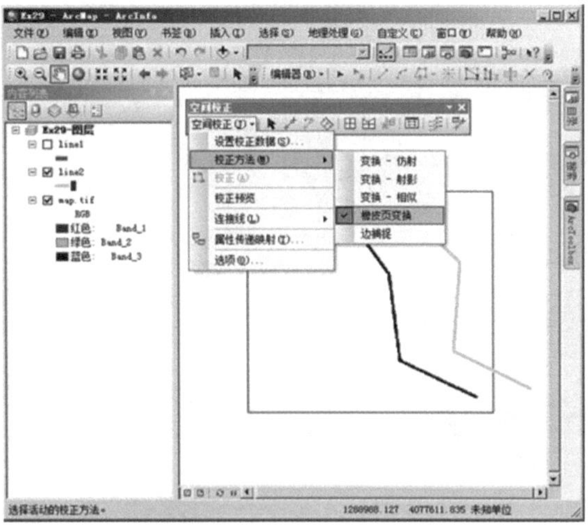

图 29.12　设置校正方法

6）设置校正控制点

同步骤 3），使用【空间校正】工具条中的【新建位移连接】工具，对 line2 图层添加控制点连接，如图 29.13 所示。**注：**本例中变形线段为直线，仅需端点设置位移连接即可，实际情况必须保证在发生变形线段的每个节点或尽可能多的节点处建立位移连接，才能校正正确。

7）校正数据

同步骤 4），执行校正；保存并停止编辑，完成 line2 图层的校正操作，如图 29.14 所示。

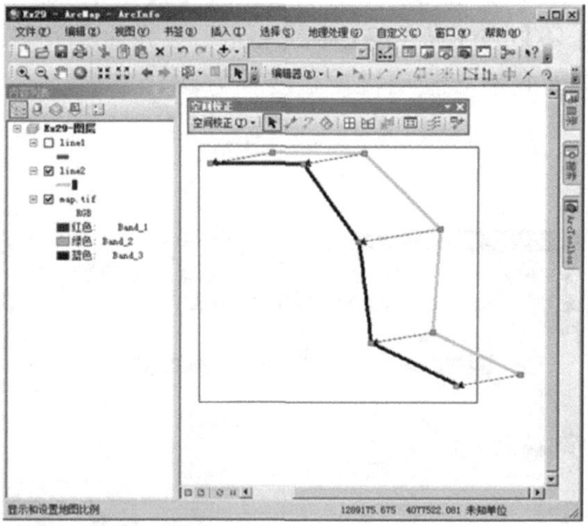

图 29.13　添加位移连接

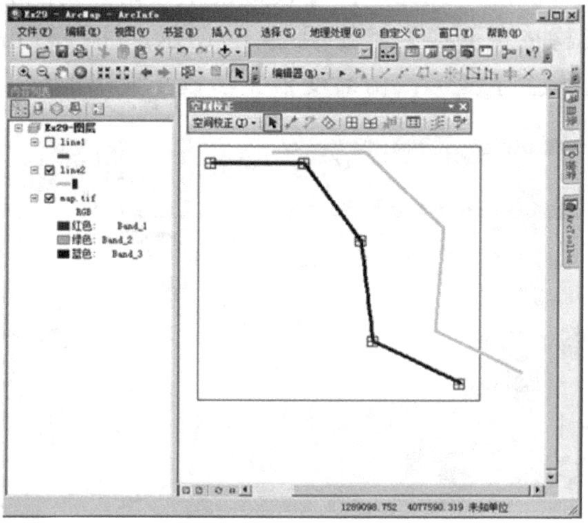

图 29.14　校正结果

实验 30　清除坐标系信息

【实验背景】

地理信息数据的坐标系是将地理信息数据进行融合、叠加、分析的重要数学框架，而其描述信息是非常重要的元数据，涉及整个国家的测绘坐标系统，其参数具有严格的保密性，如坐标转换参数、椭球体参数、高程基准点参数等。因此，对于地理数据的坐标系信息需要采取保密措施，最简单的方法就是清除当前地理信息数据的坐标系信息，使其在不损坏数据坐标的情况下，达到保密的目的。

本实验讲述使用地理信息系统软件对地理数据进行坐标系信息清除的方法，以保证数据坐标系的保密性。读者通过实验练习，应能够掌握和应用处理此类坐标系问题的方法和工具。

【实验数据】

实验数据如表 30.1 所示。

表 30.1　实验数据

名称	格式	坐标系	说明
country	Shapefile 面要素	GCS_WGS_1984	实验原始数据

【解决方法】

1）*方法一*

使用【定义投影】工具，对原始数据的投影进行定义。

2）*方法二*

在图层属性对话框中，清除数据的投影信息（表 30.2）。

表 30.2　工具名称及位置

工具名称		工具位置
Define Projection	定义投影	【ArcToolbox】→【数据管理工具】→【投影和变换】→【定义投影】
Shapefile Property	图层属性	【目录窗口】→【属性】→【XY 坐标系】→【清除】

【实验步骤】

1）*方法一*

（1）查看当前数据坐标系信息。如图 30.1 所示，双击“country”图层，打开【属性】对话框；选择【源】选项卡，可以查看到当前坐标系为“GCS_WGS_1984”， 如图 30.2 所示。

（2）清除坐标系信息。打开【数据管理工具】→【投影和变换】→【定义投影】对话框，【输入数据集成要素类】设置为“country”（图 30.3）；点击右侧坐标系设置按钮，打开【空间参考属性】对话框，点击【清除】按钮，点击【确定】，如图 30.4 所示；此时，目标【坐标系】信息为“Unknown”，点击【确定】，完成清除操作，结果如图 30.5 所示。

图 30.1　实验数据

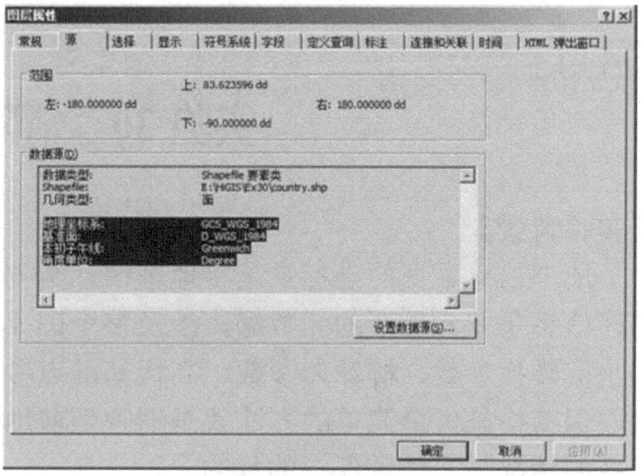

图 30.2　图层坐标系信息

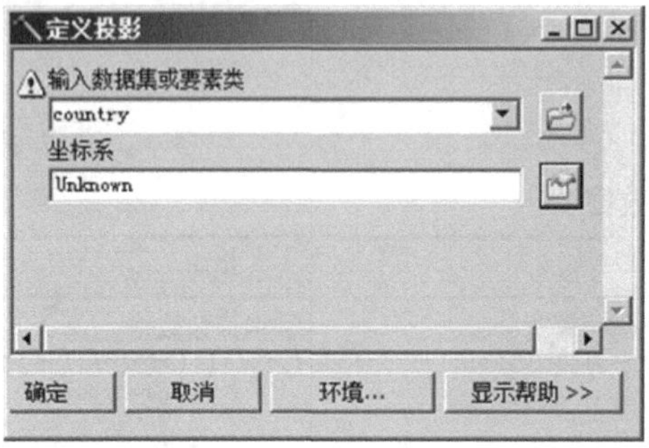

图 30.3　【定义投影】参数设置

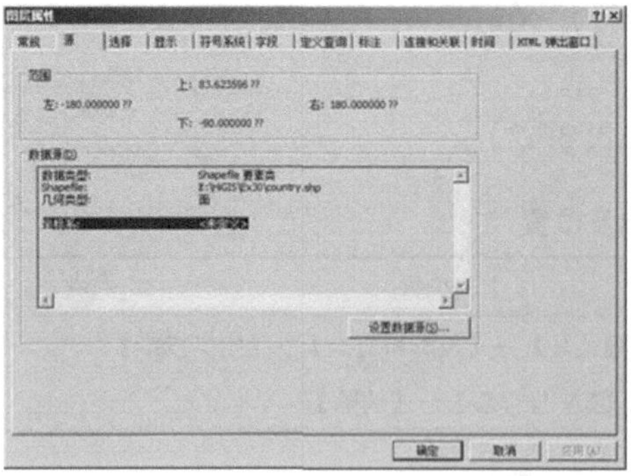

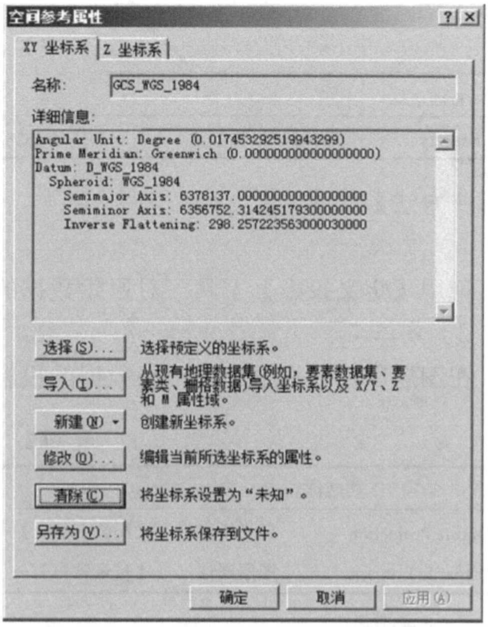

图 30.5　清除后数据的源属性

图 30.4　【清除】坐标系信息

2）*方法二*

在【图层属性】对话框中清除数据的投影信息。在【目录窗口】中，选择“contry.shp”图层，右击选择【属性】，打开【图层属性】对话框，选择【XY 坐标系】，点击【清除】按钮，点击【确定】，如图 30.6 所示；此时，目标坐标系信息为“Unknown”；点击【确定】，完成清除操作，结果如图 30.7 所示。

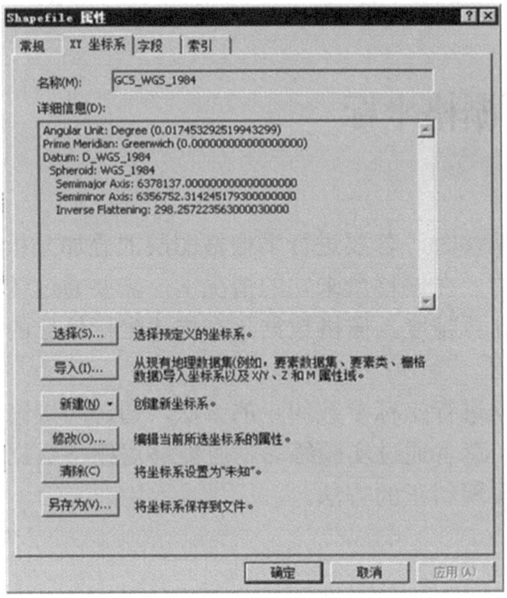

图 30.6　清除前图层的坐标信息

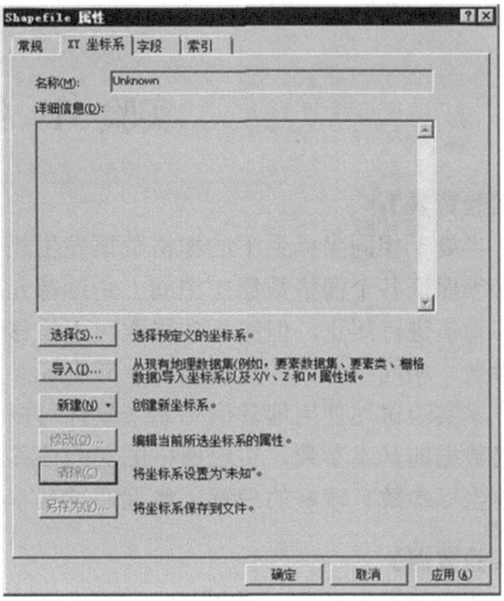

图 30.7　清除后图层的坐标信息

实验 31　纠正栅格坐标

【实验背景】

当处于相同坐标系下的栅格数据发生相对性偏移时，若要进行多栅格图层的叠加分析，就必须保证各个栅格数据在空间上是逐像元对应的。在偏移量未知的情况下，需要通过计算偏移量值进行纠正，但纠正效果取决于偏移量的计算精度。栅格数据具有描述坐标信息的基本参数，相同坐标下的栅格数据，其坐标参数相同。

本实验讲述使用地理信息系统软件对栅格数据进行坐标参数纠正的方法，通过间接修改栅格数据的基本参数，实现栅格图层的偏移纠正。读者通过实验练习，应能够对栅格数据的基本坐标参数有较好的理解，掌握通过基本参数实现纠正的方法。

【实验数据】

实验数据如表 31.1 所示。

表 31.1　实验数据

名称	格式	坐标系	说明
raster1	GRID 栅格	Krasovsky_1940_Transverse_Mercator	标准栅格数据
raster2	GRID 栅格	Krasovsky_1940_Transverse_Mercator	发生偏移的栅格数据

【解决方法】

（1）使用【栅格转 ASCII】工具，实现栅格向 ASCII 码的转换。

（2）使用【ASCII 转栅格】工具，实现 ASCII 码向栅格的转换（表 31.2）。

表 31.2　工具名称及位置

工具名称		工具位置
Raster To ASCII	栅格转 ASCII	【ArcToolbox】→【转换工具】→【由栅格转出】→【栅格转 ASCII】
ASCII To Raster	ASCII 转栅格	【ArcToolbox】→【转换工具】→【转为栅格】→【ASCII 转栅格】

【实验步骤】

1）栅格数据转 ASCII 文件

在 ArcToolbox 中，打开【转换工具】→【由栅格转出】→【栅格转 ASCII】对话框，【输入栅格】设置为“raster1”，【输出 ASCII 栅格文件】设置为“asc1.TXT”，如图 31.1 所示；点击【确定】，得到 raster1 的 ASCII 文件，如图 31.2 所示；同理，将 raster2 转为 ASCII 文件“asc2.TXT”，如图 31.3 所示。

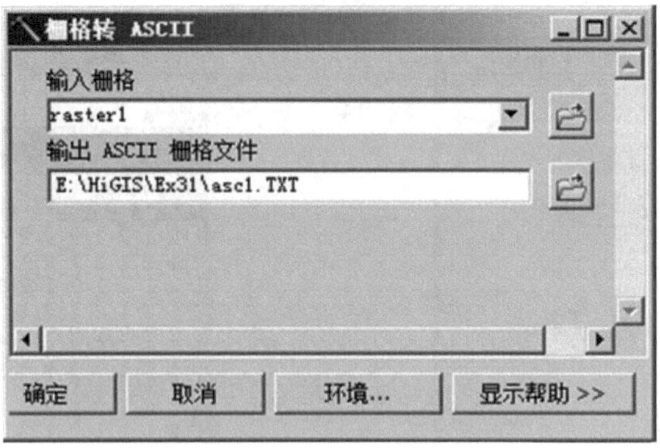

图 31.1　【栅格转 ASCII】参数设置

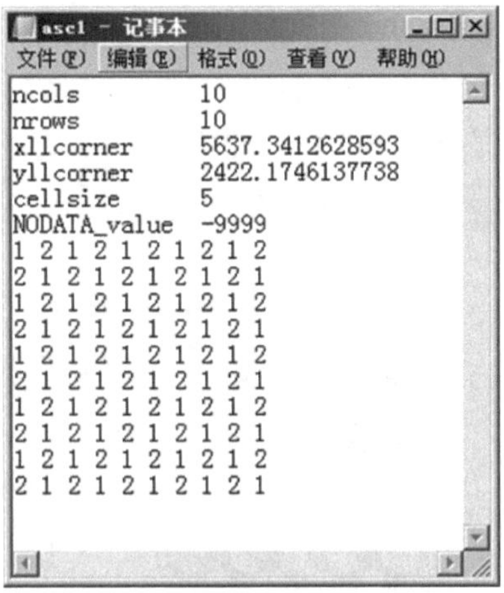

图 31.2　raster1 的 ASCII 文件

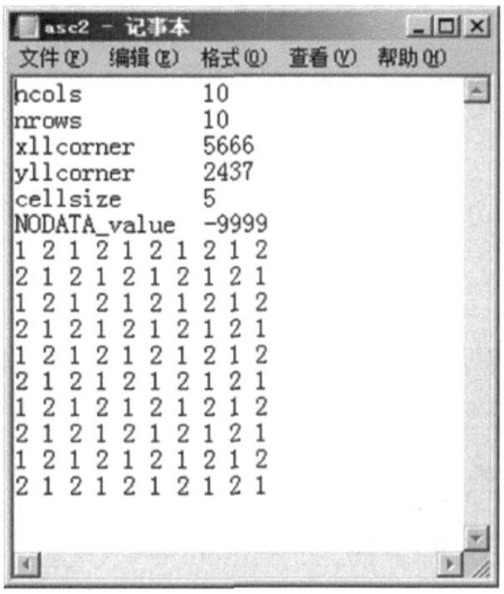

图 31.3　raster2 的 ASCII 文件

2）纠正栅格数据的坐标参数

由于 raster2 栅格数据仅发生了偏移，而栅格其他参数（值、范围、分辨率）未发生改变，与 raster1 标准栅格数据一致。由图 31.2 和图 31.3 中参数描述可知，**raster2 数据的 xllcorner 参数和 yllcorner 参数是关键**。因此，为了使 raster2 数据与 raster1 数据满足逐栅格对应的条件，仅需将 raster2 数据纠正为 raster1 的 xllcorner 参数和 yllcorner 参数即可，如图 31.4 所示。

3）生成被纠正的栅格数据

打开【转换工具】→【转为栅格】→【ASCII 转栅格】对话框，【输入 ASCII 栅格文件】设置为“asc2.txt”，【输出栅格】设置为“newraster2”，【输出数据类型】设置为“INTEGER”，如图 31.5 所示；点击【确定】，得到被纠正后的栅格数据，如图 31.6 所示。**注**：ASCII 转栅格工具生成的栅格数据不带有坐标信息，如果原始 raster2 数据带有坐标系信息，则必须要对纠正后的栅格数据进行坐标系定义。

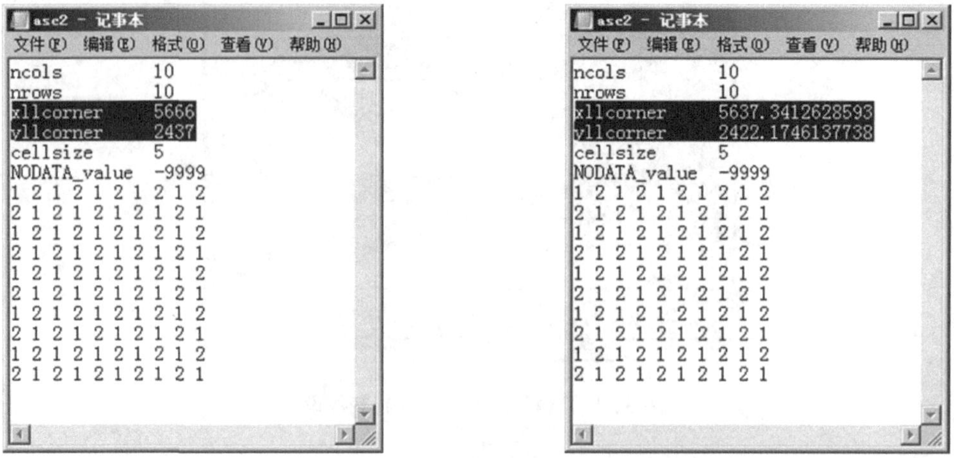

图 31.4　纠正 raster2 的 xllcorner、yllcorner 参数

图 31.5　【ASCII 转栅格】参数设置

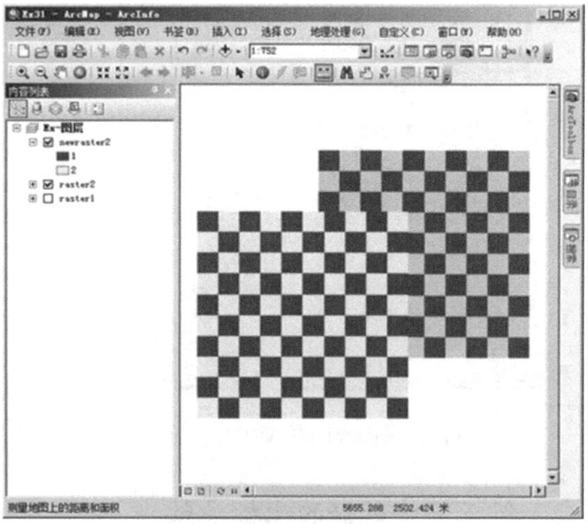

图 31.6　纠正后的栅格数据

实验 32　计算栅格行列号

【实验背景】

栅格数据普遍由规则的像元结构进行表达和存储，每个像元相对于初始像元来说，均可以用行列号参数来表达其在整个栅格数据中的位置。若要计算特定像元的行列号，可通过像元中心相对于栅格初始源点坐标的偏移量来求解像元行列号。

本实验讲述使用地理信息系统软件对栅格像元进行行列号求算的方法，以像元中心点作为求算的初始坐标条件。读者通过实验练习，应能够理解栅格数据的基本坐标参数，增进对栅格数据像元结构的认识，掌握处理此类问题的方法。

【实验数据】

实验数据如表 32.1 所示。

表 32.1　实验数据

名称	格式	坐标系	说明
points	Shapefile 点要素	Krasovsky_1940_Transverse_Mercator	待计算行列号的矢量点
raster	GRID 栅格	Unknown	参考栅格数据

【解决方法】

（1）使用【添加 XY 坐标】工具，添加要素点。

（2）使用【添加字段】工具，在要素属性表中添加新的字段。

（3）使用【字段计算器】工具，对属性字段进行计算（表 32.2）。

表 32.2　工具名称及位置

工具名称		工具位置
Add XY	添加 XY 坐标	【ArcToolbox】→【数据管理工具】→【要素】→【添加 XY 坐标】
Add Field	添加字段	【属性表】→【表选项】→【添加字段】
Filed Calculator	字段计算器	【右键菜单】→【字段计算器】

【实验步骤】

1）添加矢量点的 *XY* 坐标

如图 32.1 所示，在 ArcToolbox 中，打开【数据管理工具】→【要素】→【添加 XY 坐标】对话框，【输入要素】设置为“points”；点击【确定】，右击图层打开属性表可查看到当前每个矢量点的 *X*、*Y* 坐标值，如图 32.2 所示。

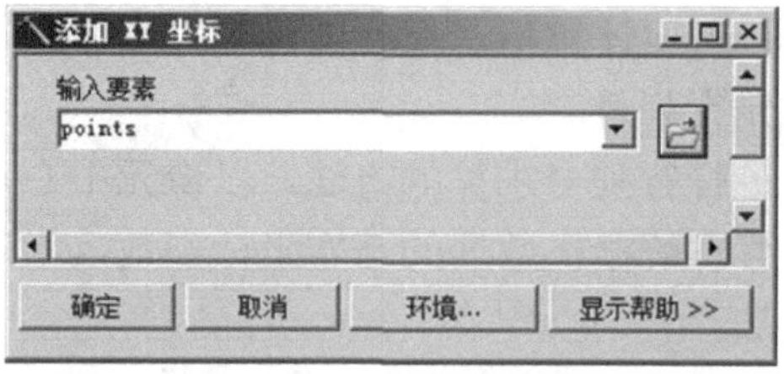

图 32.1　【添加 XY 坐标】参数设置

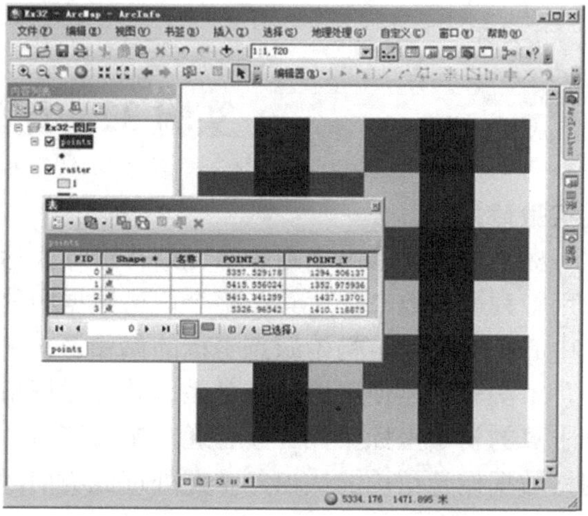

图 32.2　X、Y 坐标结果

2）查看栅格起始点的坐标值和分辨率大小

右击 raster 图层打开【图层属性】对话框，选择【源】查看栅格大小为“30”，如图 32.3 所示；选择【范围】选项卡查看当前图层的全图坐标范围，如图 32.4 所示。**注：**本例中以【左（L）】为栅格的起始点，即从左往右列号逐渐增大，从下至上行号逐渐增大。

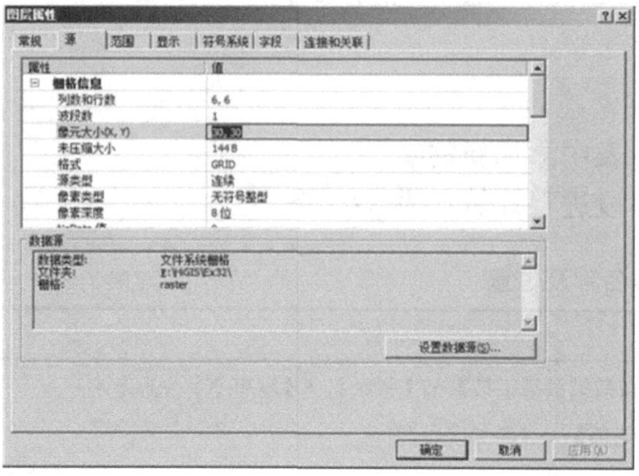

图 32.3　栅格大小

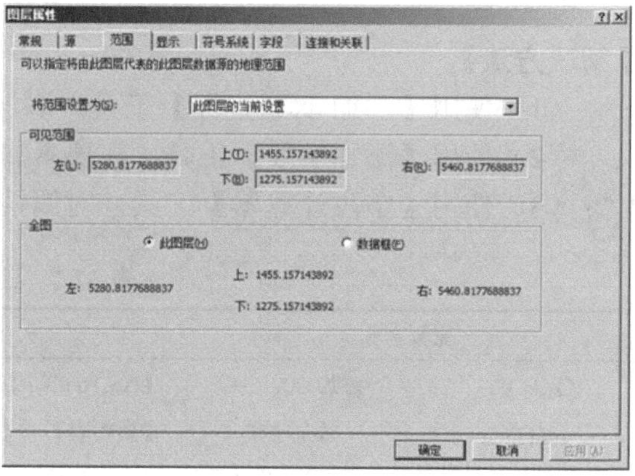

图 32.4　栅格坐标范围

3）新建字段存储行列号

右击 points 图层打开属性表，打开【表选项】→【添加字段】工具，依次新建短整型字段 Row 和 Column，如图 32.5 所示。新建字段如图 32.6 所示。**注：**行列号为整型数值，需要用整型字段存储。

图 32.5　新建整型字段

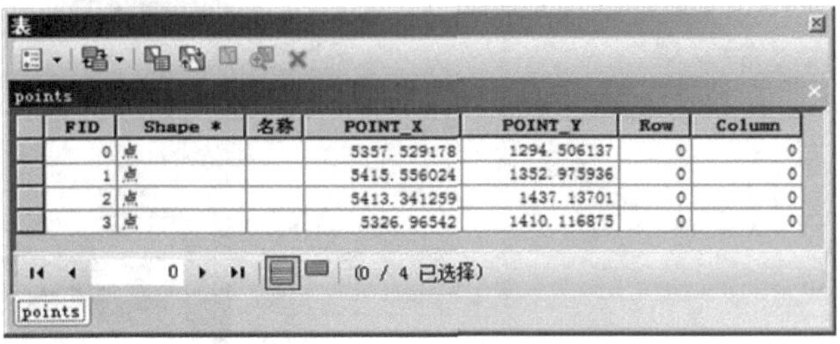

图 32.6　添加行列号字段

4）计算行列号

右击 Row 字段，打开【字段计算器】工具；根据左下角点的 Y 值和栅格大小，输入公式 Int (([POINT_Y] – 1275.157144) /30) + 1，如图 32.7 所示；点击【确定】，计算出行号。同理，输入公式 Int (([POINT_X] – 5280.817769) /30) + 1 计算得到列号，如图 32.8 所示。计算结果如图 32.9 所示。

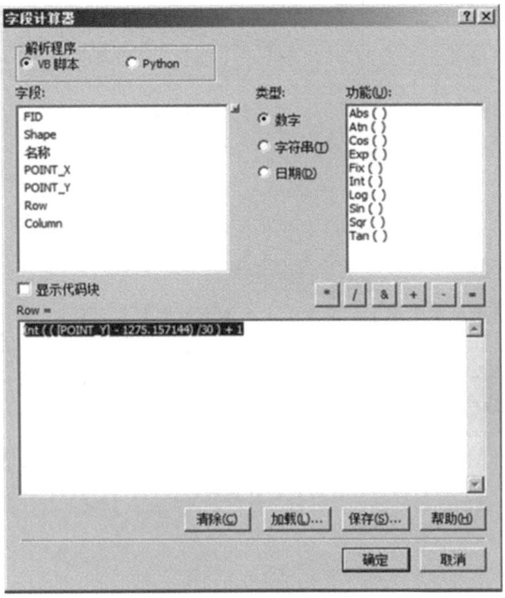

图 32.7　计算行号

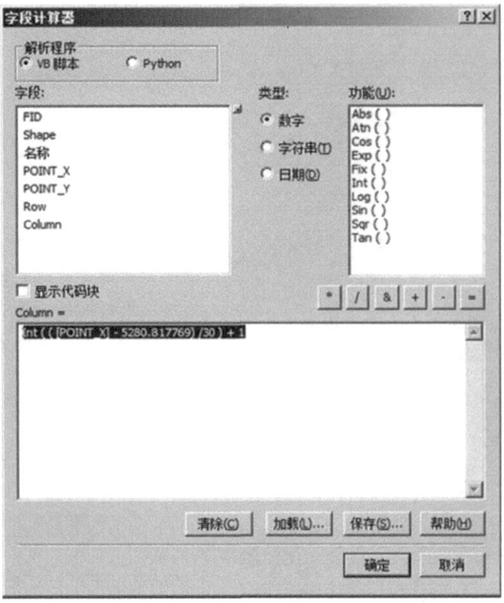

图 32.8　计算列号

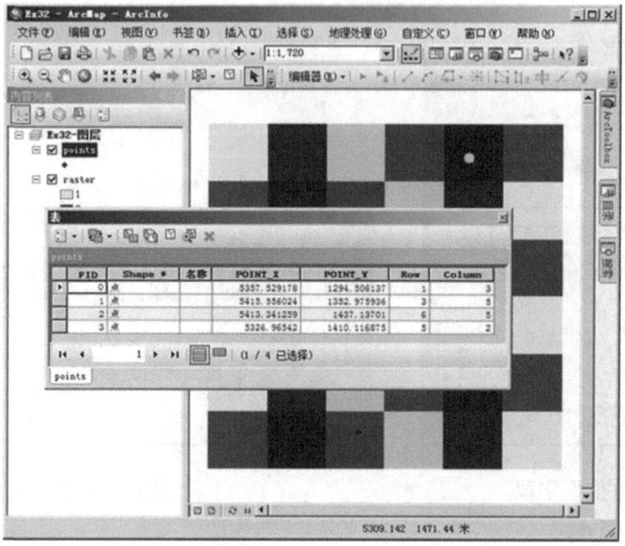
Ex32 - ArcMap - ArcInfo
文件(F) 编辑(E) 视图(V) 书签(B) 插入(I) 选择(S) 地理处理(G) 自定义(C) 窗口(W) 帮助(H)
1:1,720
编辑器(R)
Ex32-图层
points
raster
表
points
FID
Shape *
名称
POINT_X
POINT_Y
Row
Column
0 点 5357.529178 1294.506137 1 3
1 点 5415.556024 1352.975936 3 5
2 点 5413.341259 1437.13701 6 5
3 点 5326.96542 1410.116875 5 2
(1 / 4 已选择)
points
ArcToolbox
目录
搜索
5309.142 1471.44 米

图 32.9　行列号结果

实验 33　计算栅格统计参数

【实验背景】

栅格数据的基本参数包括数据区坐标原点、边界坐标范围、像元行列数、统计指标等参数。基于栅格数据进行分析时，常常需要以基本参数作为分析基础，尤其是进行工具化建模时，基本参数的有效获得能够简化建模的复杂性。

本实验讲述使用地理信息系统软件进行快速、有效地获取栅格数据的基本参数，通过直接调用现有工具即可得到栅格数据各项基本参数。读者通过实验练习，应能够掌握有效工具，从而为工具化建模打下基础。

【实验数据】

实验数据如表 33.1 所示。

表 33.1　实验数据

图层名称	格式	坐标系	说明
dem	GRID 栅格	Krasovsky_1940_Transverse_Mercator	要获得统计参数的栅格

【解决方法】

使用【获取栅格属性】工具，设置工具参数，获取统计参数（表 33.2）。

表 33.2　工具名称及位置

工具名称		工具位置
Get Raster Properties	获取栅格属性	【ArcToolbox】→【数据管理工具】→【栅格】→【栅格属性】→【获取栅格属性】

【实验步骤】

1）计算栅格统计指标

在 ArcToolbox 中，打开【数据管理工具】→【栅格】→【栅格属性】→【获取栅格属性】对话框，【输入栅格】设置为“dem”，【属性类型】设置为“MINIMUM”，如图 33.1 所示；点击【确定】，在【菜单栏】→【地理处理】→【结果】对话框中可以查看到栅格数据的最小值，如图 33.2 所示。同理，可以计算如图 33.1 所示其他统计参数。**注：**该工具的作用在于自动化地进行栅格数据分析。

2）查看栅格统计属性

在内容列表窗口中，右击 dem 栅格图层，选择【属性】，在【源】选项卡的列表中找到【统计数据】，如图 33.3 所示。

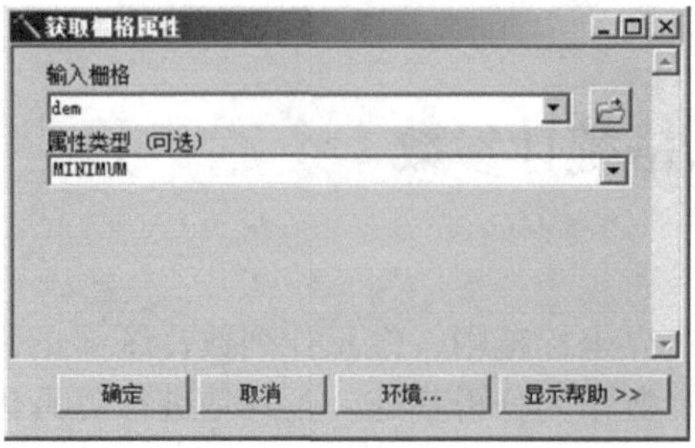

图 33.1　【获取栅格属性】参数设置

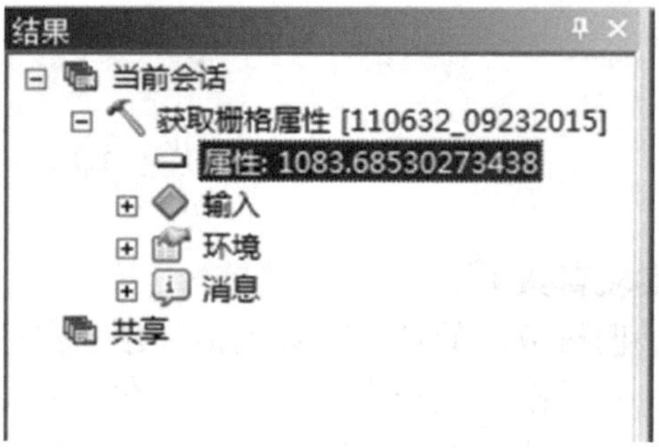

图 33.2　最小值结果

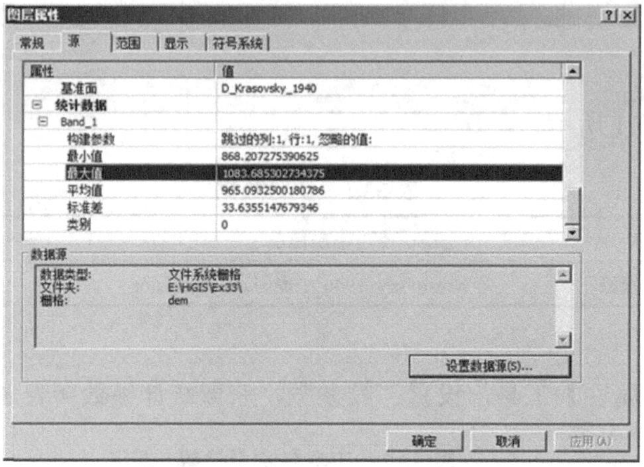

图 33.3　【源】→【统计数据】

实验 34　浮点型栅格转整形

【实验背景】

与矢量数据的字段值类似，栅格数据的属性值也有类型划分，如浮点型和整型。一般的栅格运算对属性值类型并无特殊要求，而在特殊情况下必须满足栅格属性值为整型，如创建栅格数据的属性表、将栅格区域转面要素等。

本实验讲述使用地理信息系统软件将浮点型栅格数据转为整型的方法，整型栅格数据将自动产生属性表记录。读者通过实验练习，应能够掌握转换栅格数据属性值类型的工具，灵活处理由属性值类型引起的问题。

【实验数据】

实验数据如表 34.1 所示。

表 34.1　实验数据

图层名称	格式	坐标系	说明
raster	GRID 栅格	Unknown	要转为整型的栅格

【解决方法】

使用【转为整型】工具，输入栅格图层，将浮点型栅格转为整型（表 34.2）。

表 34.2　工具名称及位置

工具名称		工具位置
Int	转为整型	【ArcToolbox】→【Spatial Analyst 工具】→【数学】→【转为整型】

【实验步骤】

将栅格转为整型。在 ArcToolbox 中，打开【Spatial Analyst 工具】→【数学】→【转为整型】对话框，【输入栅格数据或常量值】设置为“raster”，【输出栅格】设置为“int_raster”，如图 34.1 所示；点击【确定】，得到整型栅格数据，如图 34.2 所示。**注：**将浮点型栅格转为整型后，自动完成属性表计算，如图 34.3 所示。

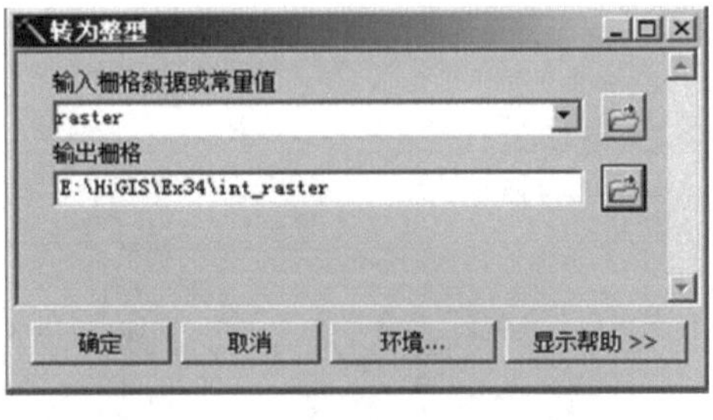

图 34.1　【转为整型】参数设置

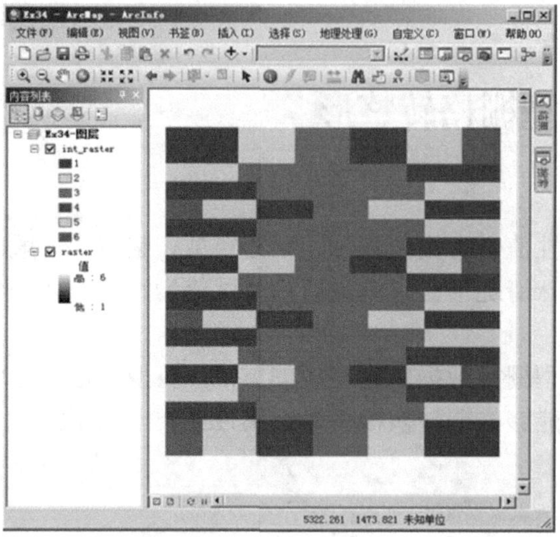

图 34.2　整型栅格

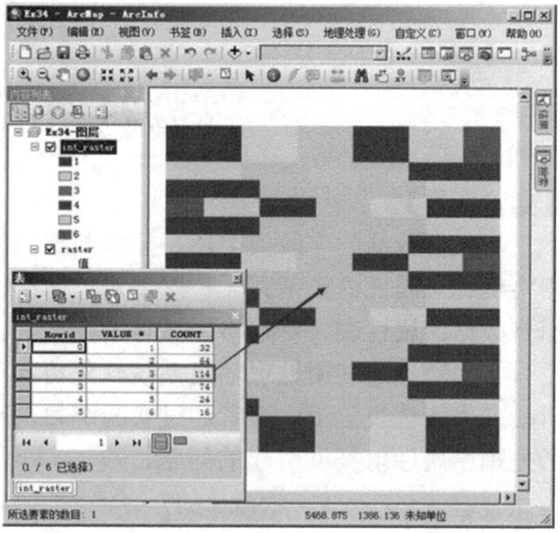

图 34.3　整型栅格属性表

实验 35　等高线生成 DEM

【实验背景】

数字地形可以使用等高线数据、不规则三角网 TIN 数据和规则格网 DEM 数据进行表达，等高线数据是平面二维线数据，TIN 是三维表面数据，DEM 是栅格数据，各自使用不同的数据结构进行存储与表达。而传统的 DEM 数据多采用等高线作为基础数据，以 TIN 作为中间数据生成得到。

本实验讲述使用地理信息系统软件生成 DEM 的方法，基础数据使用等高线数据。读者通过实验练习，应能够理解等高线、TIN 和 DEM 各自的结构差异性，熟练掌握由等高线生成 DEM 的基本方法。

【实验数据】

实验数据如表 35.1 所示。

表 35.1　实验数据

图层名称	格式	坐标系	说明
contour5	Coverage 要素类	Krasovsky_1940_Transverse_Mercator	等高线矢量数据

【解决方法】

1）*方法一*

（1）使用【创建 TIN】工具，输入等高线数据，创建 TIN 数据。

（2）使用【TIN 转栅格】工具，输入 TIN 数据，生成 DEM 栅格数据（表 35.2）。

表 35.2　工具名称及位置（一）

工具名称		工具位置
Create TIN	创建 TIN	【ArcToolbox】→【3D Analyst 工具】→【TIN 管理】→【创建 TIN】
TIN to Raster	TIN 转栅格	【ArcToolbox】→【3D Analyst 工具】→【转换】→【TIN 转栅格】

2）*方法二*

使用【地形转栅格】工具，输入等高线数据，直接插值创建 DEM 数据（表 35.3）。

表 35.3　工具名称及位置（二）

工具名称		工具位置
地形转栅格	创建 DEM	【Spatial Analyst 工具】→【插值】→【地形转栅格】

【实验步骤】

1）*方法一*

（1）创建 TIN 数据。如图 35.1 所示，在 ArcToolbox 中，打开【3D Analyst 工具】→【TIN

管理】→【创建 TIN】对话框，设置【输出 TIN】文件名为“tin”，点击【空间参考】属性按钮，选择【导入】等高线数据 contour5 的坐标信息，如图 35.2 和图 35.3 所示；【输入要素类】选择 contour5 数据集中的 route.contour5 数据（该数据属性表中记录有高程值字段 CONTOUR），【SF_type】选择“硬断线”；点击【确定】，生成 TIN 数据，如图 35.4 所示。

图 35.1　【创建 TIN】参数设置

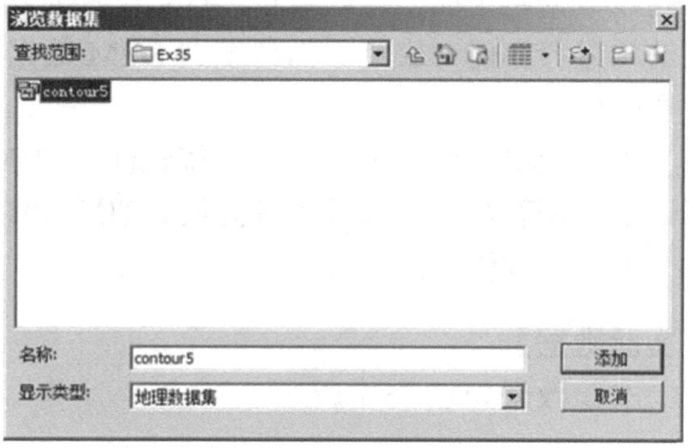

图 35.2　导入等高线数据坐标信息

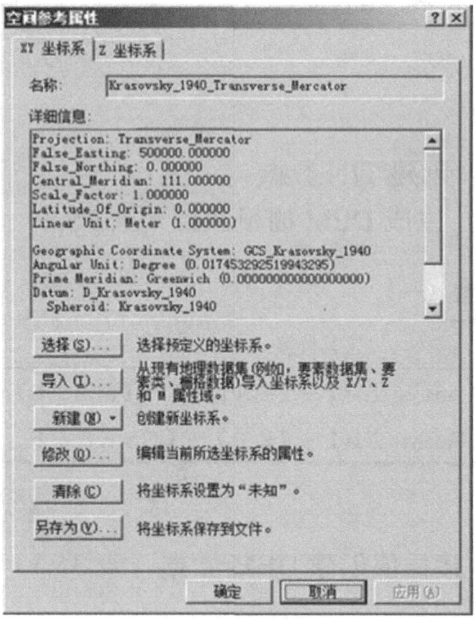

图 35.3　导入后空间参考信息

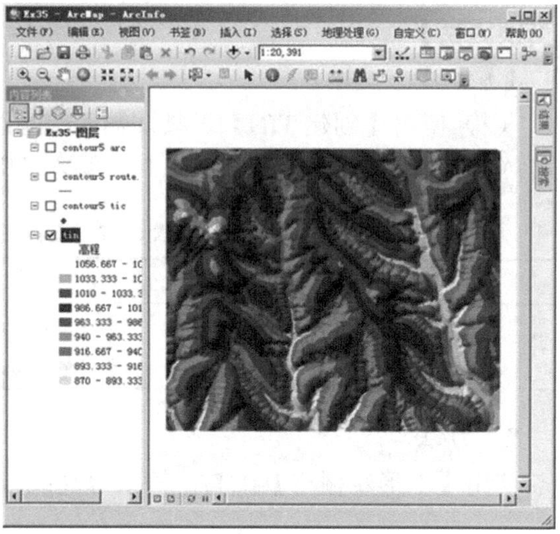

图 35.4　生成 TIN 数据

（2）TIN 数据转 DEM 栅格数据。

如图 35.5 所示，打开【3D Analyst 工具】→【转换】→【由 TIN 转出】→【TIN 转栅格】对话框，设置【输入 TIN】数据为“tin”，【输出栅格】文件名为“dem”，【输出数据类型】和【方法】可根据需要设置，此处默认为“FLOAT”和“LINEAR”，【采样距离】设置为“CELLSIZE 5”，即生成的 DEM 栅格分辨率为 5m（该数值单位以数据坐标系单位为准，此处单位为米）；点击【确定】，生成 DEM 栅格数据，如图 35.6 所示。

图 35.5　【TIN 转栅格】参数设置

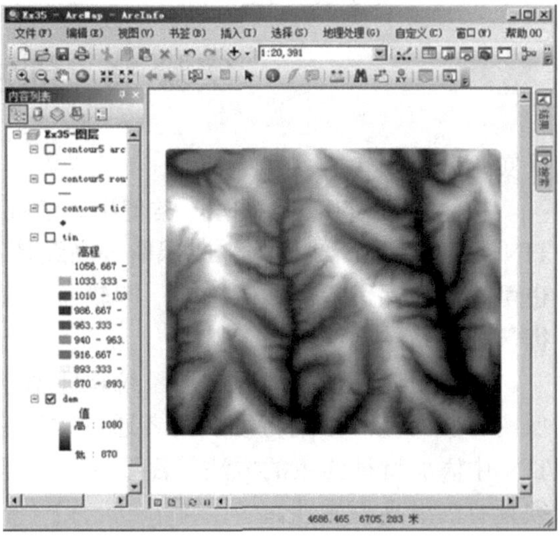

图 35.6　生成 DEM 数据

2）*方法二*

如图 35.7 所示，打开【Spatial Analyst 工具】→【插值】→【地形转栅格】对话框，【输入要素数据】选择 contour5 数据集中的 route.contour5 数据（该数据属性表中记录有高程值字段 CONTOUR），【类型】选择“Contour”；【输出表面栅格】设置为“dem”，【输出像元大小】设置为“5”，其他参数默认；点击【确定】，生成 DEM 数据，如图 35.8 所示。

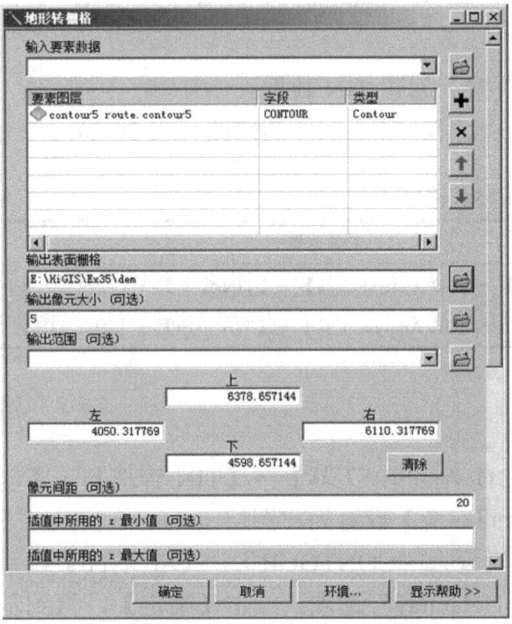

图 35.7　【地形转栅格】参数设置

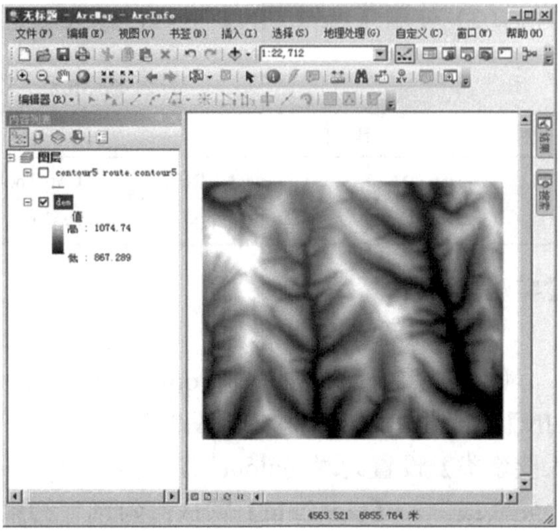

图 35.8　生成的 DEM 数据

实验 36　创建特征线约束 TIN

【实验背景】

构建地形 TIN 数据时，常使用离散高程点数据和等高线数据。若使用等高线数据构建 TIN，可使用硬断线模式生成保留等高线特征的 TIN，等高线上的点属于 TIN 数据的一部分；也可以选择保留等高线的趋势，即软断线模式。此外，TIN 数据无法保留其他特殊的地形特征，如水系结构线。

本实验讲述使用地理信息系统软件创建具有水系特征线约束的 TIN 数据，使得 TIN 数据保留特殊的地形结构特征。读者通过实验练习，应能够深入理解 TIN 的构建原理，掌握向 TIN 中添加特征约束的方法。需要注意的是，TIN 是三维表面数据，添加的特征约束要素必须具有三维高程属性。

【实验数据】

实验数据如表 36.1 所示。

表 36.1　实验数据

图层名称	格式	坐标系	说明
contour	Shapefile 线要素	Krasovsky_1940_Transverse_Mercator	等高线矢量数据
stream3d	Shapefile 线要素	Krasovsky_1940_Transverse_Mercator	水系矢量数据

【解决方法】

（1）使用【创建 TIN】工具，输入等高线数据，创建 TIN 数据。

（2）使用【编辑 TIN】工具，输入水系矢量数据，完成 TIN 的修改（表 36.2）。

表 36.2　工具名称及位置

工具名称		工具位置
Create TIN	创建 TIN	【ArcToolbox】→【3D Analyst 工具】→【TIN 管理】→【创建 TIN】
Edit TIN	编辑 TIN	【ArcToolbox】→|【3D Analyst 工具】→【TIN 管理】→【编辑 TIN】

【实验步骤】

1）创建原始 TIN 数据

如图 36.1 所示，在 ArcToolbox 中，打开【3D Analyst 工具】→【TIN 管理】→【创建 TIN】对话框，【输出 TIN】设置为“tin”，【空间参考】设置为与图层 stream3d 一致，【输入要素类】设置为“contour”，【height_field】设置为“CONTOUR”，【SF_type】设置为“硬断线”，【tag_field】默认；勾选“约束型 Delaunay”选项；点击【确定】，得到基于等高线构建的原始 TIN 数据，如图 36.2 所示。**注：**本例中等高线作为硬断线模式生成 TIN，高程字段为 CONTOUR。

图 36.1　【创建 TIN】参数设置

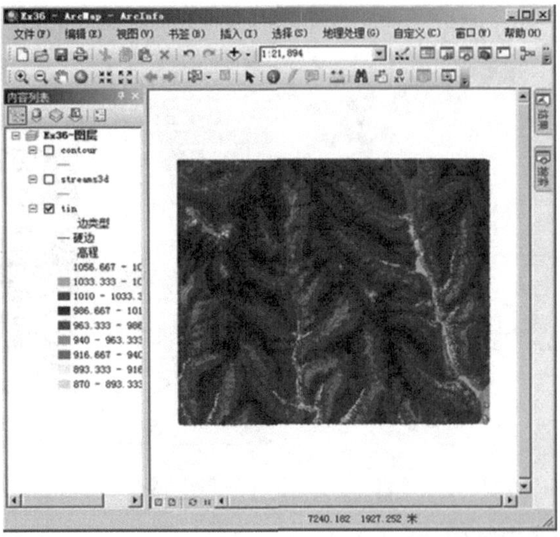

图 36.2　TIN 数据

2）设置 TIN 显示模式

双击 tin 图层打开【图层属性】对话框，选择【符号系统】选项卡，在【显示】中取消显示“边类型”，如图 36.3 和图 36.4 所示。由于采用硬断线模式构建 TIN，因此，生成的 TIN 数据会带有“边类型”的符号显示（即等高线）；点击【确定】，得到仅显示高程面片的 TIN 数据，如图 36.5 所示。**注：**在“显示”中，还可“添加”其他渲染方式来对 TIN 数据进行符号表达，如图 36.4 所示。

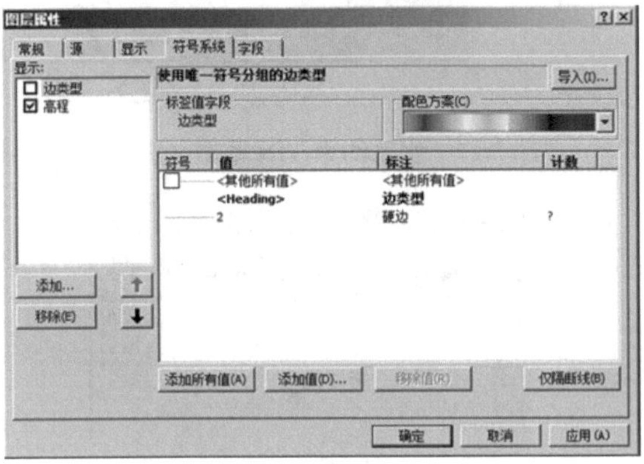

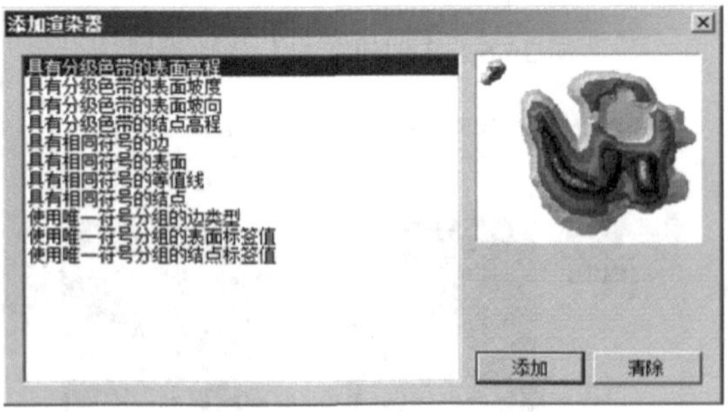

图 36.3　设置 TIN 符号系统　　图 36.4　其他渲染方式

3）添加特征约束

如图 36.6 所示，打开【3D Analyst 工具】→【TIN 管理】→【编辑 TIN】对话框，【输入 TIN】设置为“tin”，【输入要素类】设置为“stream3d”，【height_field】设置为“Shape”，【tag_field】默认，【SF_type】设置为“硬断线”，【use_z】设置为“true”；点击【确定】，得到添加水系约束的 TIN 数据，如图 36.7 所示。原始未添加水系约束的 TIN 数据如图 36.8 所示。**注：**该水系数据为三维线数据，因此其 Shape 属性中具有 *Z* 字段（即高程字段），如

图 36.9 所示。

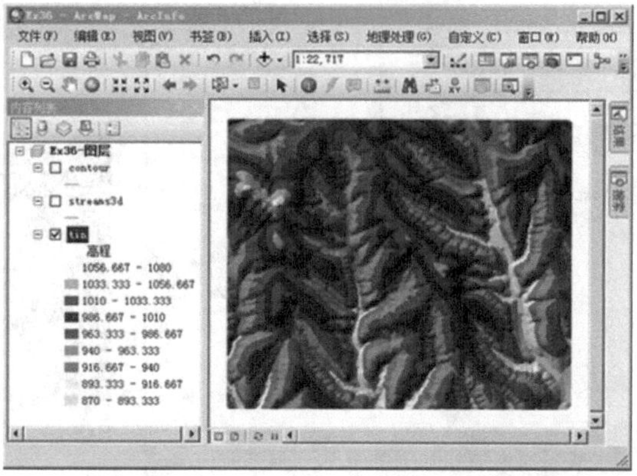

图 36.5　仅以面片形式表达 TIN 数据

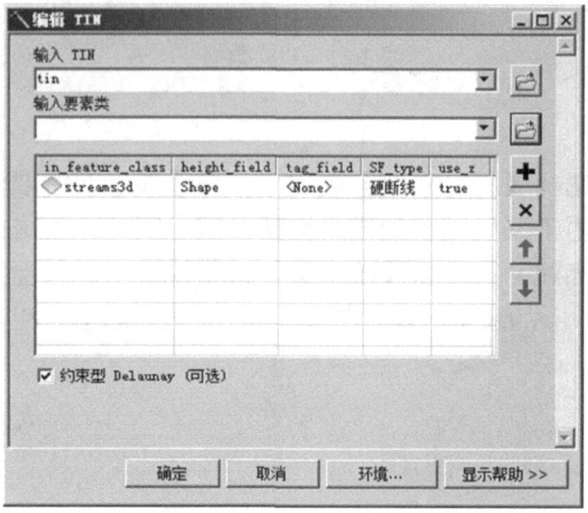

图 36.6　【创建 TIN】参数设置

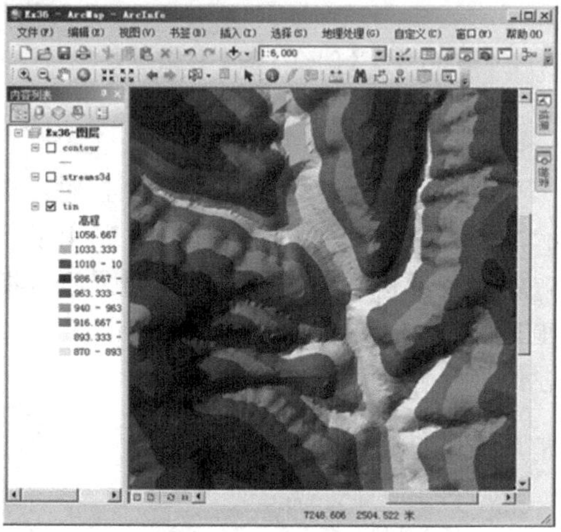

图 36.7　水系约束 TIN 数据（局部）

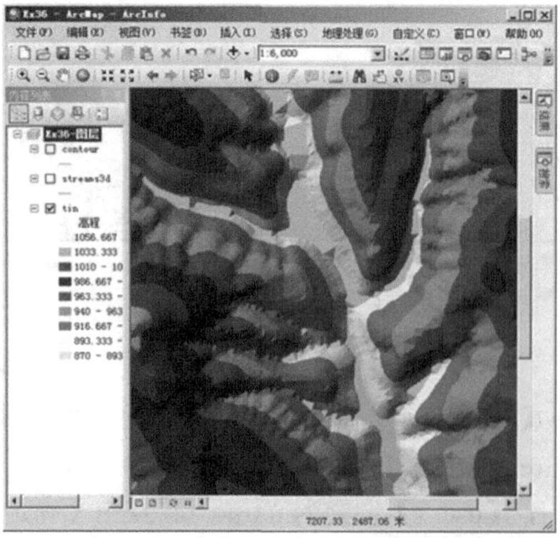

图 36.8　原始 TIN 数据（局部）

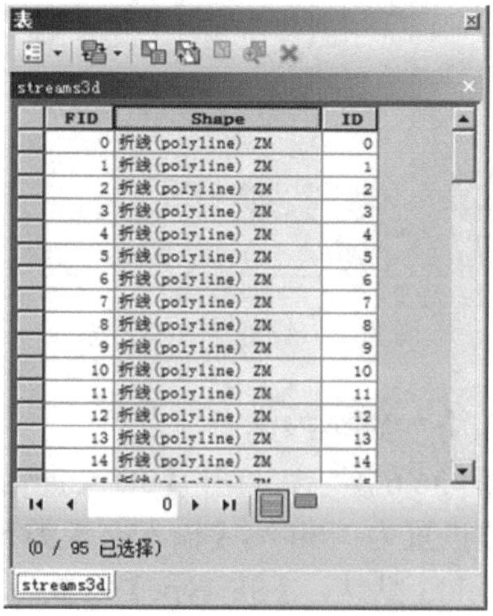

图 36.9　TIN 数据

实验 37　线要素生成规则或随机采样点

【实验背景】

在基于线要素的空间分析中，常常需要对线要素进行空间采样，即在线要素上依据等间距、固定个数地采样（点），或者在线要素上随机采样（点），依据采样点集合进行后续空间分析。

本实验讲述使用地理信息系统软件对线要素进行规则或随机采样的方法，规则采样按照等间距或固定样点的模式，随机采样按照随机模式。读者通过实验练习，应对基于线要素的采样模式有深入的了解，同时，对规则采样和随机采样的方式有较好的认识和掌握。

【实验数据】

实验数据如表 37.1 所示。

表 37.1　实验数据

图层名称	格式	坐标系	说明
line	Shapefile 线要素	Krasovsky_1940_Transverse_Mercator	生成采样点的约束图层

【解决方法】

（1）使用【构造点】工具，设置工具参数，获得线要素上的等间距采样点。

（2）使用【创建随机点】工具，设置工具参数，获得线要素上的随机采样点（表 37.2）。

表 37.2　工具名称及位置

工具名称		工具位置
Construct Points	构造点	【菜单栏】→【自定义】→【工具条】→【编辑器】→【构造点】
Create Random Points	创建随机点	【ArcToolbox】→【数据管理工具】→【要素类】→【创建随机点】

【实验步骤】

1）创建空间采样点数据

打开 ArcMap 中【目录】窗口，右击存储文件夹，如图 37.1 所示，选择【新建】→【Shapefile】工具，【名称】设置为“sample”，【要素类型】设置为“点”，空间坐标系的设置必须与被采样的线数据一致。本例中直接将线数据的坐标系信息导入后，设置为点的空间参考信息。点数据参数设置如图 37.2 所示。

2）启动编辑点数据

点击【编辑器】工具条中【开始编辑】菜单，选择编辑 sample 图层；如图 37.3 所示，选中被采样的线要素，打开工具条下拉菜单中的【构造点】工具，如图 37.4 所示。

等间距采样：如图 37.5 所示，选中【距离】选项，设置距离值为“50”，勾选【在起点和终点创建附加点】，点击【确定】，结果如图 37.6 所示。

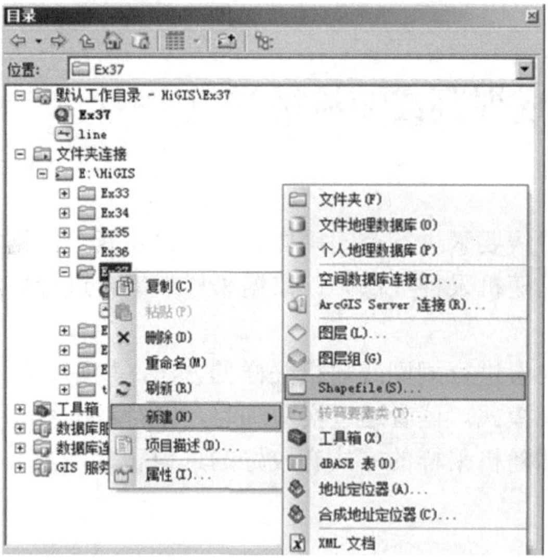

图 37.1　新建 Shapefile 图层

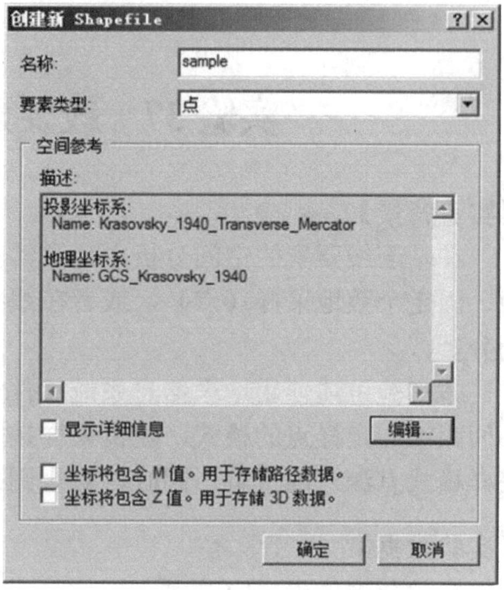

图 37.2　设置点数据参数

固定点数采样：如图 37.7 所示，选择【**点数**】选项，设置点数为“20”，勾选【在起点和终点创建附加点】，点击【确定】，结果如图 37.8 所示。

依次得到等间距采样和固定点数采样的点数据，保存并停止编辑。

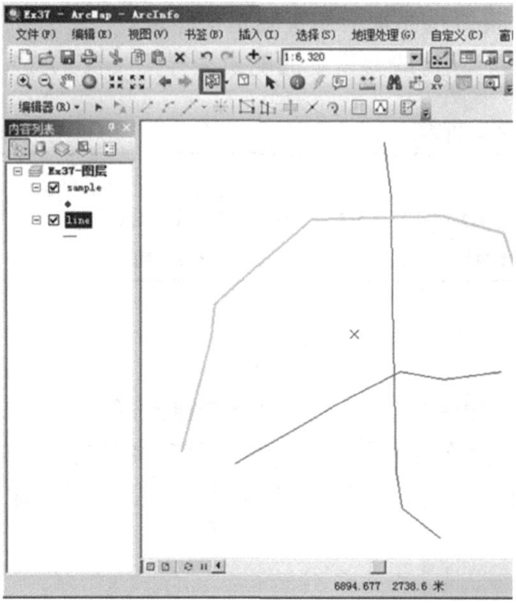

图 37.3　选中被采样的线要素

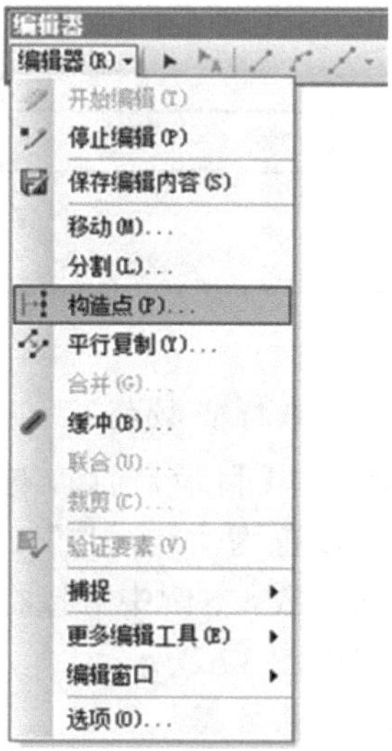

图 37.4　选择【构造点】工具

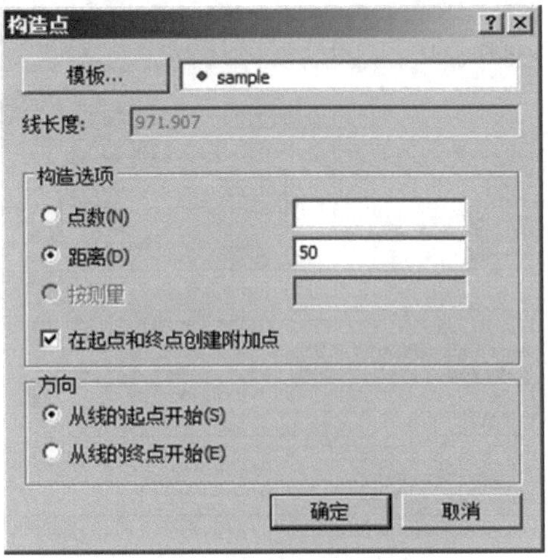

图 37.5　等间距采样参数设置

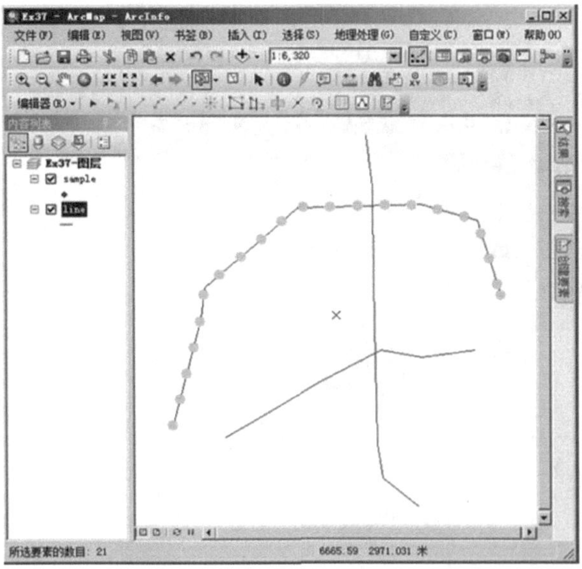

图 37.6　等间距采样点

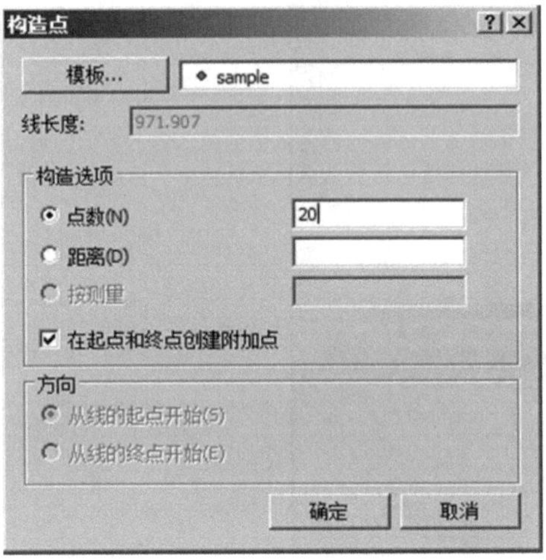

图 37.7　固定点数采样参数设置

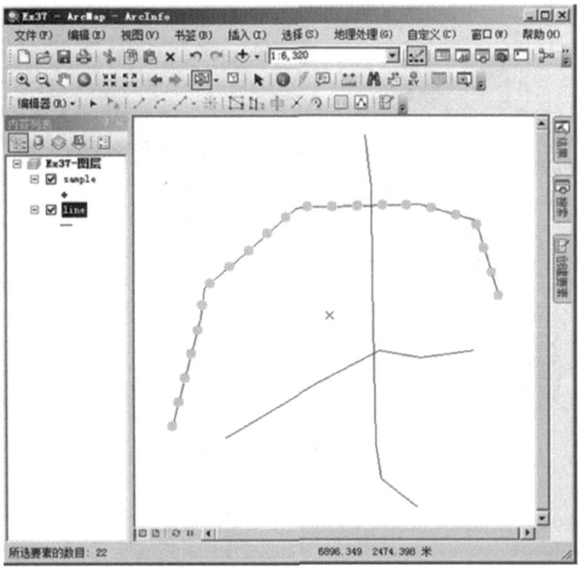

图 37.8　固定点数采样点

3）随机采样

如图 37.9 所示，使用选择工具选中被采样的线要素；在 ArcToolbox 中，打开【数据管理工具】→【要素类】→【创建随机点】对话框，【输出位置】设置为“Ex37”文件夹，【输出点要素类】设置为“sample”，【约束要素类】设置为“line”，【点数】设置为【长整型】的“50”，如图 37.10 所示；点击【确定】，得到该线要素上随机采样点数据，如图 37.11 所示。

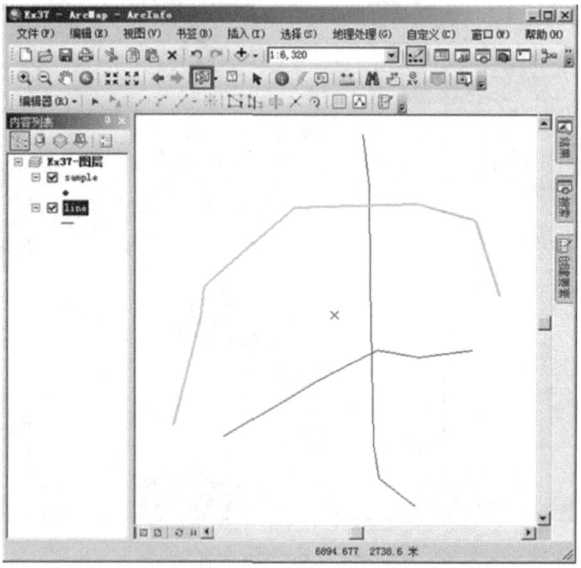

图 37.9　选中被采样的线要素

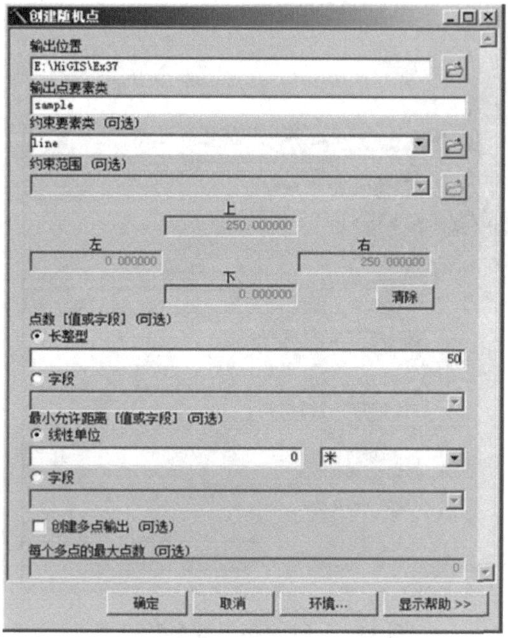

图 37.10　【创建随机点】参数设置

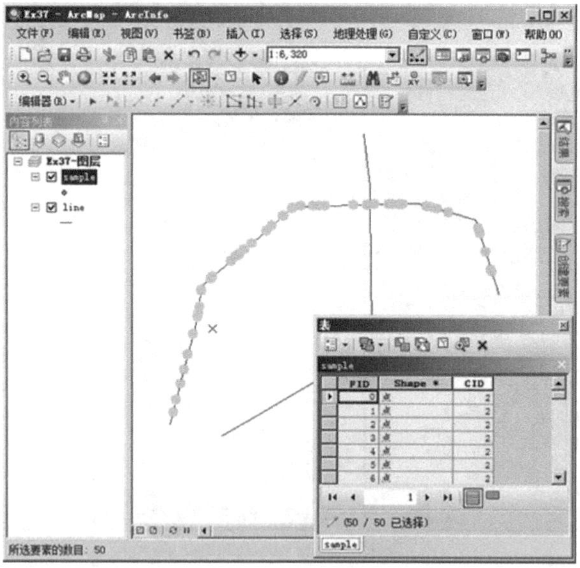

图 37.11　随机采样点

实验 38　删除冗余节点

【实验背景】

矢量数据获取通常来源于数字化工作者的手动采集，其基本存储方式就是记录每个要素的关键点坐标，如线要素由多个点要素连接形成。当某段线要素被过多的节点表达时，常造成数据的冗余，如通过两点连成的直线被数字化成多个节点。

本实验讲述使用地理信息系统软件对线要素进行冗余节点删除的方法，即仅保留线要素的关键节点。读者通过实验练习，应能够理解冗余点与关键节点在线要素上的位置特征，对删除冗余节点的算法也有较好的认识和掌握。

【实验数据】

实验数据如表 38.1 所示。

表 38.1　实验数据

图层名称	格式	坐标系	说明
line	Shapefile 线要素	Unknown	需要删除冗余节点的线

【解决方法】

（1）使用【删除折点】工具，手动删除冗余节点。

（2）使用【简化线】工具，设置工具参数，批量删除冗余节点（表 38.2）。

表 38.2　工具名称及位置

工具名称		工具位置
Delete Vertex	删除折点	【菜单栏】→【自定义】→【工具条】→【编辑折点】→【删除折点】
Simplify Line	简化线	【ArcToolbox】→【制图工具】→【制图综合】→【简化线】

【实验步骤】

1）显示要素节点

启动编辑，使用【编辑器】工具条中的编辑工具，双击该线要素，可以查看到组成当前线要素的所有节点，如图 38.1 所示。可以看到，圈出区域的节点为多余节点，其线要素完全可以通过两个端点进行表达，如图 38.2 所示。

2）手动移除冗余节点

ArcGIS 中提供了【编辑折点】工具条，其中的【删除折点】工具用于部分节点的删除。如图 38.3 所示，点选【删除折点】工具后，直接框选需要删除的节点就可以快速地删除节点，如图 38.4 所示。

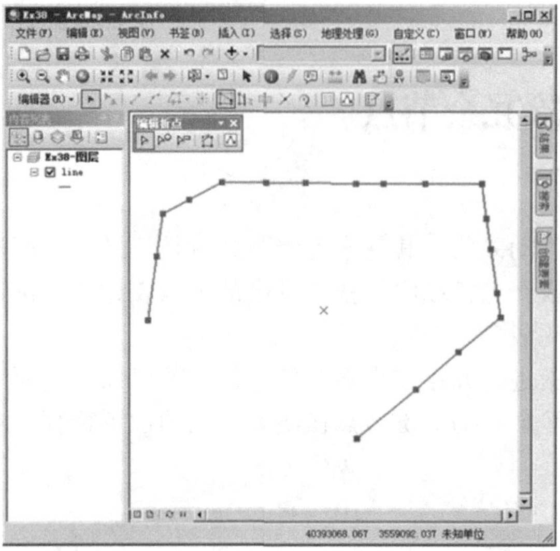

图 38.1　线要素节点

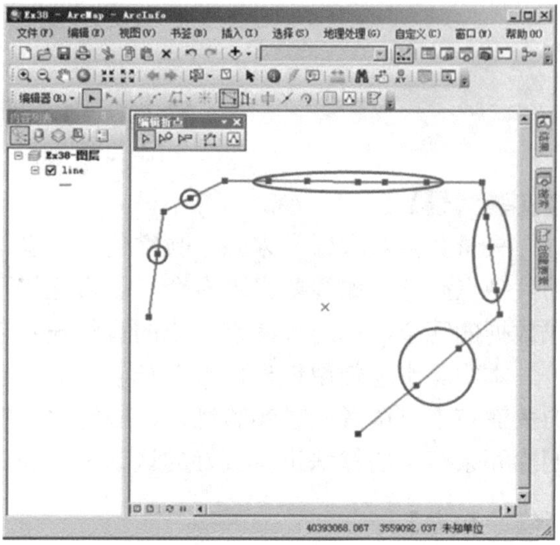

图 38.2　冗余节点

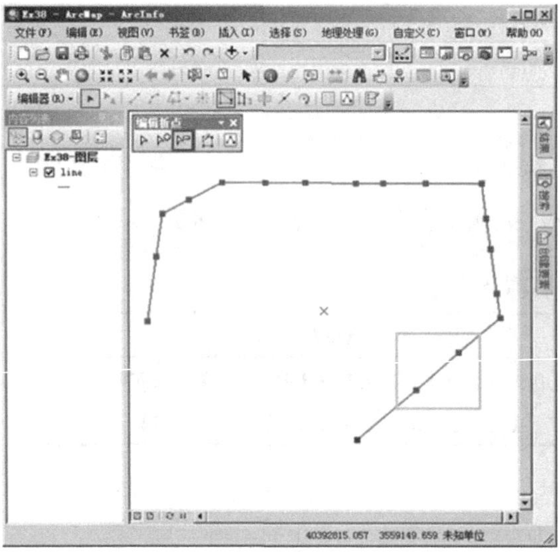

图 38.3　框选要删除的节点

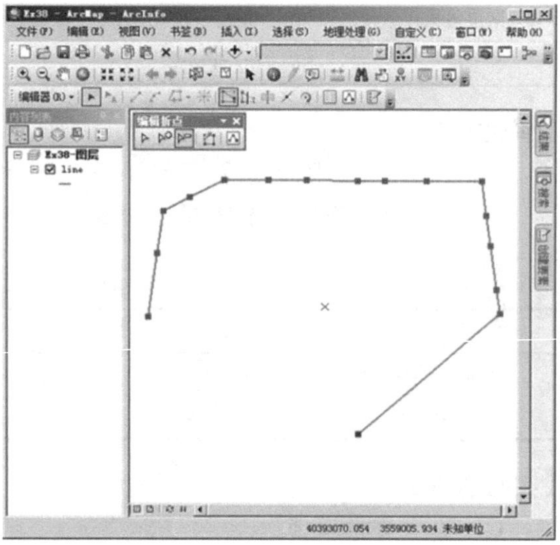

图 38.4　删除结果

3）批量删除节点

停止编辑，如图 38.5 所示，在 ArcToolbox 中，打开【制图工具】→【制图综合】→【简化线】对话框，【输入要素】设置为“line”，【输出要素类】设置为“result”，【简化算法】设置为“POINT_REMOVE”，【简化容差】设置为“0.0000001”，其余参数默认。点击【确定】，得到简化后的线要素，即删除了冗余节点，如图 38.6 所示。注：简化容差越大，简化的冗余节点越多；数据框尽量要有坐标信息或设置地图单位。

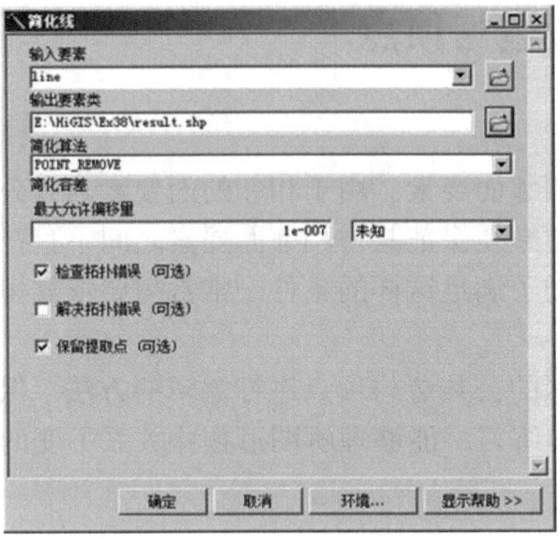

图 38.5　【简化线】参数设置

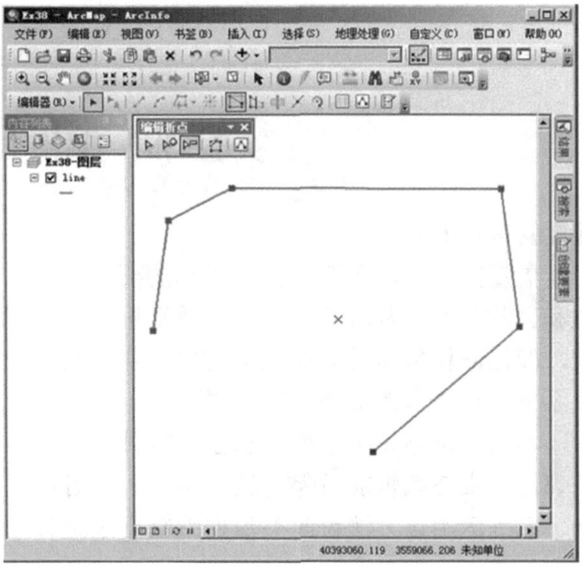

图 38.6　删除结果

实验 39　编辑公共边与顶点

【实验背景】

矢量数据中，普遍存在着相邻的要素图形，如相邻面要素。由于相邻的面要素具有公共边和公共顶点，若对其中一个面要素进行图形编辑，必须保证其与相邻面要素之间不存在空隙，即保证相邻面要素在编辑前后拓扑关系不变。为了满足这样的条件，常常需要依靠拓扑关系来进行要素图形的高级编辑。

本实验讲述使用地理信息系统软件对相邻面要素的公共边与顶点进行编辑的方法，保证相邻面要素在编辑前后保持拓扑不变。读者通过实验练习，能够理解图形拓扑关系不变的概念，熟练运用该方法对此类数据编辑问题进行处理。

【实验数据】

实验数据如表 39.1 所示。

表 39.1　实验数据

图层名称	格式	坐标系	说明
polygon	Shapefile 面要素	Krasovsky_1940_Transverse_Mercator	用于编辑的多边形图层

【解决方法】

（1）使用【拓扑编辑工具】，移动边节点，完成公共边编辑。

（2）使用【拓扑编辑工具】，移动顶点，完成公共顶点编辑（表 39.2）。

表 39.2　工具名称及位置

工具名称		工具位置
Topology Edit Tool	拓扑编辑工具	【菜单栏】→【自定义】→【工具条】→【拓扑】→【拓扑编辑工具】

【实验步骤】

1）加载拓扑工具条

如图 39.1 所示，点击【菜单栏】→【自定义】→【工具条】→【拓扑】，实现【拓扑】工具条的加载；或者，点击【编辑器】工具条中【编辑器】下拉菜单，加载【更多编辑工具】→【拓扑】工具条。

图 39.1　加载【拓扑】工具条

2）编辑多边形公共边

启动编辑，选择【拓扑】工具条中的【地图拓扑】对话框，设置编辑【要素类】为“polygon”，点击【确定】，如图 39.2 所示；点击【拓扑编辑工具】，选中一条公共边，如图 39.3 所示；点击【显示共享要素】工具可以查看该公共边所属的多边形要素，如图 39.4 所示；双击公共边，显示节点，移动节点以编辑多边形，如图 39.5～图 39.7 所示。

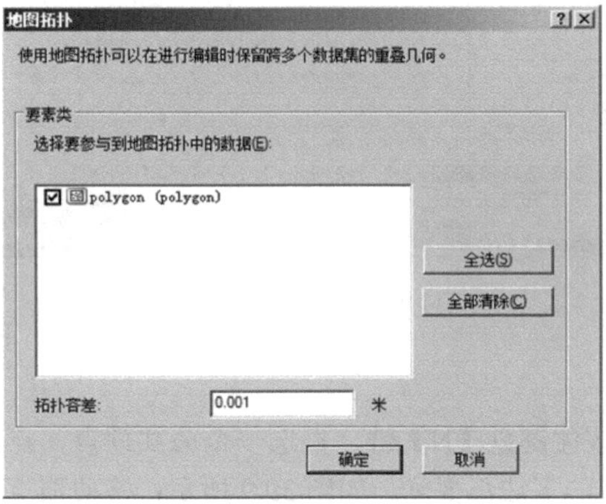

图 39.2　设置编辑的要素类

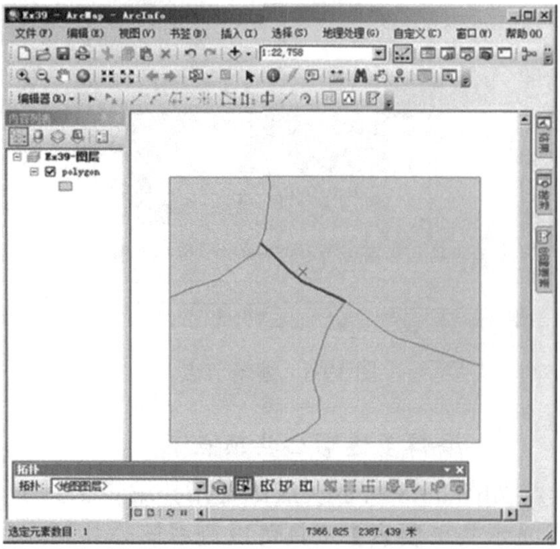

图 39.3　选中公共边

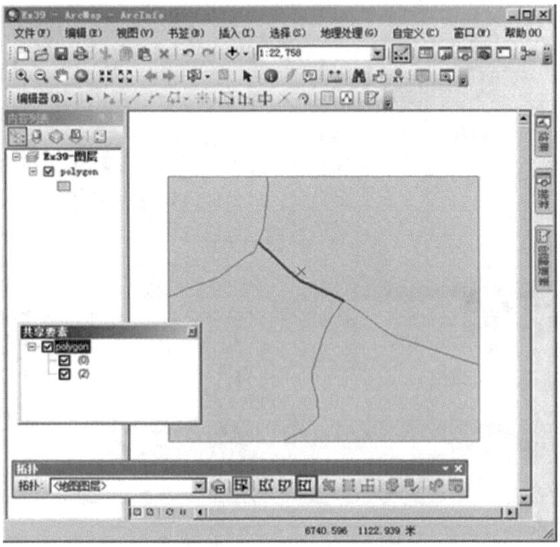

图 39.4　显示共享要素

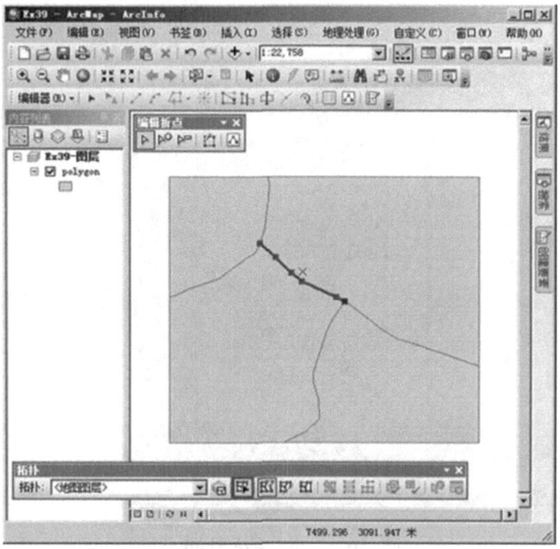

图 39.5　显示边的节点

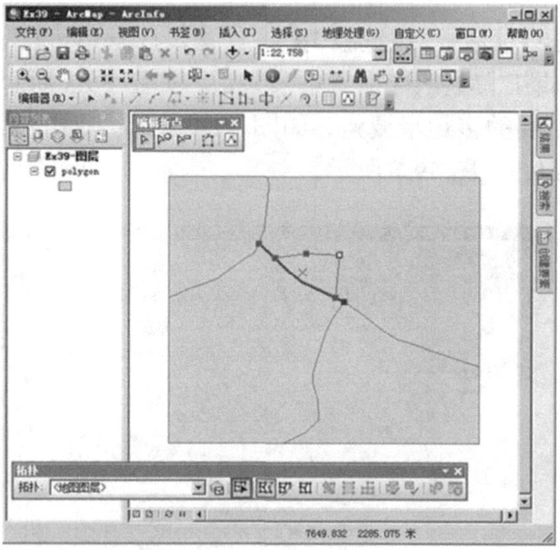

图 39.6　编辑节点

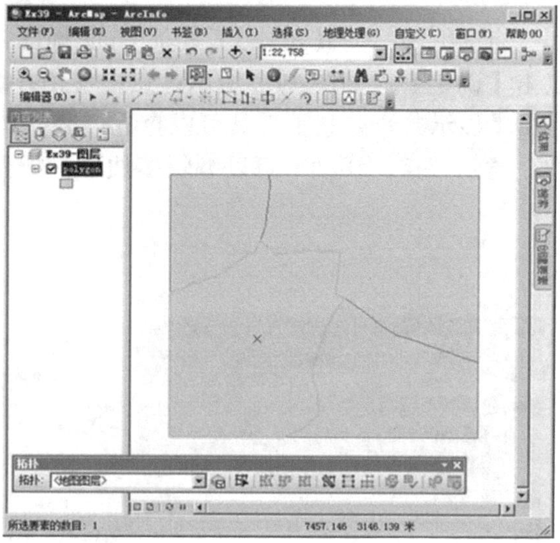

图 39.7　完成编辑

3）编辑多边形公共顶点

如图 39.8 所示，点击【拓扑编辑工具】，按住键盘【N】键，框选一个公共顶点，点击【显示共享要素】工具可以查看该公共顶点所属的多边形要素，如图 39.9 所示；移动顶点以编辑多边形，如图 39.10 和图 39.11 所示。保存并停止编辑。

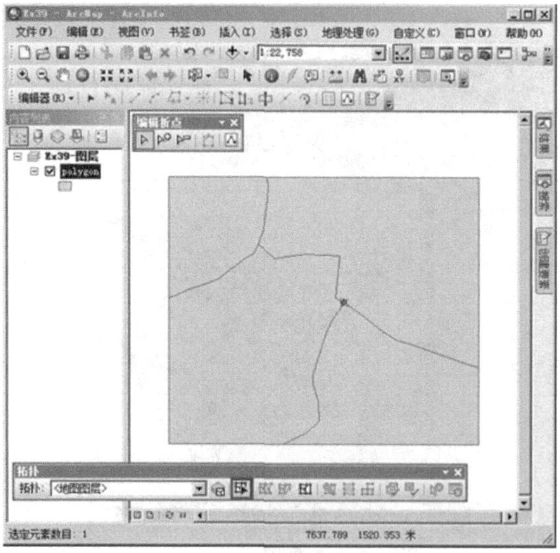

图 39.8　框选公共顶点

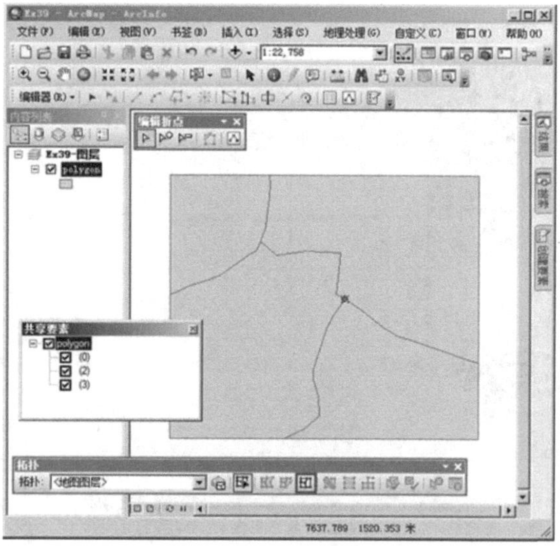

图 39.9　显示共享要素

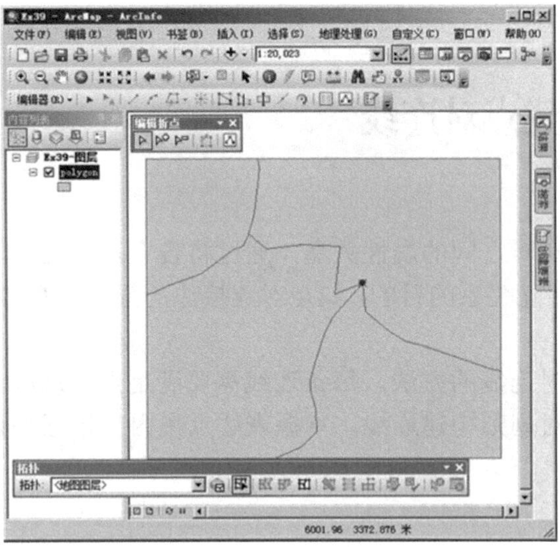

图 39.10　移动顶点

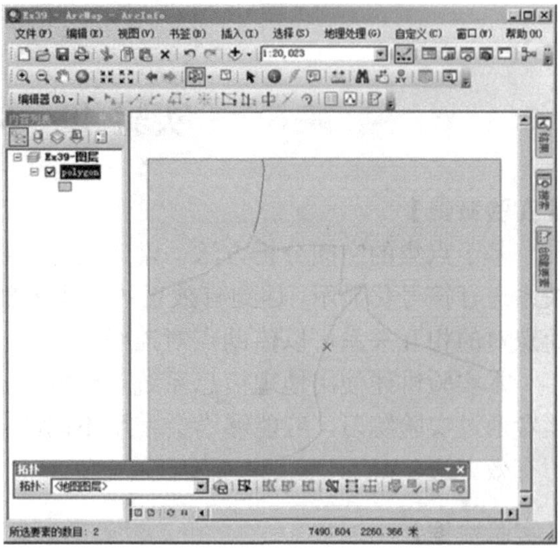

图 39.11　完成编辑

实验 40　构建点对连线

【实验背景】

基于点集的空间分析方法，常常需要分析点对之间的属性关系，通过将各个点对的属性关系进行符号化显示，达到有效表达点集内部相互关系的目的，如点对连接边的强度系数等。而点对的相互关系可以借助点对连线来表达。

本实验讲述使用地理信息系统软件构建点对连线的方法，每条连线需要满足点对规则。读者通过实验练习，应能够学会使用不同的点对规则构建连线，掌握表达点集内部相互关系的有效方法。

【实验数据】

实验数据如表 40.1 所示。

表 40.1　实验数据

图层名称	格式	坐标系	说明
point	Shapefile 点要素	Unknown	构建连线的点图层

【解决方法】

（1）使用【构造通视线】工具，输入点要素，构建点对连线数据。

（2）使用【按属性选择】工具，输入公式，清除冗余记录。

（3）使用【构造通视线】工具，设置连接字段，构建条件限制的连线（表 40.2）。

表 40.2　工具名称及位置

工具名称		工具位置
Construct Sight Lines	构造通视线	【ArcToolbox】→【3D Analyst 工具】→【可见性】→【构造通视线】
Select By Attributes	按属性选择	【属性表】→【表选项】→【按属性选择】

【实验步骤】

1）构造视线

如图 40.1 所示，在 ArcToolbox 中，打开【3D Analyst 工具】→【可见性】→【构造通视线】对话框，【视点分析】设置为“point”，【目标要素】设置为“point”，【输出】设置为“line_all”，其余参数默认；点击【确定】，获得点对的连线数据，如图 40.2 所示。其中，点 0 和点 1 的连线及其属性如图 40.3 和图 40.4 所示。

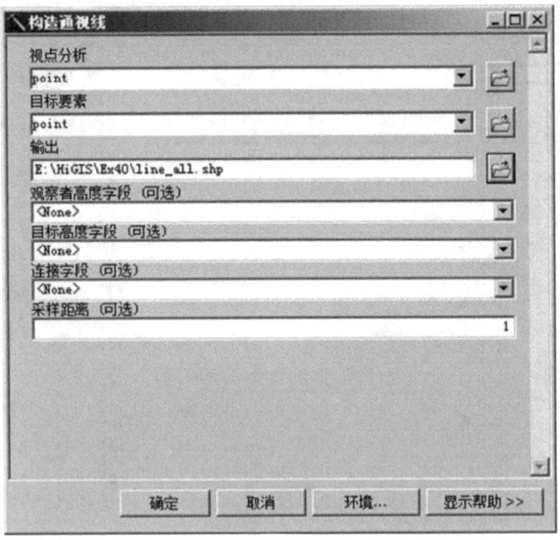

图 40.1　【构造通视线】参数设置

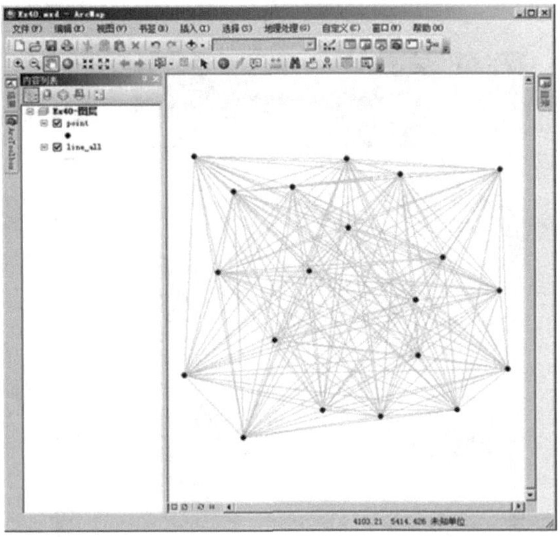

图 40.2　点对之间连线数据结果

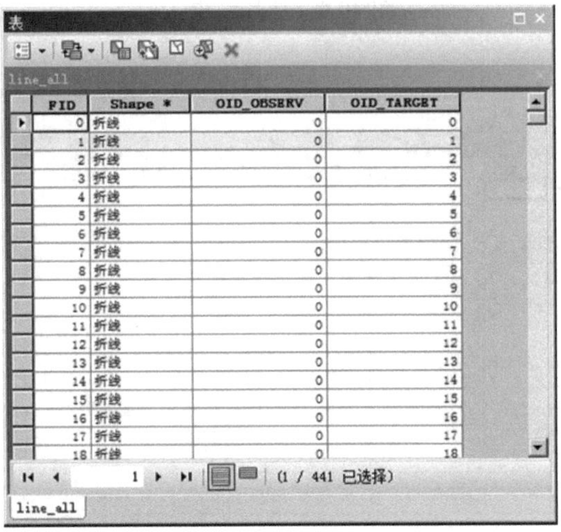

FID	Shape *	OID_OBSERV	OID_TARGET
0	折线	0	0
1	折线	0	1
2	折线	0	2
3	折线	0	3
4	折线	0	4
5	折线	0	5
6	折线	0	6
7	折线	0	7
8	折线	0	8
9	折线	0	9
10	折线	0	10
11	折线	0	11
12	折线	0	12
13	折线	0	13
14	折线	0	14
15	折线	0	15
16	折线	0	16
17	折线	0	17
18	折线	0	18

图 40.3 （0,1）点对连线记录

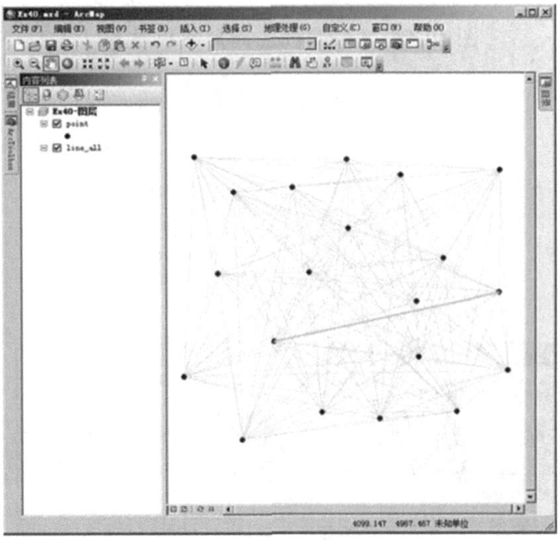

图 40.4 （0,1）点对连线结果

2）清除冗余记录

步骤 1）中存在点与点自身构建连线的记录，造成属性表记录的冗余，因此需要删除该记录，本例中将正常记录导出成新图层来实现冗余记录的清除操作。右击 line_all 图层，选择【打开属性表】；打开【表选项】→【按属性选择】对话框，输入公式："OID_OBSERV" <> "OID_TARGET"，如图 40.5 所示；点击【应用】，得到共 420 条正常的线记录，如图 40.6 所示；右击 line_all 图层，选择【数据】→【导出数据】对话框，【输出要素类】设置为“line_ok”，如图 40.7 所示；点击【确定】，得到最终结果，属性表如图 40.8 所示。

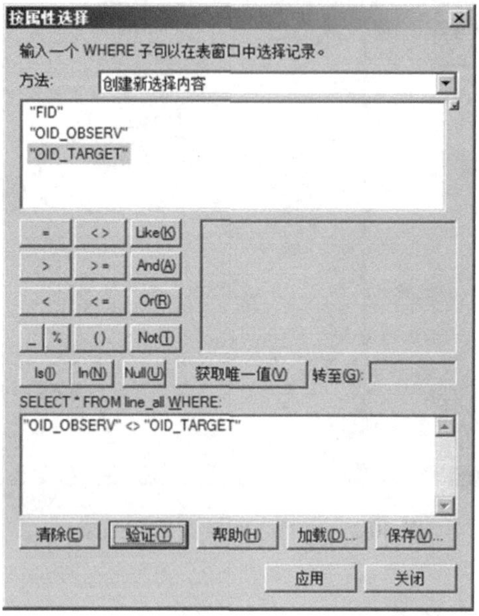

图 40.5　【按属性选择】参数设置

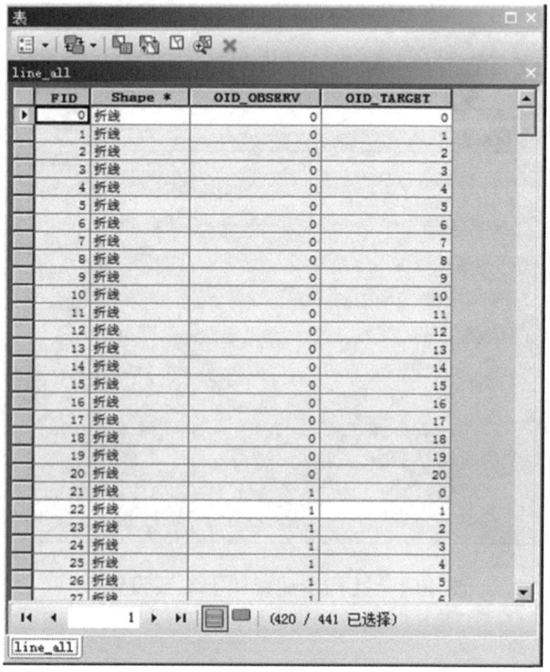

图 40.6　选择结果

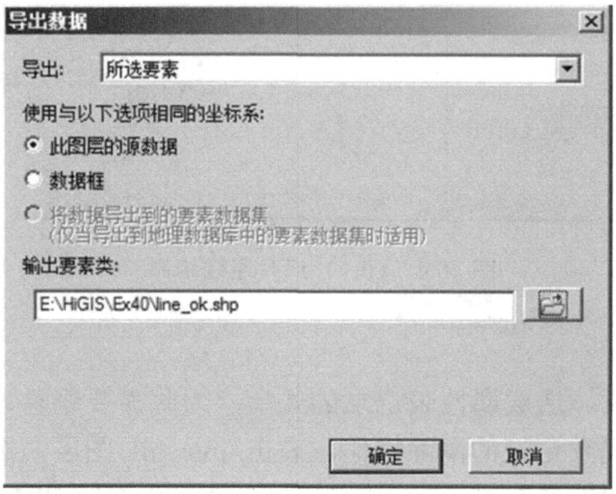

图 40.7　【导出数据】参数设置

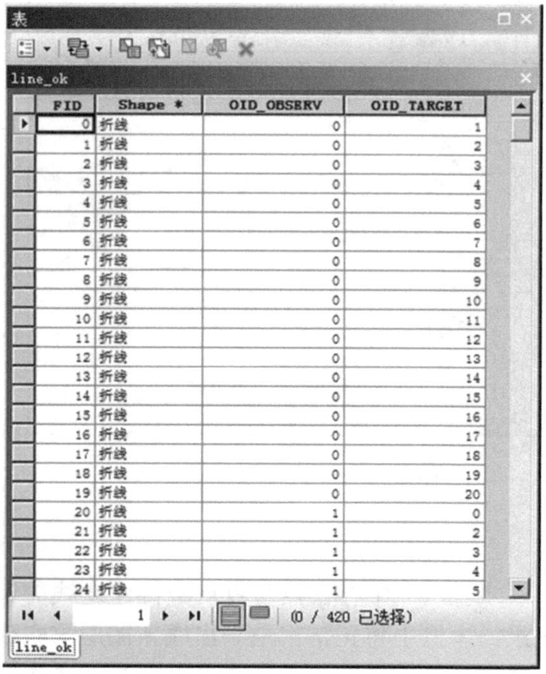

图 40.8　新图层属性表

3）构建条件限制的连线

如图 40.9 所示，打开【3D Analyst 工具】→【可见性】→【构造通视线】对话框，【视点分析】和【目标要素】均设置为“point”，【输出】设置为“line_con”，【连接字段】

设置为“ID”字段，ID 字段值如图 40.10 所示；点击【确定】，得到受 ID 字段条件限制的连线结果，如图 40.11 所示。**注：**连接字段参数限制了必须拥有相同字段值的点对才能构建连线，如图 40.12 中点(4,5,6,7)相互连接，而不与其余点进行连线。

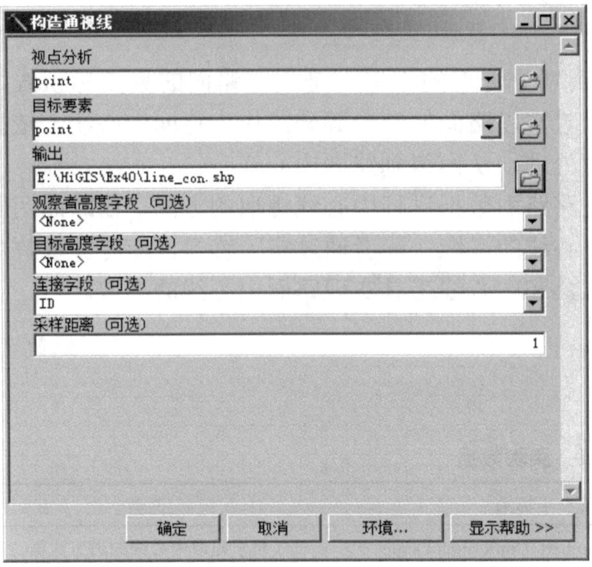

图 40.9　【构造通视线】参数设置

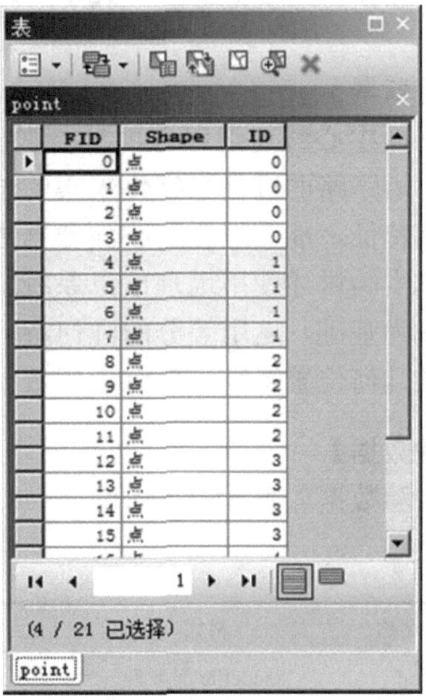

图 40.10　点集的连接限制字段 ID

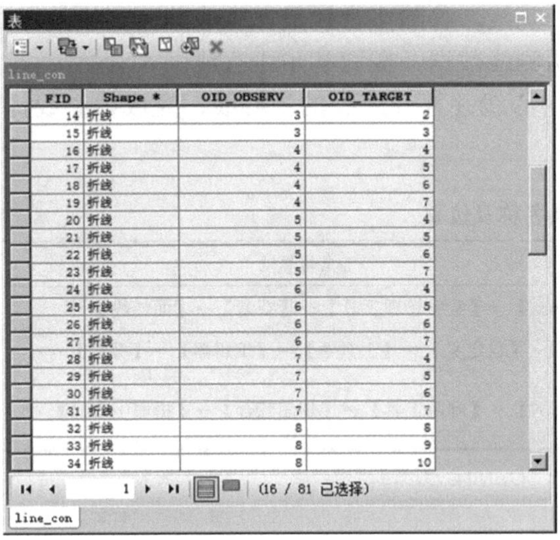

图 40.11　点对(4,5,6,7)的连线记录

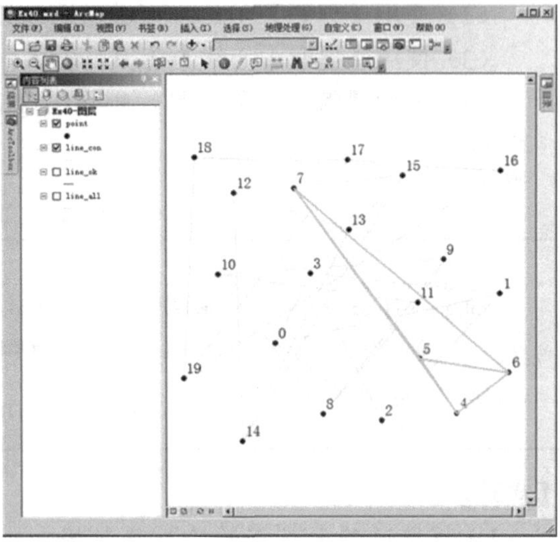

图 40.12　点对(4,5,6,7)的连线结果

实验 41　提取道路面中心线

【实验背景】

路面中心线对道路路面的行驶车道起到划分管理的作用，是道路路面的重要标识线之一。对道路路面进行数字化采集的过程中，时常以路面的中央等分线作为路面中心线。依据该几何特征，能够对道路路面数据进行几何处理，从而得到路面中心线。

本实验讲述使用地理信息系统软件对道路路面数据进行中心线提取的方法，以路面两侧边界线为基础，运用等分的几何特征实现中心线的提取。读者通过实验练习，应能够理解中心线的几何位置特征，熟练运用数据编辑工具和中心线工具实现路面中心线的提取。

【实验数据】

实验数据如表 41.1 所示。

表 41.1　实验数据

图层名称	格式	坐标系	说明
Road	Shapefile 面要素	China_Lambert_Conformal_Conic	用于提取中心线的道路数据

【解决方法】

（1）使用【面转线】工具，输入面状道路要素，生成道路边界数据。

（2）使用【分割】工具，在道路端口处分割线，移除多余弧段，生成路两侧线数据。

（3）使用【提取中心线】工具，输入路两侧线数据，提取初步中心线。

（4）使用【编辑器】工具，删除错误的中心线并补齐缺少的中心线，完成中心线提取（表 41.2）。

表 41.2　工具名称及位置

工具名称		工具位置
Polygon To Line	面转线	【ArcToolbox】→【数据管理工具】→【要素】→【面转线】
Split	分割	【菜单栏】→【自定义】→【工具条】→【编辑器】→【分割】
Collapse Dual Lines To Centerlines	提取中心线	【ArcToolbox】→【制图工具】→【制图综合】→【提取中心线】

【实验步骤】

1）提取道路面数据的轮廓线数据

如图 41.1 所示，在 ArcToolbox 中，打开【数据管理工具】→【要素】→【面转线】对话框，【输入要素】设置为“road”，【输出要素类】设置为“road_lines”；点击【确定】，得到道路轮廓线数据，如图 41.2 所示。

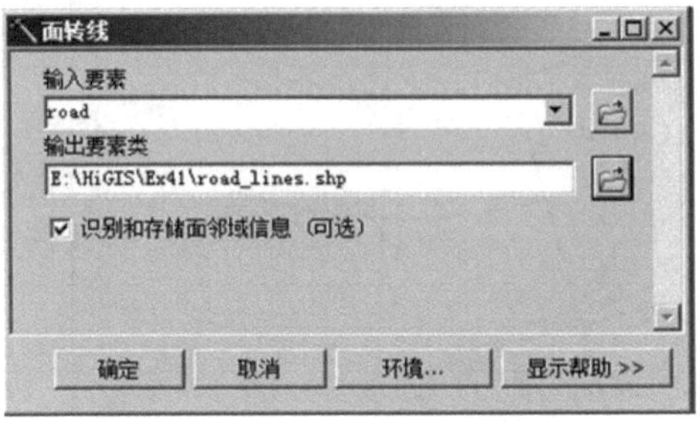

图 41.1　【面转线】参数设置

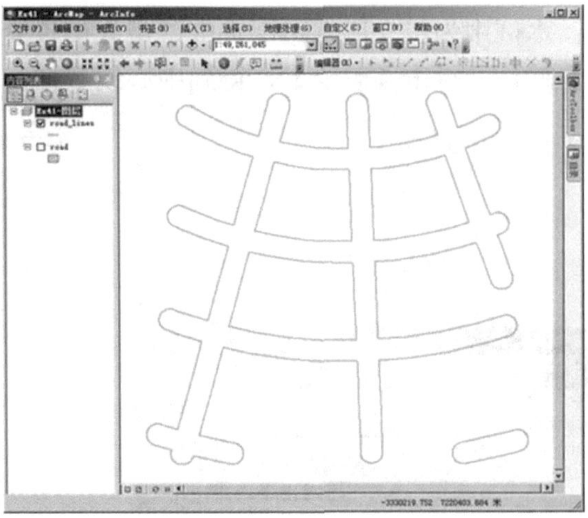

图 41.2　道路轮廓线数据

2）保留道路两侧线数据

启动编辑，选中待分割的线要素；如图 41.3 所示，使用【编辑器】工具条中的【分割】工具，在道路端口处将多余弧段移除（图 41.4）；停止编辑，保存，编辑结果如图 41.5 所示。

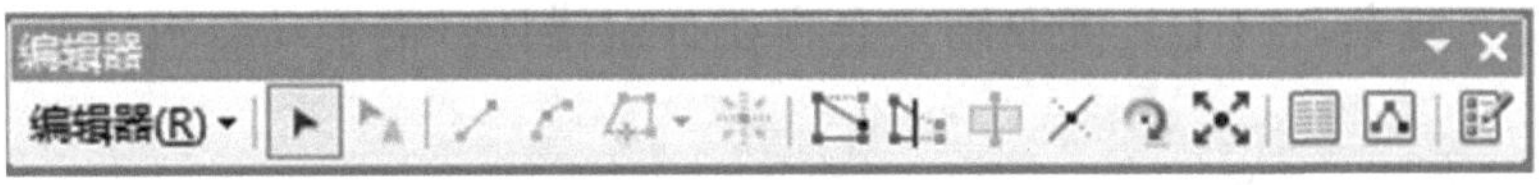

图 41.3　【分割】工具

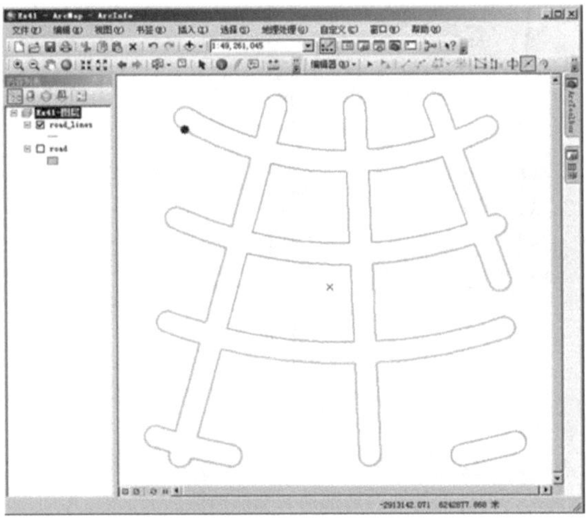

图 41.4　道路端口处分割轮廓线

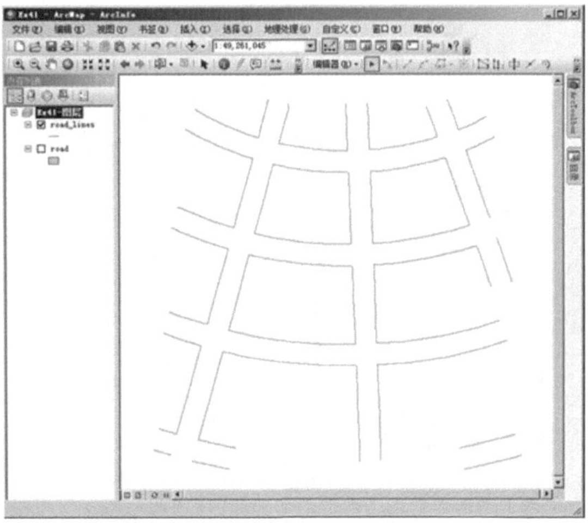

图 41.5　分割后结果

3）提取道路中心线

如图 41.6 所示，打开【制图工具】→【制图综合】→【提取中心线】对话框，【输入要素】设置为路两侧线数据，【输出要素类】设置为“center_line”，【最大宽度】设置为路面宽度；本例中为包含所有路面宽度，最大值设置为“500 千米”（仅适用于本例）；【最小宽度】默认；点击【确定】，得到中心线数据，如图 41.7 所示。

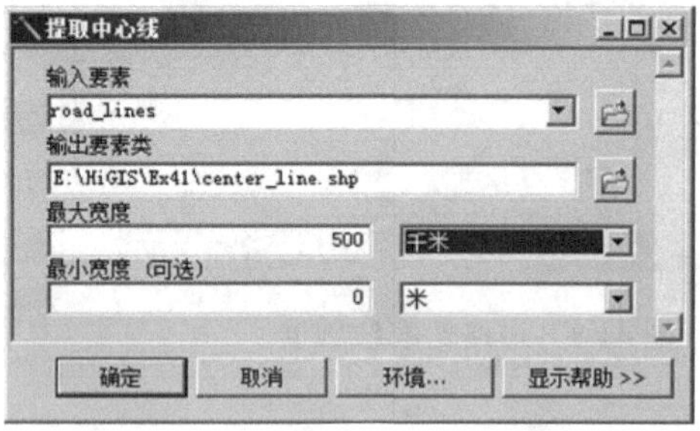

图 41.6　【提取中心线】参数设置

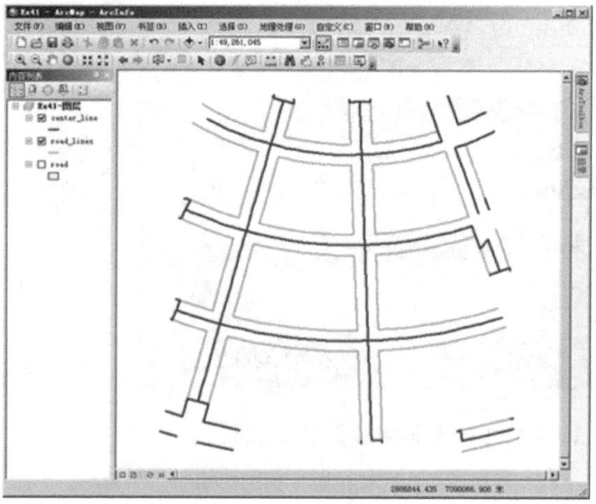

图 41.7　中心线数据

4）编辑修改结果数据

由于路面交叉复杂，该工具提取结果会存在一定错误，需手动编辑修改，编辑结果如图 41.8 所示。

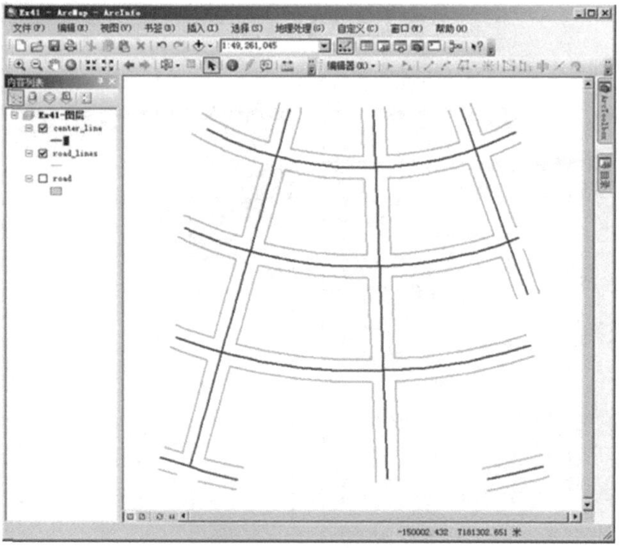

图 41.8　道路中心线结果

实验 42　创建鱼网 Fishnet

【实验背景】

规则分布的格网常被作为区域统计分析的基本单元，格网的大小与分布特征可根据特定需要进行调整，如对海域进行环境监测，可构建一个空间监测格网，每个格网具有一定的空间范围大小，分别对格网内的特定参数进行统计分析，从而达到监测海域的目的。

本实验讲述使用地理信息系统软件构建监测格网的方法，该格网每 25km 布设一个监测点，沿着设定方向布设 6 个点；垂直于设定方向上两侧各 4 个，共 9 个点。读者通过实验练习，应能够理解格网参数的地理含义，掌握此类处理方法以构建特定需要的格网。

【实验数据】

实验数据如表 42.1 所示。

表 42.1　实验数据

图层名称	格式	坐标系	说明
Line	Shapefile 线要素	China_Lambert_Conformal_Conic	用于控制点布设的方向线
省级行政区	Shapefile 面要素	China_Lambert_Conformal_Conic	沿海陆地范围

【解决方法】

（1）使用【创建鱼网】工具，输入鱼网参数，生成初始鱼网数据。

（2）使用【编辑工具】，将鱼网移动到合适位置（表 42.2）。

表 42.2　工具名称及位置

工具名称		工具位置
Create Fishnet	创建鱼网	【ArcToolbox】→【数据管理工具】→【要素类】→【创建鱼网】
Edit Tool	编辑工具	【菜单栏】→【自定义】→【工具条】→【编辑器】→【编辑工具】

【实验步骤】

1）创建初始鱼网

如图 42.1 所示，在 ArcToolbox 中，打开【数据管理工具】→【要素类】→【创建鱼网】对话框，【输出要素类】设置为“fishnet”，【模板范围】设置为空；鱼网源点 X 轴坐标决定了鱼网的起始点，而 Y 轴坐标的确定决定了鱼网的 X 轴方向与 Y 轴方向。为了使监测网沿着 line 数据布设，本例中随机读取了 line 上任意两个位置的 X 和 Y 值作为 X 轴坐标和 Y 轴坐标；X 轴坐标为 1355954.906 和 4373824.055，Y 轴坐标为 1494067.683 和 4427269.995；【像元宽度】和【像元高度】均设置为“25000”，即每隔 25km 设置一个监测点；【行数】和【列数】分别为“6”和“9”；【几何类型】选择“POLYGON”；点击【确定】，生成鱼网数据，如图 42.2 所示。

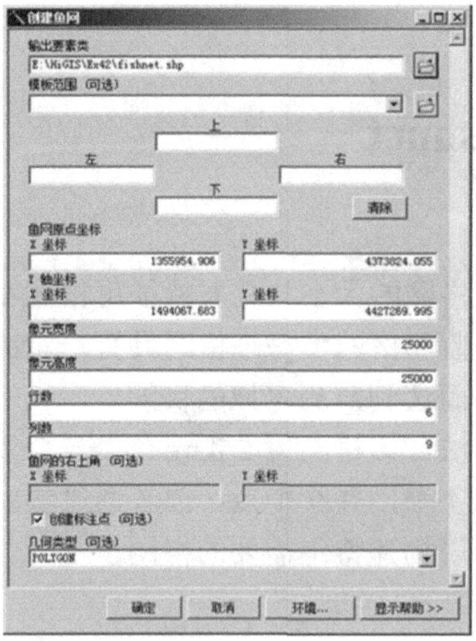

图 42.1　【创建鱼网】参数设置

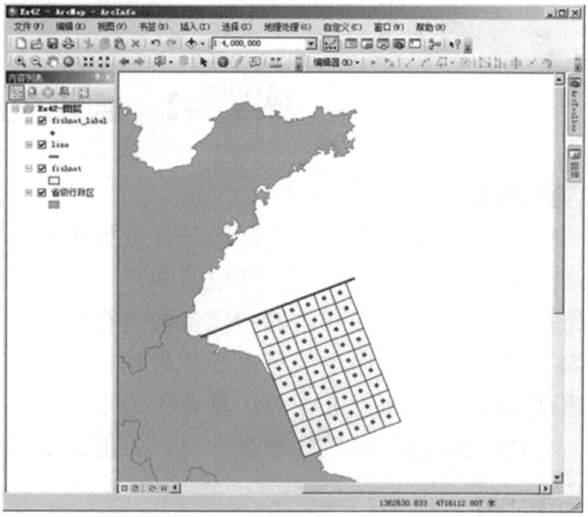

图 42.2　鱼网结果

2）调整鱼网位置

启动编辑，将鱼网整体平移至要求位置处。停止编辑，保存，调整结果如图 42.3 所示。

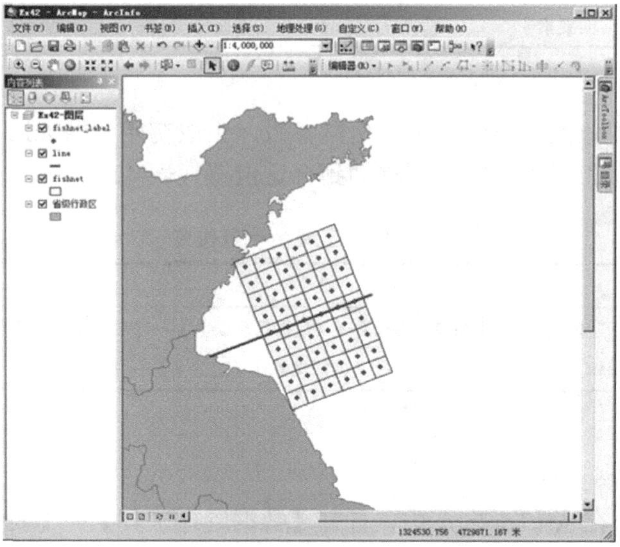

图 42.3　监测鱼网结果

实验 43　填充面要素空洞

【实验背景】

在对地理数据进行编辑处理时，时常会遇到矢量面数据中存在个别或大量的空洞区域，若要将整个面区域作为分析的范围，则需要将空洞移去，使得面要素被完整填充。考虑实际情况中空洞的数量多少、分布情况，填充空洞区域可以采用逐个填充的方式，也可以采用快速大批量填充的方式。

本实验讲述使用地理信息系统软件对矢量面进行填充空洞的方法，分别以逐个填充和批量填充的方式实现。逐个填充：针对每个空洞进行手动合并填充；批量填充：绘制能够覆盖所有图形区域的草图面来实现融合。读者通过实验练习，应能够深入理解两种方法的处理方式，熟练掌握填充面空洞的方法。

【实验数据】

实验数据如表 43.1 所示。

表 43.1　实验数据

图层名称	格式	坐标系	说明
plg	Shapefile 面数据	Unknown	用于进行空洞填充的面数据

【解决方法】

（1）使用【构造工具】工具，绘制包含空洞范围的草图。

（2）使用【合并】工具，选中有空洞的面图形和草图数据，实现空洞填充。

（3）使用【矩形】工具，绘制一个包含所有图形的任意面图形。

（4）使用【将图形转换为要素】工具，选中图形，生成要素类。

（5）使用【标识】工具，输入矩形要素和空洞面要素，生成标识后的面要素。

（6）使用【多部分至单部分】工具，输入多部分要素，生成打散后的面要素。

（7）使用【切换选择】工具，选中所有面图形数据与空洞区域数据。

（8）使用【导出数据】工具，得到面图形与空洞区域的混合要素数据。

（9）使用【融合】工具，输入混合要素数据，设置融合字段，生成填充空洞的面要素（表 43.2）。

表 43.2　工具名称及位置

工具名称		工具位置
Merge	合并	【菜单栏】→【自定义】→【工具条】→【编辑器】→【合并】
Rectangle	矩形	【菜单栏】→【自定义】→【工具条】→【绘图】→【矩形】
Convert Graphics To Features	将图形转换为要素	【菜单栏】→【自定义】→【工具条】→【绘图】→【绘制】→【将图形转换为要素】

续表

工具名称		工具位置
Identity	标识	【ArcToolbox】→【分析工具】→【叠加分析】→【标识】
Multipart To Singlepart	多部分至单部分	【ArcToolbox】→【数据管理工具】→【要素】→【多部分至单部分】
Export Data	导出数据	【右键菜单】→【数据】→【导出数据】
Dissolve	融合	【ArcToolbox】→【数据管理工具】→【制图综合】→【融合】

【实验步骤】

1）绘制覆盖待填充空洞的面要素

启动编辑，使用【创建要素】对话框中的【构造工具】→【面】工具，如图 43.1 所示；绘制一个包含空洞整个范围的任意草图面数据，如图 43.2 所示。

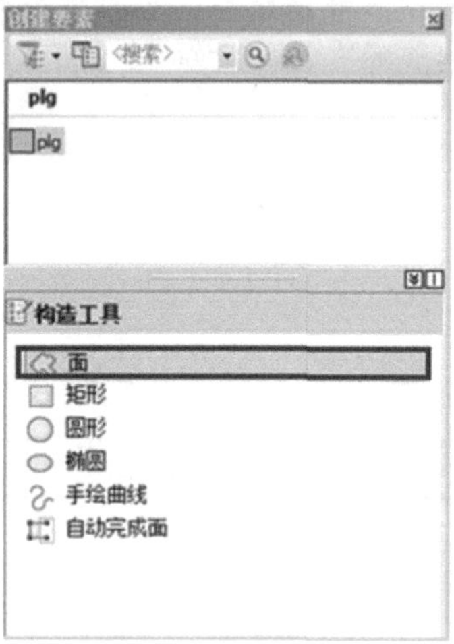

图 43.1　绘制面工具

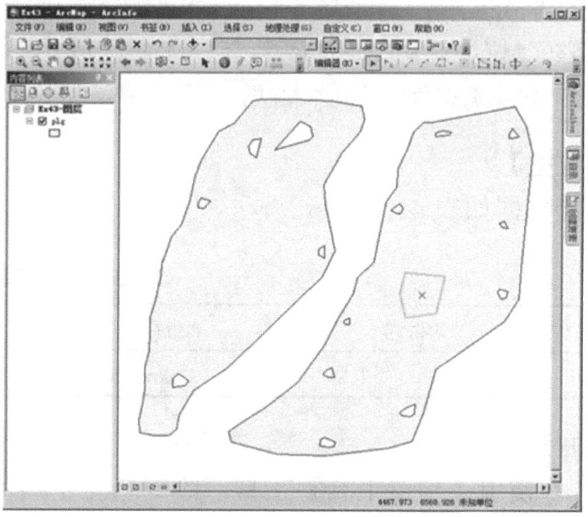

图 43.2　覆盖空洞的面数据

2）填充空洞

按住【Shift】键，使用【编辑器】工具条中的【编辑工具】按钮，选中有空洞的面图形，如图 43.3 所示；利用【编辑器】工具条中的【合并】工具，选择与其他要素合并的要素设置为“plg”，如图 43.4 和图 43.5 所示；点击【确定】，完成空洞填充，如图 43.6 所示。同理，其他空洞也可以按照这种方式逐个地填充。**注：**合并后新图形的属性记录与“选择与其他合并的要素”属性记录相同。

3）绘制覆盖所有面区域的图形

选择【菜单栏】→【自定义】→【工具条】，加载【绘图】工具条；如图 43.7 所示，使用【绘图】工具条中绘制矩形工具，绘制一个包含所有图形的任意面图形（Graphic），如图 43.8 所示；保持该图形的选中状态，选择【绘制】工具条下【将图形转换为要素】工具，如图 43.9 所示；【输出 shapefile 或要素类】设置为“cover”，勾选【转换后自动删除面图形】，如图 43.10 所示；点击【确定】，得到覆盖所有图形的面要素，如图 43.11 所示。

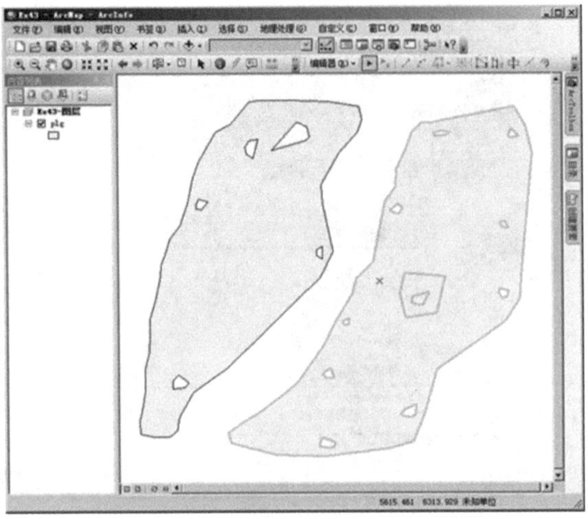

图 43.3　选中有空洞的面图形

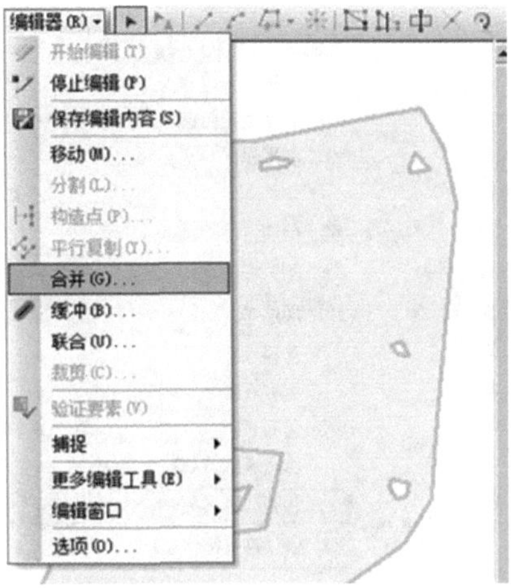

图 43.4　合并工具

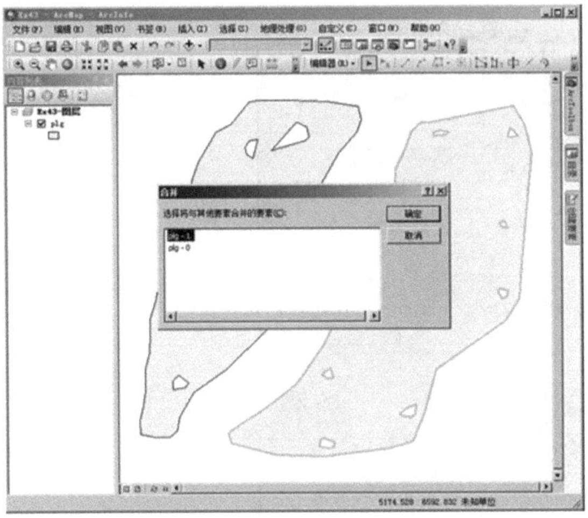

图 43.5　选择合并的目标图形

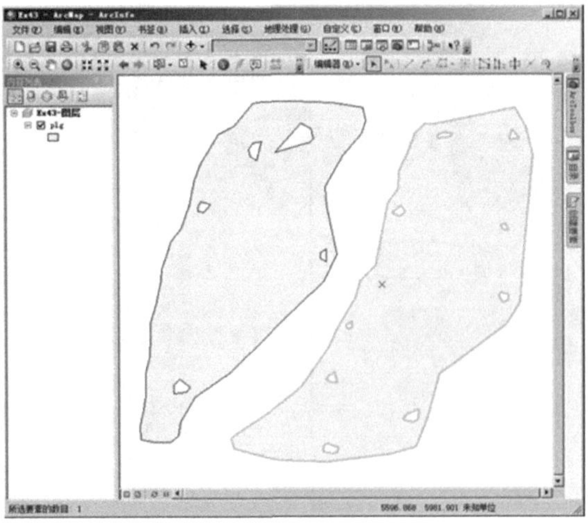

图 43.6　空洞被填充

图 43.7　绘制矩形工具

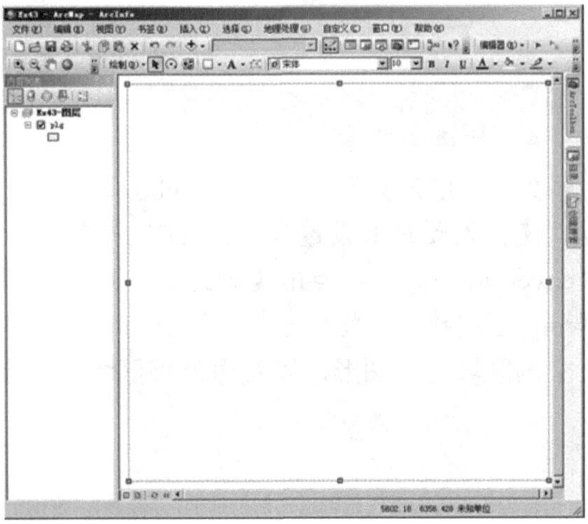

图 43.8　覆盖所有图形的面图形

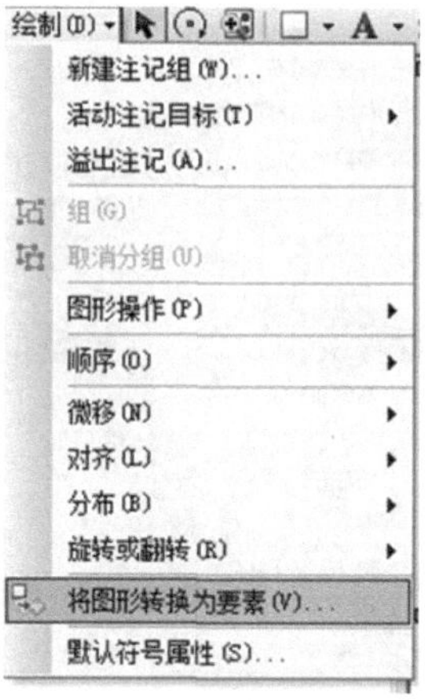

图 43.9　【将图形转换为要素】工具

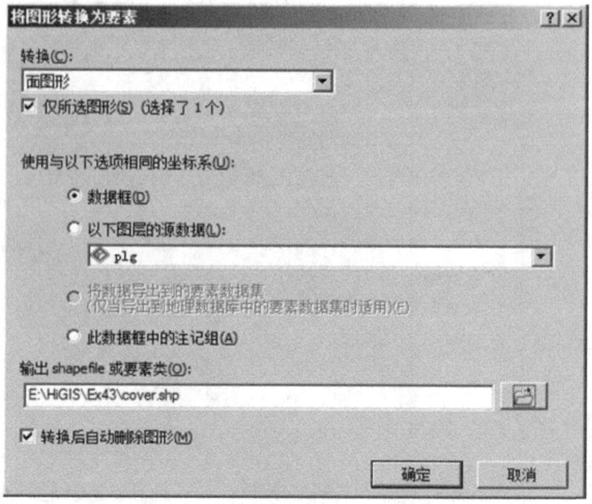

图 43.10　【将图形转换为要素】参数设置

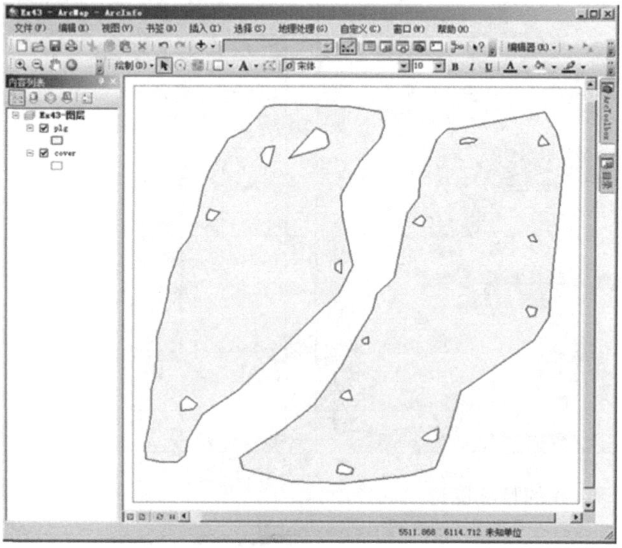

图 43.11　覆盖所有图形的面要素

4）标识面要素

如图 43.12 所示，在 ArcToolbox 中，打开【分析工具】→【叠加分析】→【标识】对话框，【输入要素】设置为“cover”，【标识要素】设置为“plg”，【输出要素类】设置为“cover_identity”；点击【确定】，得到标识后的面图层，如图 43.13 所示。**注：**该操作依据 plg 图层数据，将新面图层进行分割，分割后的图层中既包含了有空洞的面图形，也包括了空洞区域的面图形，以及面外部区域的多余数据。

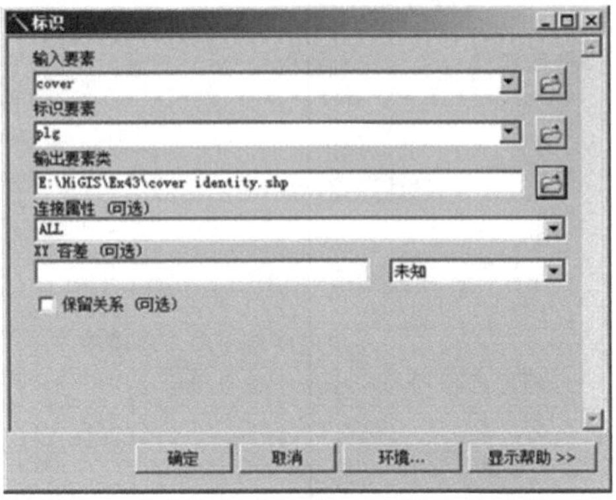

图 43.12　【标识】参数设置

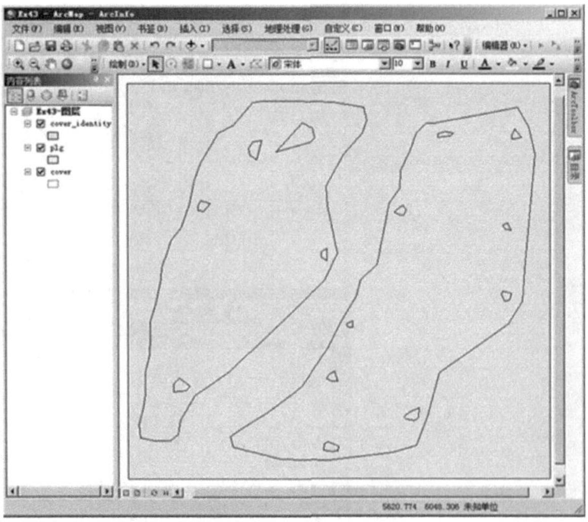

图 43.13　标识结果图层

5）打散多部分要素

右击标识结果图层，打开其属性表；如图 43.14 所示，选中第一条记录后，可以观察到空洞区域图形与面外部多余图形同时被选中，说明这两部分数据被融合到同一记录中，即多部分要素，需要将其打散为单部分要素；取消选择图形，如图 43.15 所示，打开【数据管理工具】→【要素】→【多部分至单部分】对话框，【输入要素】设置为“cover_identity”，【输出要素类】设置为“new_plg”；点击【确定】，得到打散后的面图形，如图 43.16 所示。

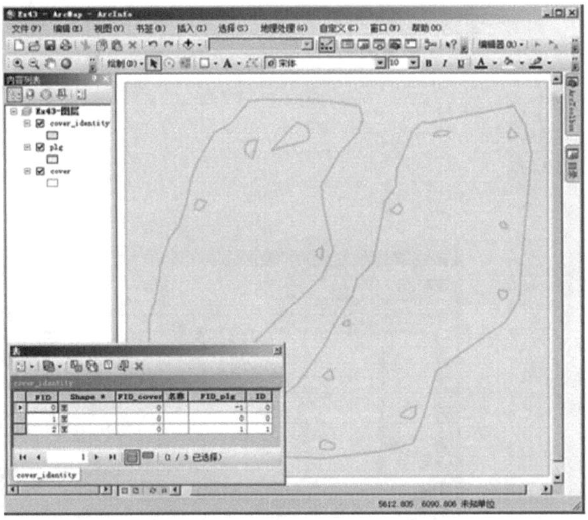

图 43.14　选中多部分要素

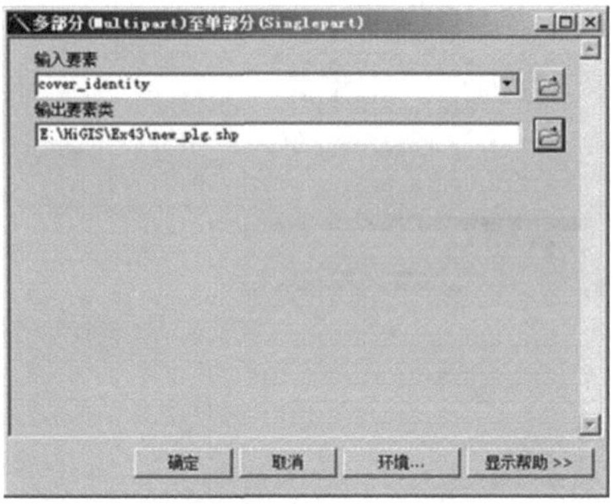

图 43.15　【多部分至单部分】参数设置

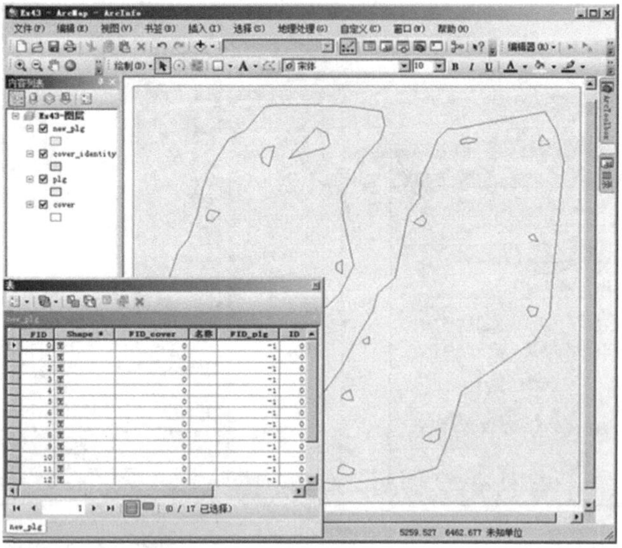

图 43.16　单部分结果数据

6）导出混合要素数据

如图 43.17 所示，在 new_plg 图层属性表中，选中面数据外部的多余图形记录；如图 43.18 所示，点击属性表工具栏中的【切换选择】工具，选中所有面图形数据与空洞区域数据（图 43.19）；右击 new_plg 图层，打开【数据】→【导出数据】对话框，设置【输出要素类】为“plgs”，如图 43.20 所示；点击【确定】，得到面图形数据与空洞区域数据，如图 43.21 所示。

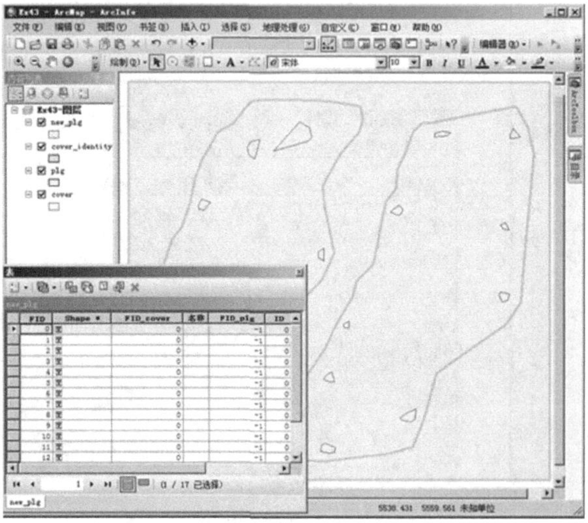

图 43.17　选中多余图形记录

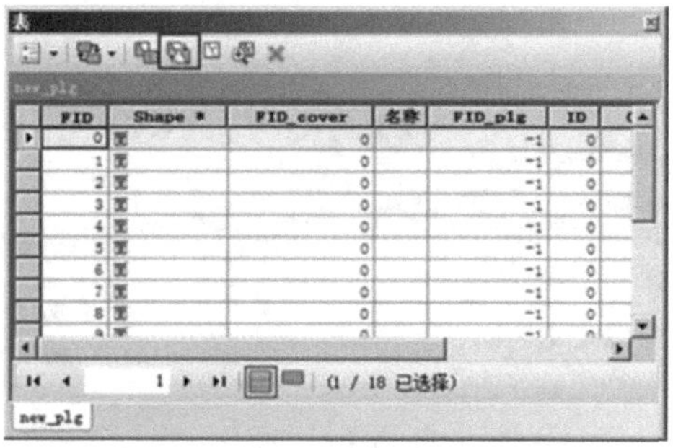

图 43.18　【切换选择】工具

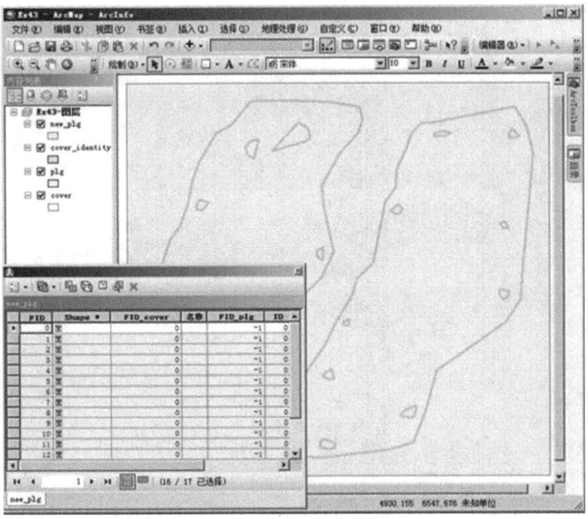

图 43.19　选中面图形与空洞区域数据

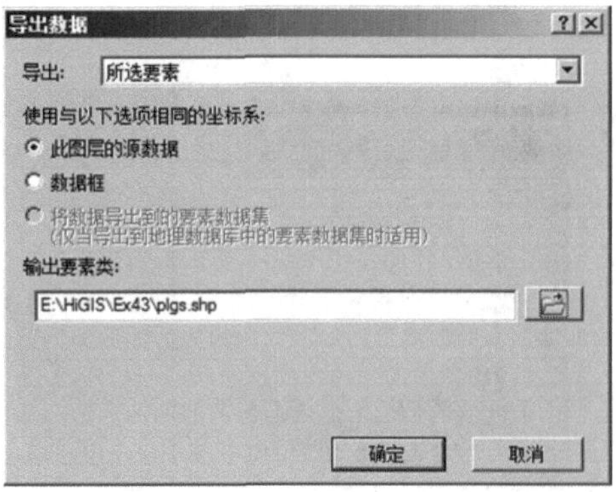

图 43.20　【导出数据】参数设置

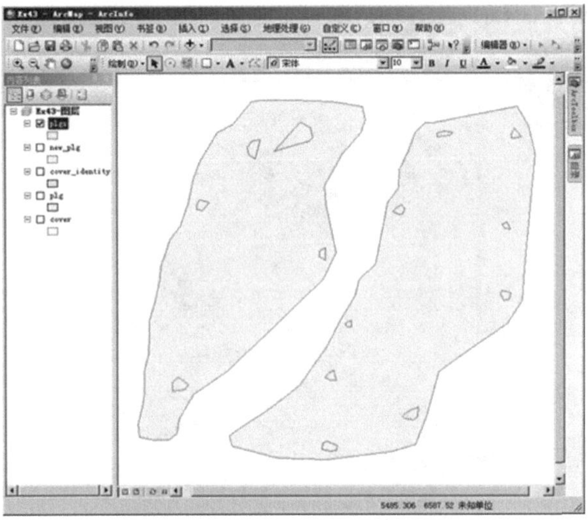

图 43.21　面图形与空洞区域数据

7）融合面要素与空洞区域要素

如图 43.22 所示，查看 plgs 图层属性表可知，合并面图形与空洞区域数据，需要具有相同属性值的字段，即“FID_cover”； 如图 43.23 所示，打开【数据管理工具】→【制图综合】→【融合】对话框，【输入要素】设置为“plgs”，【输出要素类】设置为“results”，【融合_字段】设置为“FID_cover”，去除勾选【创建多部分要素】；点击【确定】，得到填充完所有空洞的面数据，如图 43.24 所示。**注：**受融合工具的影响，结果数据中不能保留原始面的属性记录；若要保留，建议使用属性传递或属性表连接等方式。

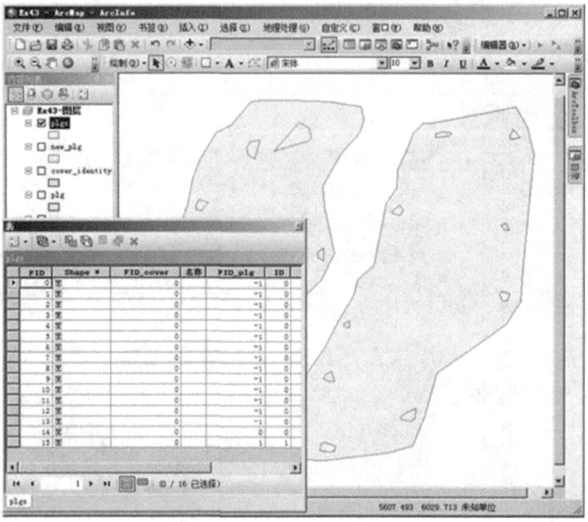

图 43.22　plgs 图层属性表

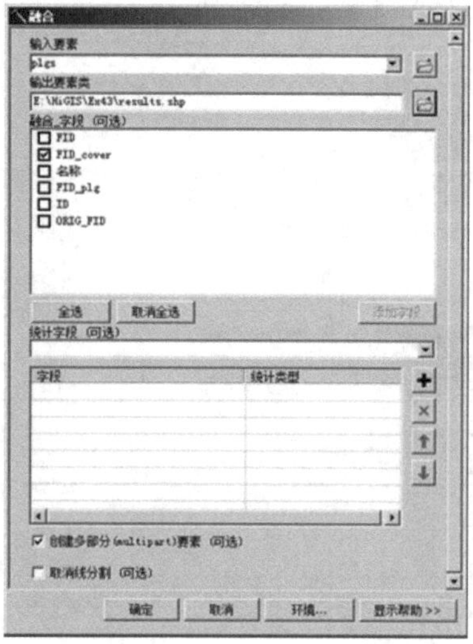

图 43.23　【融合】参数设置

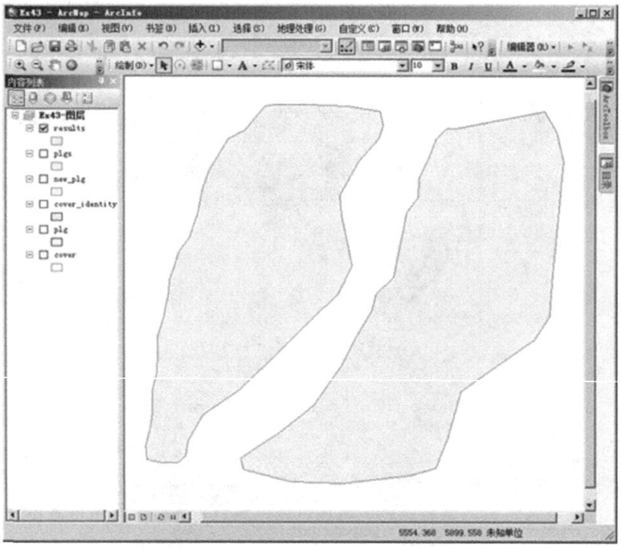

图 43.24　填充完空洞后结果

实验 44　融合细碎多边形

【实验背景】

运用地理信息系统软件进行多边形相交、裁剪或栅格数据转矢量面数据等操作后，常常会在面边界处生成许多细碎小多边形。这些小多边形受到边界约束而被分割成独立的面要素，若不对其处理，将会对后续分析产生诸多误差影响。

本实验讲述使用地理信息系统软件进行融合细碎多边形的方法，剔除面要素周边存在的细碎多边形。读者通过实验练习，应能够理解相邻矢量面数据之间的拓扑关系，并熟悉运用该关系进行融合操作。

【实验数据】

实验数据如表 44.1 所示。

表 44.1　实验数据

图层名称	格式	坐标系	说明
plg	Shapefile 面要素	Unknown	用于多边形融合的面状要素

【解决方法】

（1）使用【按属性选择】工具，输入查询条件，选中细碎多边形。

（2）使用【消除】工具，输入面要素，生成融合细碎多边形的面要素（表 44.2）。

表 44.2　工具名称及位置

工具名称		工具位置
Select By Attributes	按属性选择	【菜单栏】→【选择】→【按属性选择】
Eliminate	消除	【ArcToolbox】→【数据管理工具】→【制图综合】→【消除】

【实验步骤】

1）查询细碎小多边形

打开 plg 图层属性表，选择【按属性选择】对话框；输入查询条件："AREA" <10000，如图 44.1 所示；点击【确定】，选中所有细碎小多边形，如图 44.2 所示。**注：**本例中根据多边形要素的面积来查询出小多边形，面积值小于 10000 的即为细碎小多边形；但还需要根据实际应用中的条件来确定哪些是细碎多边形。

2）融合小多边形

如图 44.3 所示，在 ArcToolbox 中，打开【数据管理工具】→【制图综合】→【消除】对话框，【输入图层】设置为“plg”，【输出要素类】设置为“result”，勾选【按边界消除面】选项；点击【确定】，得到融合后的多边形，如图 44.4 所示。**注：**本例中其余参数默认，小多边形仅融合到相邻多边形中，因此勾选【按边界消除面】选项。

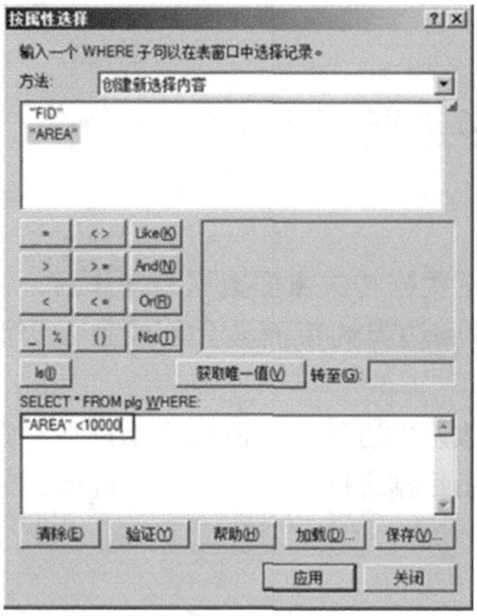

图 44.1　【按属性选择】参数设置

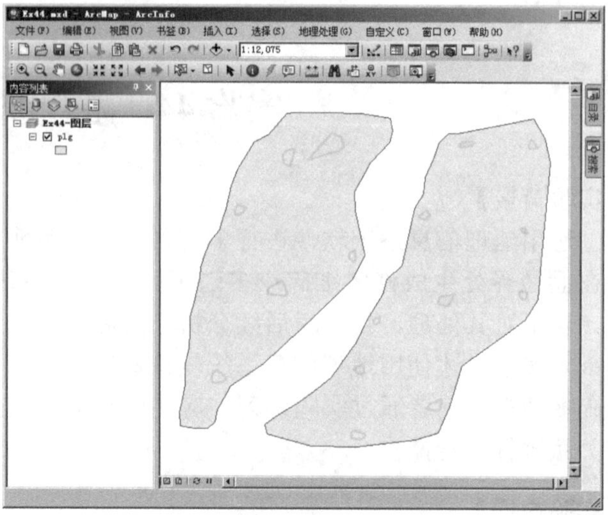

图 44.2　选中的细碎小多边形

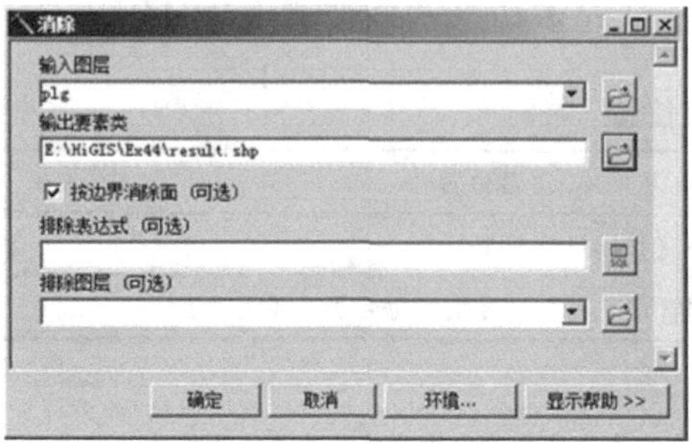

图 44.3　【消除】参数设置

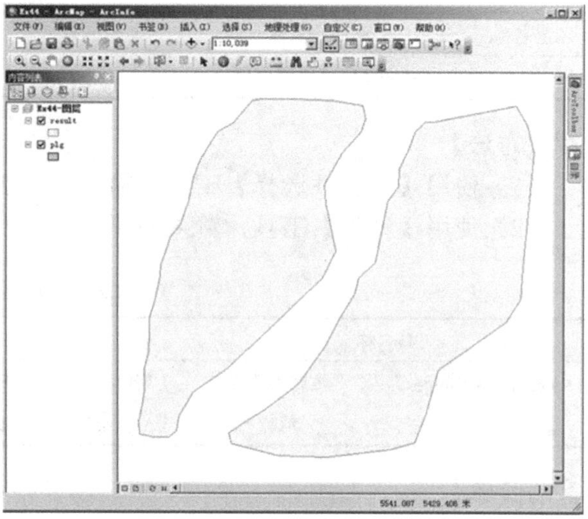

图 44.4　融合结果

实验 45　按字段融合多边形

【实验背景】

地理对象常常根据不同的属性值被划分为不同级别的几何图形进行存储与表达，通过融合低级别几何要素可以得到其高级别要素数据，如行政区域按级别进行划分，将县区数据融合后得到市级、省级等行政区。

本实验讲述使用地理信息系统软件对多边形进行按字段融合的方法，通过融合县级行政区来得到省级行政区数据。读者通过实验练习，应能够理解属性中包含的层级关系对几何图形的作用，掌握由低级别要素融合得到高级别要素的方法和思路。

【实验数据】

实验数据如表 45.1 所示。

表 45.1　实验数据

图层名称	格式	坐标系	说明
县行政区	Shapefile 面数据	Unknown	用于数据融合的面状要素

【解决方法】

使用【融合】工具，输入需要融合的要素和融合时依据的字段，得到融合后的省级行政区数据（表 45.2）。

表 45.2　工具名称及位置

工具名称		工具位置
Dissolve	融合	【ArcToolbox】→【数据管理工具】→【制图综合】→【融合】

【实验步骤】

1）查看图层属性字段

打开 ArcMap 软件，加载数据“县行政区”；右击图层打开属性表，【ProvinceId】字段表示该县图形所属的省份编号，因此本例依据该字段将相同省份 id 的县面合并，如图 45.1 所示。

2）融合同省的县面数据

如图 45.2 所示，在 ArcToolbox 中，打开【数据管理工具】→【制图综合】→【融合】对话框，【输入要素】设置为“县行政区”，【输出要素类】设置为“province”，【融合_字段】设置为“ProvinceId”，其余参数默认；点击【确定】，得到融合后的省行政区数据，如图 45.3 所示。

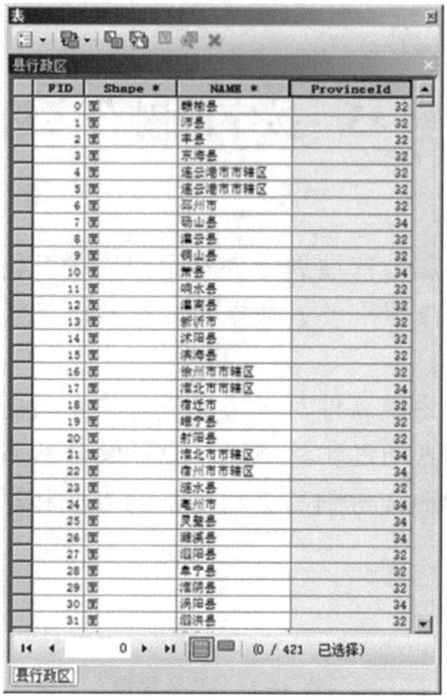

FID	Shape *	NAME *	ProvinceId
0	面	赣榆县	32
1	面	沛县	32
2	面	丰县	32
3	面	东海县	32
4	面	连云港市市辖区	32
5	面	连云港市市辖区	32
6	面	邳州市	32
7	面	砀山县	34
8	面	灌云县	32
9	面	铜山县	32
10	面	萧县	34
11	面	响水县	32
12	面	灌南县	32
13	面	新沂市	32
14	面	沭阳县	32
15	面	滨海县	32
16	面	徐州市市辖区	32
17	面	淮北市市辖区	34
18	面	宿迁市	32
19	面	睢宁县	32
20	面	射阳县	32
21	面	淮北市市辖区	34
22	面	宿州市市辖区	34
23	面	涟水县	32
24	面	亳州市	34
25	面	灵璧县	34
26	面	濉溪县	34
27	面	泗阳县	32
28	面	阜宁县	32
29	面	淮阴县	32
30	面	涡阳县	34
31	面	泗洪县	32

图 45.1　图层属性表

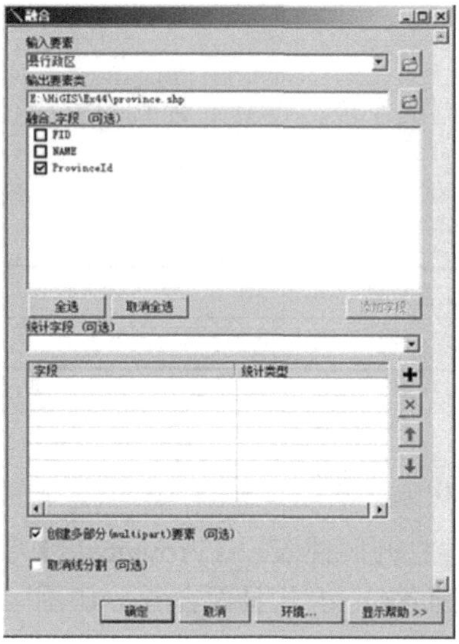

图 45.2　【融合】参数设置

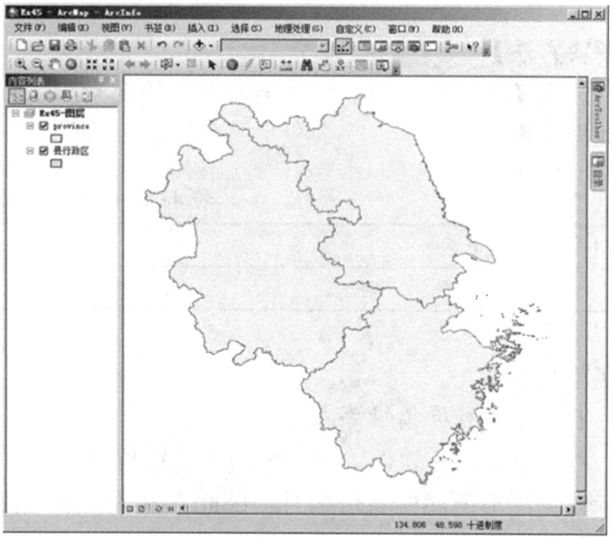

图 45.3　融合结果

实验 46　按要素融合多边形

【实验背景】

地理矢量数据之间存在空间位置的叠合关系，即一个要素对象的空间位置与其他要素对象重叠覆盖。该地理关联关系是进行地理空间分析的关键因素之一，如依据叠合关系分析道路所覆盖的县市区域范围。

本实验讲述使用地理信息系统软件进行按要素合并多边形的方法，通过道路要素融合其覆盖的面要素。读者通过实验练习，能够理解空间数据的叠合关系及其作用，掌握依据要素叠合关系来融合要素的方法。

【实验数据】

实验数据如表 46.1 所示。

表 46.1　实验数据

图层名称	格式	坐标系	说明
road	Shapefile 线要素	Unknown	用于面要素选择的线
regions	Shapefile 面要素	Unknown	用于查询和融合的面要素

【解决方法】

（1）使用【按位置选择】工具，设置工具参数，选中覆盖的面要素。

（2）使用【合并】工具，输入工具参数，生成合并结果。

（3）使用【多部分至单部分】工具，输入多部分要素，得到打散后的要素（表 46.2）。

表 46.2　工具名称及位置

工具名称		工具位置
Select By Location	按位置选择	【菜单栏】→【选择】→【按位置选择】
Merge	合并	【菜单栏】→【自定义】→【工具条】→【编辑器】→【合并】
Multipart To Singlepart	多部分至单部分	【ArcToolbox】→【数据管理工具】→【要素】→【多部分至单部分】

【实验步骤】

1）选择线要素所覆盖的所有面要素

如图 46.1 所示，打开【菜单栏】→【选择】→【按位置选择】对话框，【选择方法】设置为“从以下图层中选择要素”,【目标图层】设置为“regions”,【源图层】设置为“road”,【空间选择方法】设置为“目标图层要素与源图层要素相交”，【应用搜索距离】设置为“200”；点击【确定】，得到覆盖的面要素，如图 46.2 所示。**注：**本例中数据未设置空间坐标系，所以搜索距离使用了相对距离值 200，实际应用请考虑具体应用条件。

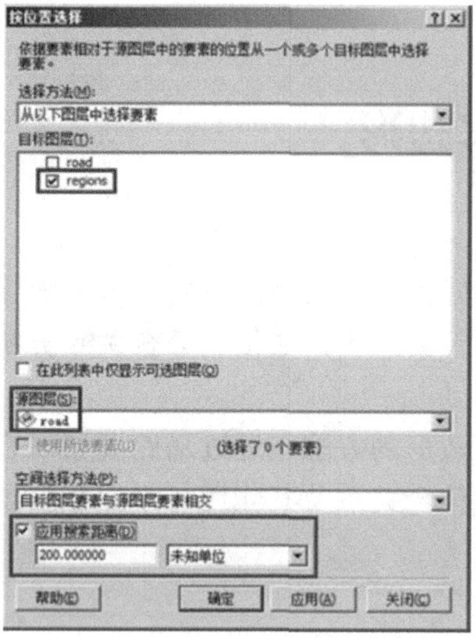

图 46.1　【按位置选择】参数设置

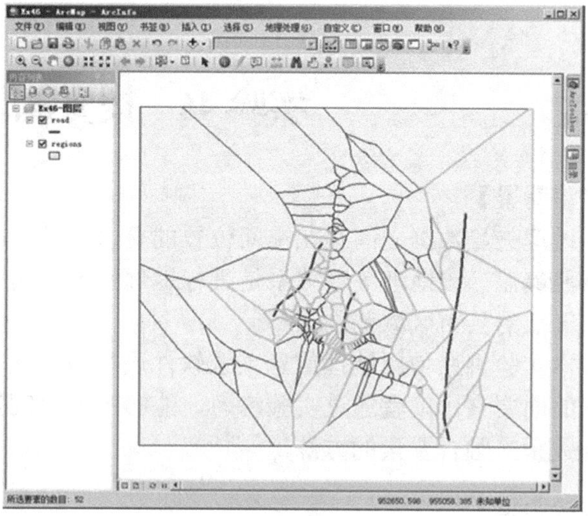

图 46.2　覆盖要素结果

2）合并面要素

保持选中状态，选择【编辑器】工具条中的【开始编辑】，启动要素图层的编辑状态；打开【编辑器】→【合并】对话框，任意选择一个要素“regions-E”，如图 46.3 所示；点击【确定】，得到合并结果，如图 46.4 所示；保存并停止编辑。**注：**所有要素将变为一条记录，即“regions-E”，原始属性丢失。

图 46.3　【合并】参数设置

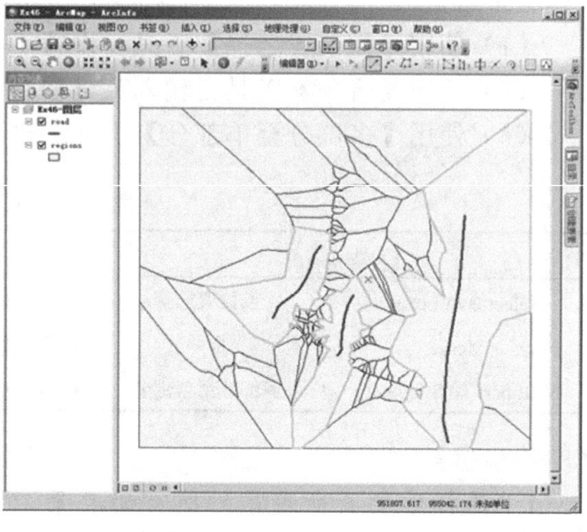

图 46.4　合并结果

3）分割多部分要素

分割前结果如图 46.5 所示。在 ArcToolbox 中，打开【数据管理工具】→【要素】→【多部分至单部分】对话框，如图 46.6 所示，【输入要素】设置为“regions”，【输出要素类】设置为“results”；点击【确定】，得到分割多部分要素后的面数据，如图 46.7 所示。**注：**步骤 2）中对所有选中的面要素进行合并时，生成了多部分要素。

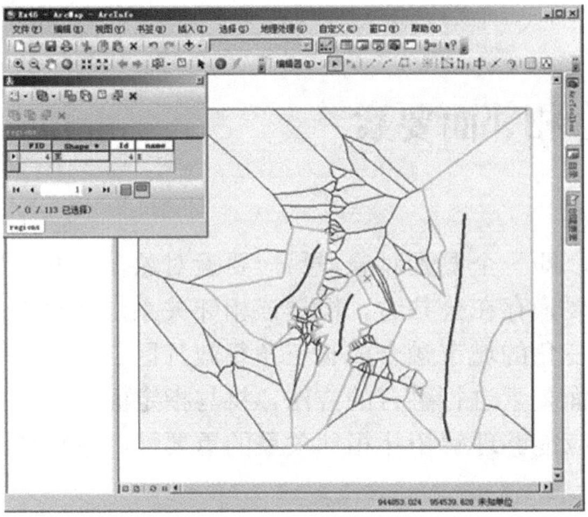

图 46.5　分割前结果

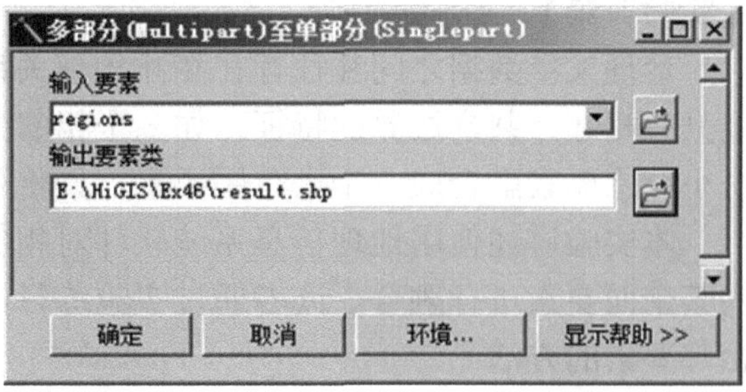

图 46.6　【多部分至单部分】参数设置

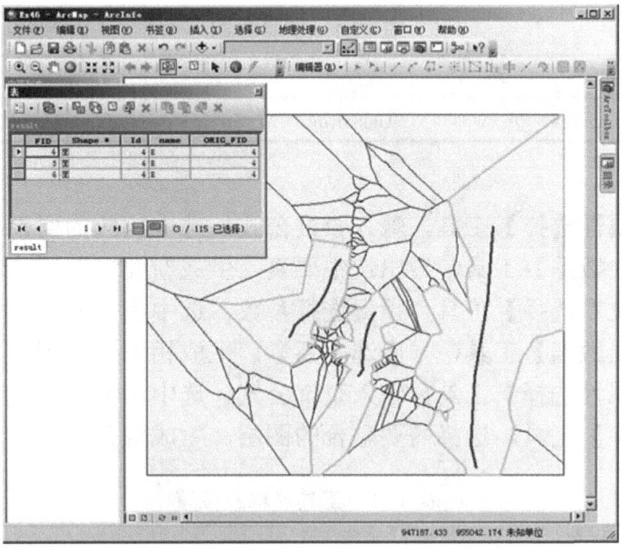

图 46.7　分割后结果

实验 47　融合相邻面要素

【实验背景】

地理矢量数据之间往往存在拓扑相邻关系，即一个要素对象与另一要素对象在空间位置上具有相邻、共享边界的特征，如多个相邻面要素存在公共边。根据该相邻关系，能够将多个小范围要素融合成一个大范围要素，如将长三角的城市融合成长三角行政片区。

本实验讲述使用地理信息系统软件对相邻面要素进行融合的方法，将与指定面要素相邻的其余面要素进行融合。读者通过实验练习，应能够理解拓扑相邻关系的重要性，掌握融合相邻要素的方法。

【实验数据】

实验数据如表 47.1 所示。

表 47.1　实验数据

图层名称	格式	坐标系	说明
cities	Shapefile 面要素	Unknown	用于融合的面状要素

【解决方法】

（1）使用【按属性选择】工具，输入查询公式，选中相应的要素。

（2）使用【导出数据】工具，导出选中要素，生成新要素图层。

（3）使用【按位置选择】工具，设置选择参数，选中相邻要素。

（4）使用【导出数据】工具，导出选中要素，生成相邻要素图层。

（5）使用【按属性选择】工具，输入查询公式，选中相邻要素。

（6）使用【消除】工具，选择需要融合的图层，生成融合后的要素（表 47.2）。

表 47.2　工具名称及位置

工具名称		工具位置
Select By Attributes	按属性选择	【菜单栏】→【选择】→【按属性选择】
Select By Location	按位置选择	【菜单栏】→【选择】→【按位置选择】
Export Data	导出数据	【右键菜单】→【数据】→【导出数据】
Eliminate	消除	【ArcToolbox】→【数据管理工具】→【制图综合】→【消除】

【实验步骤】

1）选择特定面要素

如图 47.1 所示，打开【菜单栏】→【选择】→【按属性选择】对话框，【图层】设置为“cities”，输出查询公式："name" = 'B' OR "name" = 'V'；点击【确定】，选出 name 字段为“B”和“V”的面要素，如图 47.2 所示。

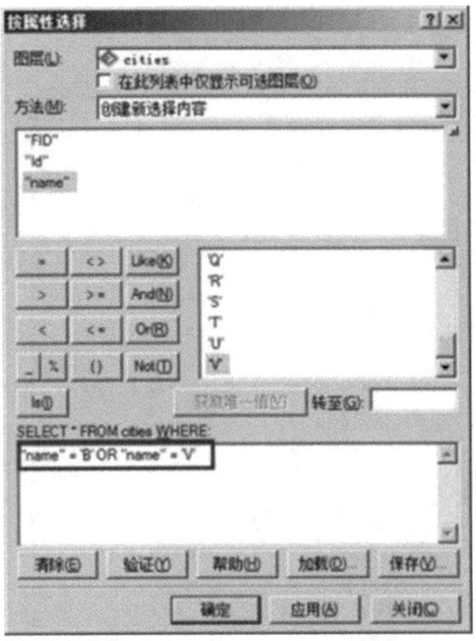

图 47.1　【按属性选择】参数设置

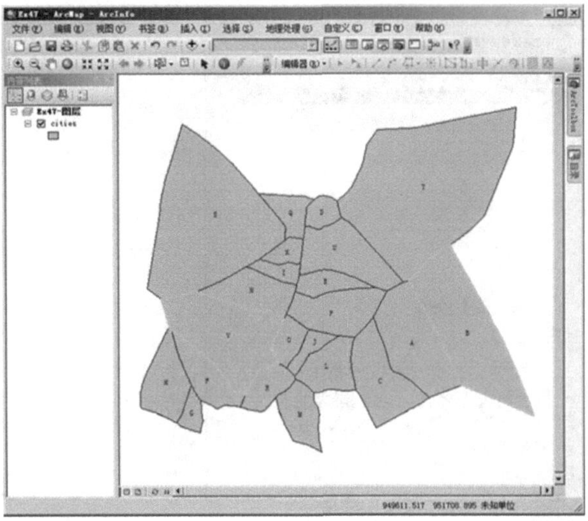

图 47.2　特定面要素

2）导出选中要素

右击图层 cities，选择【数据】→【导出数据】对话框，如图 47.3 所示，【输出要素类】设置为“two”；点击【确定】，得到新的面图层，如图 47.4 所示。

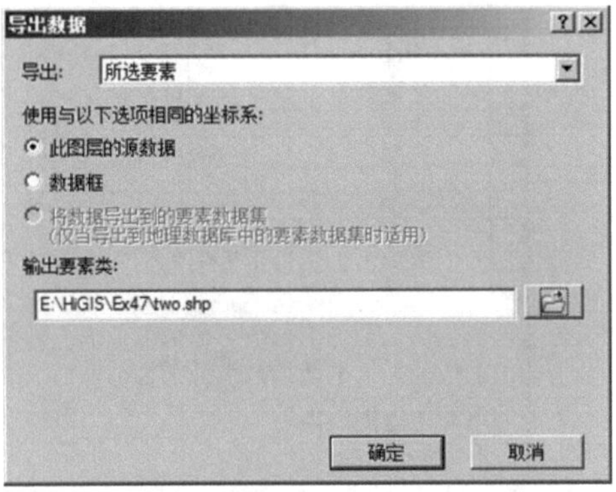

图 47.3　【导出数据】参数设置

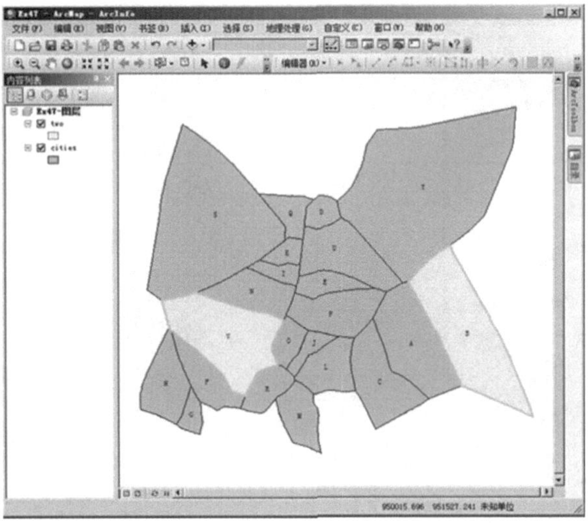

图 47.4　生成新的面图层

3）查找相邻面要素

如图 47.5 所示，打开【菜单栏】→【选择】→【按位置选择】对话框，【选择方法】设置为“从以下图层中选择要素”，【目标图层】设置为“cities”，【源图层】设置为“two”，【空间选择方法】设置为“目标图层要素与源图层要素相交”；点击【确定】，得到相邻的面要素，如图 47.6 所示。

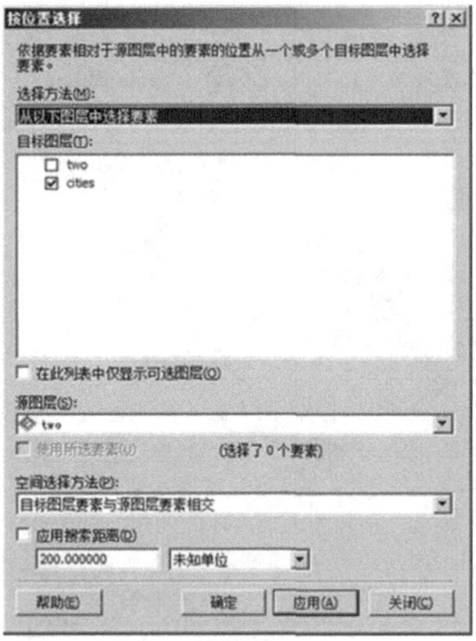

图 47.5　【按位置选择】参数设置

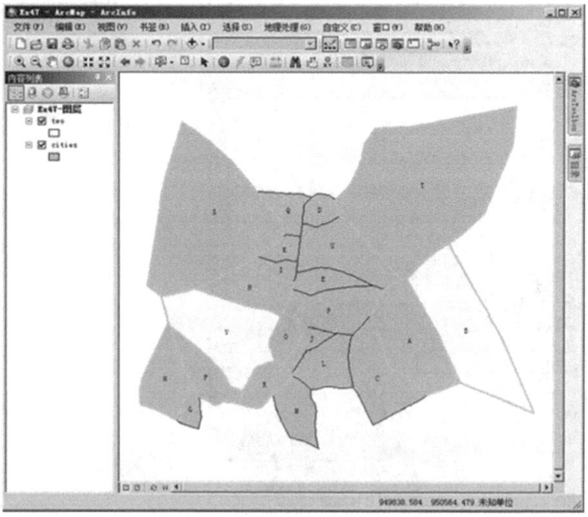

图 47.6　相邻面要素（含 B 和 V 要素）

4）导出新面要素图层

同步骤 2），将相邻面要素导出为新图层 near。相邻结果及其属性如图 47.7 和图 47.8 所示。

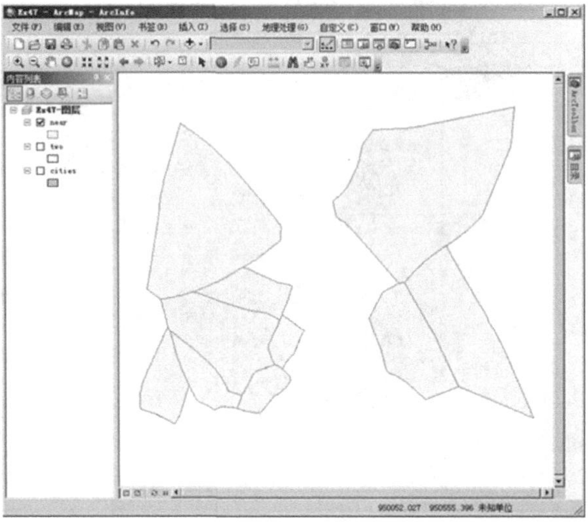

图 47.7　相邻结果

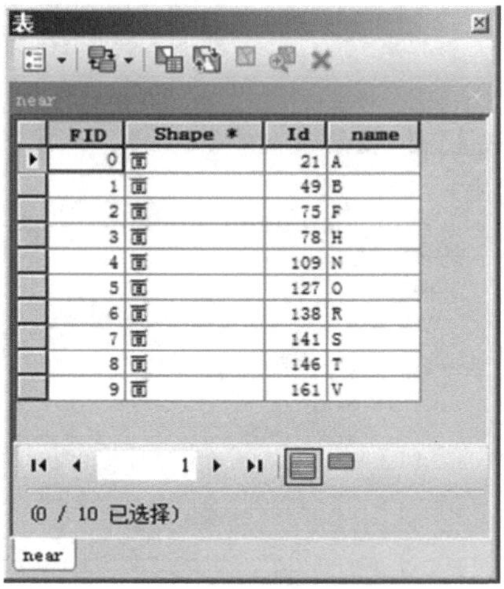

表

near

FID	Shape *	Id	name
0	面	21	A
1	面	49	B
2	面	75	F
3	面	78	H
4	面	109	N
5	面	127	O
6	面	138	R
7	面	141	S
8	面	146	T
9	面	161	V

(0 / 10 已选择)

near

图 47.8　相邻要素属性表

5）选择相邻要素

同步骤 1），使用查询公式："name" <> 'B' AND "name" <> 'V'，选中相邻的面要素，如图 47.9 所示。

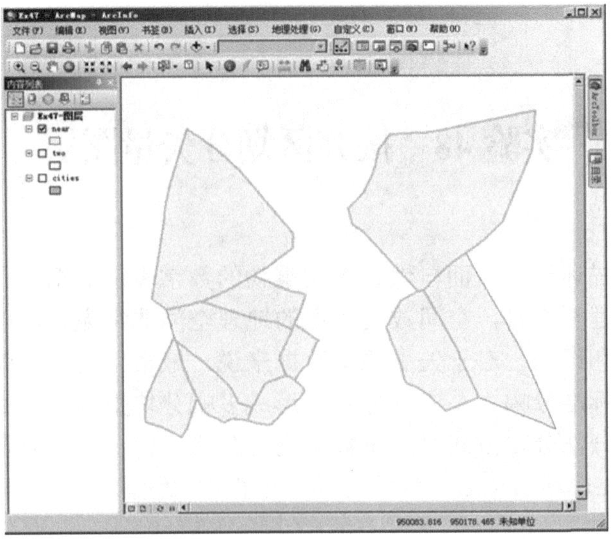

图 47.9　选中的相邻要素

6）融合相邻面要素

如图 47.10 所示，在 ArcToolbox 中，打开【数据管理工具】→【制图综合】→【消除】对话框，【输入图层】设置为“near”，【输出要素类】设置为“all”；点击【确定】，得到融合后的面要素，如图 47.11 所示。

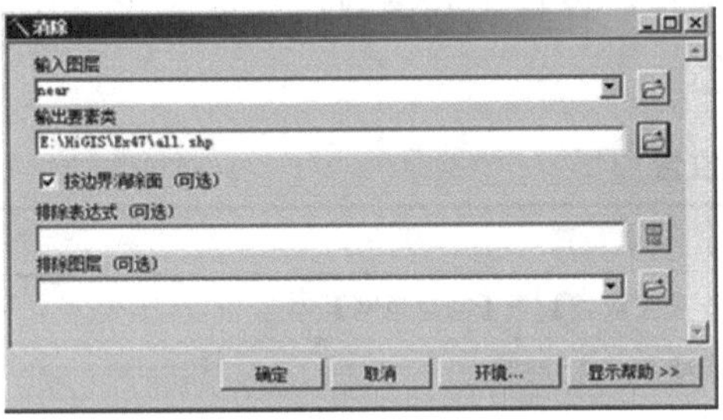

图 47.10　【消除】参数设置

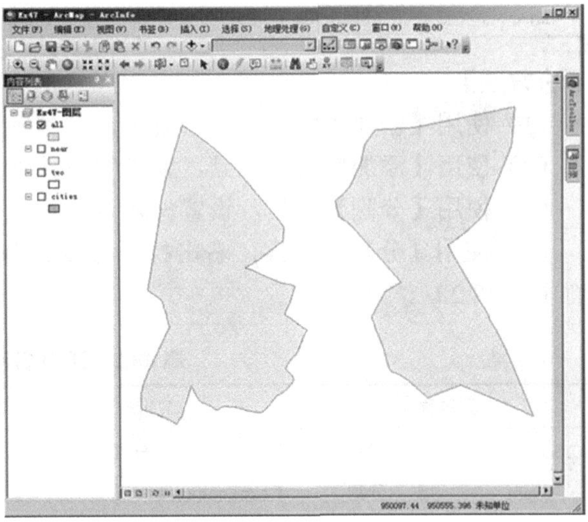

图 47.11　融合结果

实验 48　按分区划分矢量图层

【实验背景】

地理信息数据是描述地球表面自然、人文事物的数字表征数据，其具有宏观与微观的特征。当描述大范围地理要素时，空间数据所占的地理空间非常庞大，以至于无法通过单个数据图层进行有效管理和组织。对于矢量要素数据来说，最常用的方法就是分幅管理，即将大范围的地理数据按照标准分幅大小进行分割，形成多幅分块数据，从而实现有效管理。

本实验讲述以四分法分幅方式对矢量数据进行分割，以及用批处理工具来对多个矢量图层进行分割，使读者在地理信息系统软件的操作过程中，理解矢量数据分幅管理的有效方法。

【实验数据】

实验数据如表 48.1 所示。

表 48.1　实验数据

图层名称	格式	坐标系	说明
point	Shapefile 点要素	Unknown	用于图层分区的矢量点
line	Shapefile 线要素	Unknown	用于图层分区的矢量线
area	Shapefile 面要素	Unknown	用于图层分区的矢量面

【解决方法】

（1）使用【创建鱼网】工具，设置鱼网参数，生成几何鱼网面数据。

（2）使用【添加字段】工具，新建字段并输入文本类型属性值。

（3）使用【分割】工具，设置输入要素和分割要素，实现图层的分割。

（4）使用【分割】工具，右击打开【批处理】工具，设置工具参数，完成多个图层的分割（表 48.2）。

表 48.2　工具名称及位置

工具名称		工具位置
Create Fishnet	创建鱼网	【ArcToolbox】→【数据管理工具】→【要素类】→【创建鱼网】
Split	分割	【ArcToolbox】→【分析工具】→【提取】→【分割】
Batch	批处理	【ArcToolbox】→【分析工具】→【提取】→【分割】→【右键菜单】→【批处理】

【实验步骤】

1）创建渔网

如图 48.1 所示，在 ArcToolbox 中，打开【数据管理工具】→【要素类】→【创建鱼网】对话框，【输出要素类】设置为“fishnet”，【模板范围】设置为“与图层 area 相同”，【列数】和【行数】均设置为“2”，【几何类型】设置为“POLYGON”；点击【确定】，得到 2×2 的几何鱼网面数据，如图 48.2 所示。**注：**模板范围限定了整个鱼网的范围大小，行数和列数表示鱼网面图形的分布方式。

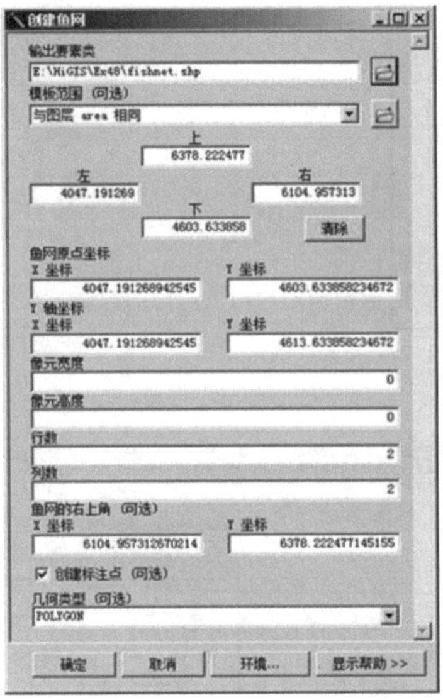

图 48.1　【创建鱼网】参数设置

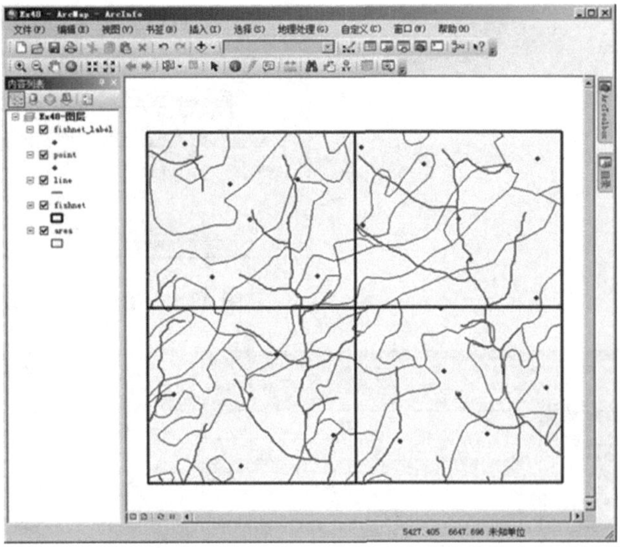

图 48.2　鱼网结果

2）创建分割字段

右击 fishnet 图层，选择【打开属性表】，打开【表选项】→【添加字段】对话框，如图 48.3 所示，新字段名称设置为“AreaID”，【类型】设置为“文本”；启动编辑，分别在每个面图形的【AreaID】字段中输入：Area1、Area2、Area3 和 Area4，如图 48.4 所示；停止编辑，保存。**注：**分割字段必须为文本型。

图 48.3　添加分割字段

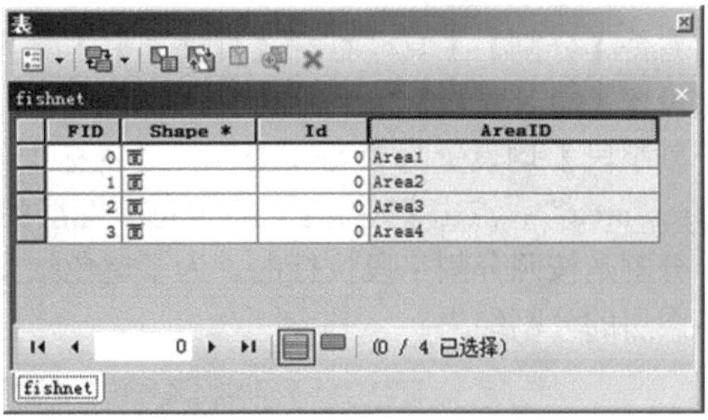

图 48.4　分割字段赋值

3）分割矢量图层

如图 48.5 所示，打开【分析工具】→【提取】→【分割】对话框，【输入要素】设置为“area”，【分割要素】设置为“fishnet”，【分割字段】设置为“AreaID”，【目标工作空间】设置为“result”；点击【确定】，分割后的结果在 result 目录下，分割结果和图层文件如图 48.6 和图 48.7 所示。**注：**分割结果图层名为 AreaID 字段的各个值。

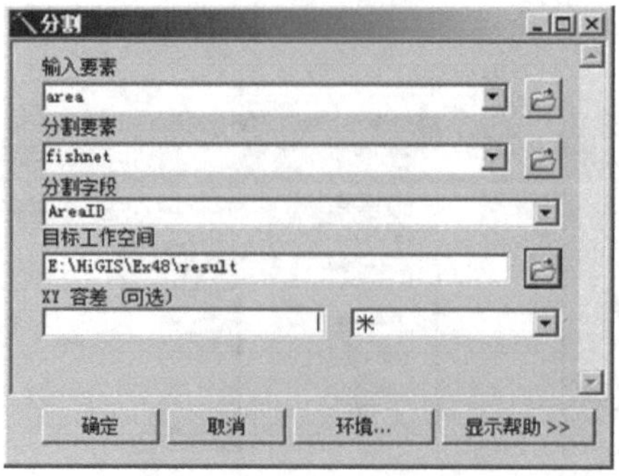

图 48.5　【分割】参数设置

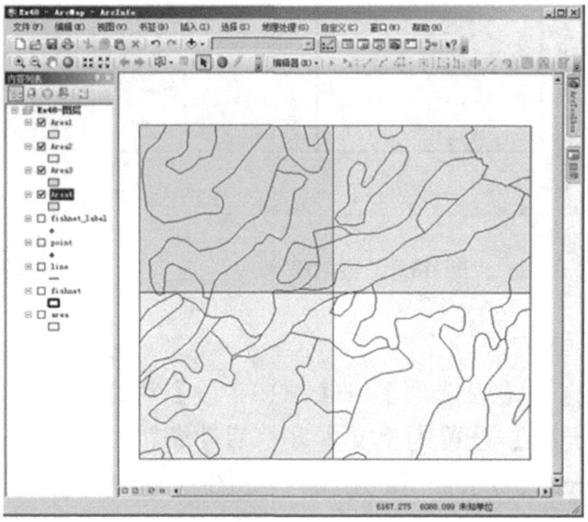

图 48.6　面分割结果

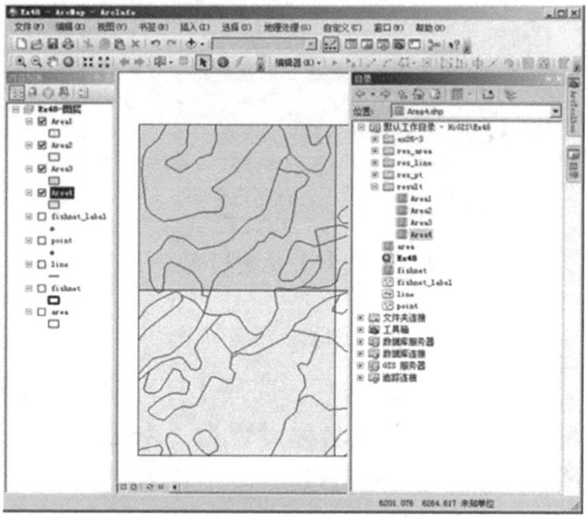

图 48.7　result 目录中的分割结果

4）批处理分割多图层

右击【分割】工具，打开【批处理】工具；如图 48.8 所示，使用右侧【添加行】工具，依次设置【输入要素】为“point”、“line”和“area”，【分割要素】均设置为“fishnet”，【分割字段】均设置为“AreaID”，【目标工作空间】分别设置为“res_pt”、“res_line”和“res_area”；点击【确定】，实现每个图层的批处理分割，如图 48.9 和图 48.10 所示。注：由于分割是按照分割字段执行的，为了避免结果图层名重复，建议不要在同一个目录下存放过多图层的分割结果。

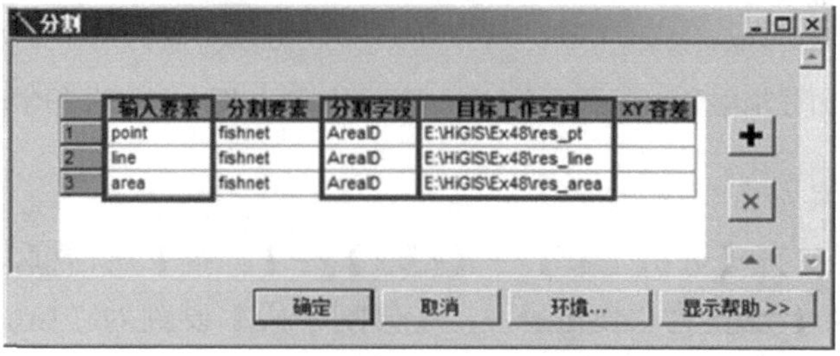

图 48.8　【分割】参数设置

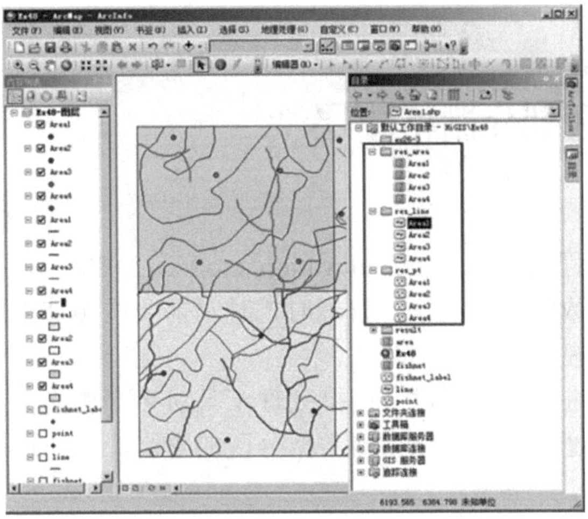

图 48.9　批处理结果目录

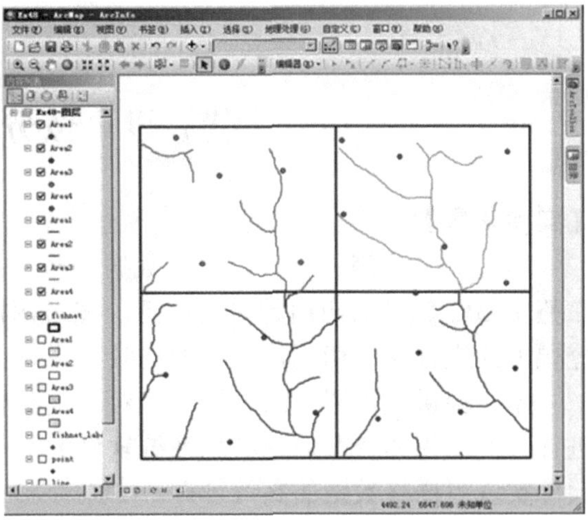

图 48.10　批处理结果图形

实验 49　按分区划分栅格图层

【实验背景】

随着 GIS 应用的深入，影像数据和数字高程模型（digital elevation model，DEM）数据在整个 GIS 领域的应用越来越广泛。在对栅格数据进行组织、管理时，时常需要按照特定的分幅方式进行图层切割，以将栅格数据进行分幅管理，如四分法。

本实验讲述以四分法分幅方式对栅格数据进行分割，以及用批处理工具对多个栅格图层进行分割，使读者在地理信息系统软件的操作过程中，理解栅格数据分区的含义，灵活运用软件实现对栅格数据的高效管理。

【实验数据】

实验数据如表 49.1 所示。

表 49.1　实验数据

名称	格式	坐标系	说明
dem	GRID 栅格	Krasovsky_1940_Transverse_Mercator	用于栅格分区和批处理

【解决方法】

（1）使用【分割栅格】工具，输入栅格与分区要素，实现栅格数据的分区划分。

（2）使用【批处理】工具，设置工具参数，实现多栅格数据的批处理划分（表 49.2）。

表 49.2　工具名称及位置

工具名称		工具位置
Split Raster	分割栅格	【ArcToolbox】→【数据管理工具】→【栅格】→【栅格数据处理】→【分割栅格】
Batch	批处理	【ArcToolbox】→【数据管理工具】→【栅格】→【栅格数据处理】→【分割栅格】→【右键菜单】→【批处理】

【实验步骤】

1）*四分法分割*

如图 49.1 所示，在 ArcToolbox 中，打开【数据管理工具】→【栅格】→【栅格数据处理】→【分割栅格】对话框，【输入栅格】设置为“dem”，设置【输出文件夹】为 EX49，【输出基本名称】默认设置为“dem”，【分割方法】设置为“NUMBER_OF_TILES”，【输出格式】设置为“TIFF”，【输出栅格数】中【X 坐标】和【Y 坐标】均设置为“2”；点击【确定】，得到四分后的栅格，如图 49.2 所示。**注：**本例中仅讲述四分法分割，即平均分割为 4 个部分；分割方法中的“SIZE_OF_TILE”可人为指定每个分割部分的大小进行分割。而【其他选项】中的参数是对输出栅格进行参数设定，本例默认设置，即输出栅格参数与原始栅格相同。

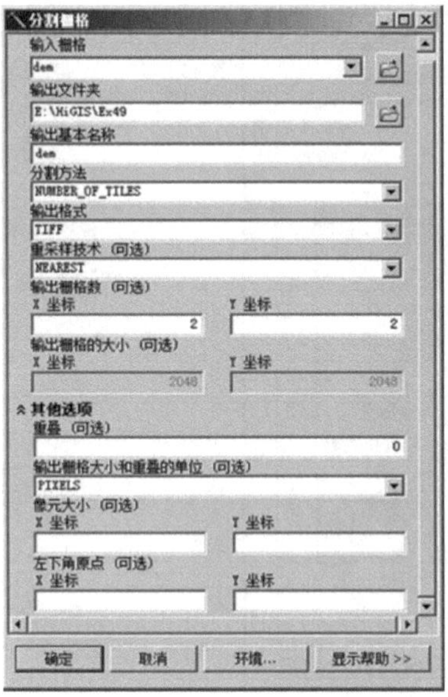

图 49.1　【分割栅格】参数设置

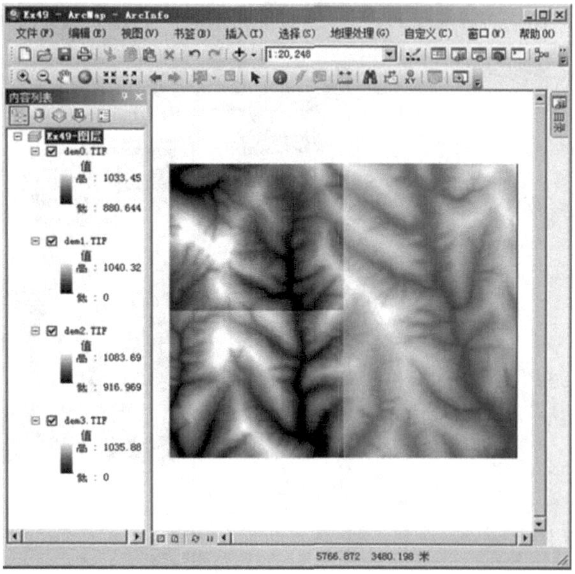

图 49.2　分割结果

2）批处理分割

右击【分割栅格】工具，选择【批处理】工具；如图 49.3 所示，依次添加步骤 1）中的 4 个子块作为【输入栅格】，【输出文件夹】均设置为“result”文件夹，【输出基本名称】设置为默认保留原始栅格名称，【输出栅格数】均设置为“2 2”，其余参数默认；点击【确定】，得到批处理分割的栅格结果，如图 49.4 所示。**注：**由于输出栅格名称是逐个在原始栅格名称后添加后缀编码字符，因此当存储在同一文件夹下时不会发生覆盖问题；若发生覆盖，尽量保证原始栅格名称不同。

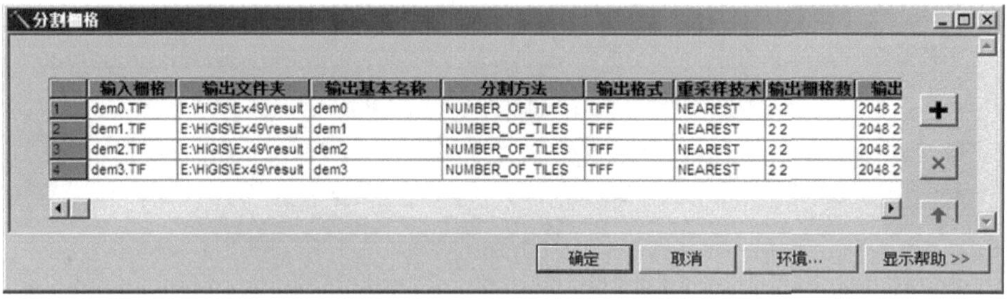

图 49.3　【分割栅格】参数设置

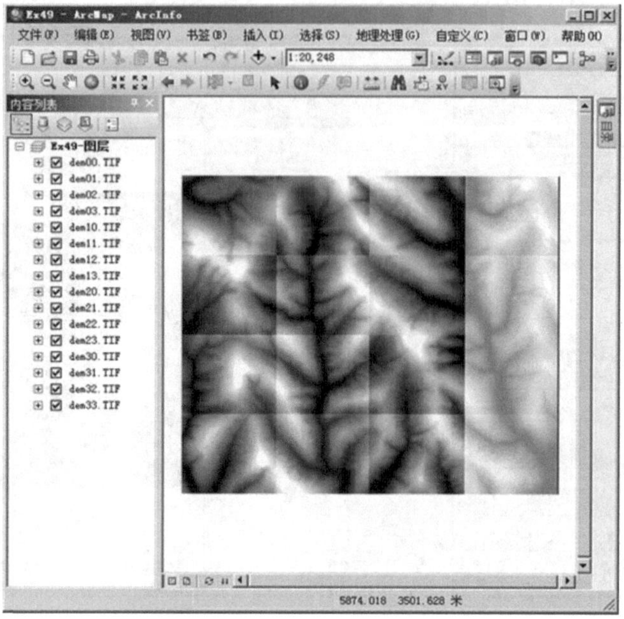

图 49.4 批处理分割结果

实验 50　以栅格分区裁剪面要素

【实验背景】

基于地理数据进行空间分析时，常需要同时处理矢量数据与栅格数据。而受数据结构的限制，栅格数据无法直接对矢量数据进行裁剪操作，必须间接地将栅格范围转为矢量格式，才能实现矢量裁剪操作。而栅格数据转矢量数据时，必须确保栅格数据为整型数据，若为浮点型，必须先转为整型后方可转矢量数据。

本实验讲述使用地理信息系统软件实现栅格分区裁剪矢量面的方法，将栅格分区转为矢量数据，对面要素进行裁剪。读者通过实验练习，应能够理解矢量与栅格数据结构的差异性，掌握对不同数据格式的数据进行处理的方法。

【实验数据】

实验数据如表 50.1 所示。

表 50.1　实验数据

名称	格式	坐标系	说明
raster	GRID 栅格	Krasocsky_1940_Lambert_Conformal_Conic	用于裁剪矢量面数据
plgs	Shapefile 面要素	GCS_Beijing_1954	用于测试栅格数据裁剪

【解决方法】

（1）使用【转为整型】工具，输入栅格数据，生成整型栅格数据。

（2）使用【重分类】工具，设置新值参数，实现栅格分区。

（3）使用【栅格转面】工具，输入栅格分区数据，生成矢量面数据。

（4）使用【相交】工具，输入相交图层，生成裁剪结果（表 50.2）。

表 50.2　工具名称及位置

工具名称		工具位置
Int	转为整型	【ArcToolbox】→【Spatial Analyst 工具】→【数学】→【转为整型】
Reclassify	重分类	【ArcToolbox】→【Spatial Analyst 工具】→【重分类】→【重分类】
Raster to Polygon	栅格转面	【ArcToolbox】→【转换工具】→【由栅格转出】→【栅格转面】
Intersect	相交	【ArcToolbox】→【分析工具】→【叠加分析】→【相交】

【实验步骤】

1）将栅格数据转为整型

如图 50.1 所示，在 ArcToolbox 中，打开【Spatial Analyst 工具】→【数学】→【转为整型】对话框，【输入栅格数据或常量值】设置为“raster”，【输出栅格】设置为“int_raster”；点击【确定】，得到整型栅格，如图 50.2 所示。

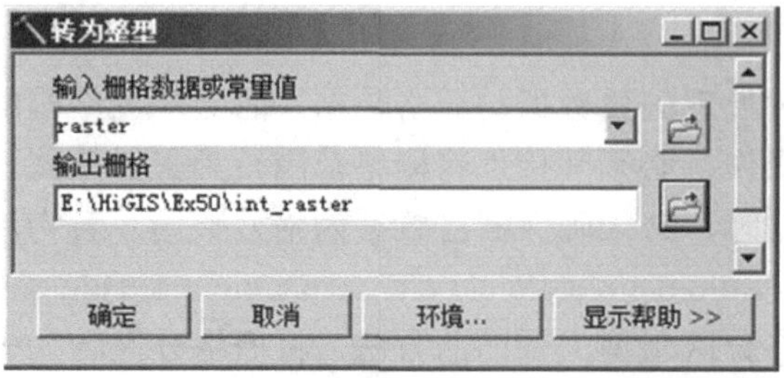

图 50.1　【转为整型】工具参数设置

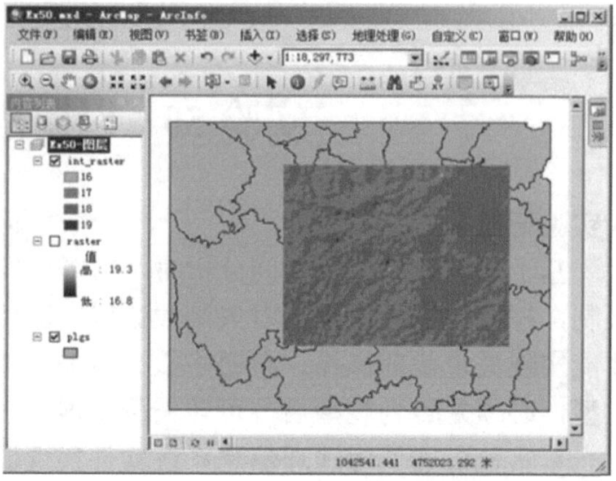

图 50.2　整型栅格结果

2）重分类栅格分区

将取整后的栅格数据按照值为 16～17 和 18～19 分为两个区域；打开【Spatial Analyst 工具】→【重分类】→【重分类】对话框，如图 50.3 所示，【输入栅格】设置为“int_raster”，【重分类字段】设置为“VALUE”，分别将值 16 和 17 设置为新值“1”，值 18 和 19 设置为新值“2”，【输出栅格】设置为“rec_raster”。点击【确定】，得到重分类的栅格分区数据，如图 50.4 所示。注：本例为说明转矢量面数据的栅格必须为整型，所以增加步骤 1）。为方便操作，本例中可以直接跳过步骤 1）进行重分类操作，但新值必须也为整型。

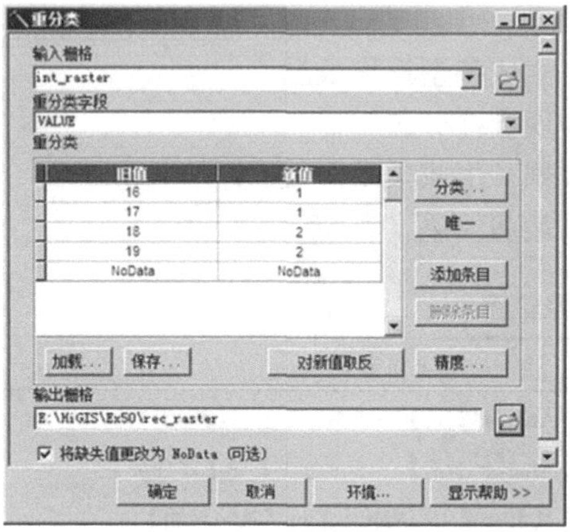

图 50.3　【重分类】参数设置

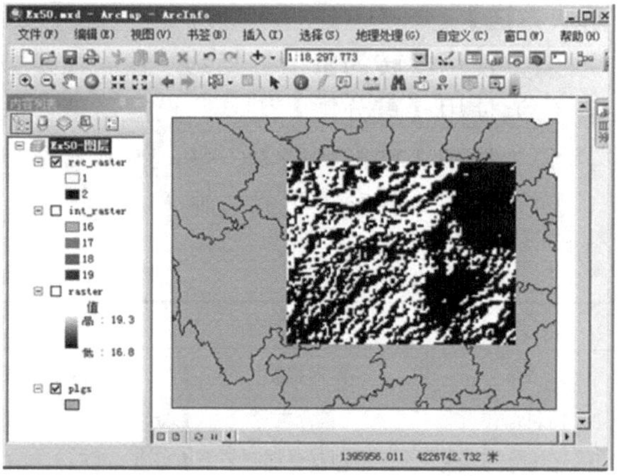

图 50.4　重分类结果数据

3）栅格转矢量面数据

如图 50.5 所示，打开【转换工具】→【由栅格转出】→【栅格转面】对话框，【输入栅格】设置为“rec_raster”，【字段】设置为“VALUE”，【输出面要素】设置为“region”，取消【简化面】选项；点击【确定】，得到矢量面数据，如图 50.6 所示。查看 region 图层的属性表，字段 GRIDCODE 对应于栅格 value 字段，如图 50.7 所示。

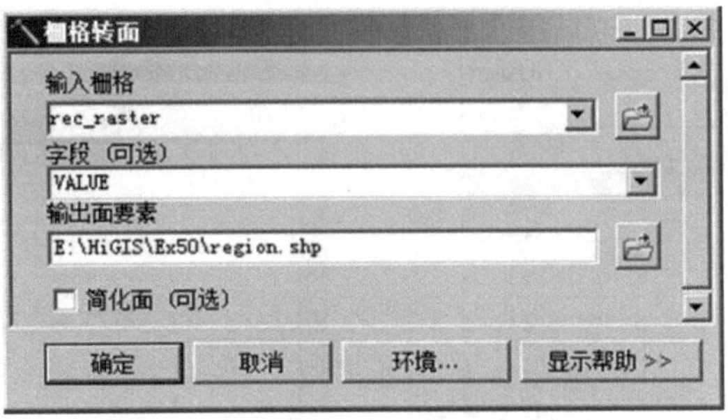

图 50.5　【栅格转面】参数设置

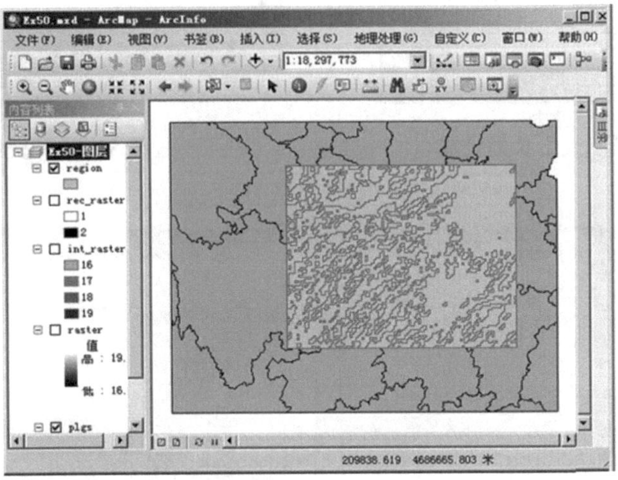

图 50.6　矢量面数据结果

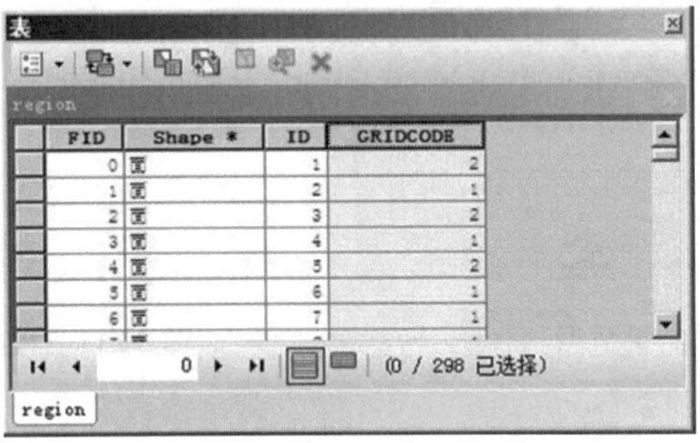

图 50.7　面数据的 GRIDCODE 字段

4）裁剪矢量图层

如图 50.8 所示，打开【分析工具】→【叠加分析】→【相交】对话框，【输入要素】设置为“region”和“plgs”，【输出要素类】设置为“intersect”，【连接属性】选择“ALL”，【输出类型】选择“INPUT”，即与输入要素类型相同；点击【确定】，得到裁剪结果数据，如图 50.9 所示。打开 intersect 图层属性表，如图 50.10 所示，可以观察到进行相交操作的图层属性字段都包含在内。根据 id_1 字段对相交结果数据进行分类显示，该字段对应于 plgs 图层的 id 字段，如图 50.11 所示。

图 50.8　【相交】参数设置

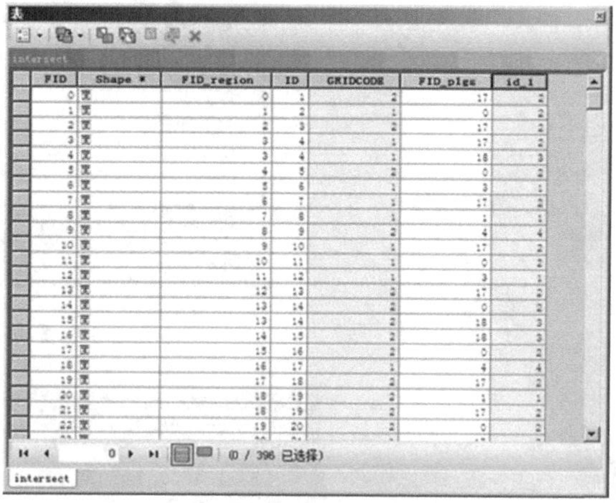

图 50.9　相交结果属性表

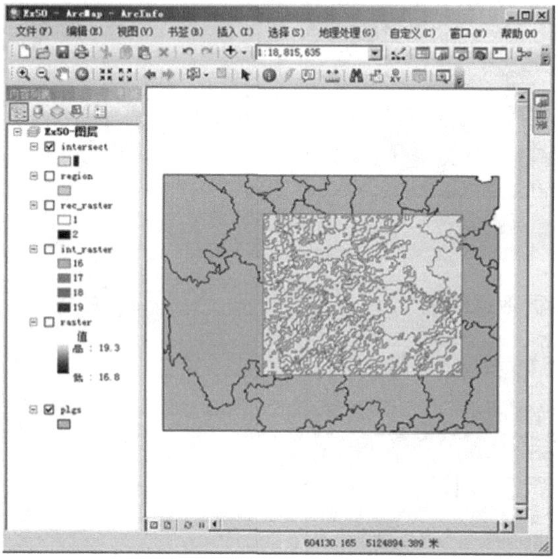

图 50.10　相交结果数据

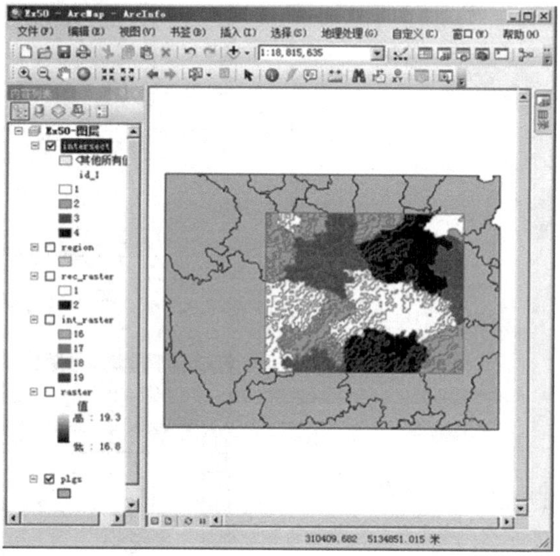

图 50.11　根据 id_1 字段分类显示

实验 51　CAD 转要素类

【实验背景】

数据生产者在获取空间数据时，常采用不同的数字化采集平台，而各平台软件对地理几何数据与属性数据的存储方式和表现方法各不相同。CAD 是常用的空间数据采集软件之一，其对数据的组织方式与 GIS 要素数据的格式不同。为使 CAD 采集的地理数据能够通用化，需要进行数据格式转换。

本实验讲述使用地理信息系统软件将 CAD 数据转为要素类数据的方法，读者通过实验练习，应能够熟悉不同地理数据的存储格式，掌握转换 CAD 数据工具。此外，采用数据导出或转换工具也可以实现 CAD 数据转要素类。

【实验数据】

实验数据如表 51.1 所示。

表 51.1　实验数据

名称	格式	坐标系	说明
cad	DWG 数据	Unknown	用于格式转换的 CAD 数据

【解决方法】

（1）使用【新建要素类】工具，输入要素类参数，创建空的面要素。

（2）使用【加载数据】工具，设置转换参数，实现 CAD 数据的导入（表 51.2）。

表 51.2　工具名称及位置

工具名称		工具位置
New Feature Class	新建要素类	【右键菜单】→【新建】→【要素类】
Load data	加载数据	【菜单栏】→【自定义】→【自定义模式】→【命令】→【加载数据】

【实验步骤】

1）查看 CAD 数据

打开 ArcMap 软件，如图 51.1 所示，加载 CAD 数据，数据如图 51.2 所示；右击 cad.dwg.Polygon 图层，打开其属性表，可以观察到属性表中有“Layer”字段，该字段即对应了 CAD 数据中各个图层的名称，如图 51.3 所示。

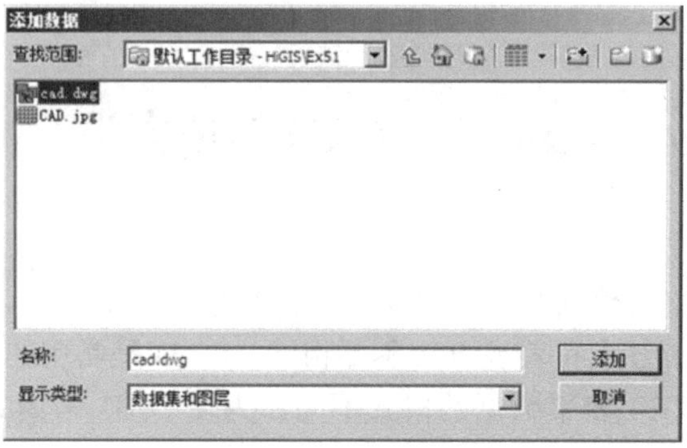

图 51.1　加载 CAD 数据

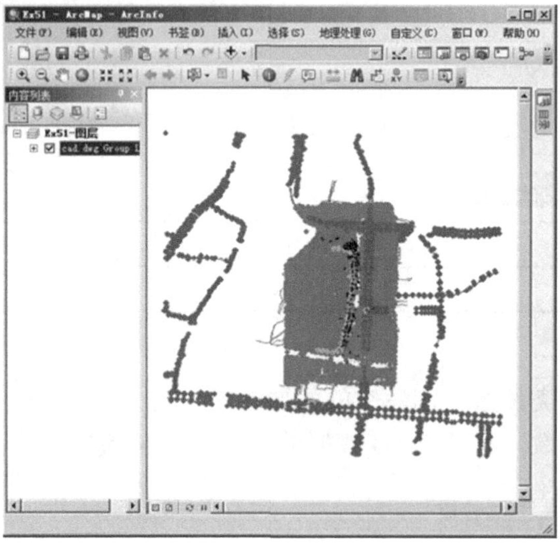

图 51.2　显示 CAD 数据

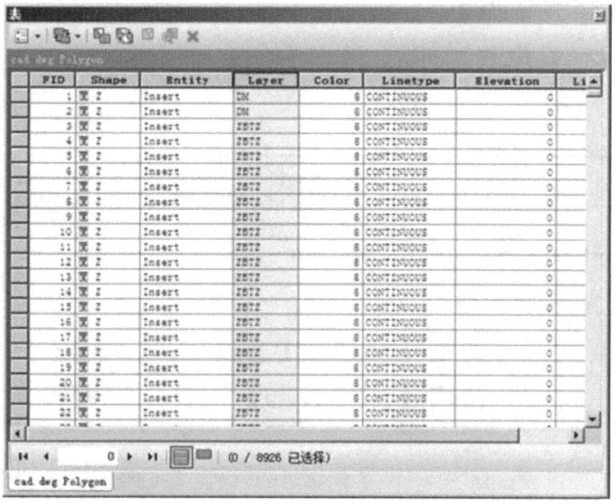

图 51.3　cad.dwg.Polygon 图层属性表

2）添加【加载数据】工具

如图 51.4 所示，打开 ArcCatalog，选择【菜单栏】→【自定义】→【自定义模式】，打开【自定义】窗口；选择【命令】选项卡，在右侧输入“加载数据”，即可自动搜索该工具，如图 51.5 所示；在右侧命令框中列出该命令工具后，将其拖动到软件界面任意位置处，放置完毕后，点击【关闭】即可完成添加工作。

3）创建空要素类

在 ArcCatalog 中，将目录指定到某地理数据库，如图 51.6 所示，右击空白处选择【新建】→【要素类】，创建新图层 DM，类型为面数据，如图 51.7 所示；本例中 *X*、*Y* 坐标系设置为“Unknown”，其余参数都默认设置，完成。创建完毕后，可以观察到【加载数据】按钮变成可选择状态。

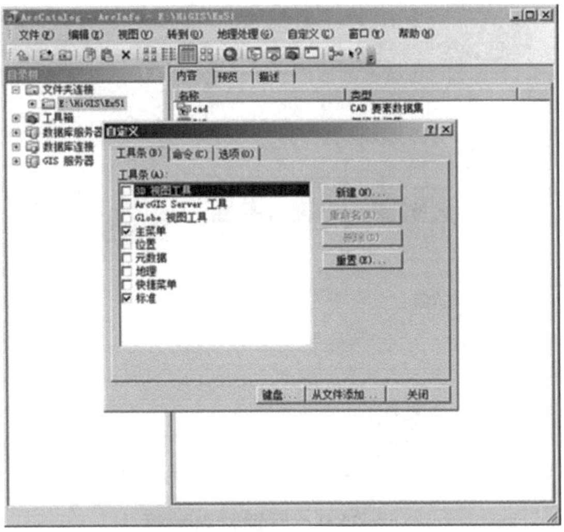

图 51.4　打开【自定义】窗口

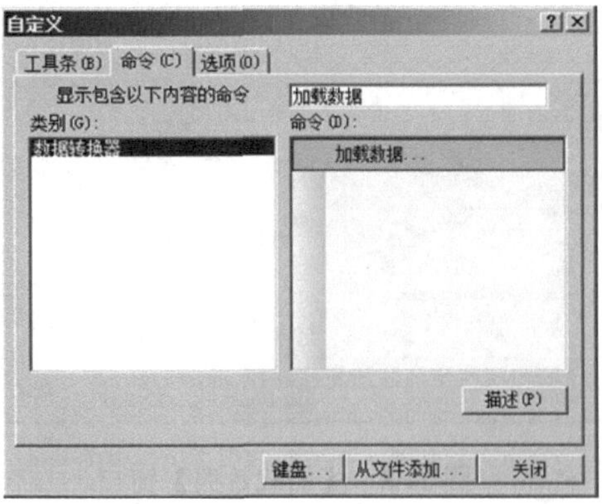

图 51.5　添加【加载数据】命令

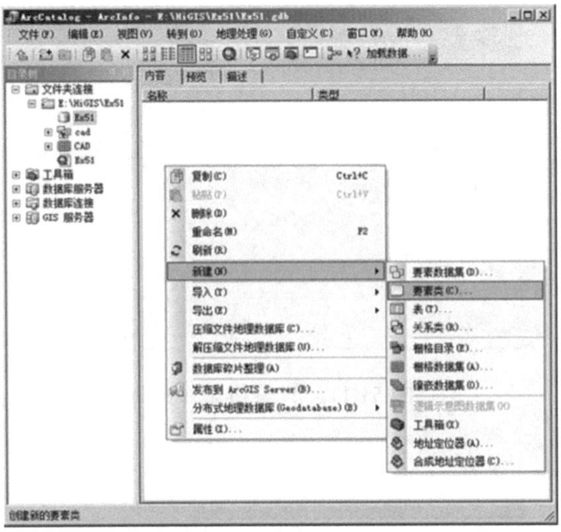

图 51.6　新建要素类

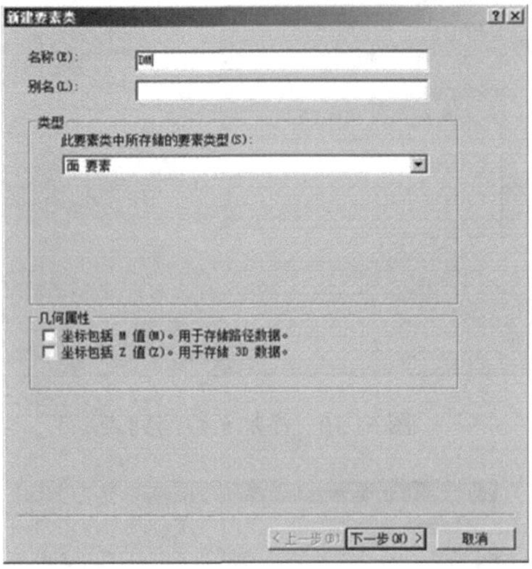

图 51.7　设置要素类参数

4）导入 CAD 数据

本例将图层名为“DM”的图层导入 ArcGIS，生成面图层要素图层。首先，选中该 DM 要素图层，然后点击【加载数据】按钮，打开【加载数据】窗口，如图 51.8 所示；【输入数据】设置为 CAD 数据中的 Polygon，添加至源数据列表中，如图 51.9 和图 51.10 所示，点击【下一步】；因为转换时仅将“DM”图层进行加载，所以选择“仅加载满足查询的要素”，如图 51.11 所示；打开查询构建器，输入查询条件："Layer" ='DM'，如图 51.12 所示，点击【下一步】；点击【完成】执行加载，如图 51.13 所示。

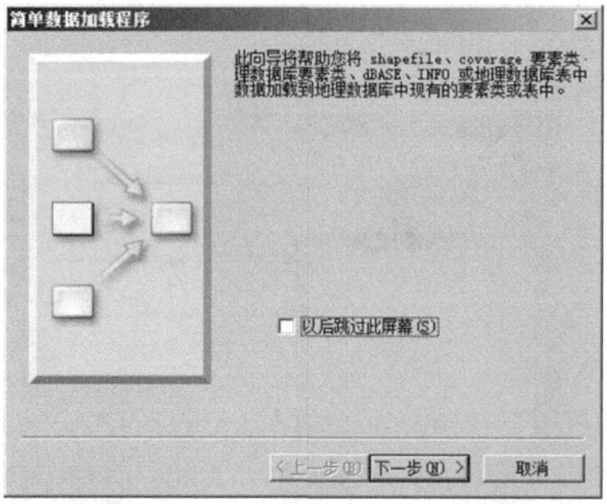

图 51.8　【加载数据】窗口

图 51.9　设置输入数据

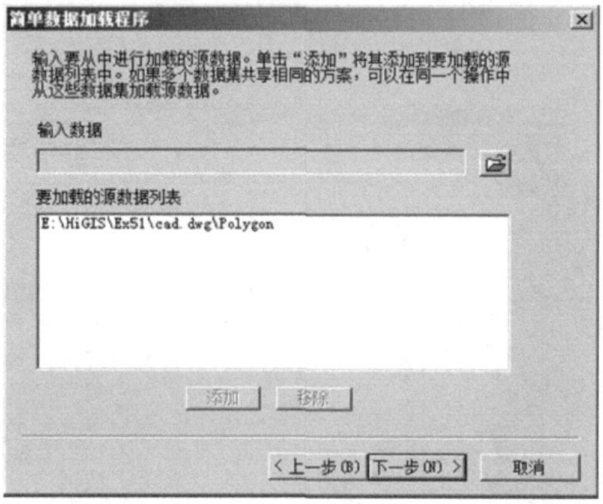

图 51.10　添加至数据列表

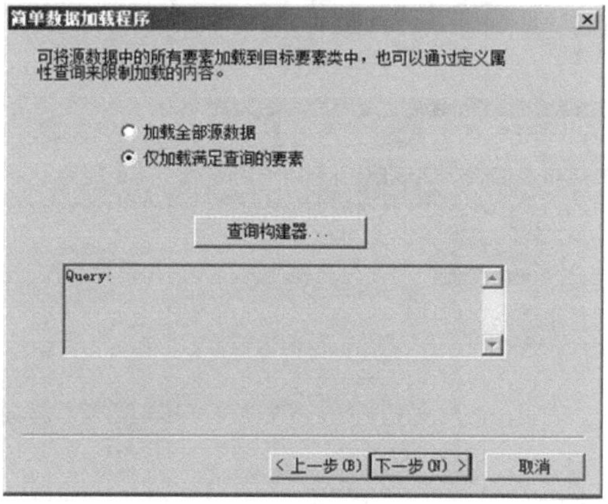

图 51.11　设置按条件查询

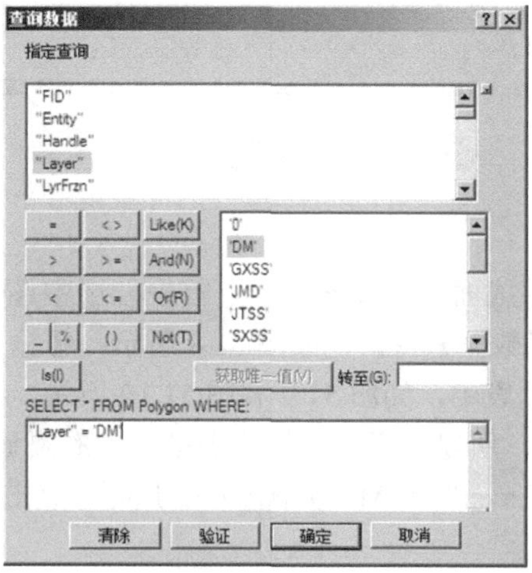

图 51.12　设置查询条件

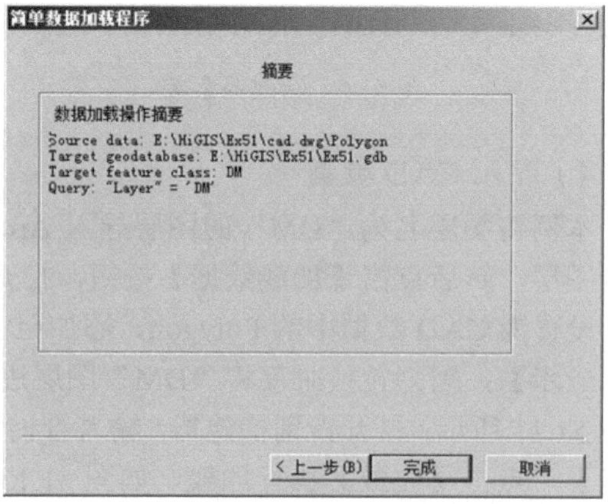

图 51.13　执行加载

5）检查加载结果

在 ArcCatalog 中，点击 DM 要素图层，视图区选择【预览】选项卡，查看要素类图形数据，如图 51.14 所示；预览选项中选择“表”可以查看属性表，可以观察到有 2145 条记录，与原始数据相符合，如图 51.15 所示。

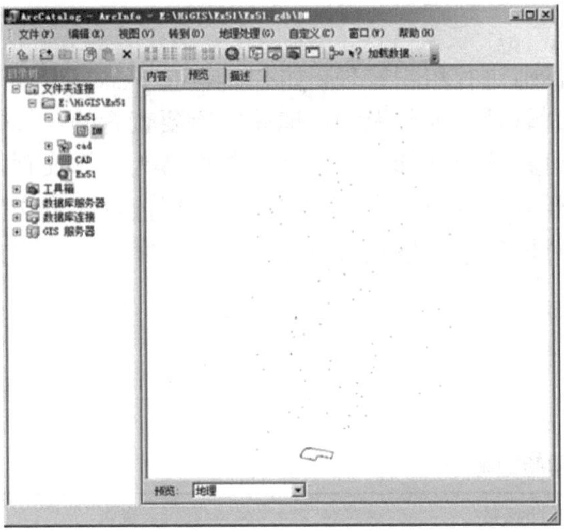

图 51.14　预览转换结果

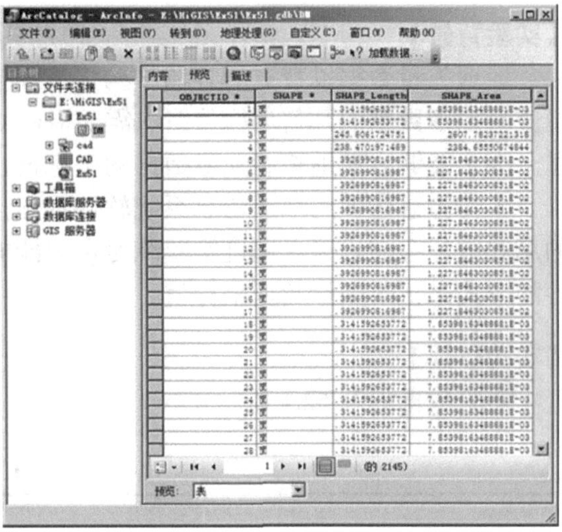

图 51.15　转换结果属性表

实验 52　导出点要素的坐标值

【实验背景】

地理矢量数据以特有的存储结构将空间坐标值进行组织管理，如 Shapefile 格式，专业人员查看地理数据的几何坐标值时，需要借助 GIS 软件，因此无法快速获得所要查看的坐标信息。为了能够方便地查看矢量数据的坐标值，可将特定存储格式的地理数据转为文本文件。

本实验讲述使用地理信息系统软件导出点要素坐标值的方法，将图形坐标值以文本文件的形式进行存储。读者通过实验练习，应能够对地理数据格式有较好的认识，学会以文本文件的形式来记录矢量数据坐标值。

【实验数据】

实验数据如表 52.1 所示。

表 52.1　实验数据

名称	格式	坐标系	说明
pts	Shapefile 点要素	Krasovsky_1940_Transverse_Mercator	用于导出空间坐标值

【解决方法】

（1）使用【添加 XY 坐标】工具，输入点要素，将坐标值写入属性表中。

（2）使用【将要素属性导出到 ASCII】工具，设置工具参数，生成坐标文件（表 52.2）。

表 52.2　工具名称及位置

工具名称		工具位置
Add XY Coordinates	添加 XY 坐标	【ArcToolbox】→【数据管理工具】→【要素】→【添加 XY 坐标】
Export	导出	【属性表】→【表选项】→【导出】
Export Feature Attribute to ASCII	将要素属性导出到 ASCII	【ArcToolbox】→【空间统计工具】→【工具】→【将要素属性导出到 ASCII】

【实验步骤】

1）*方法一：添加 XY 坐标*

在 ArcToolbox 中，如图 52.1 所示，打开【数据管理工具】→【要素】→【添加 XY 坐标】对话框，【输入要素】设置为“pts”；点击【确定】，该图层属性表中已添加 *X*、*Y* 坐标属性，如图 52.2 所示。

导出属性表。在图层属性表中，选择【表选项】→【导出】工具，【输出表】设置为“table.txt”，如图 52.3 所示；导出结果如图 52.4 所示。**注：**文件格式支持多种格式，包括 dbf、txt 等，本例中使用文本文件格式存储表字段值。

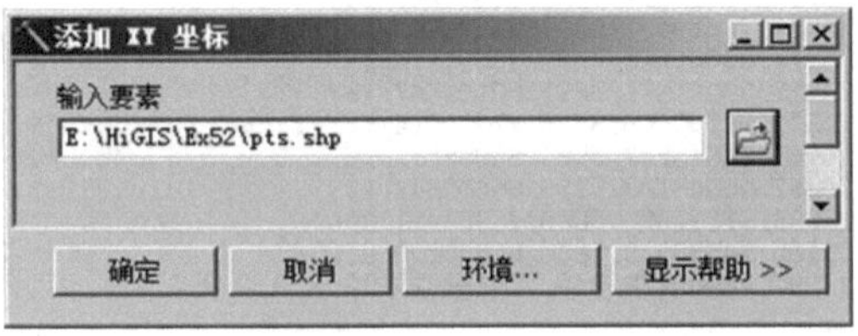

图 52.1　【添加 XY 坐标】参数设置

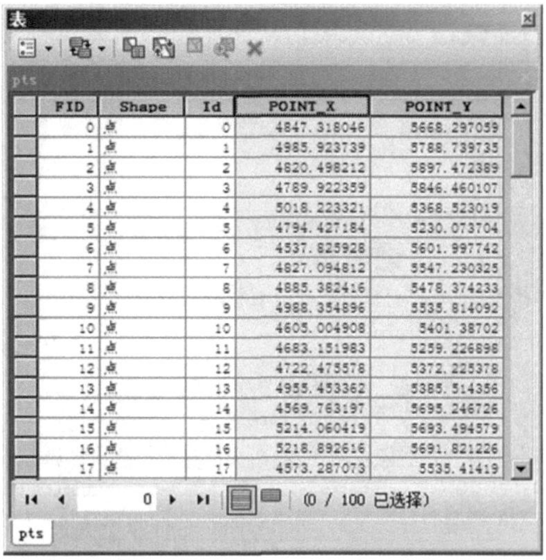

FID	Shape	Id	POINT_X	POINT_Y
0	点	0	4847.318046	5668.297059
1	点	1	4985.923739	5788.739735
2	点	2	4820.498212	5897.472389
3	点	3	4789.922359	5846.460107
4	点	4	5018.223321	5368.523019
5	点	5	4794.427184	5230.073704
6	点	6	4537.825928	5601.997742
7	点	7	4827.094812	5547.230325
8	点	8	4885.382416	5478.374233
9	点	9	4988.354896	5535.814092
10	点	10	4605.004908	5401.38702
11	点	11	4683.151983	5259.226898
12	点	12	4722.475578	5372.225378
13	点	13	4955.453362	5385.514356
14	点	14	4569.763197	5695.246726
15	点	15	5214.060419	5693.494579
16	点	16	5218.892616	5691.821226
17	点	17	4573.287073	5535.41419

图 52.2　点要素属性表

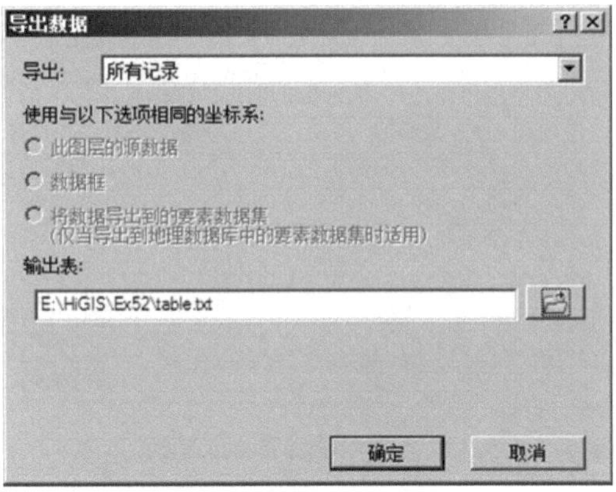

图 52.3　导出表数据

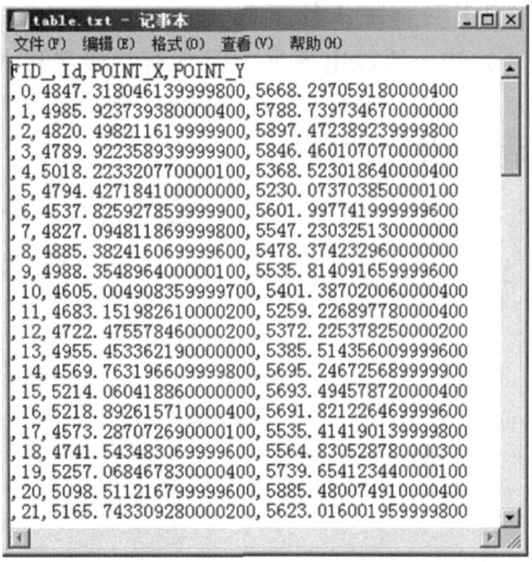

FID_, Id, POINT_X, POINT_Y
, 0, 4847.318046139999800, 5668.297059180000400
, 1, 4985.923739380000400, 5788.739734670000000
, 2, 4820.498211619999900, 5897.472389239999800
, 3, 4789.922358939999900, 5846.460107070000000
, 4, 5018.223320770000100, 5368.523018640000400
, 5, 4794.427184100000000, 5230.073703850000100
, 6, 4537.825927859999900, 5601.997741999999600
, 7, 4827.094811869999800, 5547.230325130000000
, 8, 4885.382416069999600, 5478.374232960000000
, 9, 4988.354896400000100, 5535.814091659999600
, 10, 4605.004908359999700, 5401.387020060000400
, 11, 4683.151982610000200, 5259.226897780000400
, 12, 4722.475578460000200, 5372.225378250000200
, 13, 4955.453362190000000, 5385.514356009999600
, 14, 4569.763196609999800, 5695.246725689999900
, 15, 5214.060418860000000, 5693.494578720000400
, 16, 5218.892615710000400, 5691.821226469999600
, 17, 4573.287072690000100, 5535.414190139999800
, 18, 4741.543483069999600, 5564.830528780000300
, 19, 5257.068467830000400, 5739.654123440000100
, 20, 5098.511216799999600, 5885.480074910000400
, 21, 5165.743309280000200, 5623.016001959999800

图 52.4　导出结果

2）方法二：将要素属性导出到 ASCII

打开【空间统计工具】→【工具】→【将要素属性导出到 ASCII】对话框，如图 52.5 所示，【输入要素类】设置为“pts”，【值字段】勾选“Id”，【分隔符】选择“COMMA”，即以逗号分隔，【输出 ASCII 文件】设置为“table.txt”；点击【确定】，得到带有坐标值和 id 字段值的 ASCII 文件，如图 52.6 所示。**注：**本工具默认将空间坐标值作为字段进行输出，因此，仅需勾选属性表中其他需要输出的字段即可。

图 52.5　【将要素属性导出到 ASCII】参数设置

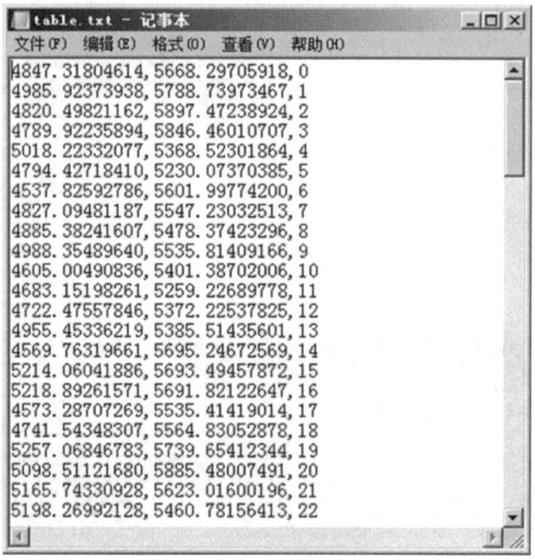

图 52.6　导出结果

3）两种方法的不同

方法一的输出数据中包含有字段名称，而方法二仅将字段值进行输出，不包含字段名称。方法一将整个属性表进行输出，而方法二可自行选择输出的属性字段。读者可根据实际情况灵活运用这两种方法。

实验 53　导出线、面要素的坐标值

【实验背景】

二维地理矢量数据常以点要素、线要素和面要素的形式进行记录与表达，而线要素和面要素的结构均由多个点要素连接而成，其坐标值也由系列点坐标值进行表达。为了方便专业人员快速获取线要素和面要素的坐标值，可将数据转为文本文件，该文本文件存储了具有特定组织结构的点坐标值。

本实验讲述使用地理信息系统软件将矢量线、面要素导出成文本文件的方法，充分借助线、面要素与点要素的结构关系，以点坐标序列来记录。读者通过实验练习，应能够对矢量要素的数据结构有清晰的认识和理解，掌握快速导出要素坐标值的方法。

【实验数据】

实验数据如表 53.1 所示。

表 53.1　实验数据

名称	格式	坐标系	说明
line	Shapefile 线要素	Unknown	用于导出节点坐标
area	Shapefile 面要素	Unknown	用于导出节点坐标

【解决方法】

（1）使用【要素折点转点】工具，输入要素，生成要素的折点要素。

（2）使用【将要素属性导出到 ASCII】工具，输入点要素，导出要素坐标值（表 53.2）。

表 53.2　工具名称及位置

工具名称		工具位置
Feature Vertices to Points	要素折点转点	【ArcToolbox】→【数据管理工具】→【要素】→【要素折点转点】
Export Feature Attribute to ASCII	将要素属性导出到 ASCII	【ArcToolbox】→【空间统计工具】→【工具】→【将要素属性导出到 ASCII】

【实验步骤】

1）提取线要素折点

在 ArcToolbox 中，打开【数据管理工具】→【要素】→【要素折点转点】对话框，如图 53.1 所示，【输入要素】设置为“line”，【输出要素类】设置为“line_vertex”，【点类型】设置为“ALL”；点击【确定】，得到矢量线要素的折点数据，如图 53.2 所示。注：【点类型】ALL 表示提取线要素上所有折点数据，不同线要素上的折点记录将以“ORIG_FID”字段进行区分。

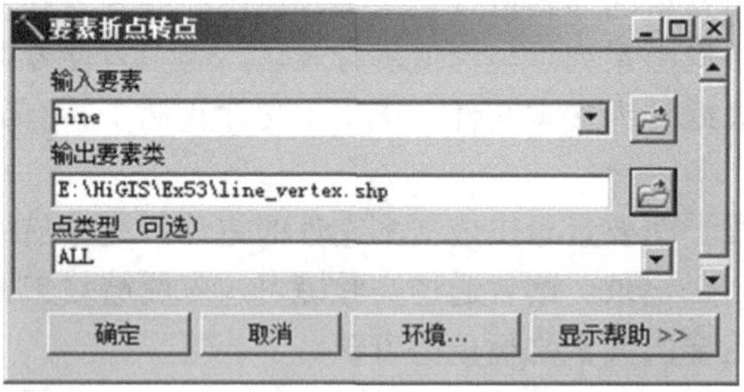

图 53.1　【要素折点转点】参数设置

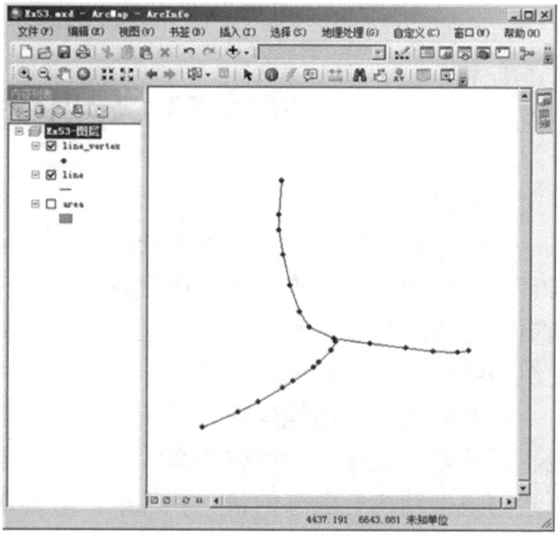

图 53.2　线要素折点结果数据

2）导出坐标至 TXT 文件

打开【空间统计工具】→【工具】→【将要素属性导出到 ASCII】对话框，如图 53.3 所示，【输入要素类】设置为“line_vertex”，【值字段】勾选“ORIG_FID”，【分隔符】设置为“COMMA”，【输出 ASCII 文件】设置为“line_vertext.txt”；点击【确定】，完成将线要素的坐标导出操作，结果如图 53.4 所示。**注：**坐标文件中以第 3 列来标记不同线要素的点坐标，即“ORIG_FID”字段。

图 53.3　【将要素属性导出到 ASCII】参数设置

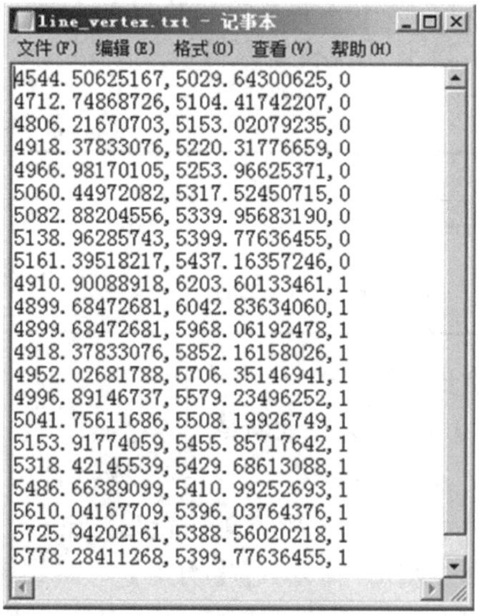

图 53.4　线要素存储结果

3）导出面要素折点坐标

同步骤 1），如图 53.5 所示，使用【要素折点转点】工具提取折点数据“area_vertex”，结果如图 53.6 所示；同步骤 2），如图 53.7 所示，使用【将要素属性导出到 ASCII】工具导出面要素坐标数据至文件“area_vertext.txt”，结果如图 53.8 所示。

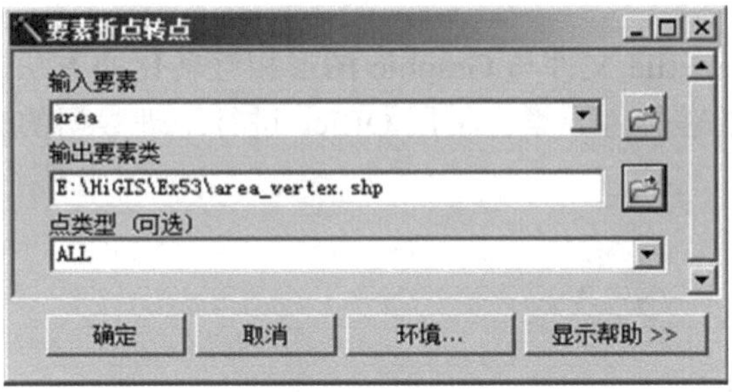

图 53.5　【要素折点转点】参数设置

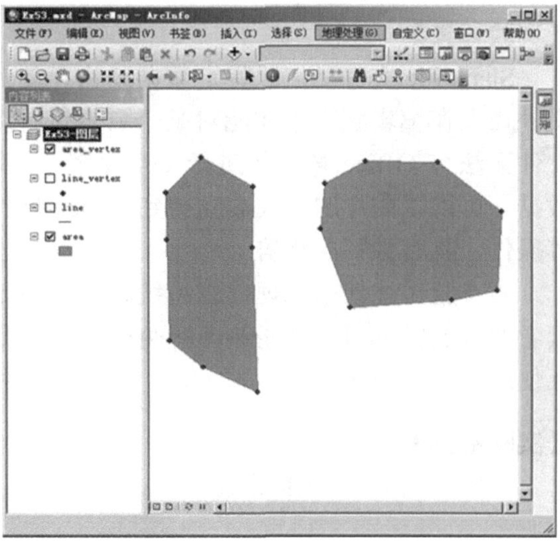

图 53.6　面要素折点转点数据

图 53.7　【将要素导出到 ASCII】参数设置

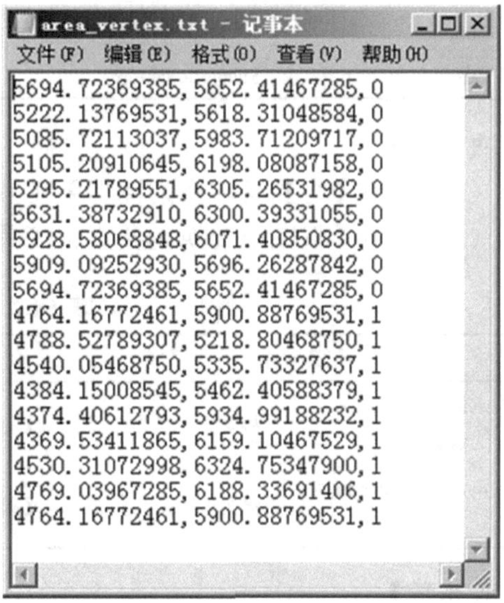

图 53.8　面要素存储结果

实验 54　Shapefile 与 Graphic 转换

【实验背景】

Shapefile 文件是按照特定数据结构存储的数据文件，记录矢量要素的节点坐标值。而该文件需要在编辑状态下才能对某个要素进行编辑，如放大、缩小、平移等。同时，Shapefile 文件无法与 Office 软件等进行交互使用，如图形的复制、粘贴等。Graphic 图形是临时存储数据，可以以图片的形式被复制到 Office 软件中，且能够方便快速地进行放大、缩小与平移等操作，具有独特的优势。

本实验讲述使用地理信息系统软件实现 Shapefile 文件与 Graphic 图形相互转化的方法，读者通过实验练习，应能够理解两种格式数据的差异性，学会使用 Office 进行地理数据的交互使用。

【实验数据】

实验数据如表 54.1 所示。

表 54.1　实验数据

名称	格式	坐标系	说明
point	Shapefile 点要素	Unknown	用于转换为点图形
line	Shapefile 线要素	Unknown	用于转换为线图形
area	Shapefile 面要素	Unknown	用于转换为面图形

【解决方法】

（1）使用【将要素转换为图形】工具，设置要素图层，将要素转为图形。

（2）使用【将图形转换为要素】工具，选中目标图形，将图形转为要素（表 54.2）。

表 54.2　工具名称及位置

工具名称		工具位置
Convert Features To Graphics	将要素转换为图形	【右键菜单】→【将要素转换为图形】
Convert Graphics to Features	将图形转换为要素	【菜单栏】→【自定义】→【工具条】→【绘图】→【将图形转换为要素】

【实验步骤】

1）符号化 Shapefile 数据

双击图层打开【图层属性】对话框，选择【符号系统】选项卡，如图 54.1 所示；任意挑选符号对图层进行符号化后，点击【确定】，显示结果如图 54.2 所示。**注：**在要素转图形的过程中，系统将要素当前的符号转为图形，如用飞机符号表示的点要素转图形后就是飞机图案。

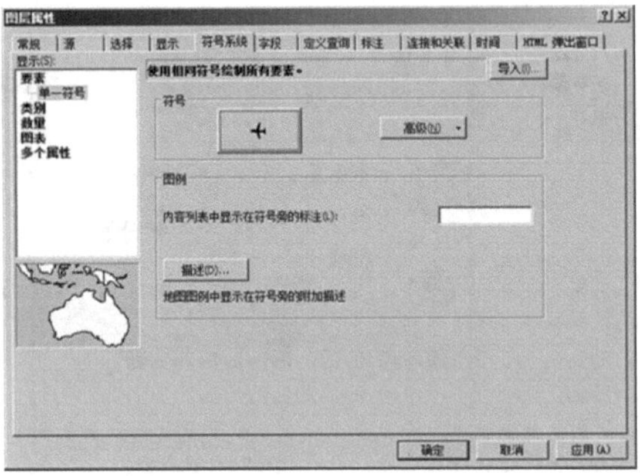

图 54.1　【符号系统】参数设置

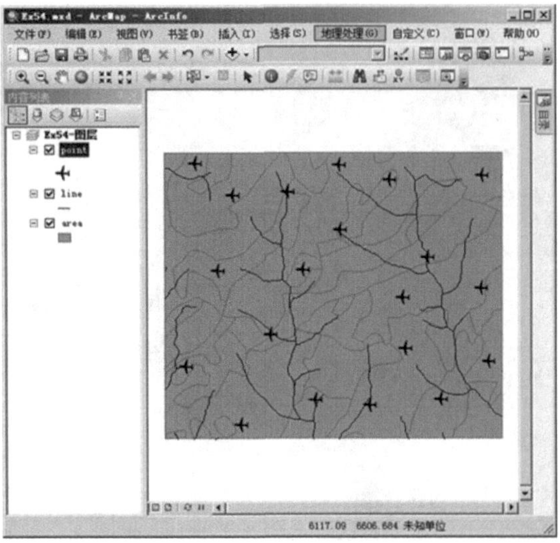

图 54.2　符号化结果

2）将要素转为图形

如图 54.3 所示，右击 point 图层，选择【将要素转换为图形】工具；【图层要素】设置为“point”，【在要素转换为图形后】选择“绘制转换的图形并绘制要素”，【目标注记组】默认设置为“point 图表”，如图 54.4 所示；点击【确定】，得到该点图层的图形，如图 54.5 所示。同理，将 line 和 area 图层转为图形，结果如图 54.6 和图 54.7 所示。注：Graphic 图形可以使用常规选择工具选中并进行放大、缩小、平移等编辑操作，按【Delete】键可直接删除，双击图形可打开【属性】设置对话框。

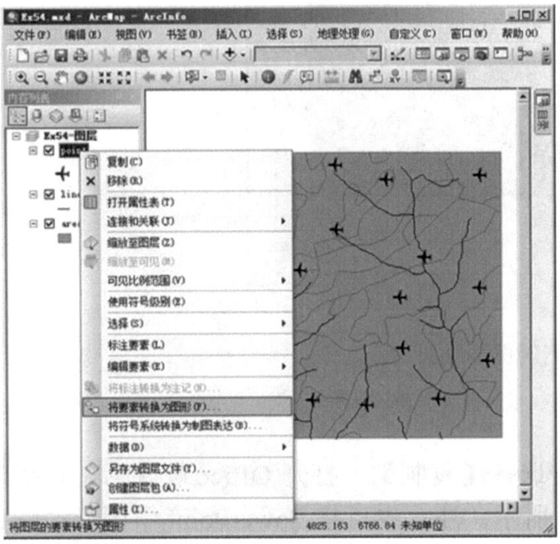

图 54.3　【将要素转为图形】工具

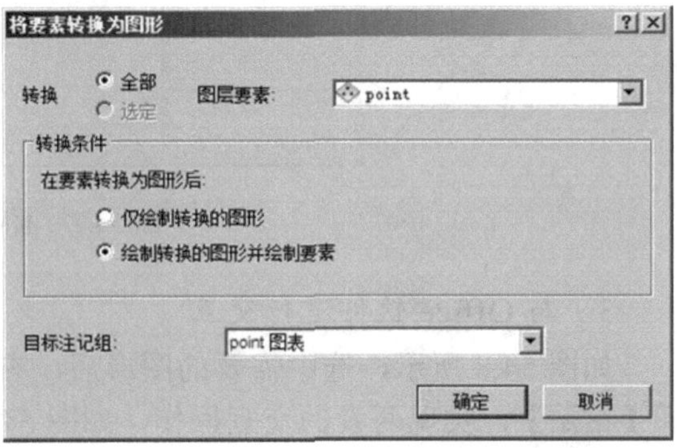

图 54.4　【将要素转换为图形】参数设置

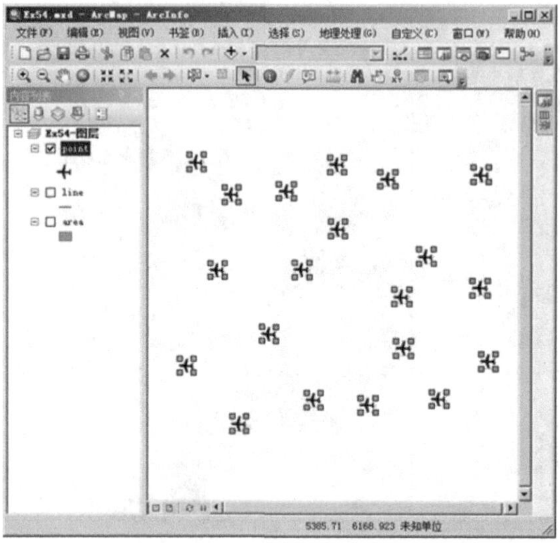

图 54.5　点要素转图形结果

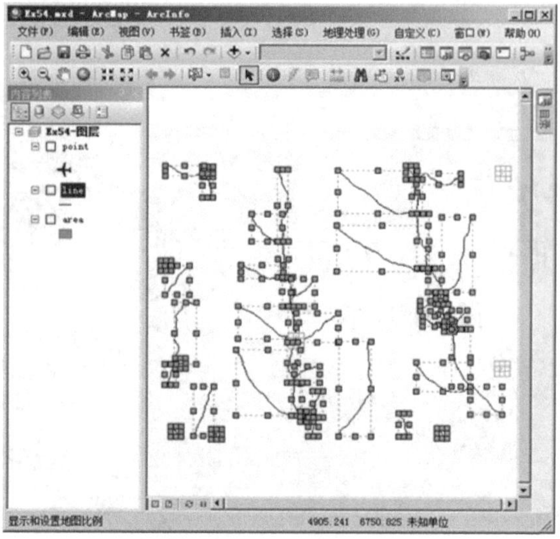

图 54.6　线要素转图形结果

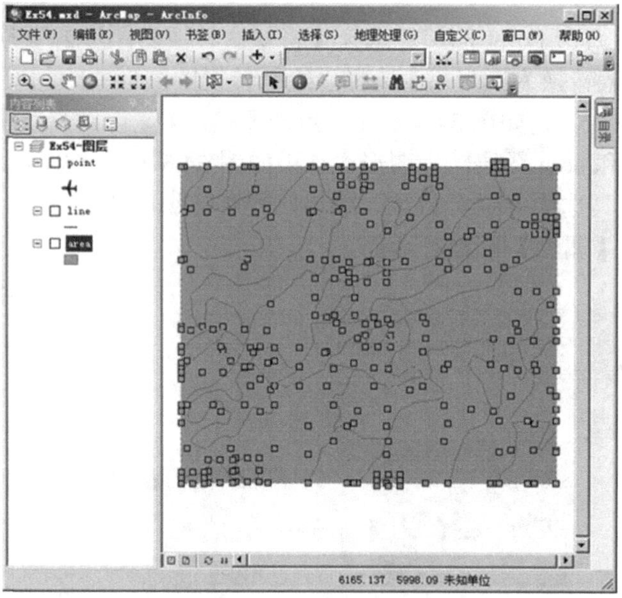

图 54.7　面要素转图形结果

3）与 Office 软件进行交互

如图 54.8 所示，选中需要的图形后，右击选择【复制】，打开 Office 软件后，直接选择【粘贴】，实现两者的交互操作，如图 54.9 所示。**注：**也可将 PowerPoint 中图形粘贴到 ArcMap 中。

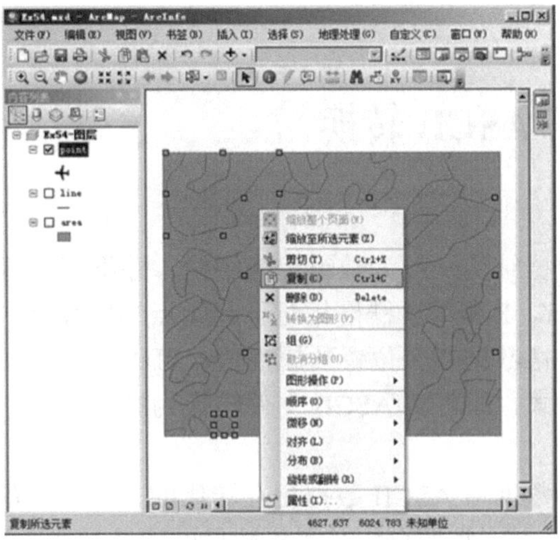

图 54.8 复制部分图形

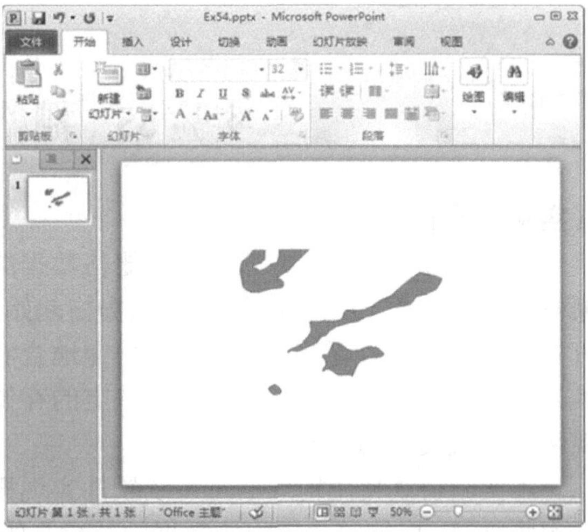

图 54.9 粘贴至 PowerPoint 软件中

4）将图形转为要素

点击【菜单栏】→【自定义】→【工具条】，加载【绘图】工具条；选中需要转要素的图形，打开【绘图】工具条中【绘图】→【将图形转换为要素】对话框；如图 54.10 所示，【输出 shapefile 或要素类】设置为“new”，勾选【转换后自动删除图形】选项；点击【确定】，得到图形转要素的结果询问是否加载到图层，点击【确定】，转换结果如图 54.11 所示。

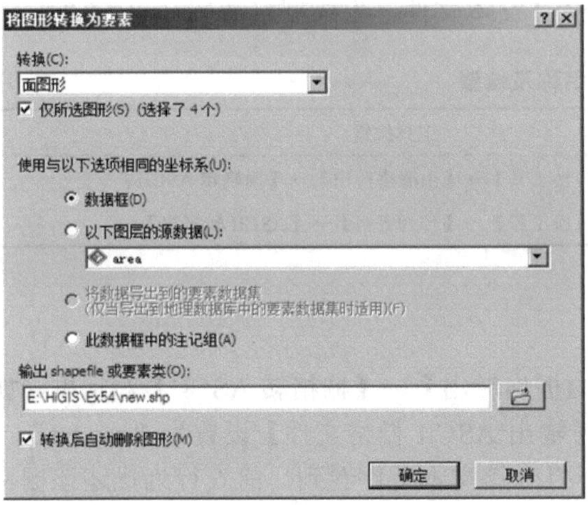

图 54.10 【将图形转换为要素】参数设置

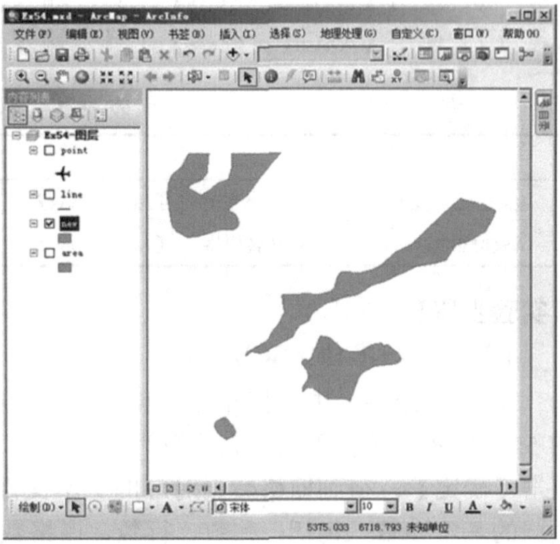

图 54.11 图形转要素结果

实验 55 栅格与 ASCII 转换

【实验背景】

与矢量数据的存储方式不同，栅格数据的数据结构一般为数组矩阵结构，并不存储每个栅格位置处的 X、Y 坐标，而是存储栅格起始点 X、Y 和每个栅格相对于起始点的偏移量，即可实现栅格的有效存储。为了能够快速地查看栅格数据各个位置的属性值，可将栅格数据转换为 ASCII 文件。同时，只要遵守特定的存储方式，即可将 ASCII 文件转换为栅格数据，实现两种格式文件的互转。

本实验讲述使用地理信息系统软件实现栅格数据与 ASCII 数据相互转化的方法，读者通过实验练习，应能够理解栅格数据的结构与组织方式，掌握自定义栅格数据的快速生成方法。

【实验数据】

实验数据如表 55.1 所示。

表 55.1 实验数据

名称	格式	坐标系	说明
dem	GRID 栅格	Krasovsky_1940_Transverse_Mercator	用于转换成 ASCII 文件

【解决方法】

（1）使用【栅格转 ASCII】工具，输入栅格数据，生成 ASCII 文本文件。

（2）使用【ASCII 转栅格】工具，输入 ASCII 文本文件，生成栅格数据（表 55.2）。

表 55.2 工具名称及位置

工具名称		工具位置
Raster to ASCII	栅格转 ASCII	【ArcToolbox】→【转换工具】→【由栅格转出】→【栅格转 ASCII】
ASCII to Raster	ASCII 转栅格	【ArcToolbox】→【转换工具】→【转为栅格】→【ASCII 转栅格】

【实验步骤】

1）栅格数据转 ASCII 文件

在 ArcToolbox 中，打开【转换工具】→【由栅格转出】→【栅格转 ASCII】对话框，如图 55.1 所示，【输入栅格】设置为“dem”，【输出 ASCII 栅格文件】设置为“asc.txt”。点击【确定】，得到栅格数据对应的文本文件。打开该文本文件看到，前 6 行为描述该栅格数据的基本参数，包括：列数、行数、栅格数据块左下角 X 坐标值、栅格数据块左下角 Y 坐标值、栅格分辨率大小和栅格数据中无效值（NODATA_value）；第 7 行开始即为该栅格数据块，每个栅格值以空格分隔，如图 55.2 所示。

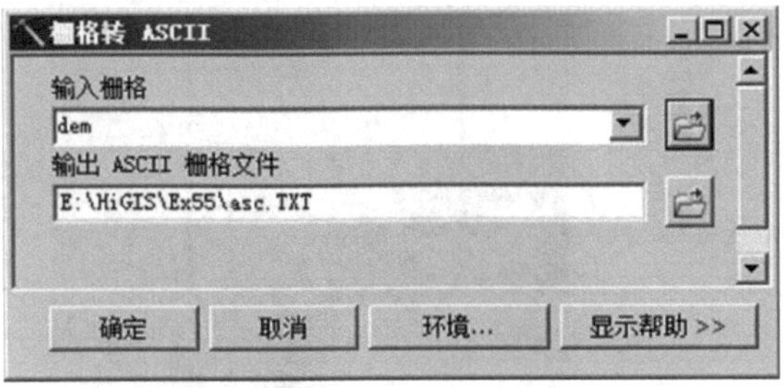

图 55.1　【栅格转 ASCII】参数设置

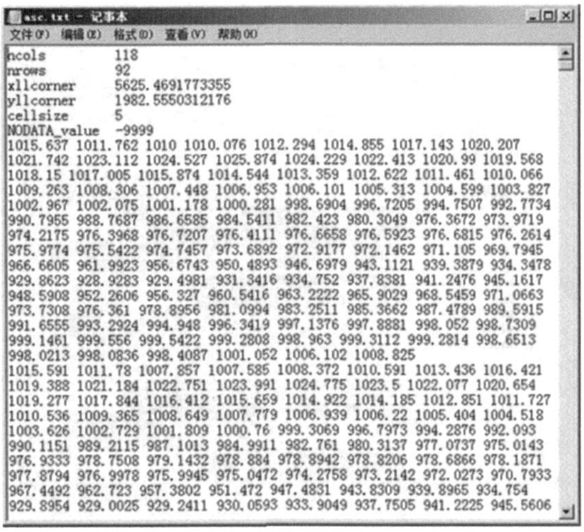

图 55.2　文本文件内容

2）构造栅格文本文件

根据栅格文本文件的参数格式，设置以下栅格文本文件，如图 55.3 所示。

列数	行数	左下角 X 坐标	左下角 Y 坐标	分辨率	无效值
10	10	5625.4691773355	1982.5550312176	50	-9999

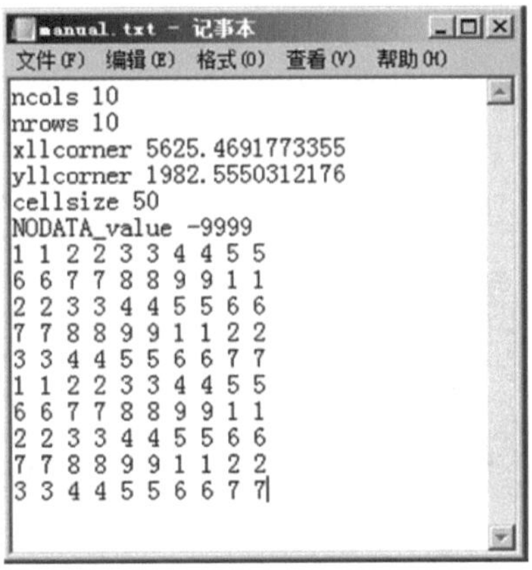

图 55.3　构造栅格文本文件

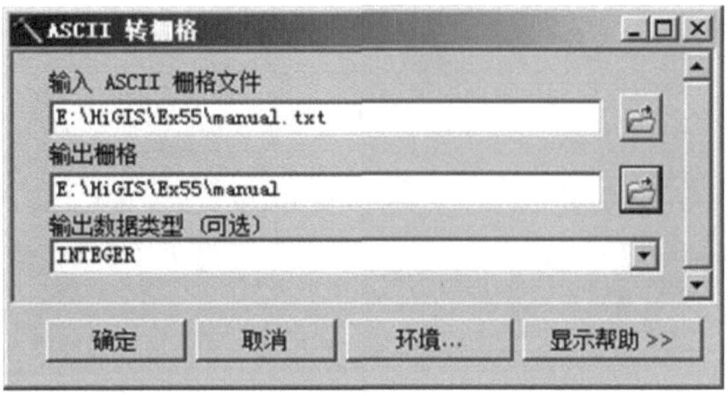

图 55.4　【ASCII 转栅格】参数设置

3）ASCII 文件转栅格数据

打开【转换工具】→【转为栅格】→【ASCII 转栅格】对话框，如图 55.4 所示，【输入 ASCII 栅格文件】设置为“manual.txt”，【输出栅格】设置为“manual”，【输出数据类型】选择“INTEGER”；点击【确定】，得到自定义的栅格数据，如图 55.5 所示。对比 5m 分辨率栅格（图 55.6）。**注：**数据类型根据实际栅格数据块的值类型选择，本例中为整型，所以选择 “INTEGER”。

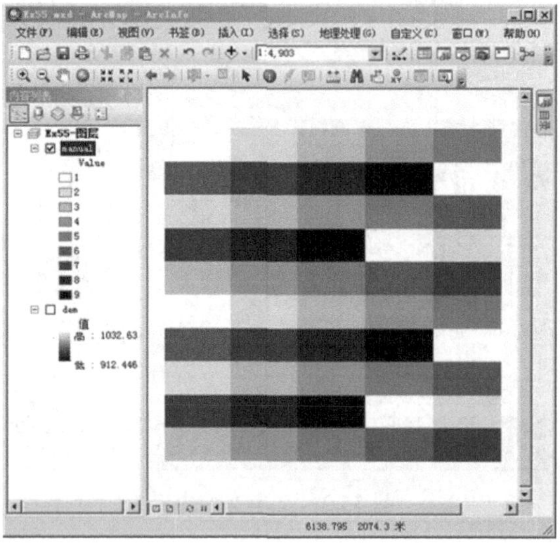

图 55.5　自定义栅格数据

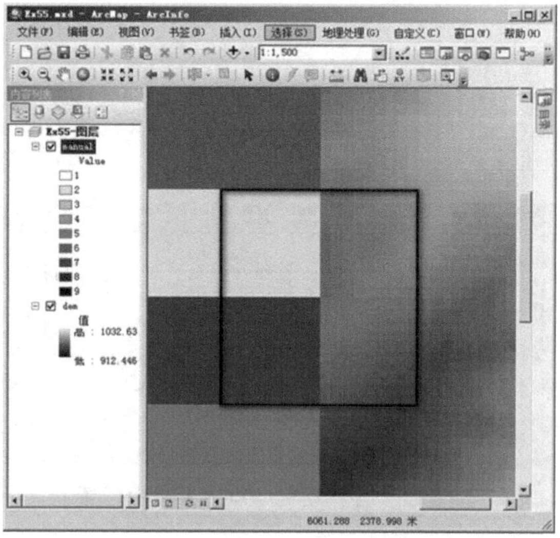

图 55.6　对比 5m 分辨率栅格数据

实验 56　TIFF 与 GRID 栅格转换

【实验背景】

地理栅格数据常用 TIFF 格式和 GRID 格式进行存储。TIFF 格式的栅格数据常以单文件形式存储，不仅存储有 R、G、B 三波段的像素值，还保存有地理坐标信息。GRID 格式的栅格数据常以多文件的形式进行存储，且仅保存单波段的栅格值，也具有地理坐标信息。与 GRID 栅格数据相比，TIFF 格式文件结构简洁，可以被一般的图像软件打开，常作为影像数据的主要存储格式。

本实验讲述使用地理信息系统软件实现 TIFF 栅格数据与 GRID 栅格数据相互转换的方法，读者通过实验练习，应能够理解不同栅格数据的格式差异性，掌握不同格式栅格文件的转换方法。

【实验数据】

实验数据如表 56.1 所示。

表 56.1　实验数据

名称	格式	坐标系	说明
image	TIFF 栅格	WGS_84_UTM_zone_59S	用于转换为 GRID 栅格数据

【解决方法】

（1）使用【导出数据】工具，设置导出参数，生成新的栅格数据。

（2）使用【波段合成】工具，输入 RGB 波段栅格，生成合成栅格数据（表 56.2）。

表 56.2　工具名称及位置

工具名称		工具位置
Export Data	导出数据	【右键菜单】→【数据】→【导出数据】
Composite Bands	波段合成	【ArcToolbox】→【数据管理工具】→【栅格】→【栅格数据处理】→【波段合成】

【实验步骤】

1）加载 TIFF 栅格数据

如图 56.1 所示，从目录中可以看到，image.tif 文件有 3 个单波段栅格数据，即 R、G、B 波段；直接将 image 图层拖入视图区即可加载该 TIFF 数据，如图 56.2 所示；也可单独加载其中某个波段，如图 56.3 所示。

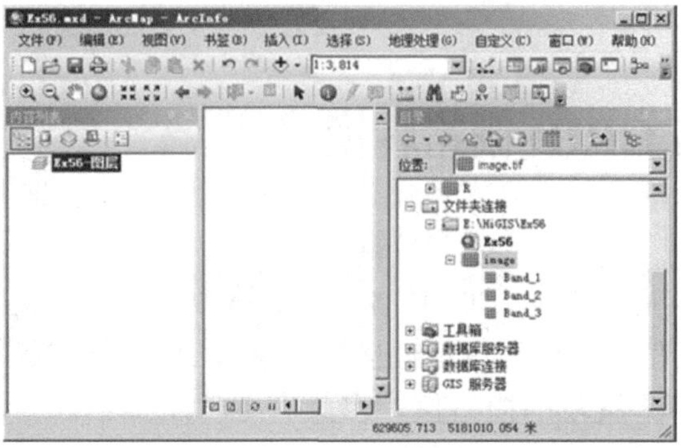

图 56.1　TIFF 文件目录

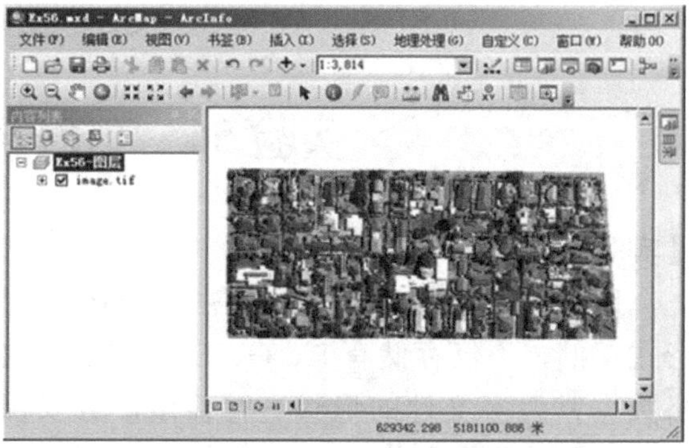

图 56.2　TIFF 栅格数据

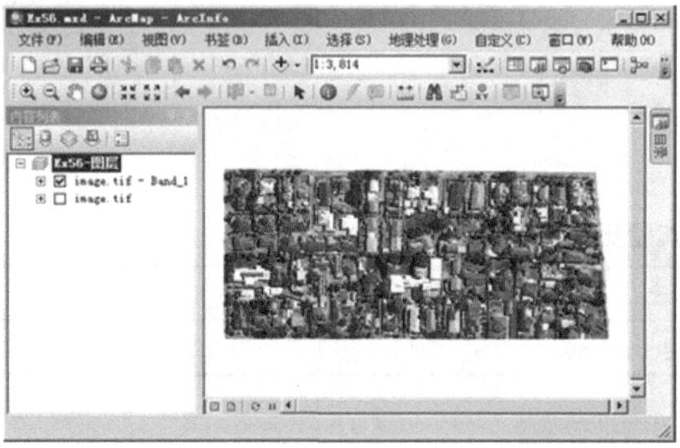

图 56.3　加载 R 波段

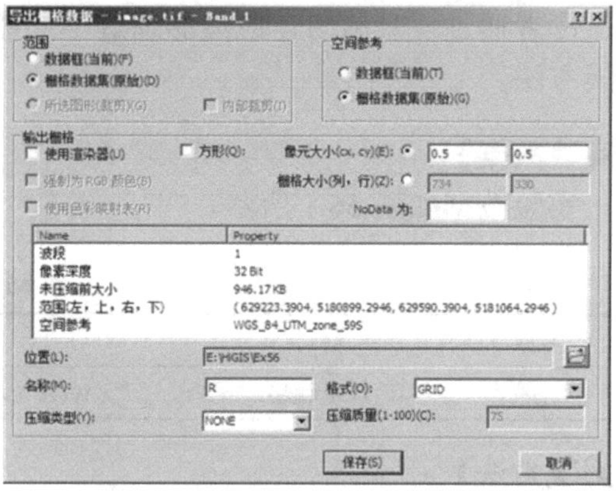

图 56.4　【导出栅格数据】参数设置

2）TIFF 转 GRID

TIFF 栅格数据包含有 3 个波段，TIFF 栅格数据转 GRID 栅格数据，需将 TIFF 的 R、G、B 波段依次转为 GRID 栅格数据。右击已加载的 R 波段图层，打开【数据】→【导出栅格数据】对话框，如图 56.4 所示，【位置】指定到“Ex56”文件夹，导出的栅格数据【名称】设置为“R”，【格式】设置为“GRID”，其余参数默认；点击【保存】，完成 R 波段的转 GRID 操作，结果如图 56.5 所示。R 波段栅格图层的属性如图 56.6 所示。**注：**位置参数仅指定到文件夹。同理，转换 G、B 波段为 GRID 格式。

3）GRID 转单波段 TIFF

由于 GRID 栅格数据仅存储单波段的栅格数据，因此，一个 GRID 栅格数据只能转单波段的 TIFF 栅格数据。右击图层 R，打开【数据】→【导出栅格数据】对话框，如图 56.7 所示，【输出栅格】参数中设置“使用渲染器”，【位置】指定到“Ex56”文件夹，导出的栅格数据【名称】设置为“R.tif”，【格式】设置为“TIFF”，其余参数默认；点击【保存】，完成 GRID 格式的 R 图层栅格数据转 TIFF 操作，转换结果如图 56.8 所示。**注：**为了能够被一般的图像软件打开，必须勾选【使用渲染器】选项，否则无法使用图像软件查看该栅格数据，如图 56.9 所示。

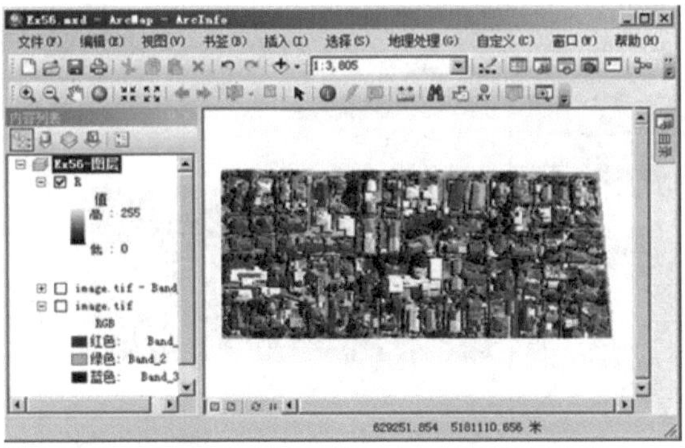

图 56.5　R 波段的 GRID 栅格数据

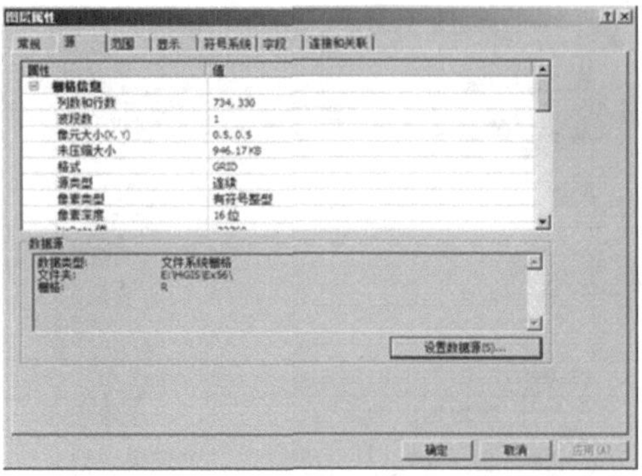

图 56.6　R 波段的 GRID 栅格数据属性

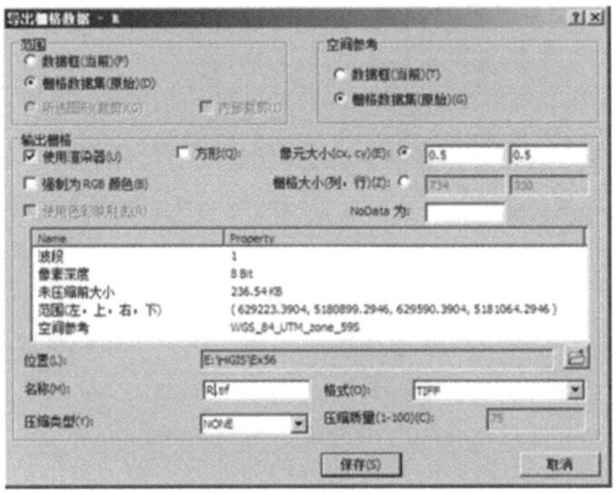

图 56.7　【导出栅格数据】参数设置

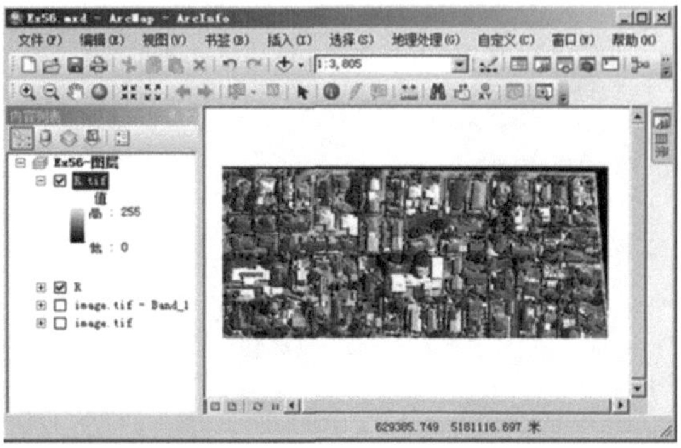

图 56.8　生成的 TIFF 栅格数据

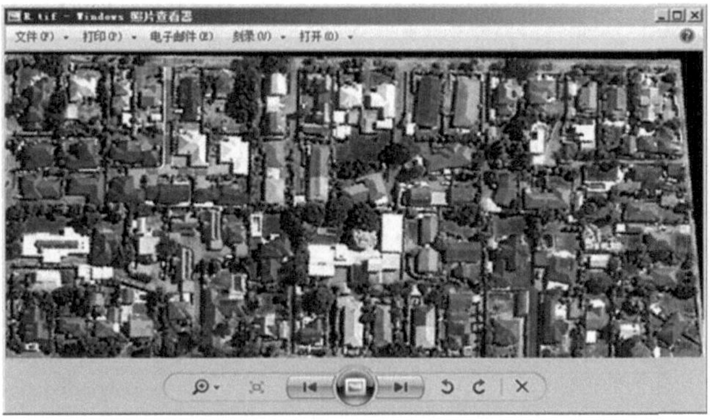

图 56.9　使用照片查看器打开该 TIFF 栅格数据

4）GRID 转 RGB 三波段 TIFF

若要将 R、G、B 三波段的 GRID 栅格数据转为 TIFF 栅格数据，则需要将该三个 GRID 栅格数据进行合成。在 ArcToolbox 中，打开【数据管理工具】→【栅格】→【栅格数据处理】→【波段合成】对话框，如图 56.10 所示，依次加载 R、G、B 三波段 GRID 图层，【输出栅格】设置为“composition”；点击【确定】，得到合成的 TIFF 栅格数据，如图 56.11 所示。**注：**加载的次序对应于波段的顺序。

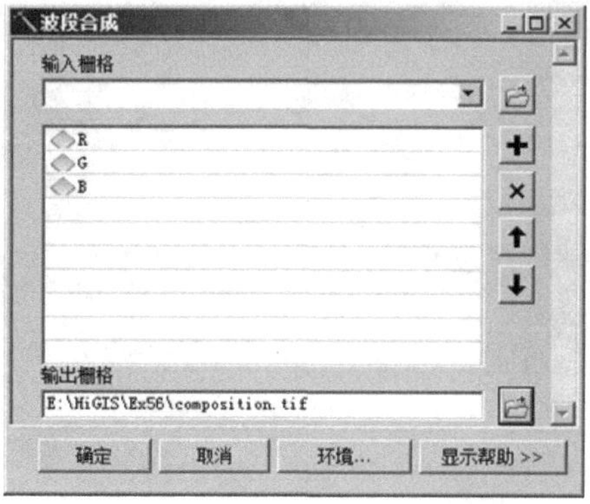

图 56.10　【波段合成】参数设置

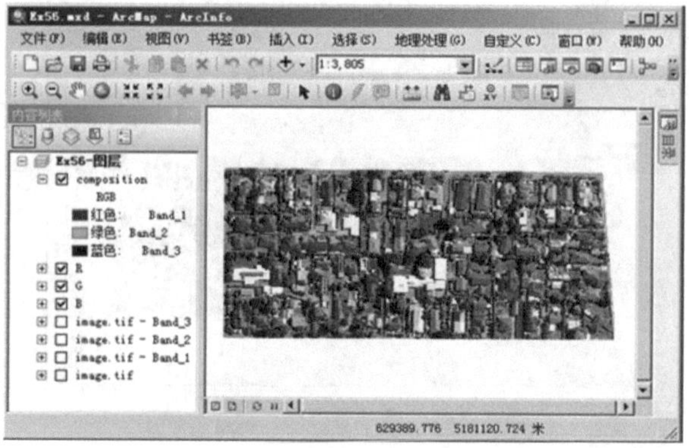

图 56.11　合成的 TIFF 栅格数据

实验 57　由点坐标生成面要素

【实验背景】

二维矢量面要素由多个点要素连接而成，其坐标值由系列点坐标值按照特定的存储结构进行记录。面要素数据通过使用 GIS 软件数字化生成，为了方便专业人员快速地由坐标值直接生成面要素，可根据面要素特定的存储方式由坐标文件转换生成。

本实验讲述使用地理信息系统软件实现由点坐标文件生成面要素的方法，组成面要素的点序列必须具有相应的连接关系。读者通过实验练习，应能够理解矢量面要素的存储结构，掌握由点坐标值快速生成面要素的方法。

【实验数据】

实验数据如表 57.1 所示。

表 57.1　实验数据

文件名称	格式	坐标系	说明
pts	txt 文本文件	Unknown	用于批量转线和转面

【解决方法】

（1）使用【Excel】软件，加载点坐标文件，定义点集与面的对应关系，得到坐标点表格。

（2）使用【添加 XY 数据】工具，输入坐标点表格，生成点要素数据。

（3）使用【点集转线】工具，设置点集连接顺序，生成多边形面的闭合边界。

（4）使用【要素转面】工具，输入多边形边界，生成面数据（表 57.2）。

表 57.2　工具名称及位置

工具名称		工具位置
Add XY Data	添加 XY 数据	【菜单栏】→【文件】→【添加数据】→【添加 XY 数据】
Points To Line	点集转线	【ArcToolbox】→【数据管理工具】→【要素】→【点集转线】
Feature To Polygon	要素转面	【ArcToolbox】→【数据管理工具】→【要素】→【要素转面】

【实验步骤】

1）导入点集数据至 Excel

为了便于操作，本例将点集文本文件导入 Excel 中进行添加字段操作。如图 57.1 所示，打开 Excel（2013 版），选择【数据】→【自文本】工具，将记录点集的文本文件导入，分隔符为逗号，如图 57.2 所示。完成后得到点集表格，如图 57.3 所示。**注：**导入过程以 Excel 版本和原始点集文件格式为主，适当修改导入过程。本例处理的是文本文件记录的点集，分割每个数据的符号为逗号。

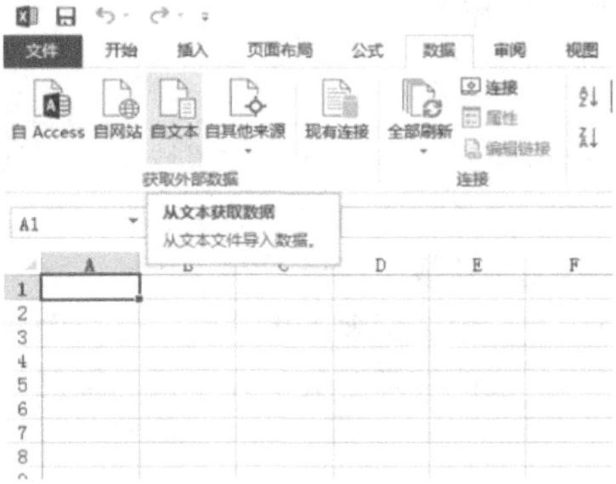

图 57.1 导入文本文件工具

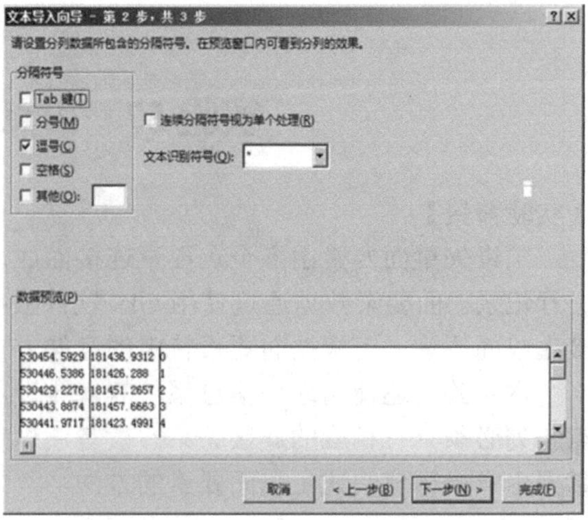

图 57.2 设置分隔符为逗号

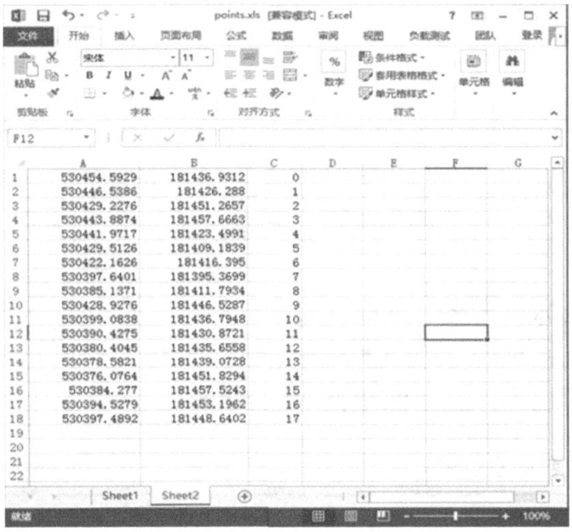

图 57.3 导入结果

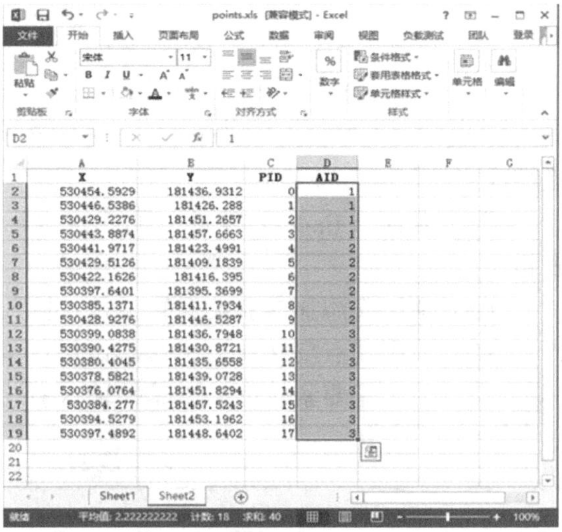

图 57.4 添加对应关系

2）添加点集与面的对应关系

如图 57.4 所示，在第一行添加数据标识“X,Y,PID,AID”，以说明每列数据的含义。原始点集数据中，包含点 X 坐标值、Y 坐标值和编号。在右侧继续添加一列用于记录点、边与其对应面的关系，可以设置为任意能够区分不同面的值，建议使用数字而不是字符。参考目标图中面与点的对应关系，将点“0～3”分为面“1”，点“4～9”分为面“2”，点“10～17”分为面“3”。保存。

3）导入点数据

在 ArcMap 中，打开【菜单栏】→【文件】→【添加数据】→【添加 XY 数据】对话框，如图 57.5 所示，表设置为该 Excel 文件中 sheet1 表，对应【X 字段】和【Y 字段】设置为表

格中的 X 和 Y 数据列。**注**：本例中点坐标为“British-National-Grid”坐标系，因此输入坐标系设置为该坐标系。其余情况设置为采集的点坐标所对应的空间坐标系。点击【确定】，得到点事件文件，如图 57.6 所示。

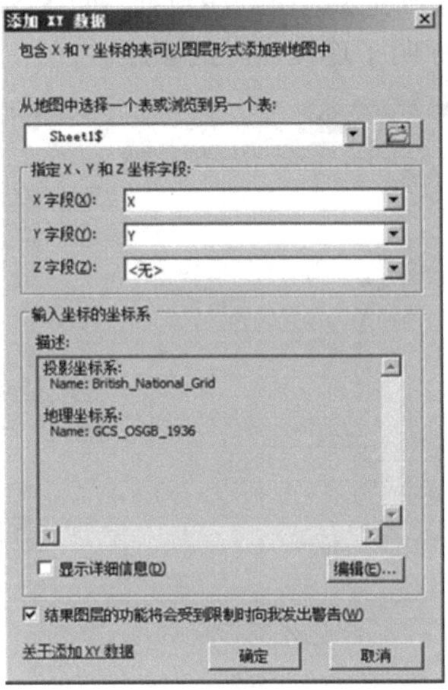

图 57.5　【添加 XY 数据】参数设置

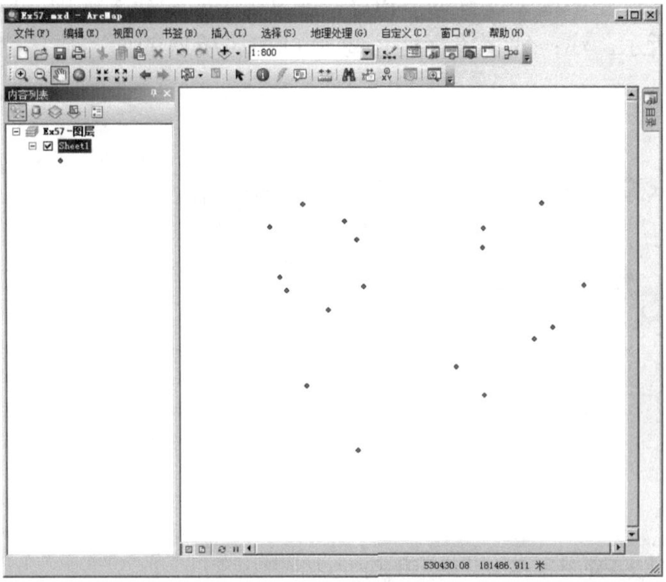

图 57.6　导入点事件

4）生成点数据

由于事件数据只是临时数据，对其进行的空间操作有限，因此必须将该点事件数据转为 Shapefile 点文件。右击该事件图层，打开【数据】→【导出数据】对话框，如图 57.7 所示，设置【输出要素类】为“pts”，保存类型设置为“shp”。点击【确定】，如图 57.8 所示，得到点数据，移除该事件图层。

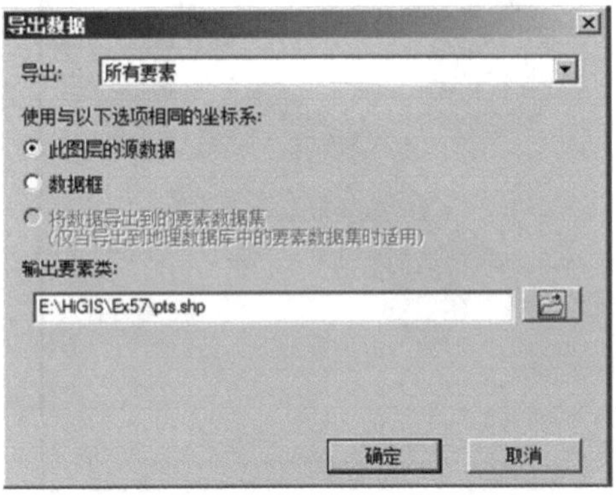

图 57.7　【导出数据】参数设置

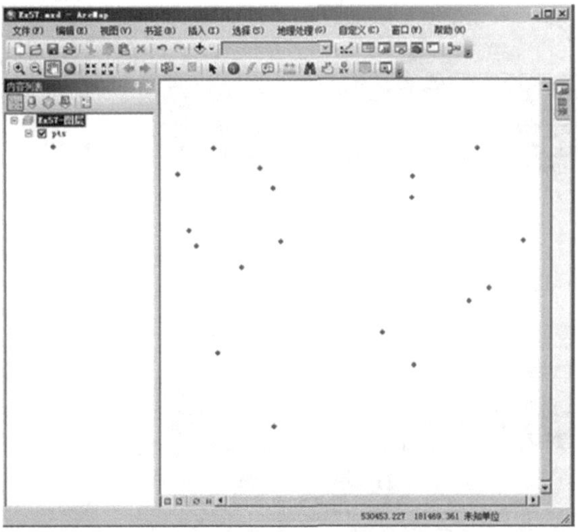

图 57.8　生成点数据

5）生成线数据

在 ArcToolbox 中，打开【数据管理工具】→【要素】→【点集转线】对话框，如图 57.9 所示，【输入要素】设置为“pts”，【输出要素类】设置为“lines”，【线字段】设置为“AID”，【排序字段】设置为“PID”，勾选【闭合线】选项。点击【确定】，得到线数据，如图 57.10 所示。注：线字段标明了每个点和边所属的面，排序字段标明了连接点时的顺序。

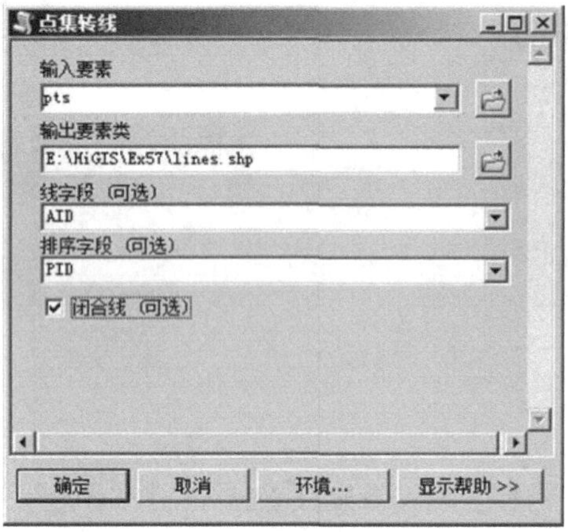

图 57.9　【点集转线】参数设置

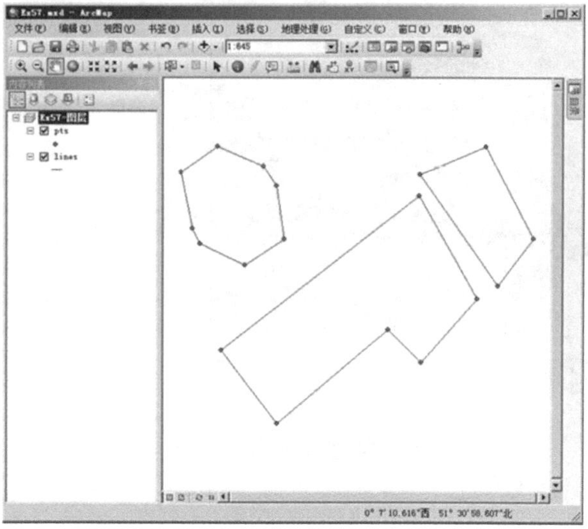

图 57.10　线数据结果

6）生成面数据

打开【数据管理工具】→【要素】→【要素转面】对话框，如图 57.11 所示，【输入要素】设置为“lines”，【输出要素类】设置为“plgs”，其余参数默认。点击【确定】，得到面数据，如图 57.12 所示。

图 57.11　【要素转面】参数设置

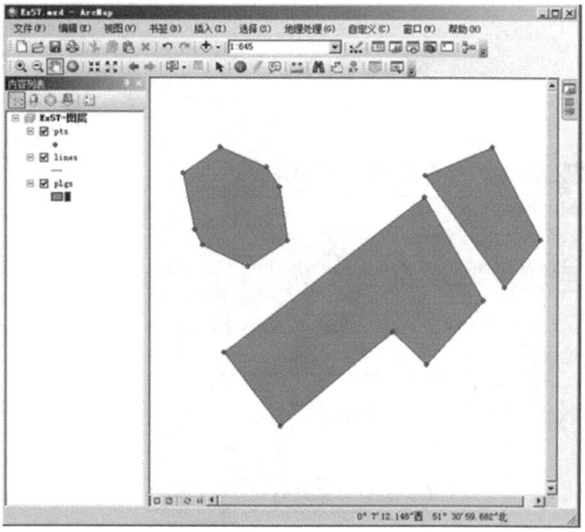

图 57.12　面数据结果

实验 58　二维点、线转三维

【实验背景】

随着三维空间逐渐成为 GIS 的重要数据维度，三维点、线、面矢量要素的快速创建也成为最关键的数据生产环节。点、线、面要素在几何结构上具有层次递进关系，即面由线组成、线由点组成。根据该层次关系，能够快速地实现点、线、面要素的三维化转换。

本实验讲述使用地理信息系统软件实现二维点转三维点和二维线转三维线的方法，分别以属性表中高程字段和三维表面数据实现转换操作。读者通过实验练习，应能够理解点与线要素转换的差异性，掌握不同要素类型的转换方法。

【实验数据】

实验数据如表 58.1 所示。

表 58.1　实验数据

图层名称	格式	坐标系	说明
dem	GRID 栅格	Krasovsky_1940_Transverse_Mercator	用于三维显示的底图数据
point	Shapefile 点要素	Krasovsky_1940_Transverse_Mercator	用于转换的二维点数据
line	Shapefile 线要素	Krasovsky_1940_Transverse_Mercator	用于转换的二维线数据

【解决方法】

（1）使用【依据属性实现要素转 3D】工具，输入点要素，得到三维点数据。

（2）使用【插值 Shape】工具，输入线要素，得到三维线数据（表 58.2）。

表 58.2　工具名称及位置

工具名称		工具位置
Feature To 3D By Attribute	依据属性实现要素转 3D	【ArcToolbox】→【3D Analyst 工具】→【3D 要素】→【依据属性实现要素转 3D】
Interpolate Shape	插值 Shape	【ArcToolbox】→【3D Analyst 工具】→【功能性表面】→【插值 Shape】

【实验步骤】

1）转换三维点数据

在 ArcToolbox 中，打开【3D Analyst 工具】→【3D 要素】→【依据属性实现要素转 3D】对话框，如图 58.1 所示，【输入要素】设置为“point”，【输出要素类】设置为“point3d”，【高度字段】设置为“height”。点击【确定】，得到三维点数据，如图 58.2 所示。查看三维点属性表可知：Shape 字段已为“点 ZM”，即三维点数据格式。

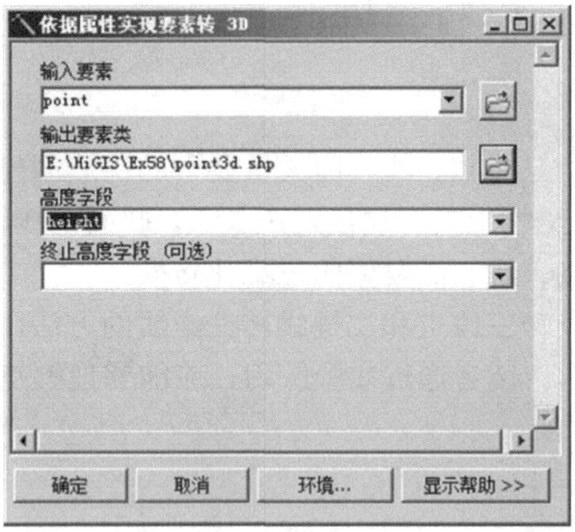

图 58.1　【依据属性实现要素转 3D】参数设置

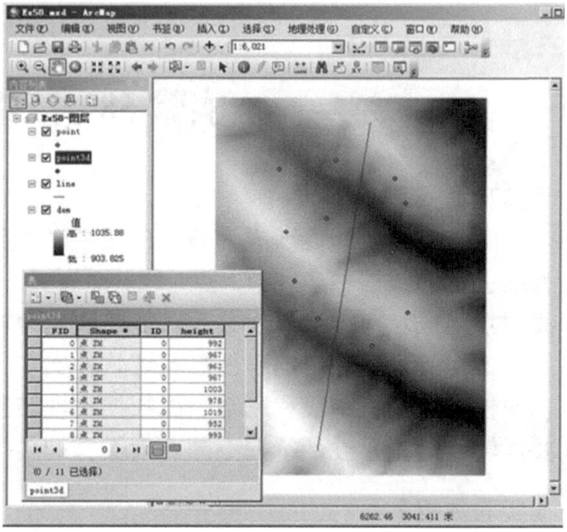

图 58.2　三维点数据

2）转换三维线数据

打开【3D Analyst 工具】→【功能性表面】→【插值 Shape】对话框，如图 58.3 所示，【输入表面】设置为“dem”，【输入要素类】设置为“line”，【输出要素类】设置为“line3d”，其余参数默认。点击【确定】，得到三维线数据。查看三维线属性表可知：Shape 字段已为“折线 ZM”，即三维线数据格式，如图 58.4 所示。

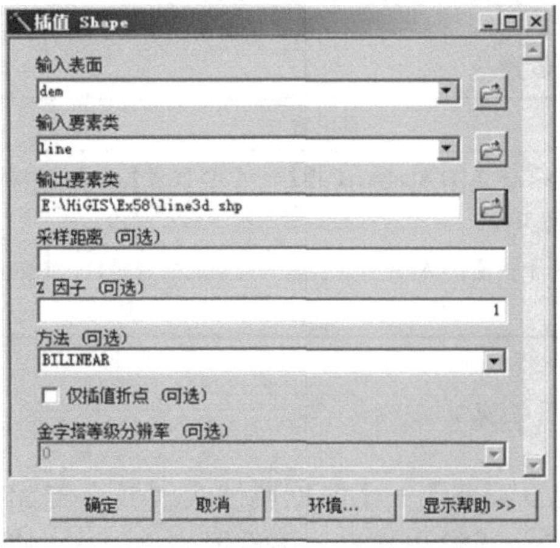

图 58.3　【插值 Shape】参数设置

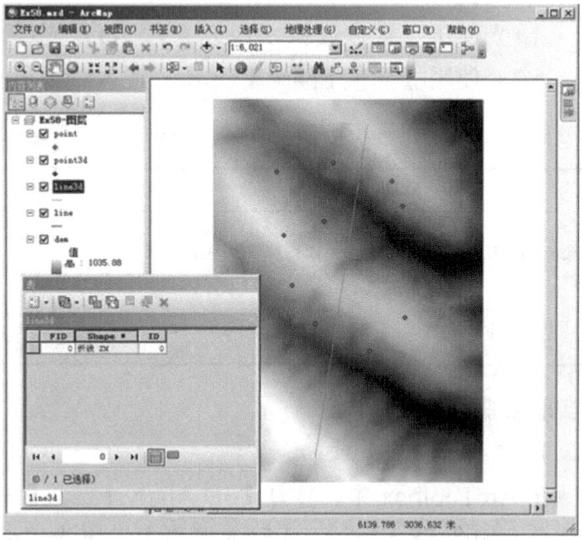

图 58.4　三维线数据

3）三维显示

打开 ArcScene 软件，加载数据“dem”“point3d”和“line3d”；双击 dem 图层，打开

【图层属性】对话框，如图 58.5 所示，选择【基本高度】选项卡，设置【在自定义表面上浮动】参数为该 dem 图层，点击【确定】；可以观察到三维点、线数据以三维坐标形式进行显示，如三维线，紧贴 dem 数据表面（这是由步骤 2）决定），如图 58.6～图 58.8 所示。

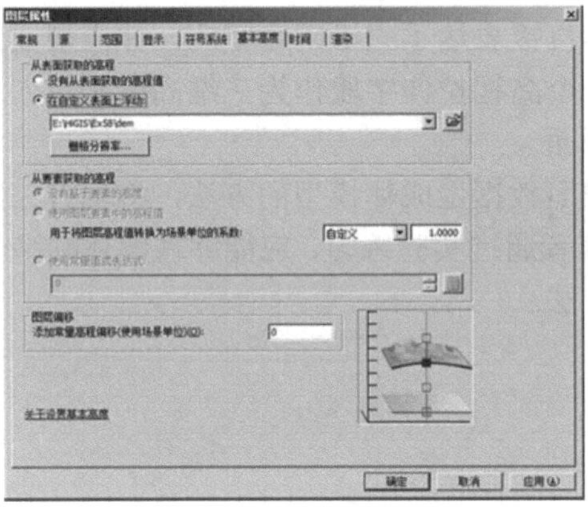

图 58.5　设置 dem 基本高度

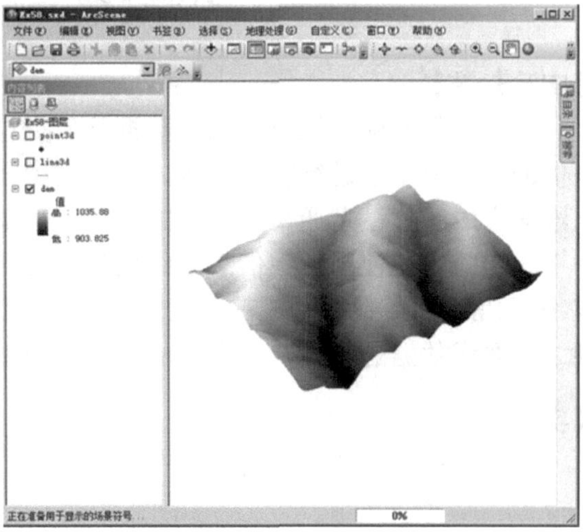

图 58.6　三维显示 dem

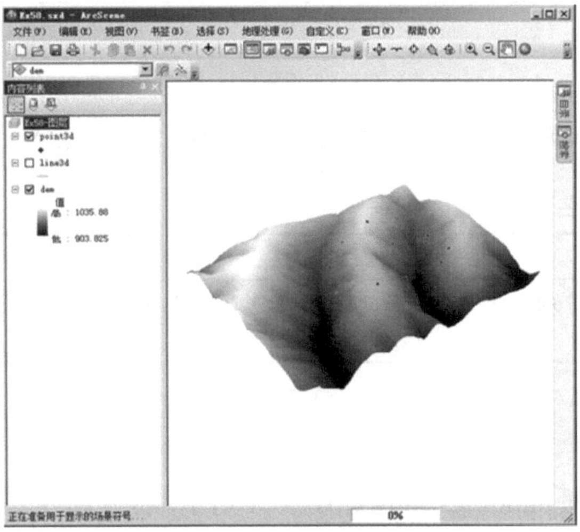

图 58.7　显示三维点与 dem

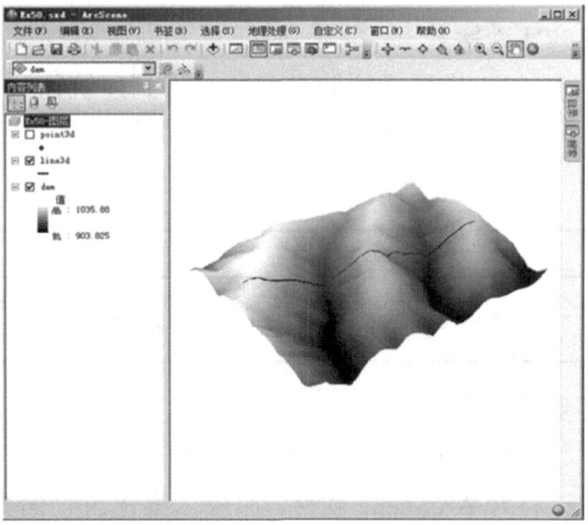

图 58.8　显示三维线与 dem

实验 59 二维面转体模型

【实验背景】

体模型是面向三维空间的新数据几何类型，其直接表达了三维闭合空间。体模型要素可以借助二维面要素进行转换生成，转换过程需要一个高程拉伸字段作为三维高度坐标。通过二维面生成的体模型通常是规则的柱体，顶部为平面。

本实验讲述使用地理信息系统软件实现用二维面数据生成体模型的方法，将现有二维建筑物面 Shapefile 数据生成三维建筑体模型数据。读者通过实验练习，应能够理解体模型与常规二维要素数据的差异，掌握二维面转体模型的方法。

【实验数据】

实验数据如表 59.1 所示。

表 59.1 实验数据

图层名称	格式	坐标系	说明
buildings	Shapefile 面要素	British_National_Grid	用于转换的二维面数据

【解决方法】

（1）设置【拉伸】参数，得到建筑物的三维拉伸表达。

（2）使用【3D 图层转要素类】工具，输入面要素图层，生成三维体数据（表 59.2）。

表 59.2 工具名称及位置

工具名称		工具位置
Layer 3D to Feature Class	3D 图层转要素类	【ArcToolbox】→【3D Analyst 工具】→【转换】→【3D 图层转要素类】

【实验步骤】

1）查看二维建筑物面数据

打开 ArcScene 软件，加载二维建筑物面数据 buildings.shp，如图 59.1 所示。打开属性表，【height】字段即为每个建筑面数据对应的高度值，如图 59.2 所示。

2）拉伸显示建筑物

按照“height”字段，使用拉伸方式对二维建筑物进行三维可视化。右击建筑物图层，打开【图层属性】对话框，选择【拉伸】选项卡，如图 59.3 所示。勾选【拉伸图层中的要素。可将点拉伸成垂直线，将线拉伸成墙面，将面拉伸成块体】，打开拉伸值表达式，设置拉伸值等于“height”字段，如图 59.4 所示。点击【确定】，完成建筑物的三维拉伸表达，如图 59.5 所示。**注：**此时仅是该建筑物的三维表达，并未生成三维体数据。

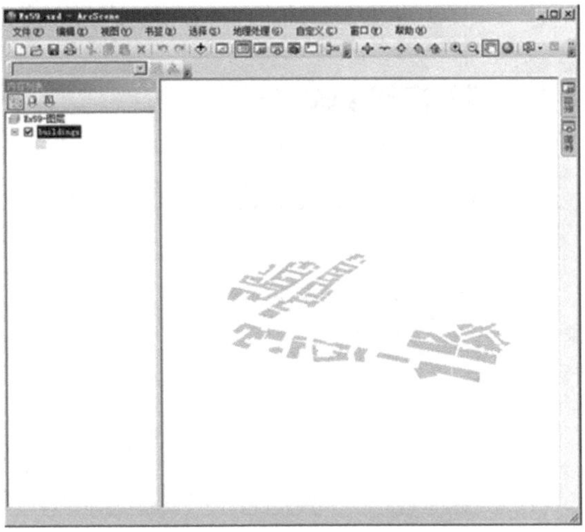

图 59.1　二维建筑物面数据

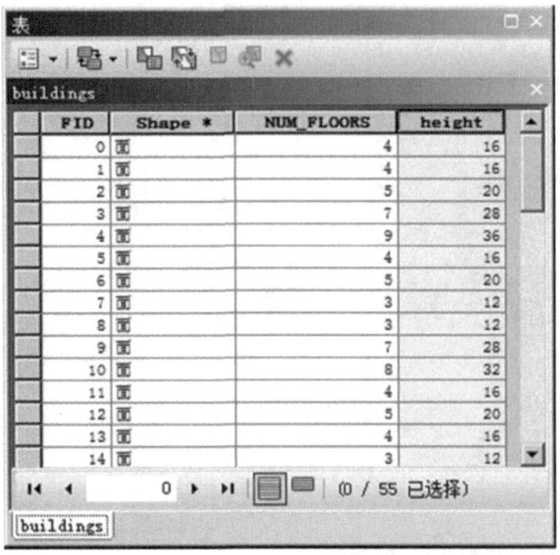

FID	Shape *	NUM_FLOORS	height
0	面	4	16
1	面	4	16
2	面	5	20
3	面	7	28
4	面	9	36
5	面	4	16
6	面	5	20
7	面	3	12
8	面	3	12
9	面	7	28
10	面	8	32
11	面	4	16
12	面	5	20
13	面	4	16
14	面	3	12

图 59.2　建筑物属性表

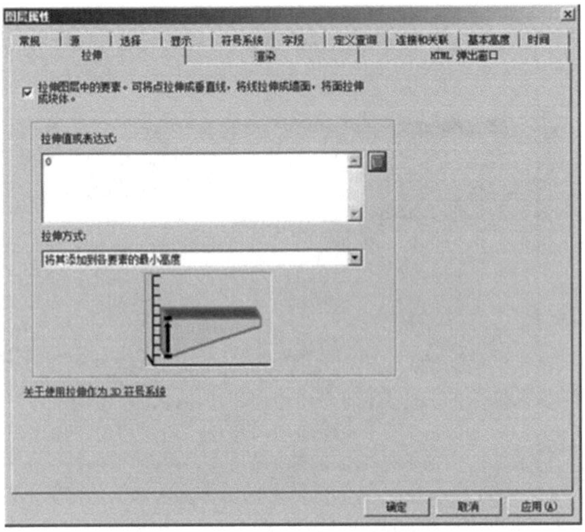

图 59.3　设置【拉伸】参数

图 59.4　设置拉伸表达式

3）生成三维体数据

在 ArcToolbox 中，打开【3D Analyst 工具】→【转换】→【3D 图层转要素类】对话框，如图 59.6 所示，设置【输入要素图层】为已拉伸的建筑物图层，【输出要素类】为 “buildings_3d.shp”。点击【确定】，完成三维体数据的生成，如图 59.7 所示。打开结果数据【图层属性】对话框，可以在【源】选项卡下查看到该数据几何类型为 “多面体 (Multipatch)”，如图 59.8 所示。

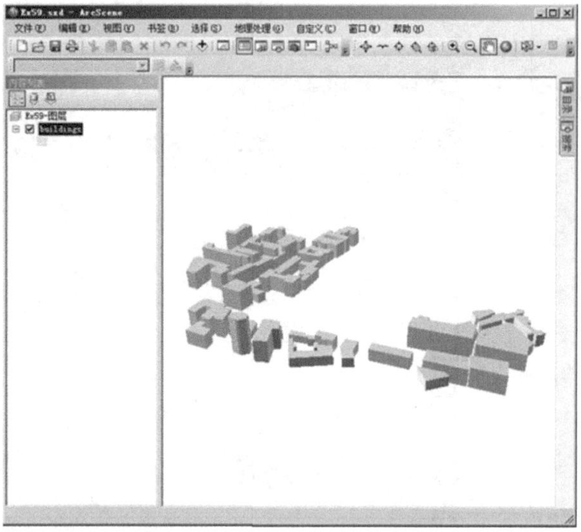

图 59.5　三维拉伸显示

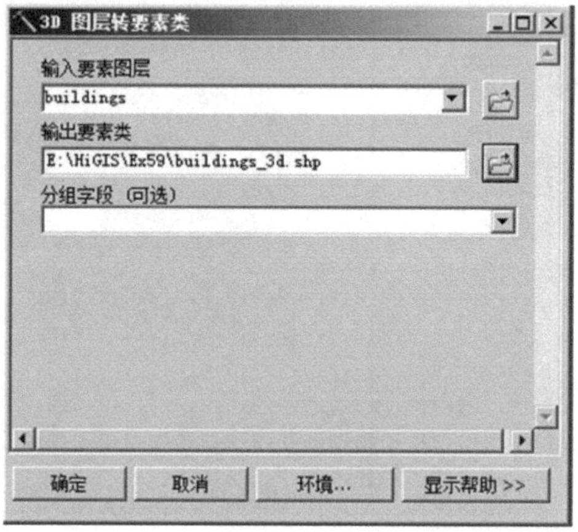

图 59.6　【3D 图层转要素类】参数设置

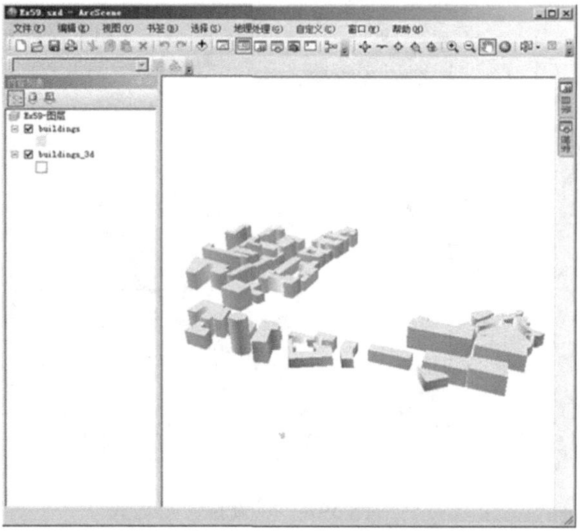

图 59.7　三维体数据结果

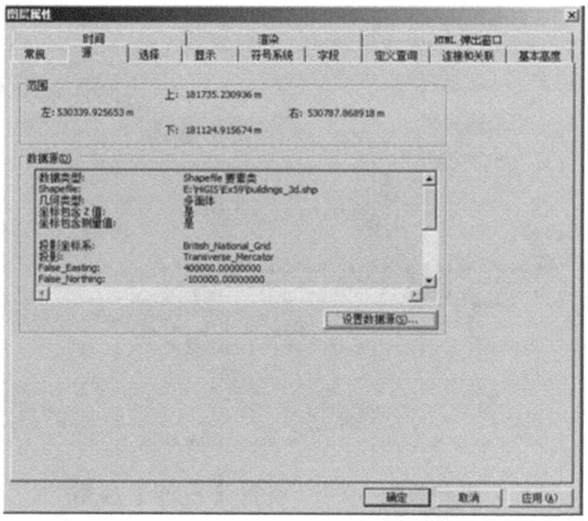

图 59.8　查看结果数据几何类型

实验 60　三维模型转体模型

【实验背景】

体模型是面向三维空间的新数据几何类型，其直接表达了三维闭合空间。体模型要素可以通过转换已有三维模型文件得到，如三维建模软件 CityEngine、Sketchup、AutoDesk 3Ds Max 等创建的三维模型。这种方式可以生成具有复杂几何结构的体模型，与规则的柱体相区别。

本实验讲述使用地理信息系统软件实现三维模型转换成体模型数据的方法，将 skp 格式的三维模型文件转换为体模型。读者通过实验练习，应能够理解三维模型与体模型的对应关系，掌握快速转换三维模型的方法。

【实验数据】

实验数据如表 60.1 所示。

表 60.1　实验数据

文件名称	格式	坐标系	说明
Ex60	Sketchup 工程	Unknown	创建三维模型的工程
buildings	COLLADA 模型	Unknown	用于生成三维体的模型

【解决方法】

使用【导入 3D 文件】工具，加载三维模型文件，得到三维多面体模型（表 60.2）。

表 60.2　工具名称及位置

工具名称		工具位置
Import 3D Files	导入 3D 文件	【ArcToolbox】→【3D Analyst 工具】→【转换】→【由文件转出】→【导入 3D 文件】

【实验步骤】

1）导出三维模型

本例以遥感影像数据为基础，如图 60.1 所示，用 Sketchup 软件创建多个建筑物三维模型后，将该三维模型导出为“buildings.dae”文件，如图 60.2 所示。建议在导出模型之前，将影像数据移除，否则三维模型会包含该图像数据。

2）导入三维模型

在 ArcToolbox 中，打开【3D Analyst 工具】→【转换】→【由文件转出】→【导入 3D 文件】对话框（图 60.3），加载三维模型文件，【输出多面体要素类】设置为“buildings3d.shp”，其余参数默认；点击【确定】，得到体模型，如图 60.4 所示。

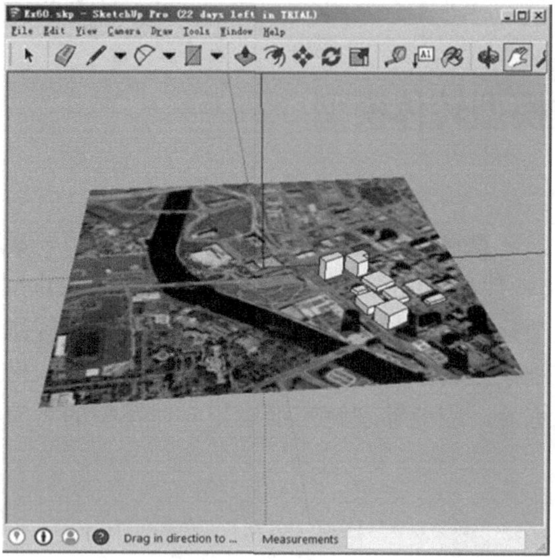

图 60.1　Sketchup 三维建模

图 60.2　导出三维模型

图 60.3　【导入 3D 文件】参数设置

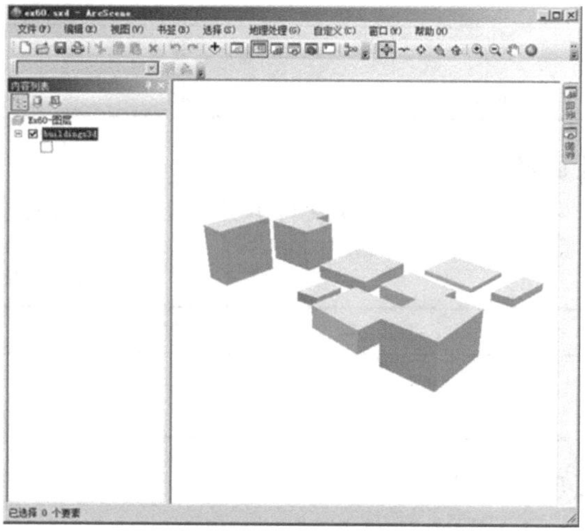

图 60.4　三维模型转换结果

第三篇　数据制图篇

地理信息数据通过特定的数学逻辑模型对事物进行抽象、数字化地表达，最常用的几何图形结构就是点、线、面。对于栅格数据来说，其借助规则的面图形进行有效地显示表达，辅以属性值作为格网面的颜色以示区别。而地理信息数据常常带有丰富的属性信息，如城市人口、城市行政级别、道路级别、区域面积等。这些丰富的属性信息需要借助几何图形结构在空间上进行有效、直观地展现，即空间数据可视化表达。

空间数据可视化表达是专业人员直接解读地理空间数据的主要方式，也是表达空间分析结果的有效途径，而数据的可视化需要运用特定的符号、注记等制图要素。按照几何图形的类型，符号可分为点符号、线符号、面符号。按照符号来源类型，可分为矢量符号和图片符号。注记是用文字标注的形式对地理信息数据进行属性可视化的主要方式。对于栅格数据，除了常规的二维平面显示方式外，还可用三维块状的方式进行表达。

本篇讲述运用地理信息系统软件，面向不同数据类型的地理空间数据，采用多样的符号和表达方法进行数据的可视化表达。全篇共包含 10 个实验，分别讲解了在数据显示、符号表达、制图等过程中的实用技巧和高效方法。通过结合特殊的可视化实验，读者可以从中领悟到数据可视化的关键要点和方法，把握地理空间数据的内涵和差异。

实验 61　数据框投影变换

【实验背景】

地理信息系统软件对地理数据进行显示表达时，需要根据数据自身的空间坐标系统将图形坐标转换至当前视图区坐标系，且默认以第一次加载数据的坐标系决定整个工程的视图区坐标系。若加载的地理数据坐标系与当前视图区坐标系不一致，则无法正常显示该地理数据。同时，通过改变数据框的坐标系，可对当前视图区的地理数据进行快速投影变换，方便快速浏览不同坐标系下数据的形状特点。

本实验讲述使用地理信息系统软件实现视图区投影变换的方法。读者通过实验练习，应能够理解不同数据坐标系的可视化差异，掌握通过变换数据框坐标系的方式来正确显示不同坐标系的地理数据。值得注意的是，对数据库坐标系的改变仅是显示参数改变，并不改变数据自身的坐标系信息。

【实验数据】

实验数据如表 61.1 所示。

表 61.1　实验数据

图层名称	格式	坐标系	说明
country	Shapefile 面要素	GSC_WGS_1984	底图数据
latlong	Shapefile 线要素	GSC_WGS_1984	用于显示投影变换特征

【解决方法】

设置数据框的【坐标系】参数，得到投影变换后的显示结果（表 61.2）。

表 61.2　工具名称及位置

工具名称		工具位置
Coordinate System	坐标系	【数据框】→【属性】→【坐标系】

【实验步骤】

1）加载并分类显示数据

打开 ArcMap 软件，加载美洲数据 country.shp；双击图层打开【图层属性】对话框，选择【符号系统】选项卡，如图 61.1 所示；显示方式中选择【类别】→【唯一值】，【值字段】选择“CNTRY_NAME”，点击【添加所有值】；点击【确定】，得到分类显示结果，如图 61.2 所示。

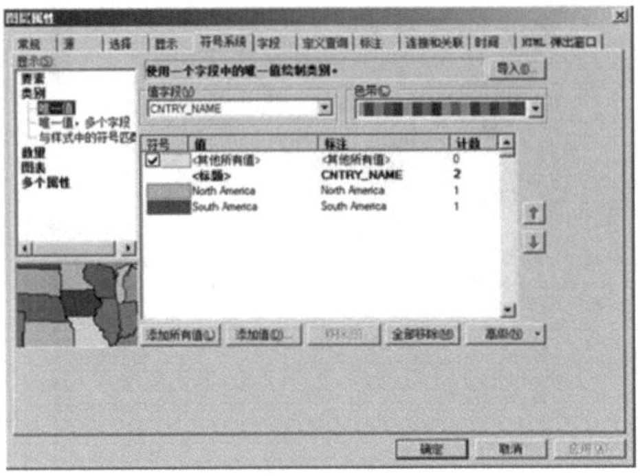

图 61.1　属性对话框设置

图 61.2　分类显示结果

2）查看数据框坐标系

如图 61.3 所示，右击数据框名“Ex61-图层”，打开【数据框　属性】对话框。选择【坐标系】选项卡，可以观察到当前坐标系为“GCS_WGS_1984”，即 country 数据的坐标系，如图 61.4 所示。

图 61.3　数据框属性对话框

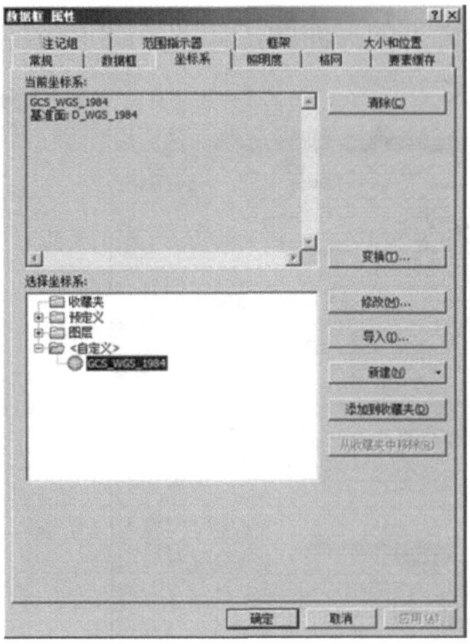

图 61.4　坐标系参数

3）更换视图区投影类型

在【选择坐标系】参数设置框中，选择【预定义】→【Projected Coordinate Systems】→【Continental】→【Asia】→【Asia Lambert Conformal Conic】投影坐标系，如图 61.5 所示；点击【确定】，得到该投影下的美洲图。为了能够更直观地观看投影变换的特征，本例添加了经纬网数据，如图 61.6 所示。

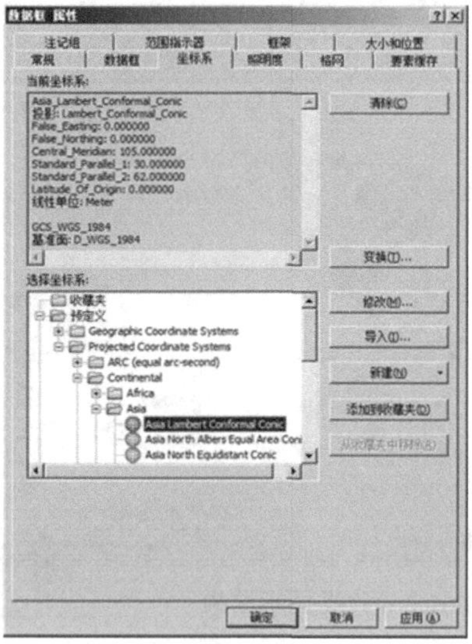

图 61.5　投影类型设置

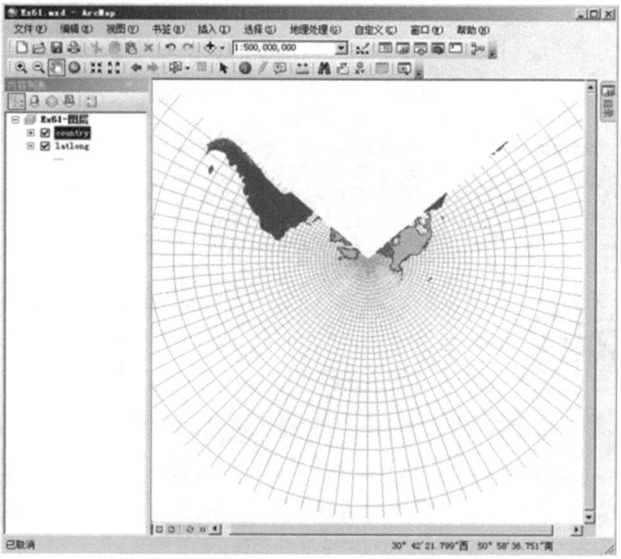

图 61.6　投影结果

4）更换其他投影类型

在【选择坐标系】参数设置框中，选择【预定义】→【Projected Coordinate Systems】→【World】→【Azimuthal Equidistant (world)】投影坐标系，如图 61.7 所示。点击【确定】，得到该投影下的美洲图，如图 61.8 所示。

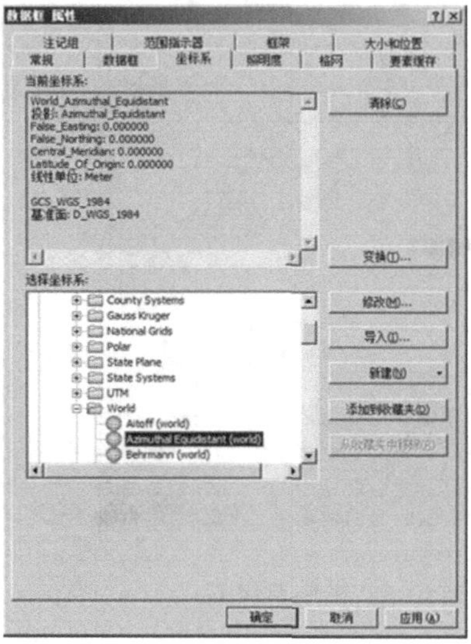

图 61.7　投影类型设置

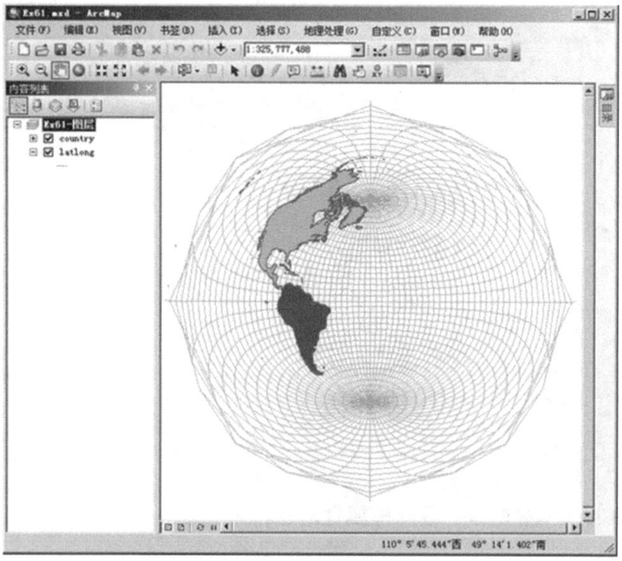

图 61.8　投影结果

实验 62　创建点、线、面状符号

【实验背景】

对地理数据进行符号化表达，常常需要对不同的地物对象使用与其含义对应的图形符号。而常用的符号库所涵盖的符号类型有限，无法涵盖所有专业性的符号，需要自行创建符号。

本实验讲述使用地理信息系统软件创建自定义二维点、线、面状符号的方法，使用几何图形叠加的方式创建新符号。读者通过实验练习，应能够理解符号的组成形式，学会根据地物特点进行符号化设计与创建。

【实验数据】

实验数据如表 62.1 所示。

表 62.1　实验数据

图层名称	格式	坐标系	说明
point	Shapefile 点文件	Krasovsky_1940_Transverse_Mercator	用于创建点状符号
polyline	Shapefile 线文件	Krasovsky_1940_Transverse_Mercator	用于创建线状符号
polygon	Shapefile 面文件	Krasovsky_1940_Transverse_Mercator	用于创建面状符号

【解决方法】

（1）使用【创建新样式】工具，创建新的自定义符号库。

（2）使用【标记符号】工具，编辑符号，完成新点状符号。

（3）使用【线符号】工具，编辑符号，完成新线状符号。

（4）使用【面符号】工具，编辑符号，完成新面状符号。

（5）使用新建的点、线、面状符号对各图层进行符号化表达（表 62.2）。

表 62.2　工具名称及位置

工具名称		工具位置
Create New Style	创建新样式	【菜单栏】→【自定义】→【样式管理器】→【样式】→【样式引用】→【创建新样式】
Marker Symbol	标记符号	【菜单栏】→【自定义】→【样式管理器】→【新建】→【标记符号】
Line Symbol	线符号	【菜单栏】→【自定义】→【样式管理器】→【新建】→【线符号】
Fill Symbol	填充符号	【菜单栏】→【自定义】→【样式管理器】→【新建】→【填充符号】

【实验步骤】

1）查看现有符号样式库

打开【菜单栏】→【自定义】→【样式管理器】对话框，如图 62.1 所示，可以查看到现有两个符号样式库；每个符号样式库中具有不同类别的符号集，如 ESRI.style 下是 ArcGIS 自带的符号库，如图 62.2 所示。

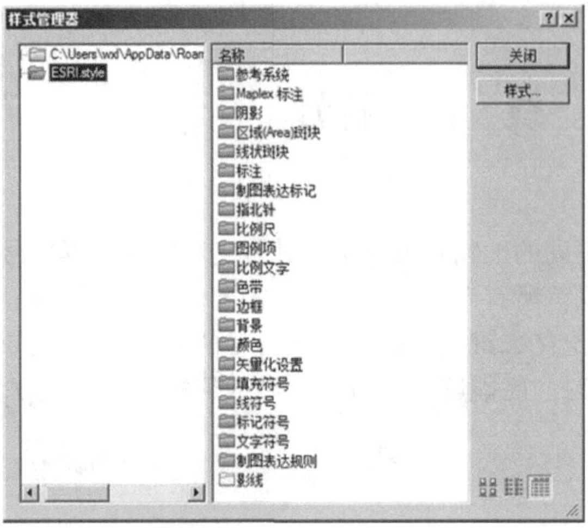

图 62.1　样式管理器

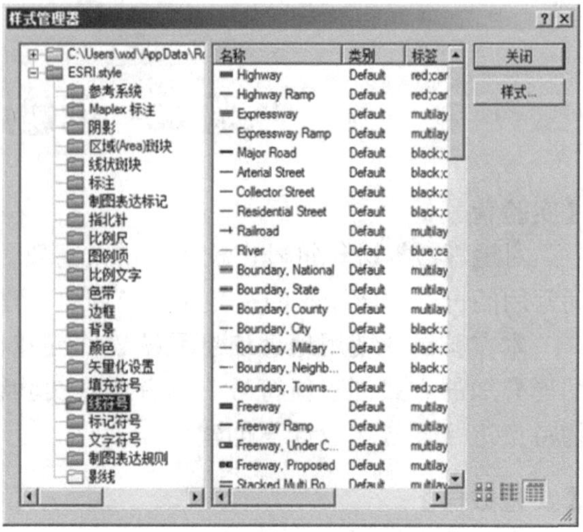

图 62.2　ESRI 符号库

2）新建自定义样式

点击【样式】按钮，打开【样式引用】对话框；如图 62.3 所示，默认勾选【ESRI】，选择【创建新样式】工具，保存符号样式库为“Ex62.style”，如图 62.4 所示；点击【确定】，得到新建的符号库，如图 62.5 所示。

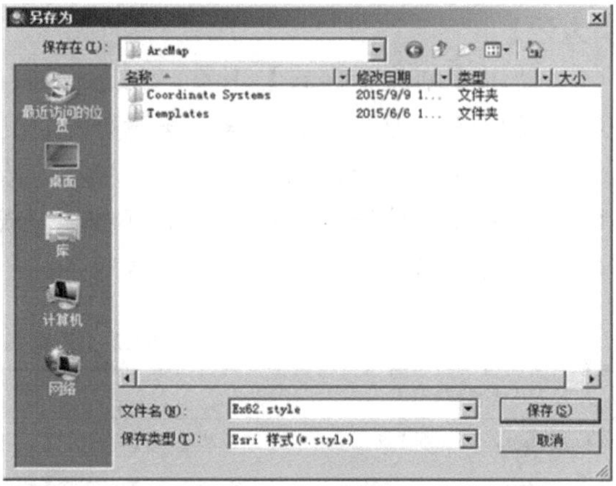

图 62.3　【样式引用】界面　　　　图 62.4　保存新样式库

3）新建点符号

选中【标记符号】；如图 62.6 所示，在右侧空白处【右击】，选择【新建】→【标记符号】工具，打开【符号属性编辑器】工具界面，如图 62.7 所示。注：初始为单层、点状的简单标记符号。

图 62.5　新符号库 Ex62

图 62.6　新建【标记符号】

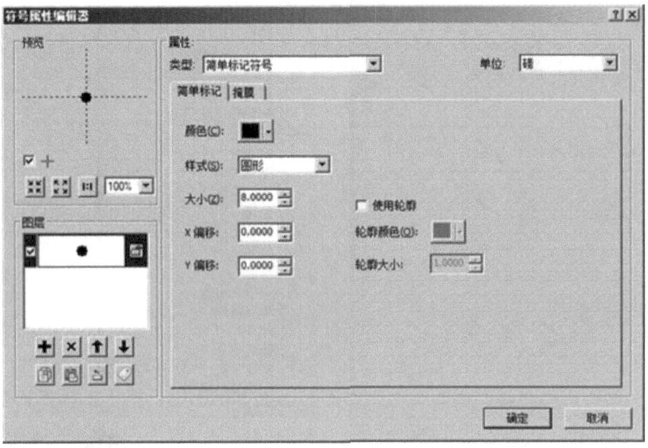

图 62.7　【符号属性编辑器】参数界面

4）设计自定义点符号

在【符号属性编辑器】→【图层】框内选择【添加图层】工具，如图 62.8 所示，选中第二个符号图层，设置【简单标记】→【样式】参数为“平方”，【颜色】参数为“无色”，【大小】设置为“12”，勾选【使用轮廓】，【轮廓颜色】设置为“黑色”；如图 62.9 所示，选中第一个符号，设置【简单标记】→【样式】参数为“十字形”，【颜色】参数为“红色”，【大小】设置为“10”；点击【确定】，完成新点符号设置，结果如图 62.10 所示。

注：可以通过修改图层的【类型】来设置不同的符号样式。

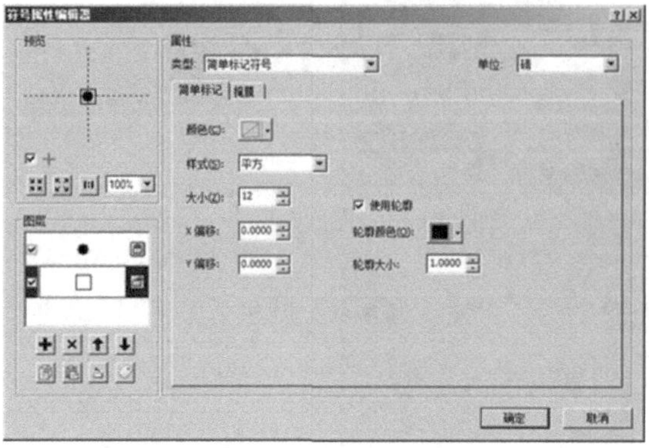

图 62.8　设置底层点符号参数

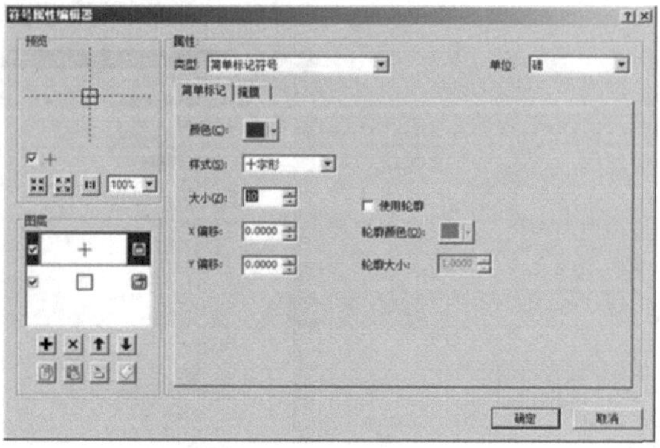

图 62.9　设置顶层点符号参数

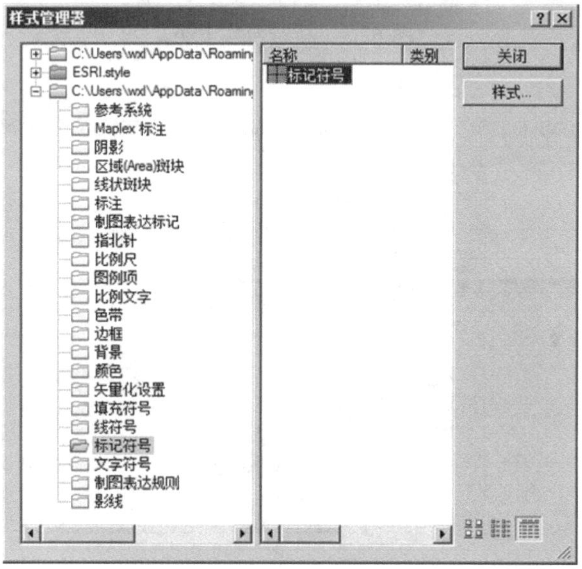

图 62.10　标记符号结果

5）新建并设计线符号

选中【线符号】；在右侧空白处【右击】，选择【新建】→【线符号】工具，打开【符号属性编辑器】对话框；如图 62.11 所示，选中顶层符号图层，设置【颜色】为“黑色”，【样式】为“虚线”；添加新符号图层并选中，使用【下移】工具将新图层下移至底层；如图 62.12 所示，设置【颜色】为“黄色”，【样式】为“实线”，【宽度】设置为“8”；点击【确定】，得到新线符号，如图 62.13 所示。**注**：可以通过修改图层的【类型】来设置不同的符号样式。

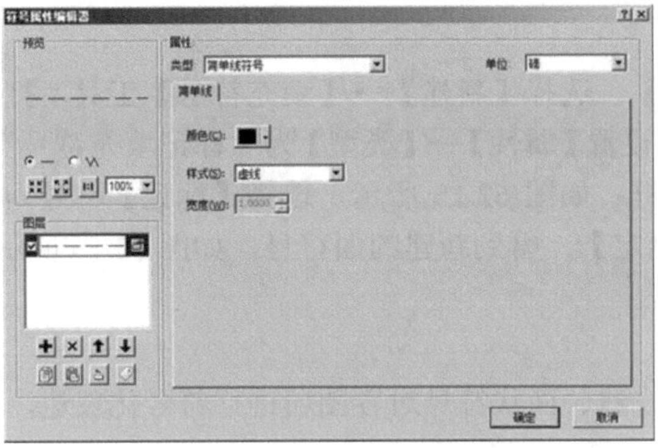

图 62.11　设置顶层线符号参数

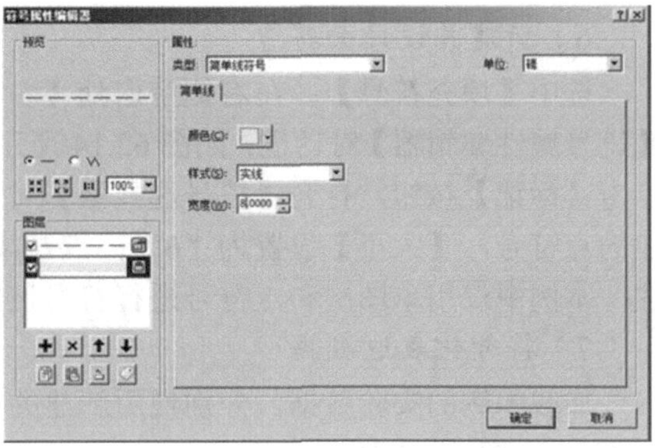

图 62.12　设置底层线符号参数

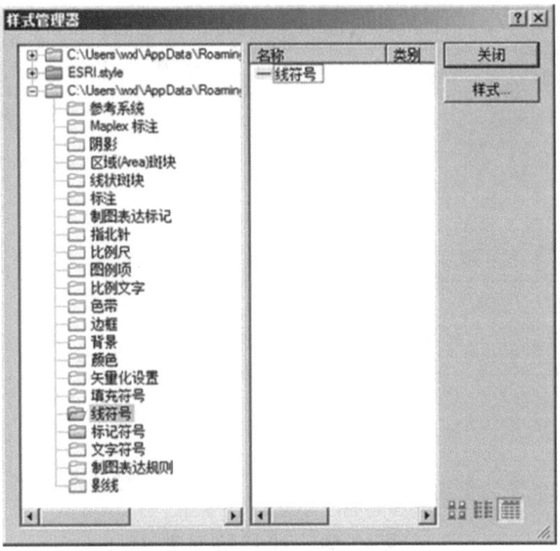

图 62.13　线符号结果

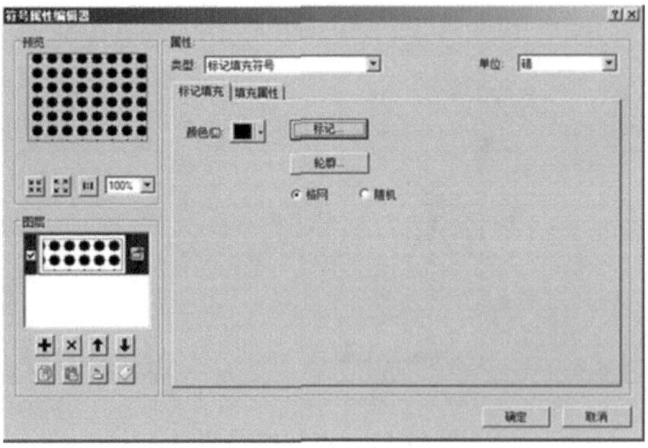

图 62.14　设置面符号参数

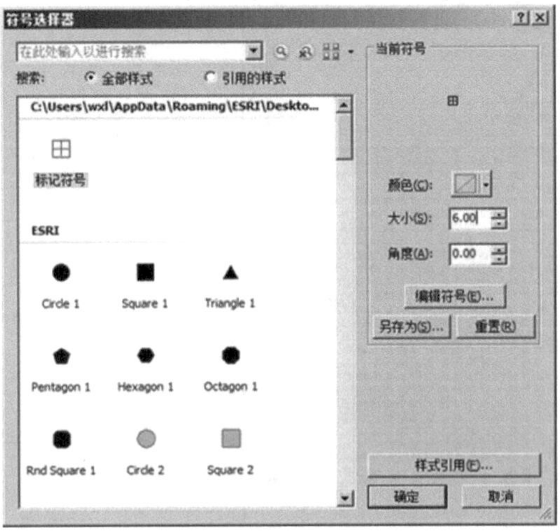

图 62.15　设置填充点符号参数

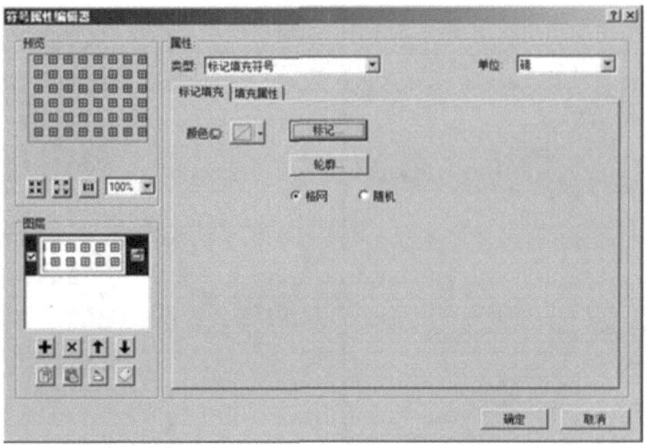

图 62.16　新建的面符号参数

6）新建并设计面符号

选中【填充符号】；在右侧空白处【右击】，选择【新建】→【填充符号】工具，打开【符号属性编辑器】对话框；如图 62.14 所示，设置【属性】→【类型】为“标记填充符号”，点击【标记】按钮，打开【符号选择器】对话框；如图 62.15 所示，选择【标记】符号为新建的点符号，【大小】设置为“6”；点击【确定】，得到新建的面符号，如图 62.16 所示。注：本例中仅用单图层和点符号进行符号设置。

7）符号化表达数据

加载本例的实验数据，分别使用新建的点、线、面状符号对各图层进行符号化表达，如图 62.17～图 62.19 所示。

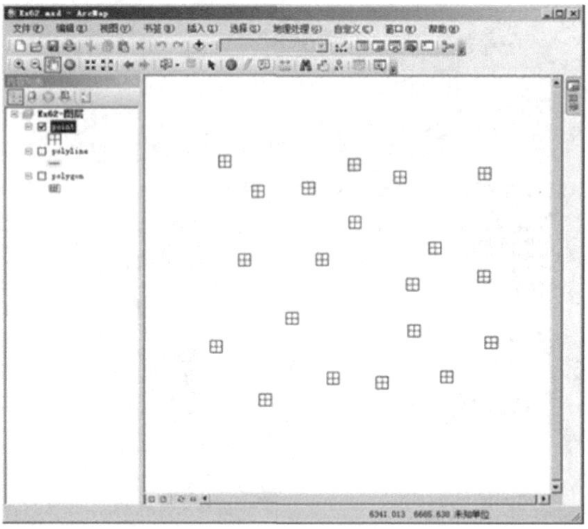

图 62.17　点状符号表达

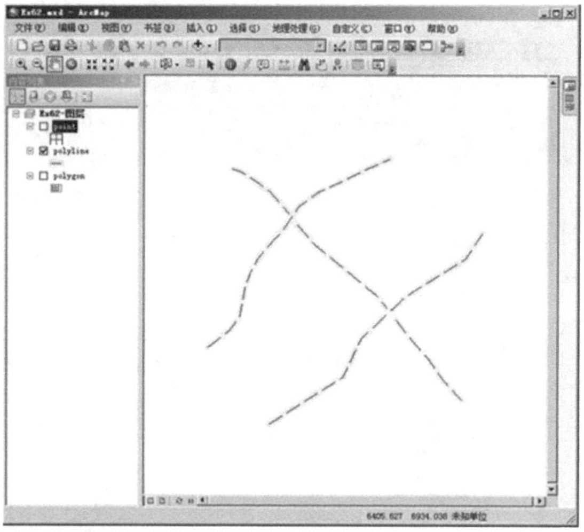

图 62.18　线状符号表达

图 62.19　面状符号表达

实验 63　由图片创建点符号

【实验背景】

地理矢量数据的符号通常由几何图形组合形成，能够在多比例尺下保持形状不变。除了通过几何图形创建符号外，还可以将图片文件导入生成符号。相比创建几何图形符号，图片文件具有获取方便、快速生成的特点，能够更方便地生成符号库。

本实验讲述使用地理信息系统软件实现由图片创建点符号的方法，读者通过实验练习，应能够理解不同符号创建方式的差异，掌握通过图片创建符号的方法。

【实验数据】

实验数据如表 63.1 所示。

表 63.1　实验数据

图层名称	格式	坐标系	说明
point	Shapefile 点文件	Unknown	用于创建点状符号
polygon	Shapefile 面文件	Unknown	用于作背景图层

【解决方法】

（1）使用【标记符号】工具，设置符号参数，完成新点状符号设计。

（2）设置【符号选择器】，完成点图层的符号化表达（表 63.2）。

表 63.2　工具名称及位置

工具名称		工具位置
Create New Style	创建新样式	【菜单栏】→【自定义】→【样式管理器】→【样式】→【样式引用】→【创建新样式】
Marker Symbol	标记符号	【菜单栏】→【自定义】→【样式管理器】→【新建】→【标记符号】
Symbol Selector	符号选择器	【图层属性】→【符号系统】→【符号】→【符号选择器】

【实验步骤】

1）新建并设计点状符号

打开【菜单栏】→【自定义】→【样式管理器】对话框，选择“Ex63.style”符号库，选中【标记符号】；如图 63.1 所示，在右侧空白处【右击】，选择【新建】→【标记符号】工具，打开【符号属性编辑器】对话框；设置【属性】→【类型】为“图片标记符号”，导入 Ex63 文件夹下的符号图片“cross.bmp”文件，如图 63.2 所示；点击【确定】，完成符号图层的创建，并将新符号命名为“cross”，如图 63.3 所示。

图 63.1　现有符号库 Ex63

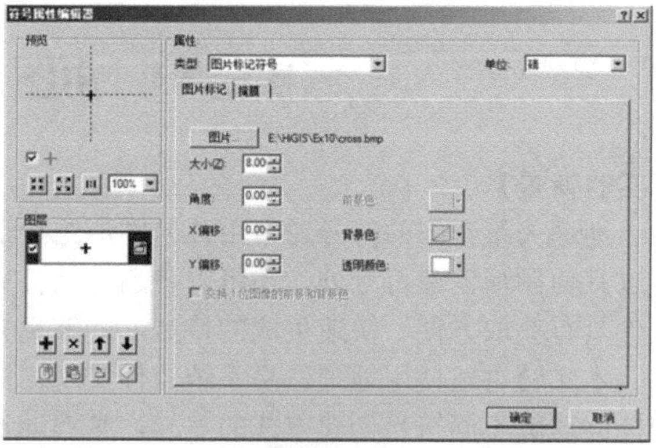

图 63.2　【符号属性编辑器】参数界面

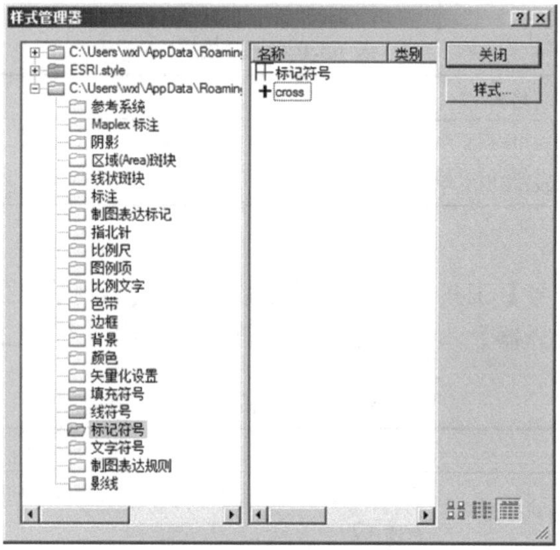

图 63.3　新建点符号结果

2）符号化表达数据

双击 point 图层，打开【图层属性】对话框，如图 63.4 所示；选择【符号系统】选项卡，点击【符号】按钮，打开【符号选择器】，如图 63.5 所示，选择新建的“cross”符号；点击【确定】，完成点图层的符号化表达，如图 63.6 所示。

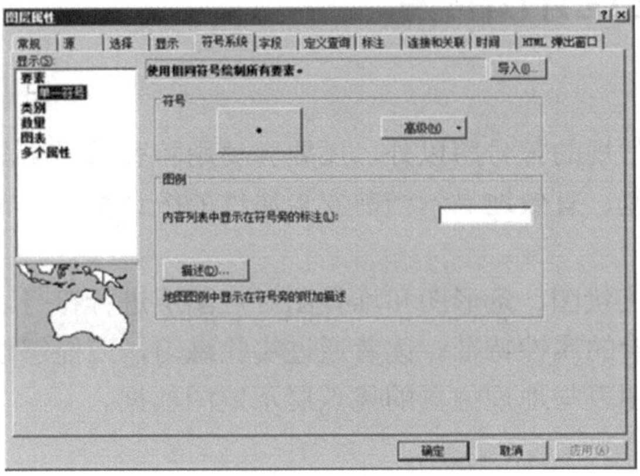

图 63.4　【图层属性】对话框

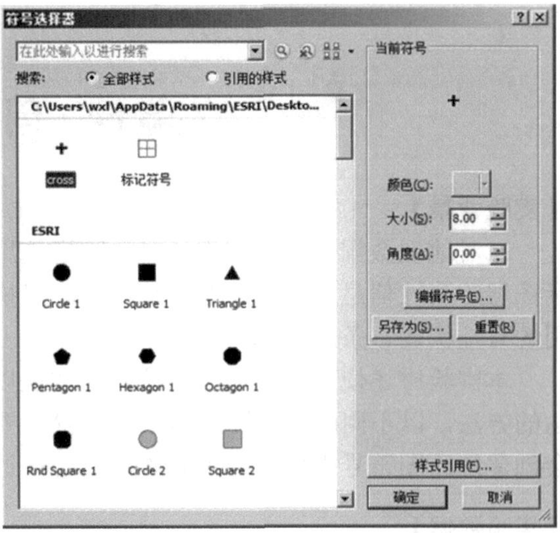

图 63.5　设置点符号

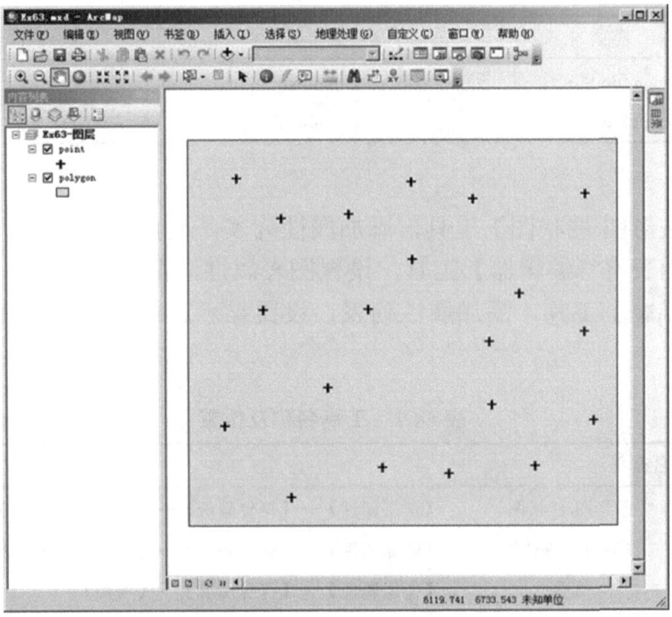

图 63.6　符号化后的点图层

实验 64　创建统计图符号

【实验背景】

在对地理数据进行制图表达时，除了使用常规的符号库以外，还要会使用特殊符号来显示图层的属性信息，如统计图。统计图能够快速、有效地显示当前要素属性的统计特征，常用的有柱状图、条形图和堆叠图。

本实验讲述使用地理信息系统软件实现以柱状图、条形图和堆叠图对点图层进行符号表达的方法，以不同的统计图风格来对比描述要素的属性特征。读者通过实验练习，应能够学会创建统计图符号来表达地理要素，结合统计图表与地理位置的优点展示地图数据。

【实验数据】

实验数据如表 64.1 所示。

表 64.1　实验数据

图层名称	格式	坐标系	说明
point	Shapefile 点文件	Unknown	用于统计图符表达
polygon	Shapefile 面文件	Unknown	底图数据

【解决方法】

（1）使用【条形图/柱状图】工具，添加属性列表，设置显示属性，得到柱状图符号。

（2）使用【图表符号编辑器】工具，设置图表属性，得到条形图符号。

（3）使用【堆叠】工具，添加属性列表，设置显示属性，得到堆叠式柱状图符号（表 64.2）。

表 64.2　工具名称及位置

工具名称		工具位置
Bar/Column	条形图/柱状图	【图层属性】→【符号系统】→【条形图/柱状图】
Chart Symbol Editor	图表符号编辑器	【图层属性】→【符号系统】→【属性】→【图表符号编辑器】
Stacked	堆叠	【图层属性】→【符号系统】→【堆叠】

【实验步骤】

1）查看图层属性表

右击 point 图层，打开【属性表】；属性表中有“DEPTH”“HP”“GPM”和“PPP”4 个字段，将用来创建统计图符号，如图 64.1 所示。

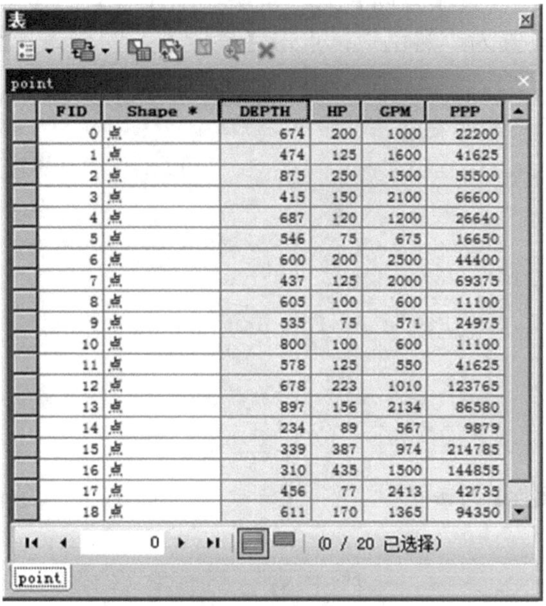

FID	Shape *	DEPTH	HP	GPM	PPP
0	点	674	200	1000	22200
1	点	474	125	1600	41625
2	点	875	250	1500	55500
3	点	415	150	2100	66600
4	点	687	120	1200	26640
5	点	546	75	675	16650
6	点	600	200	2500	44400
7	点	437	125	2000	69375
8	点	605	100	600	11100
9	点	535	75	571	24975
10	点	800	100	600	11100
11	点	578	125	550	41625
12	点	678	223	1010	123765
13	点	897	156	2134	86580
14	点	234	89	567	9879
15	点	339	387	974	214785
16	点	310	435	1500	144855
17	点	456	77	2413	42735
18	点	611	170	1365	94350

图 64.1　图层属性表

2）创建柱状图的显示符号

双击 point 图层，打开【图层属性】对话框；如图 64.2 所示，选择【符号系统】选项卡，【显示】方式选择“条形图/柱状图”，依次将 4 个字段添加至右侧列表，自定义设置【配色方案】，【归一化】设置为“<占全部的百分比>”；点击【确定】，得到柱状图符号，如图 64.3 所示。

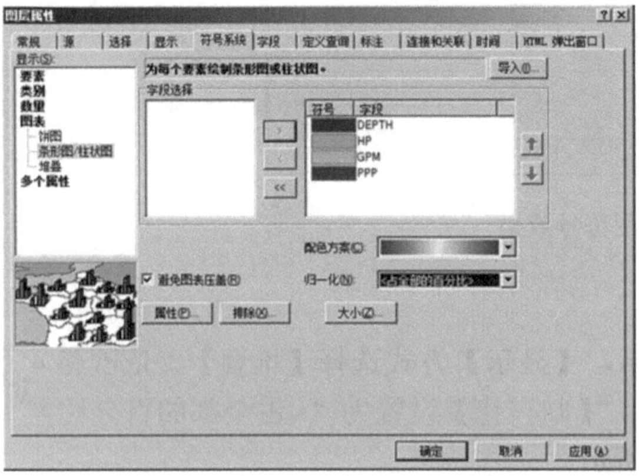

图 64.2　设置【符号系统】参数

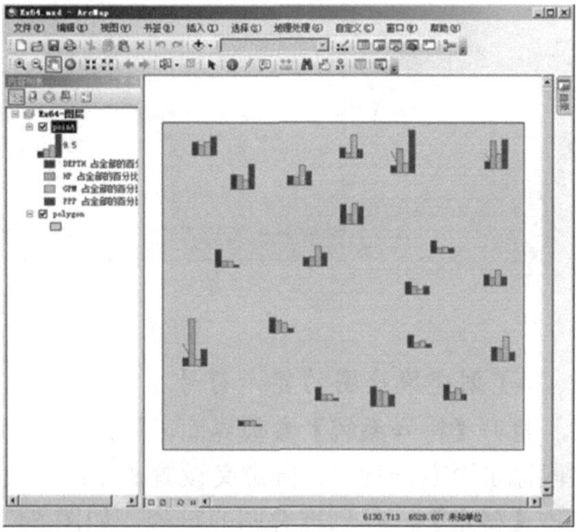

图 64.3　柱状图符号效果

3）创建条形图的显示符号

如图 64.4 所示，打开【符号系统】参数界面，选择【属性】，打开【图表符号编辑器】

对话框；如图 64.5 所示，设置【方向】为“条块”，【条】的【宽度】为“6”，勾选【显示轴】选项，【颜色】设置为“黑色”；点击【确定】，得到条形图符号，如图 64.6 所示。

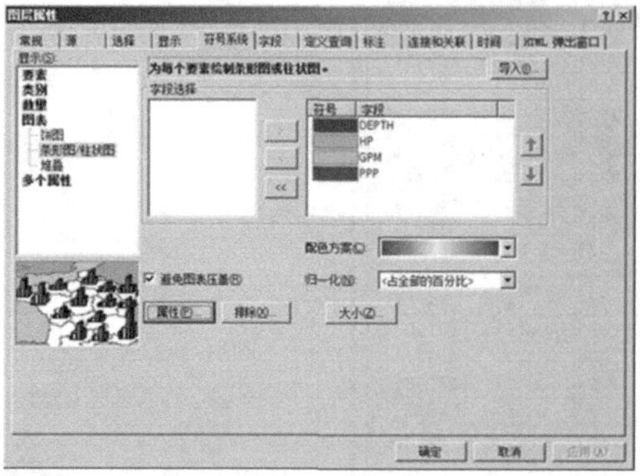

图 64.4　【图表属性】对话框

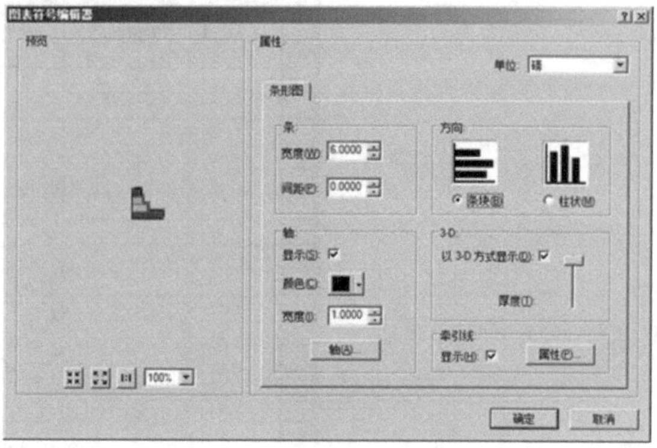

图 64.5　【条形图】参数设置

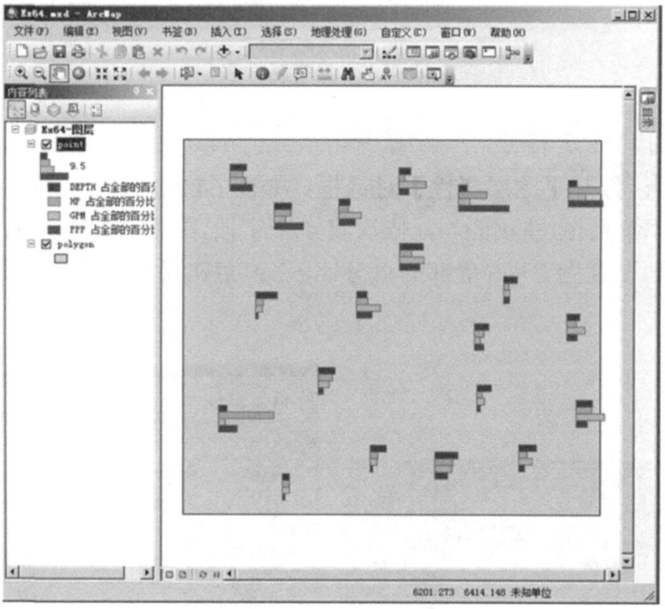

图 64.6　条形图符号效果

4）创建堆叠图的显示符号

打开【符号系统】参数界面，如图 64.7 所示，【显示】方式选择【堆叠】，依次将 4 个字段添加至右侧列表，自定义设置【配色方案】，【归一化】设置为“<占全部的百分比>”；点击【确定】，得到堆叠图的符号，如图 64.8 所示。

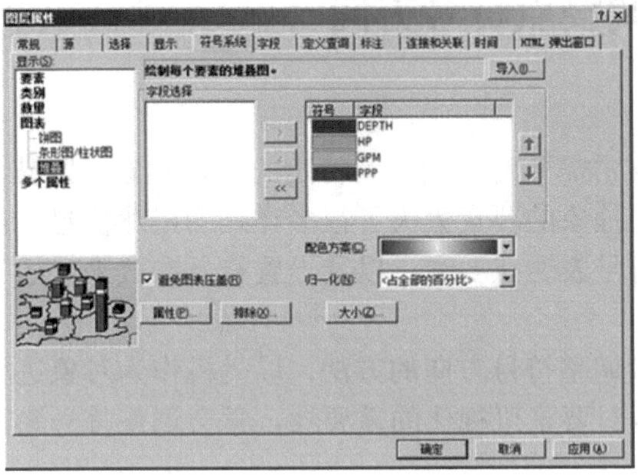

图 64.7 “堆叠图”参数设置

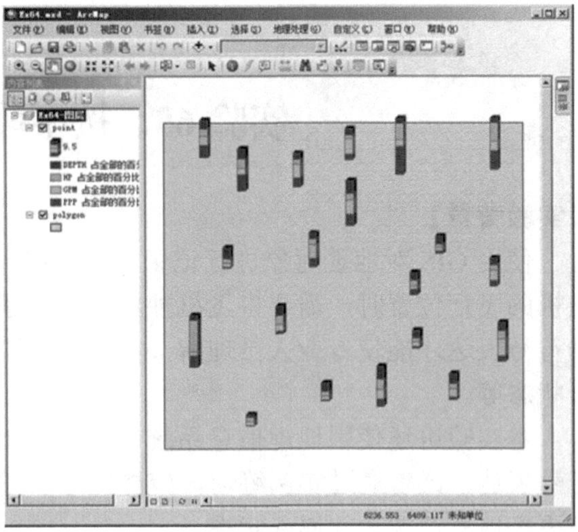

图 64.8　堆叠图符号效果

实验 65　按字段调整点符号方向

【实验背景】

使用 GIS 对地理对象进行记录与存储时，常常需要将其抽象为特定的要素对象，如描述飞机的飞行位置时，需要将飞机抽象为点要素。抽象的要素丢失了很多详细的描述信息，借助符号表达才能使专业人员理解，如使用飞机符号表达点要素，以及设置符号参数来表达飞行状态等。

本实验讲述使用地理信息系统软件实现批量调整符号方向的方法，以飞机作为对象进行符号表达。读者通过实例练习，应能够理解符号对要素可视化的重要性，学会调整符号参数来更多地表达要素的属性状态。

【实验数据】

实验数据如表 65.1 所示。

表 65.1　实验数据

图层名称	格式	坐标系	说明
planes	Shapefile 点要素	Unknown	用于调整点符号方向的数据
guideline	Shapefile 线要素	Unknown	用于符号参考

【解决方法】

（1）设置【符号选择器】参数，完成对点符号方向的调整。

（2）设置【旋转】参数，输入旋转字段，完成对点符号方向的批量调整（表 65.2）。

表 65.2　工具名称及位置

工具名称		工具位置
Symbol Selector	符号选择器	【图层属性】→【符号系统】→【符号选择器】
Rotation	旋转	【图层属性】→【符号系统】→【符号】→【高级】→【旋转】

【实验步骤】

1）查看飞行方向参数

右击 planes 图层，选择【打开属性表】选项，飞行方向参数记录在【Direction】字段中，如图 65.1 所示。**注：**正北方向为 0，按顺时针方向，飞行方向的值依次递增，如图 65.2 所示。

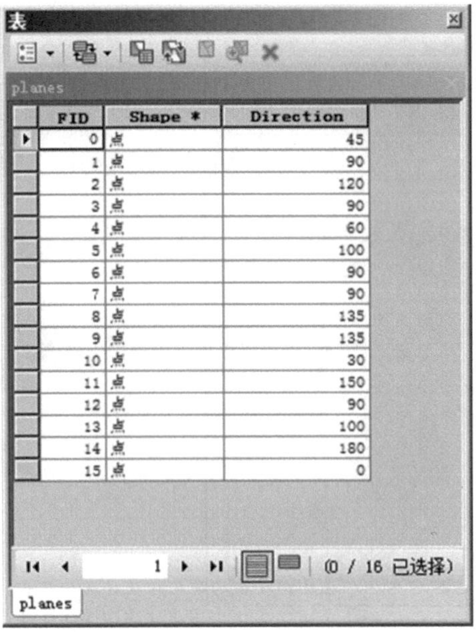

FID	Shape *	Direction
0	点	45
1	点	90
2	点	120
3	点	90
4	点	60
5	点	100
6	点	90
7	点	90
8	点	135
9	点	135
10	点	30
11	点	150
12	点	90
13	点	100
14	点	180
15	点	0

图 65.1　Direction 字段

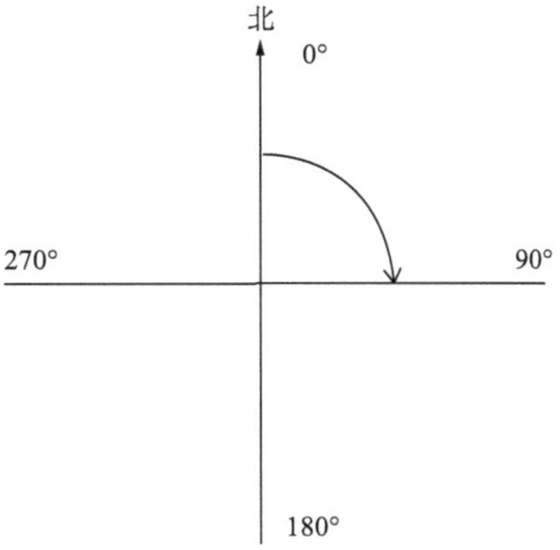

图 65.2　定义飞行方向参数

2）符号化飞机点要素

双击 planes 图层，打开【图层属性】对话框，选择【符号系统】选项卡；如图 65.3 所示，【显示】方法选择【单一符号】，点击右侧【符号】按钮打开【符号选择器】；如图 65.4 所示，选择“Airplane”符号；点击【确定】，完成初始飞机点要素，如图 65.5 所示。**注：**默认的飞机符号方向为向西，若要按照飞机飞行方向表达符号，需要根据飞行角度参数来调整符号的角度。

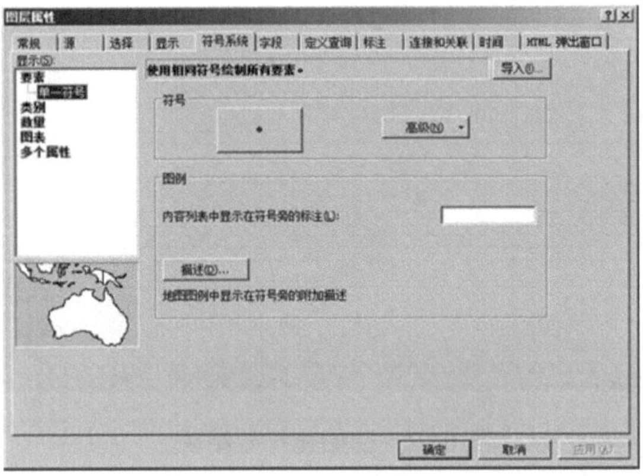

图 65.3　【符号系统】参数设置

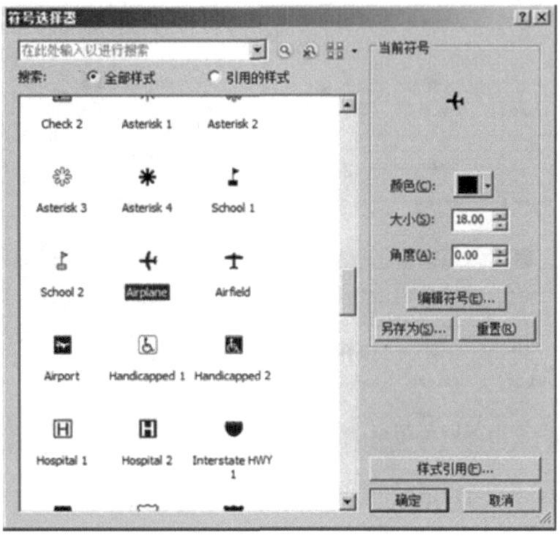

图 65.4　选择飞机符号

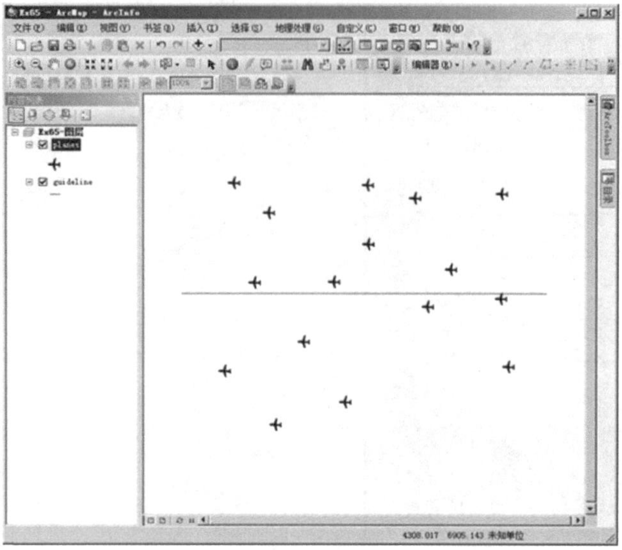

图 65.5　初始飞机符号

3）初始化符号方向

继续打开【符号选择器】，调整飞机符号的初始【角度】参数为“–90”，如图 65.6 所示；点击【确定】，从而保证飞机符号的朝向与飞行方向的正北方向一致，如图 65.7 所示。

图 65.6　调整符号的角度参数

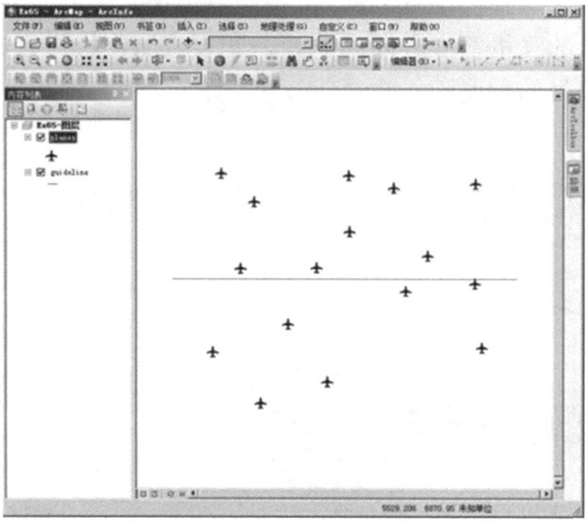

图 65.7　初始化符号结果

4）以飞行方向设置符号

在【符号系统】选项卡参数界面下，如图 65.8 所示，选择【符号】中的【高级】→【旋转】选项，打开【旋转】设置界面；如图 65.9 所示，设置按“Direction”字段中的角度旋转点，【旋转方式】选择【地理】；点击【确定】，实现依据飞行方向参数来符号化飞机的飞行方向，如图 65.10 所示。注：若实际情况中，字段记录非角度的飞行方向数据，可以打开

【旋转】界面中的【表达式构建器】进行运算，如图 65.11 所示。

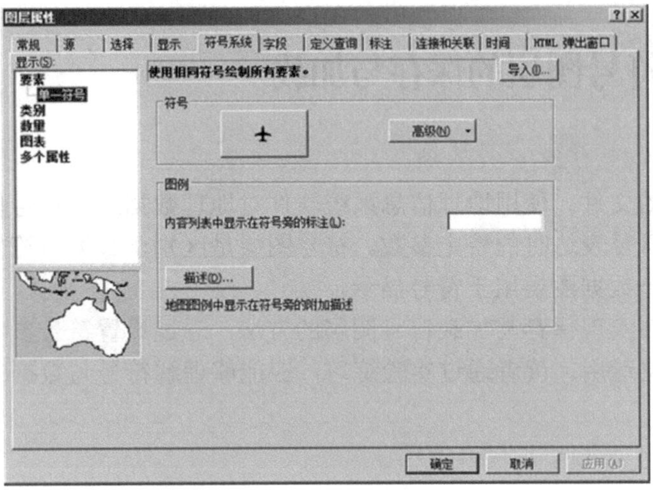

图 65.8　【高级】选项

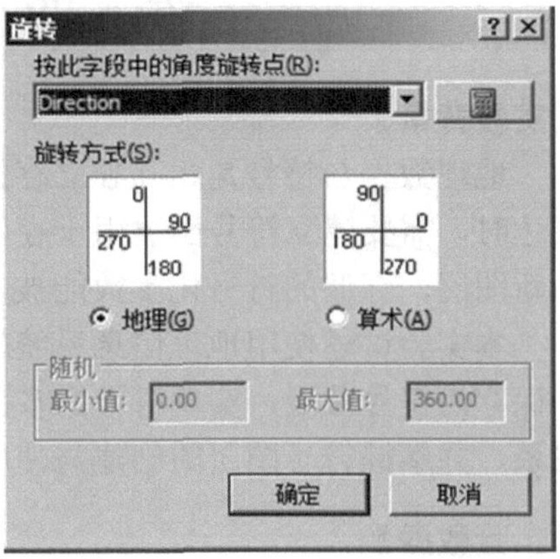

图 65.9　【旋转】参数设置

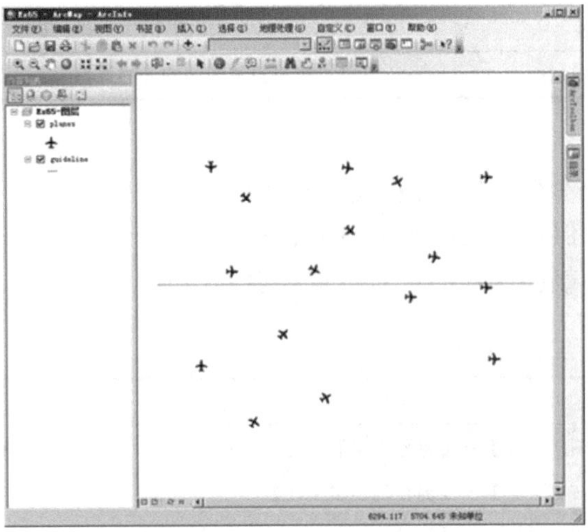

图 65.10　以飞行方向设置符号结果

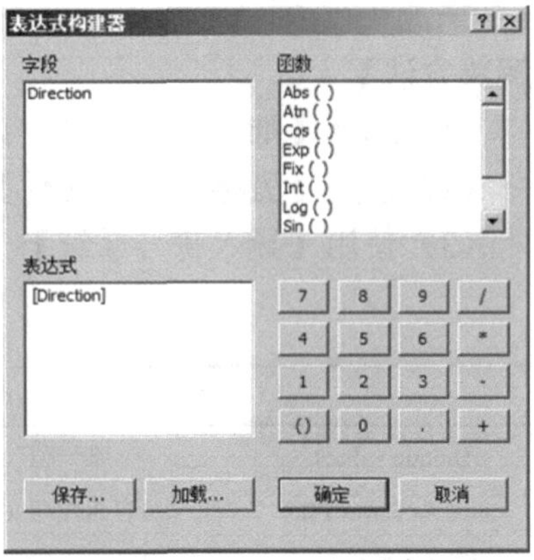

图 65.11　【表达式构建器】对话框

实验 66　符号图层的保存与加载

【实验背景】

地理数据与符号是相互独立存储的文件。使用地理信息系统软件对地理数据进行符号化表达时，需要建立符号图层用于存储符号表达时的特定参数。符号图层是区别于数据与符号的新图层，存储的符号化参数能被多个数据图层用于符号显示。

本实验讲述使用地理信息系统软件实现保存与加载符号图层的方法，通过设置符号参数并保存为符号图层，实现符号的多图层运用。读者通过实验练习，应能够理解符号与数据的关系，并掌握符号图层的创建与使用。

【实验数据】

实验数据如表 66.1 所示。

表 66.1　实验数据

图层名称	格式	坐标系	说明
country	Shapefile 面要素	GCS_WGS_1984	用于设置图层符号的数据

【解决方法】

（1）选择【唯一值】选项，设置字段参数，完成图层的符号设置。

（2）使用【另存为图层文件】工具，保存图层的当前符号设置。

（3）使用【导入符号系统】工具，加载已保存的符号设置（表 66.2）。

表 66.2　工具名称及位置

工具名称		工具位置
Unique values	唯一值	【图层属性】→【符号系统】→【显示】→【类别】→【唯一值】
Save As Layer File	另存为图层文件	【右键菜单】→【另存为图层文件】
Import Symbology	导入符号系统	【图层属性】→【符号系统】→【导入符号系统】

【实验步骤】

1）符号化图层

右击 country 图层，打开【图层属性】对话框；如图 66.1 所示，选择【符号系统】选项卡，【显示】类型选择【类别】→【唯一值】，【值字段】选择“AREA”，设置【色带】种类。点击【确定】，得到符号化后的图层，如图 66.2 和图 66.3 所示。

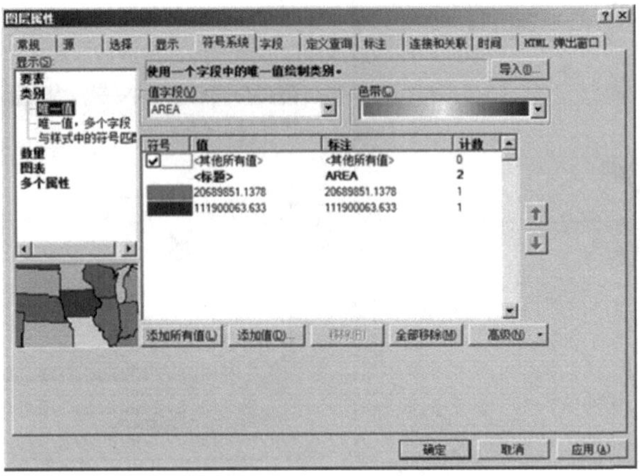

图 66.1　设置符号系统

图 66.2　默认符号显示

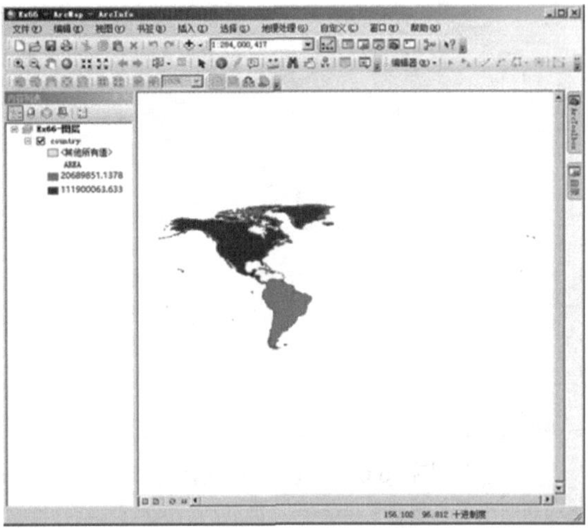

图 66.3　符号化后图层

2）保存图层文件

如图 66.4 所示，右击符号化后的 country 图层，选择【另存为图层文件】工具，将符号设置存储为 country.lyr 文件，如图 66.5 所示。

3）加载图层文件

重新加载 country 图层，以默认符号显示，如图 66.6 所示；打开【图层属性】对话框，选择【符号系统】选项卡，在【显示】类型为【要素】→【单一符号】的情况下（图 66.7），选择右侧【导入】按钮，打开【导入符号系统】对话框；如图 66.8 所示，加载步骤 2）中存储的 country.lyr 文件，【值字段】设置为“AREA”，如图 66.9 所示。导入图层文件的符号设置如图 66.10 所示。点击【确定】，实现以现有图层文件进行符号化的图层，如图 66.11 所示。

图 66.4　打开另存为图层文件

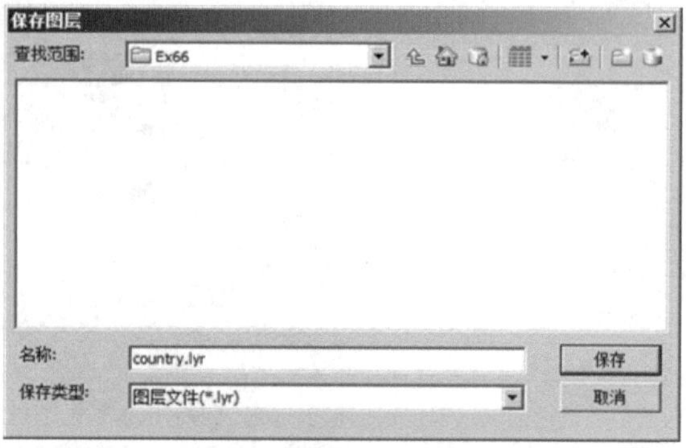

图 66.5　输出图层文件

图 66.6　默认符号化图层

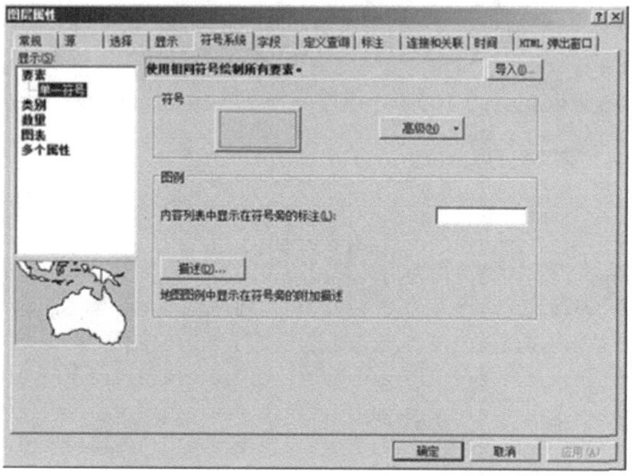

图 66.7　导入图层文件

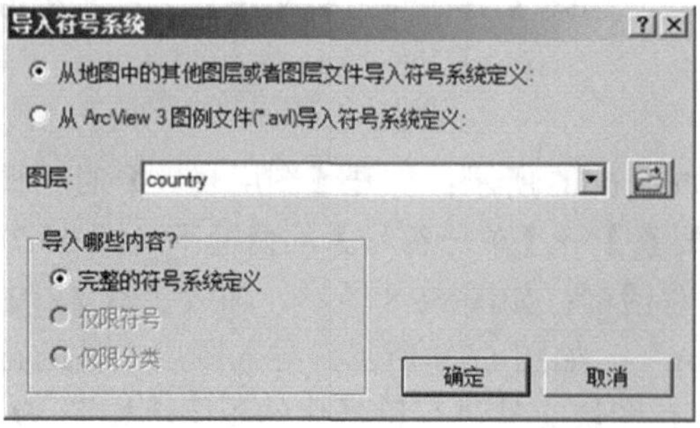

图 66.8　加载图层文件

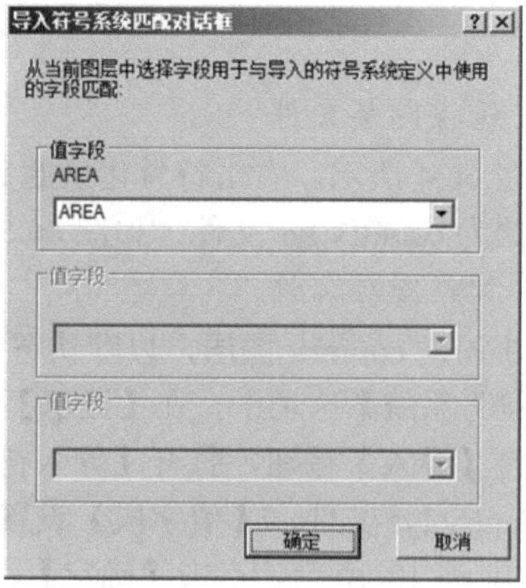

图 66.9　设置【值字段】

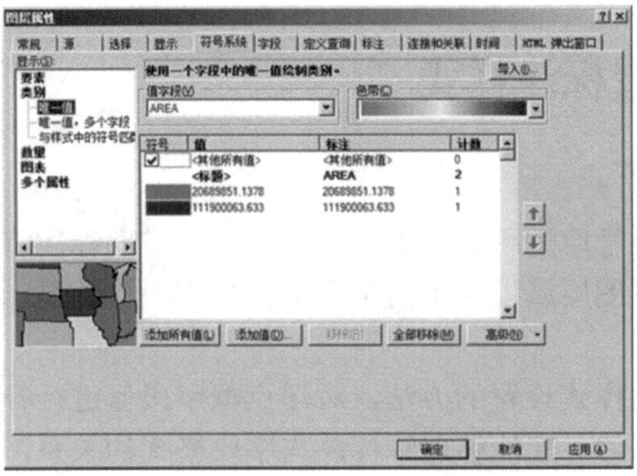

图 66.10　导入图层文件的符号设置

图 66.11　以图层文件符号化的图层

实验 67　设置标注样式

【实验背景】

对地理数据进行制图表达时，除了需要用符号库进行图形表达外，还需要借助标注将要素的属性在专题图上进行呈现。标注的内容来自图层属性表中的字段值，与字段值的显示格式密切相关，如保留不同的位数、有效数字等。

本实验讲述使用地理信息系统软件实现标注样式设置的方法，对浮点型字段值进行补零操作，并以分数形式显示标注。读者通过实验练习，应能够理解标注与字段格式的关系，学会设置不同标注的样式。

【实验数据】

实验数据如表 67.1 所示。

表 67.1　实验数据

图层名称	格式	坐标系	说明
pts	Shapefile 点要素	Unknown	用于标注的数据

【解决方法】

（1）设置【数值格式】参数，设置数值字段的样式。

（2）使用【标注表达式】工具，输入表达式，以分数形式显示图层标注（表 67.2）。

表 67.2　工具名称及位置

工具名称		工具位置
Number Format	数值格式	【属性表】→【字段属性】→【数值格式】
Label Expression	标注表达式	【图层属性】→【标注】→【标注表达式】

【实验步骤】

1）*查看数据属性表*

右击 pts 图层，打开属性表，可查看到字段 value 为浮点型，但对于小于 0 的值来说，个位上无 0，如图 67.1 所示。

2）*设置数值显示样式*

右击“value”字段，打开【字段属性】对话框；如图 67.2 所示，点击【数字格式】右侧按钮，打开【数值格式】对话框；如图 67.3 所示，设置格式参数：【类别】选择“自定义”，【格式字符串】选择“0.0”；点击【确定】，得到目标效果，如图 67.4 所示。

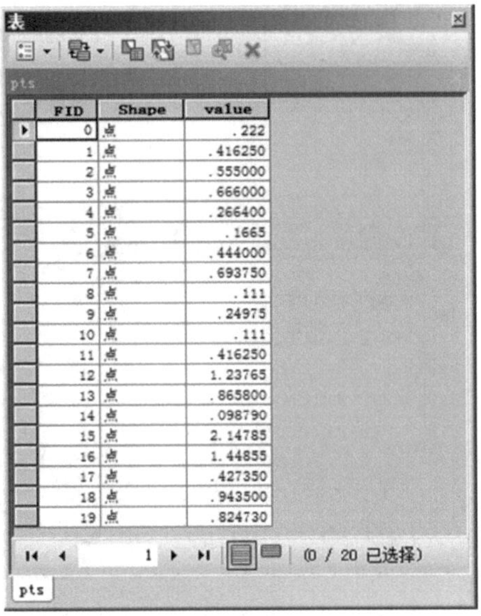

图 67.1　查看属性表

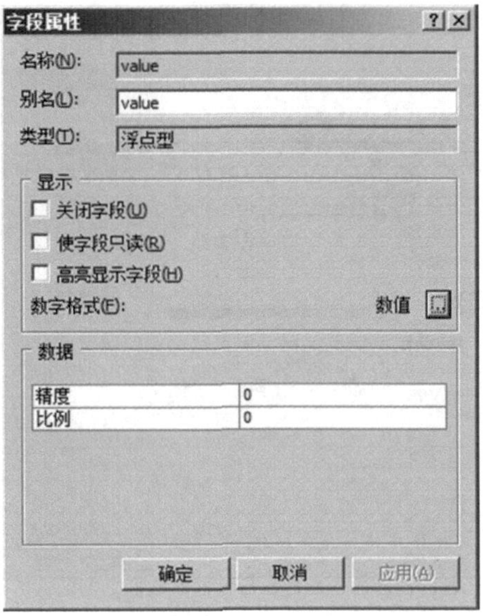

图 67.2　【字段属性】对话框

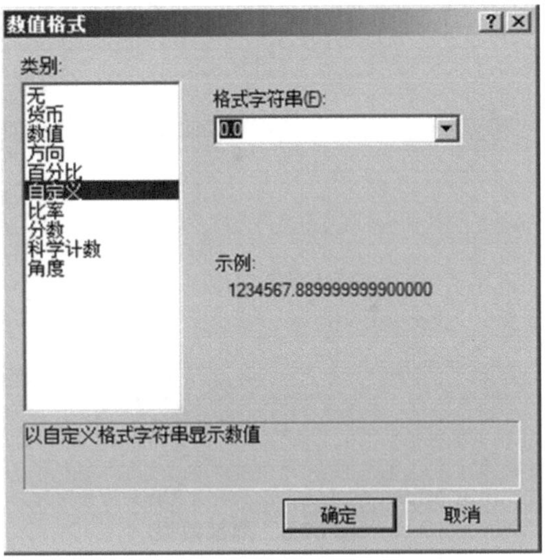

图 67.3　设置【数值格式】参数

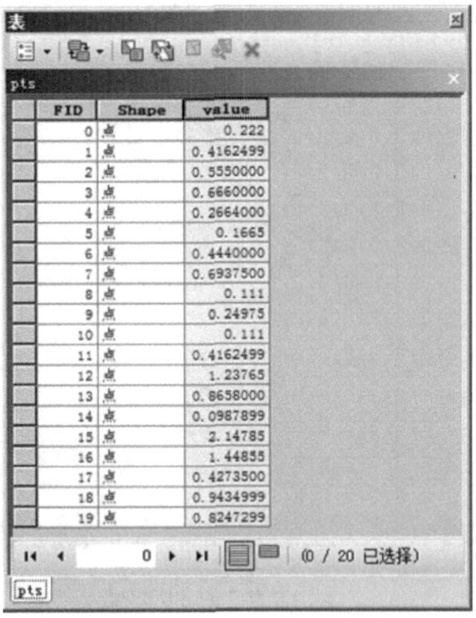

图 67.4　个位上补 0 效果

3）*以分数形式显示标注*

标注要素字段值时，以分数形式进行标注；双击图层，打开【图层属性】对话框，选择【标注】选项卡，如图 67.5 所示；点击【文本字符串】中的【表达式】按钮，打开【标注表达式】对话框；如图 67.6 所示，在表达式一栏中，输入："<UND>"&""& [value] &""&"</UND>"& vbNewLine & [FID]；点击【确定】，设置完毕；右击图层，选择【标注要素】，对该图层进行属性标注，如图 67.7 所示。标注的局部效果如图 67.8 所示。

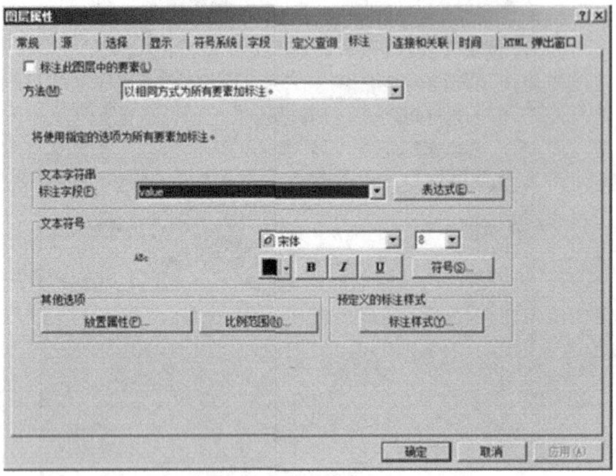

图 67.5　【标注】选项卡

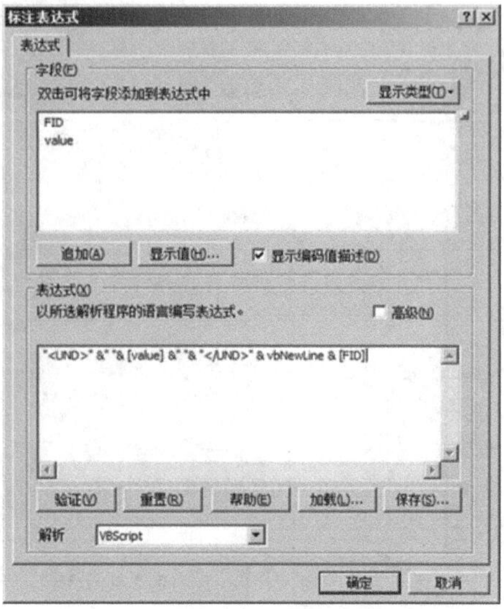

图 67.6　设置【标注表达式】参数

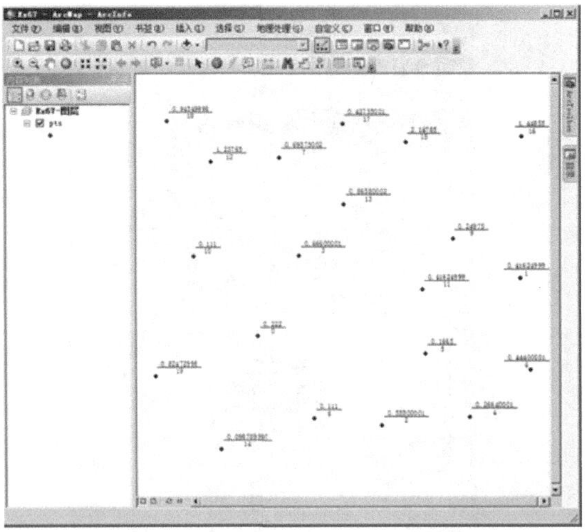

图 67.7　标注要素

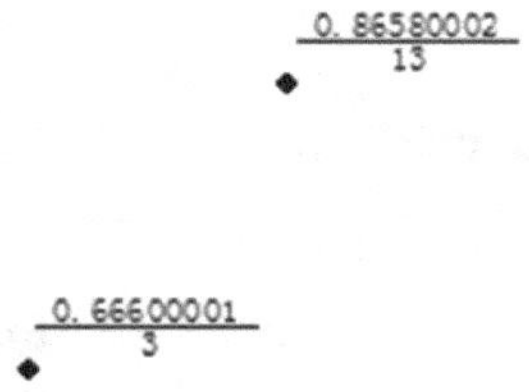

图 67.8　局部效果

实验 68　注记符号化表达

【实验背景】

注记是绘制地理数据专题图的重要元素，其注明地理数据属性信息的同时，具有更丰富的符号化样式。注记是静态的标签图层，能够独立地保存为永久性文件，且具有常规图层数据的计算功能。而标注是动态的标签图形，无法以文件的形式进行存储及计算。

本实验讲述使用地理信息系统软件实现注记符号化表达的方法，由标注生成注记并添加注记的背景图层，实现注记的符号化。读者通过实验练习，应能够理解注记与标注的差异，学会创建注记并将注记作为图层进行计算。值得注意的是，注记由存储在 GDB 数据库中的图层才能生成，单独的 Shapefile 文件无法创建注记图层。

【实验数据】

实验数据如表 68.1 所示。

表 68.1　实验数据

图层名称	格式	坐标系	说明
地级市	Shapefile 点要素	China_Lambert_Conformal_Conic	用于标注的数据
省级行政区	Shapefile 面要素	China_Lambert_Conformal_Conic	用于标注参考
中国县界	Shapefile 面要素	China_Lambert_Conformal_Conic	用于标注参考

【解决方法】

（1）使用【标注要素】工具，输入标记表达式，标注点图层数据。

（2）使用【将标注转为注记】工具，生成注记图层。

（3）使用【最小边界几何】工具，创建注记背景面数据。

（4）设置【显示】参数，调整注记背景的透明度（表 68.2）。

表 68.2　工具名称及位置

工具名称		工具位置
Label Features	标注要素	【右键菜单】→【标注要素】
Covert Labels To Annotation	将标注转为注记	【右键菜单】→【将标注转为注记】
Minimum Bounding Geometry	最小边界几何	【ArcToolbox】→【数据管理工具】→【要素】→【最小边界几何】
Display	显示	【图层属性】→【显示】

【实验步骤】

1）设置图层标注的表达式

双击“地级市”图层，打开【图层属性】对话框，选择【标注】选项卡，如图 68.1 所示；点击【表达式】按钮打开【标注表达式】对话框，如图 68.2 所示，【解析】语言选择“JScript”，在表达式框中输入："【城市名】"+[name] + "\n " +"【城市编号】"+ [OBJECTID]；点击【确定】，完成。

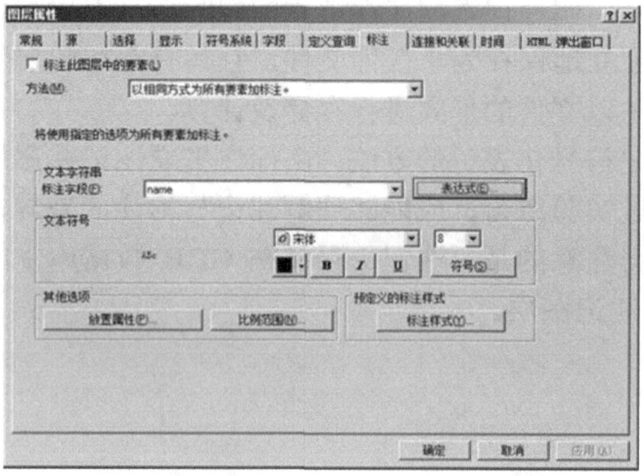

图 68.1　标注选项卡

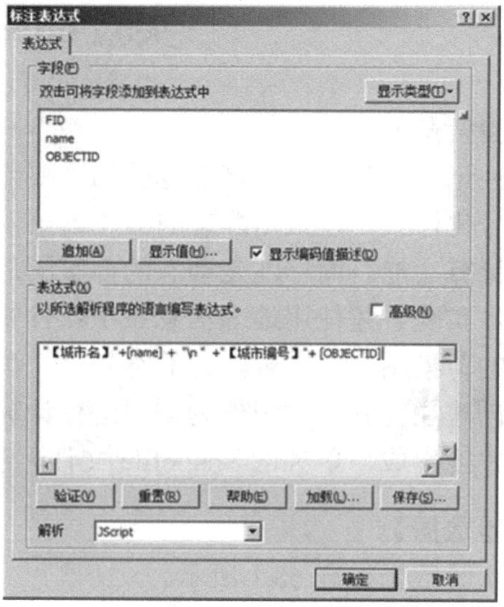

图 68.2　设置【标注表达式】

2）标注图层

右击"地级市"图层，选择【标注要素】，如图 68.3 所示。标注结果如图 68.4 所示。

图 68.3　【标注要素】工具

图 68.4　标注结果

3）生成注记图层

如图 68.5 所示，右击"地级市"图层，选择【将标注转为注记】工具，打开参数对话框，默认参数即可，如图 68.6 所示。注记结果如图 68.7 所示。**注**：要生成注记图层，注记图层推荐存储在数据库 geodatabase 中。

图 68.5　【将标注转为注记】工具

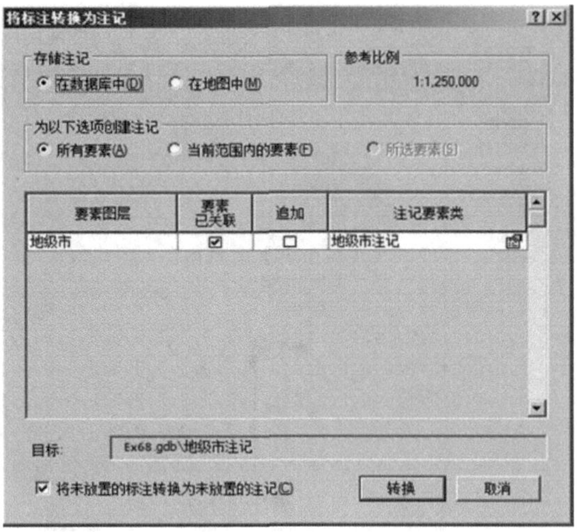

图 68.6　工具参数设置

图 68.7　注记结果

4）设置个别注记的位置及字体大小

在【编辑器】工具条中选择【启动编辑】，调整注记字体大小时，可先选中注记，后设置【绘图】工具条中的【字体大小】进行快捷设置，如图 68.8 所示；也可直接双击注记，打开注记【属性】对话框，选择【更改符号】按钮进行符号的特殊设置，如图 68.9 所示；设置完后，保存编辑，退出编辑状态，如图 68.10 所示。**注**：只有点击【启动编辑】后，才能更改注记的位置和大小。

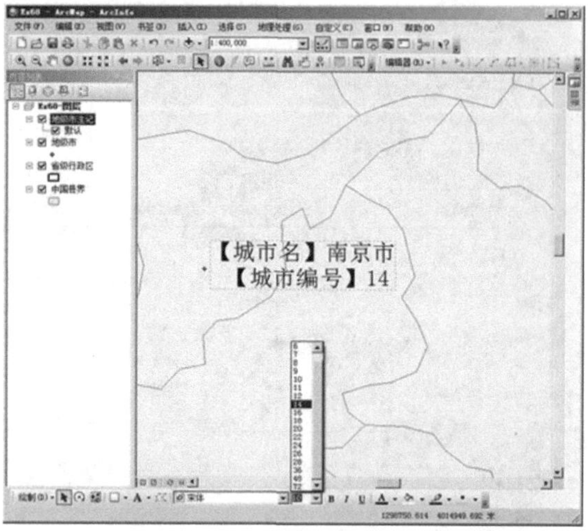

图 68.8　【绘图】工具条快捷设置

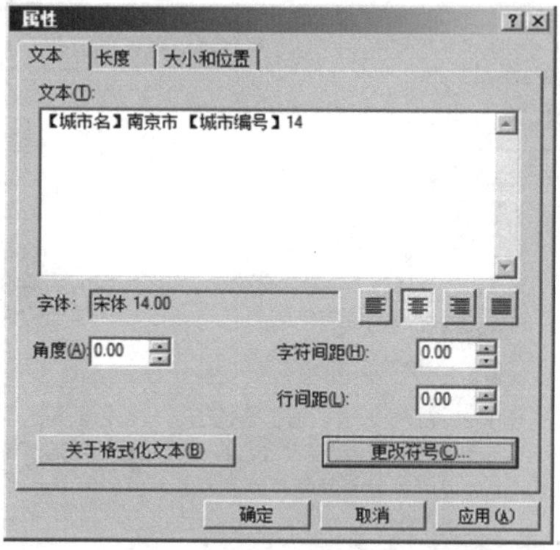

图 68.9　【属性】对话框设置

图 68.10　南京市注记大小被增大

5）创建注记背景面数据

在 ArcToolbox 中，打开【数据管理工具】→【要素】→【最小边界几何】对话框，如图 68.11 所示，设置【输入要素】为“地级市注记”图层，【输出要素类】为“背景.shp”，【几何类型】选择“ENVELOPE”；点击【确定】，得到背景面数据，如图 68.12 所示。

6）设置注记背景透明度

双击“背景”图层，打开【图层属性】对话框，如图 68.13 所示，选择【显示】选项卡，设置【透明度】为“30%”；点击【确定】，背景透明后效果如图 68.14 所示。

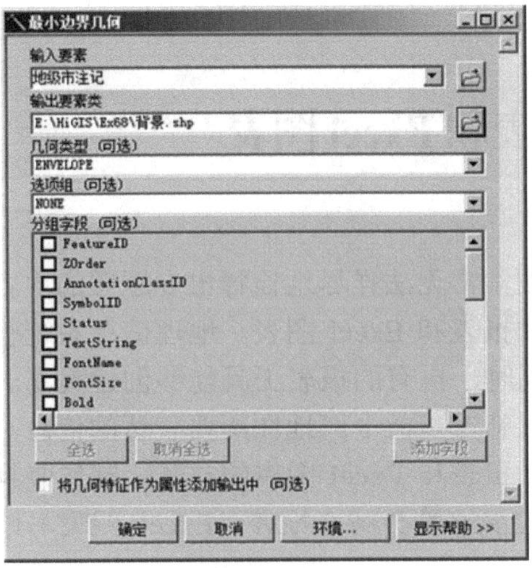

图 68.11　【最小边界几何】参数设置

图 68.12　背景面数据

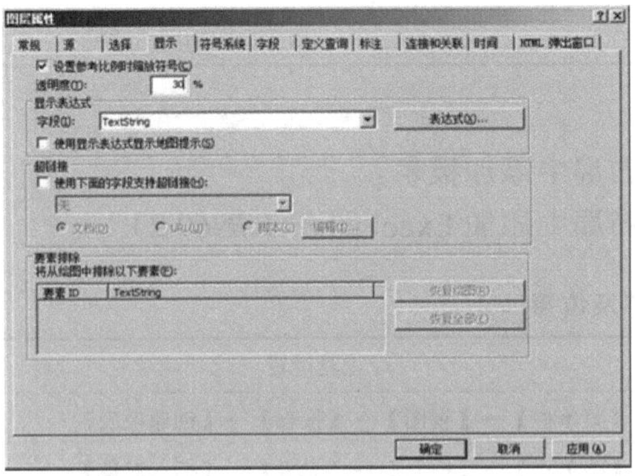

图 68.13　【显示】选项卡

图 68.14　背景透明后效果

实验 69　布局中添加报表和 Excel 图表

【实验背景】

在对地理数据进行制图表达时，仅依托地理数据常常无法详尽地诠释出专题图的内容，需要借助一些统计图和表格进行属性信息的表达，如报表和 Excel 图表。地理信息系统软件支持导入 Excel 图表进行更加丰富的统计图表达。同时，自有的报表工具能够创建美观的表格数据，将地图中特定图层的属性信息进行罗列，以补充当前专题地图所要表达的信息。

本实验讲述使用地理信息系统软件在布局中添加报表和 Excel 图表的方法，制作兼具地图数据与统计数据的专题图。读者通过实验练习，应能够学会结合报表、Excel 图表与地图数据进行更丰富的专题图制作。

【实验数据】

实验数据如表 69.1 所示。

表 69.1　实验数据

图层名称	格式	坐标系	说明
province	Shapefile 面要素	Unknown	用于地图制图的数据

【解决方法】

（1）使用【创建报表】工具，设置参数，向布局中添加报表。

（2）使用【插入对象】工具，设置参数，向布局中添加 Excel 图表（表 69.2）。

表 69.2　工具名称及位置

工具名称		工具位置
Create Report	创建报表	【菜单栏】→【视图】→【报表】→【创建报表】
Insert Object	插入对象	【菜单栏】→【插入】→【对象】→【插入对象】

【实验步骤】

1）加载省份数据

打开 ArcMap 软件，加载省份数据；选择【菜单栏】→【视图】→【布局视图】进入制图布局状态，如图 69.1 所示；打开省份图层属性表，字段“CountyNum”为该省份包含的县图斑个数，如图 69.2 所示。

2）制作报表

打开【菜单栏】→【视图】→【报表】→【创建报表】工具，【图层/表】设置为“province”，【报表视图内容字段】设置为“ProvinceId”，【报表字段】中添加字段“ProvinceId”和“CountyNum”，如图 69.3 所示，点击【下一步】；根据实际情况，设置分组级别，本例中默认，如图 69.4 所示，点击【下一步】；设置按照“ProvinceId”字段进行升序排列显示整个报表内容，如图 69.5 所示，点击【下一步】；根据实际情况设置【布局】和【方向】，本例默认参数，如图 69.6 所示；点击【下一步】，设置显示字体的样式，本例默认，如图 69.7 所示；点击【下一步】，设置报表的标题为“各省份图形包含的县斑块数量”，如图 69.8 所示；点击【完成】，自动生成报表查看器，如图 69.9 所示。

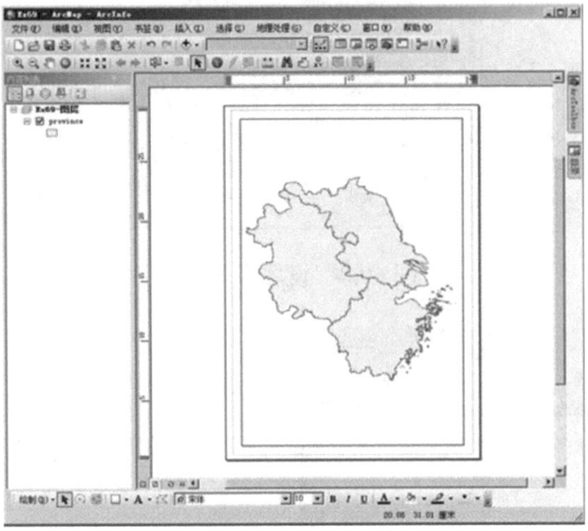

图 69.1　制图布局

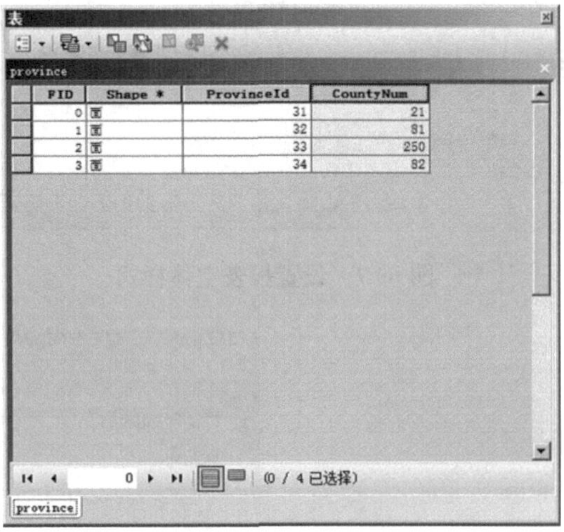

图 69.2　省份属性表

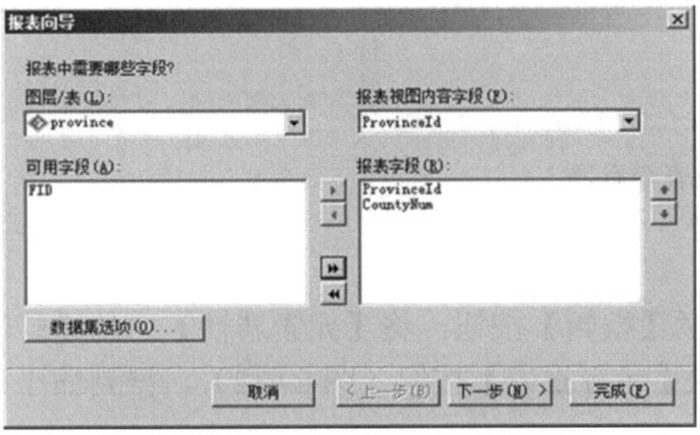

图 69.3　设置报表字段

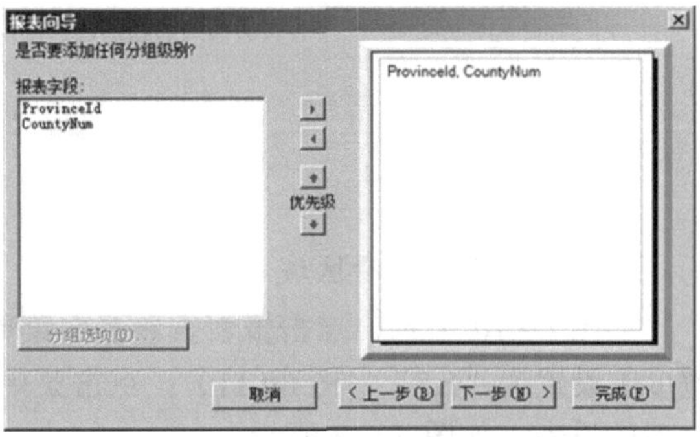

图 69.4　设置报表分组级别

图 69.5　设置报表排序字段

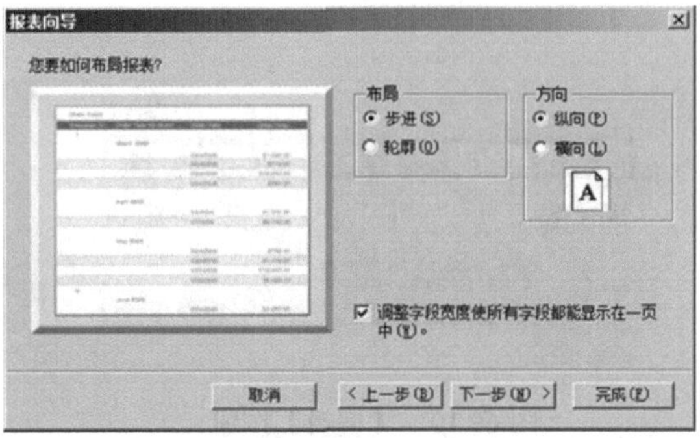

图 69.6　设置报表布局样式

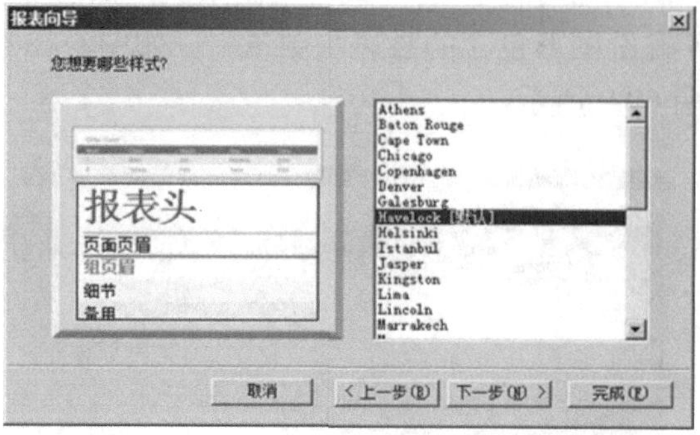

图 69.7　设置报表字体样式

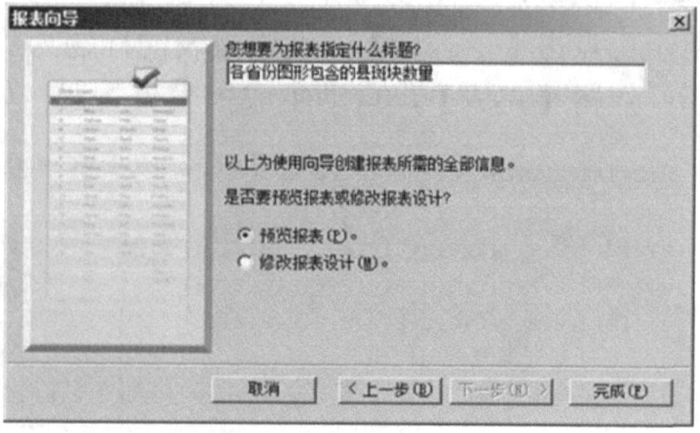

图 69.8　设置报表标题

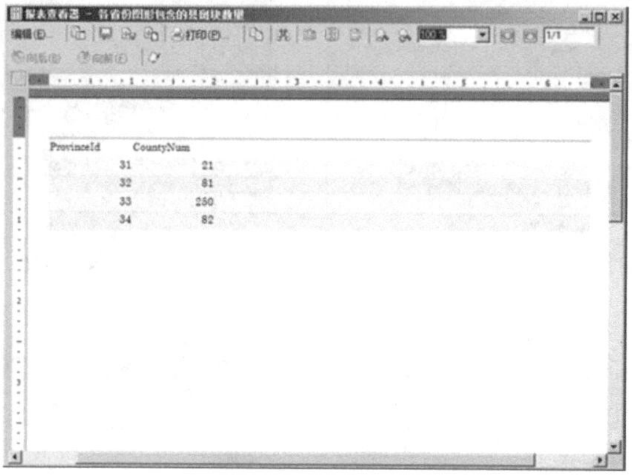

图 69.9　报表查看器

3）编辑报表显示区域

如图 69.10 所示，点击报表查看器中菜单栏【编辑】按钮，将【元素属性】中的【打印宽度】设置为“1.5”（图 69.11）；点击菜单栏【运行报表】按钮（图 69.12），得到缩小列宽后的报表，如图 69.13 所示。

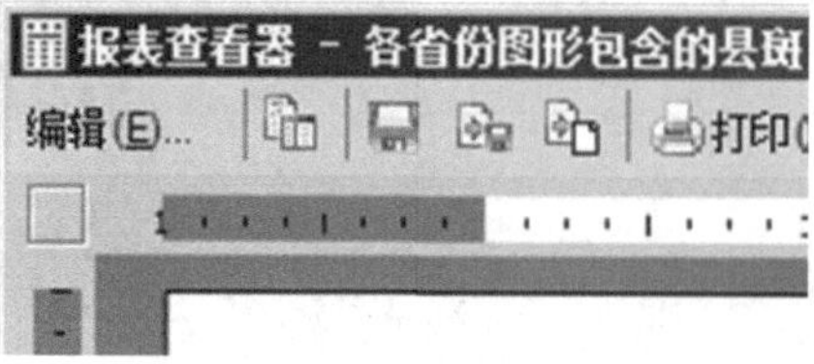

图 69.10　【编辑】按钮

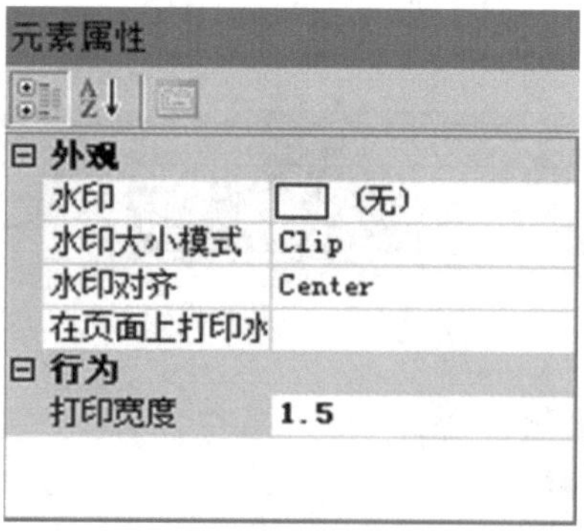

图 69.11　设置打印宽度参数

图 69.12　运行报表按钮

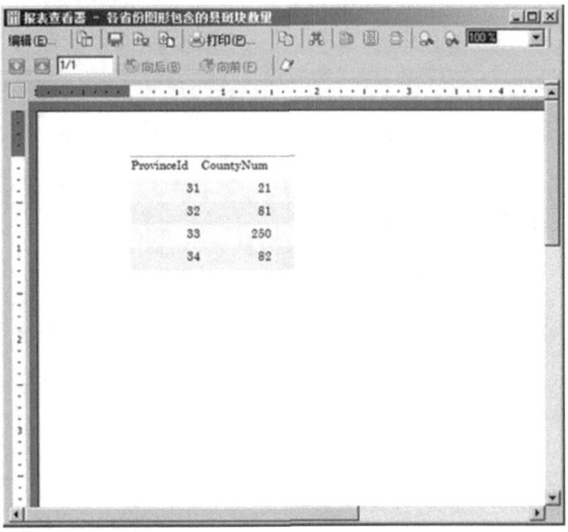

图 69.13　修改后报表

4）添加报表至视图区

如图 69.14 所示，在报表查看器中，菜单栏提供 3 个选项支持将报表：①存储为报表文档文件（rdf 格式）；②导出报表为其他文件（pdf、tif、txt、excel 等格式）；③添加至 ArcMap 布局；本例选择将报表添加至 ArcMap 布局制图中作为表格显示，如图 69.15 所示；关闭报表查看器。添加入制图布局中的结果如图 69.16 所示。

图 69.14　保存、导出报表工具

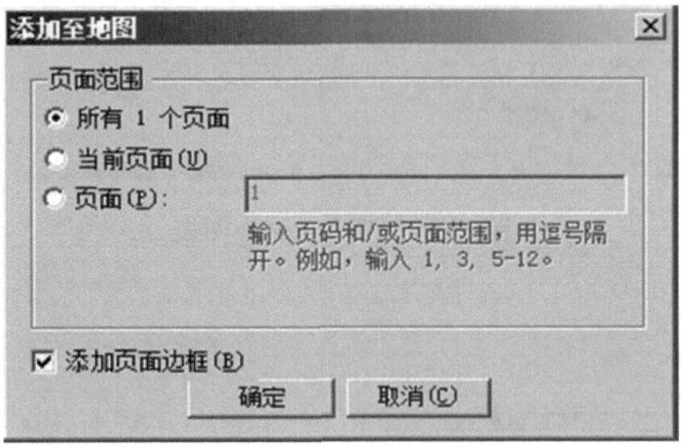

图 69.15　导出格式

5）添加 Excel 图表

如图 69.17 所示，打开【菜单栏】→【插入】→【插入对象】对话框，选择“Microsoft Excel 图表”后自动打开 Excel 软件，默认提供了测试数据，如图 69.18 所示；选中“Chart1”工作簿，选择【更改图表类型】按钮，按需要选择相应的图表类型选项，如图 69.19 所示；点击【确定】，得到该数据的图表。保存后关闭 Excel 软件，该图表被添加入当前制图布局中，如图 69.20 所示。**注**：本例仅适用默认数据来叙述该工具的使用。

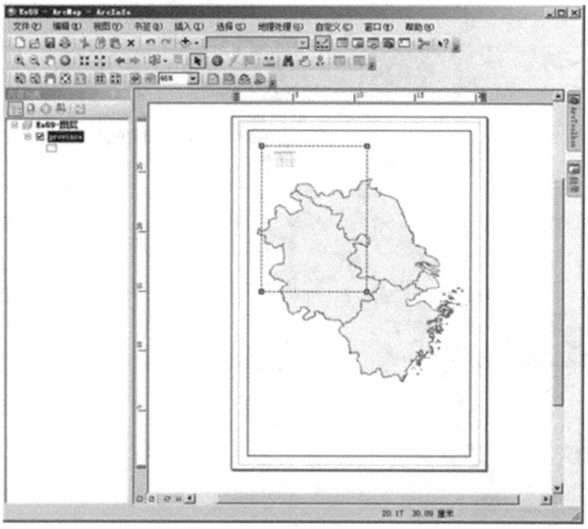

图 69.16　添加入制图布局中

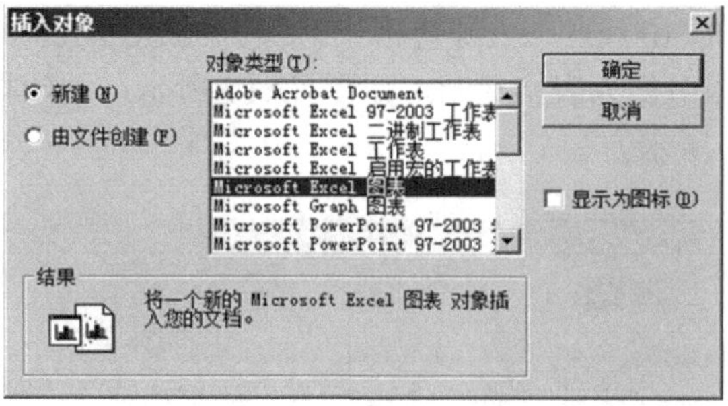

图 69.17　插入 Excel 图表

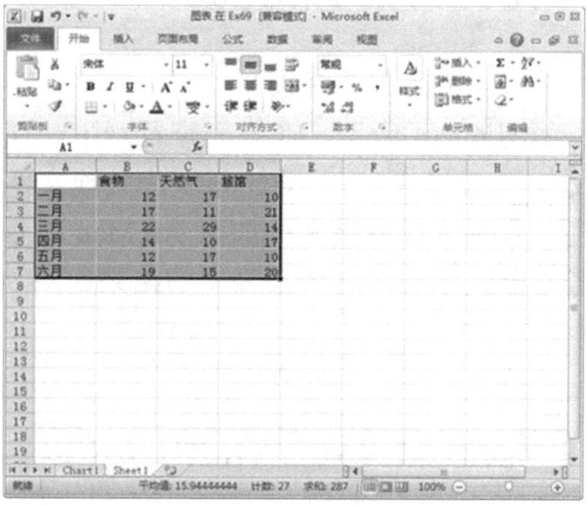

图 69.18　Excel 数据工作簿

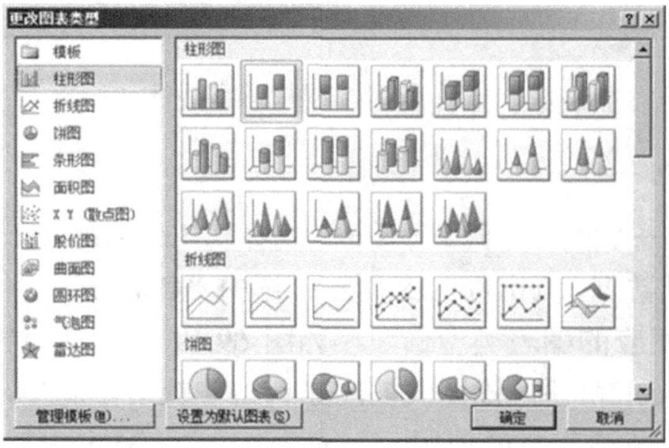

图 69.19　设置图表类型

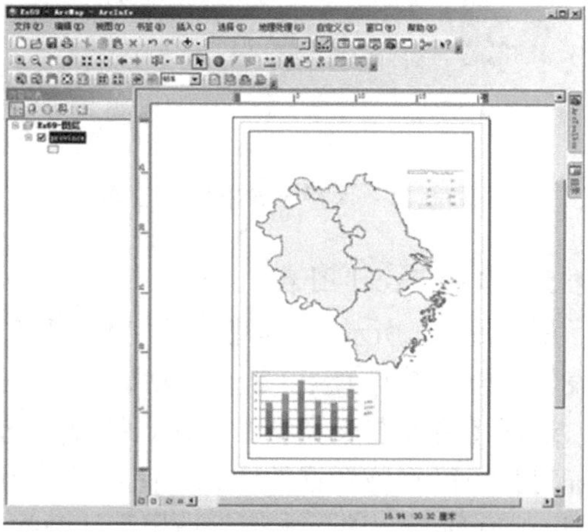

图 69.20　插入图表至布局制图

实验 70　三维块状化表达 DEM

【实验背景】

作为栅格地理数据，DEM 数据具有 2.5 维的特征，能够以三维表面的形式进行三维空间表达。但受其数据结构的影响，无法直接以拉伸形式进行三维表达，如拉伸 DEM 格网形成块状化地形场景。而对于矢量数据来说，能够方便地使用拉伸功能进行三维块状化显示。

本实验讲述使用地理信息系统软件实现三维块状化表达 DEM 的方法，将 DEM 转换为矢量面数据以实现格网拉伸。读者通过实验练习，应能够理解不同数据格式的三维显示方法，掌握以块状化表达 DEM 三维场景的方法。

【实验数据】

实验数据如表 70.1 所示。

表 70.1　实验数据

图层名称	格式	坐标系	说明
dem	GRID 栅格	Krasovsky_1940_Transverse_Mercator	用于实验的原始数据

【解决方法】

（1）使用【转为整型】工具，输入栅格数据，生成整型栅格数据。

（2）使用【栅格转面】工具，输入栅格数据，生成矢量面数据。

（3）设置【拉伸】参数，实现块状化表达的三维地形（表 70.2）。

表 70.2　工具名称及位置

工具名称		工具位置
Int	转为整型	【ArcToolbox】→【Spatial Analyst 工具】→【数学】→【转为整型】
Raster to Polygon	栅格转面	【ArcToolbox】→【转换工具】→【由栅格转出】→【栅格转面】
Extrusion	拉伸	【图层属性】→【拉伸】

【实验步骤】

1）栅格转整型

在 ArcToolbox 中，打开【Spatial Analyst 工具】→【数学】→【转为整型】对话框，如图 70.1 所示，【输入栅格数据或常量值】设置为“dem”，【输出栅格】设置为“int”；点击【确定】，得到转整型后的栅格数据，如图 70.2 所示。注：本例中的 dem 数据为浮点型，若实际情况下的 dem 为整型，则不必执行此操作。

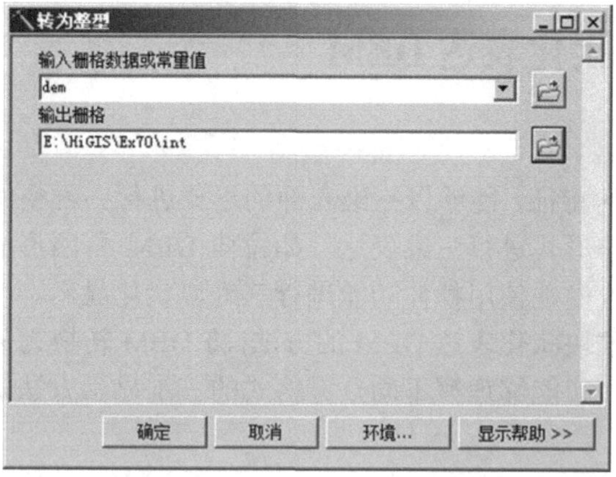

图 70.1　【转为整型】参数设置

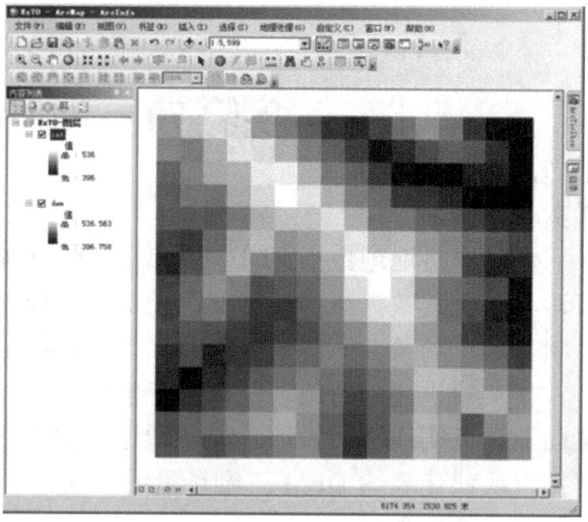

图 70.2　转整型后的结果

2）栅格转矢量面数据

打开【转换工具】→【由栅格转出】→【栅格转面】对话框，如图 70.3 所示，【输入栅格】设置为“int”，【字段】设置为“VALUE”，【输出面要素】设置为“plg”，取消勾选【简化面】选项；点击【确定】，得到栅格转面后的矢量面数据，如图 70.4 所示。**注**：在转换过程中，具有相同值的相邻栅格会被融合至同一面内部，即矢量面数据可能包含大片等值的栅格。

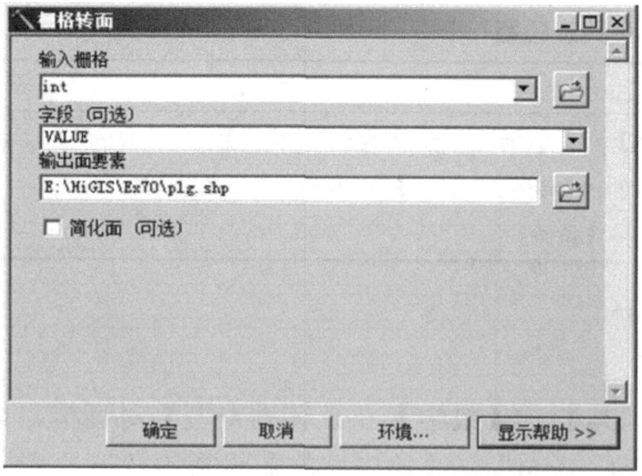

图 70.3　【栅格转面】参数设置

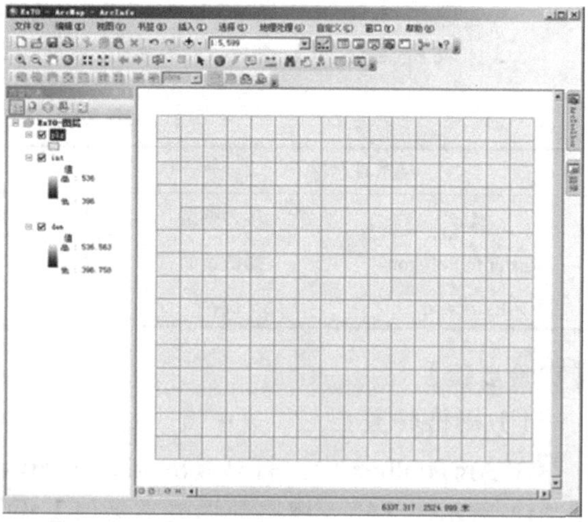

图 70.4　矢量面结果

3）三维块状化表达

打开 ArcScene 软件，加载矢量面数据 plg；双击 plg 图层，打开【图层属性】对话框，选择【拉伸】选项卡，如图 70.5 所示，勾选【拉伸图层中的要素。可将点拉伸成垂直线，将线拉伸成墙面，将面拉伸成街区。】，打开【表达式构建器】，输出表达式：[GRIDCODE]

－200，如图 70.6 所示；选择【符号系统】选项卡，如图 70.7 所示，【显示】方式选择【类别】→【唯一值】，【值字段】选择“GRIDCODE”，点击【添加所有值】按钮，调整颜色使得其按值从小到大的顺序逐渐变红；点击【确定】，得到块状化表达的三维地形，如图 70.8 所示。

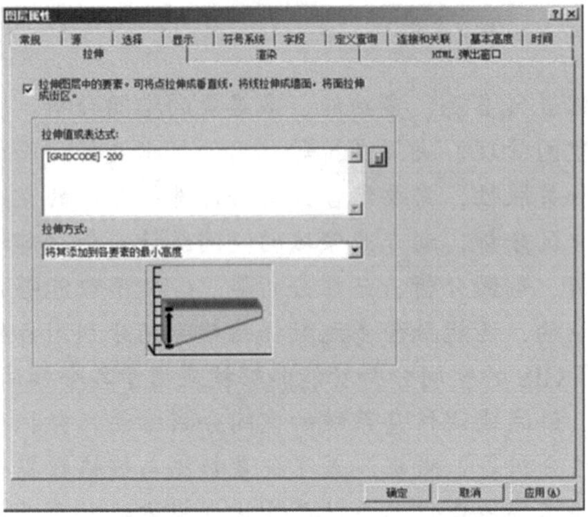

图 70.5　【拉伸】选项卡

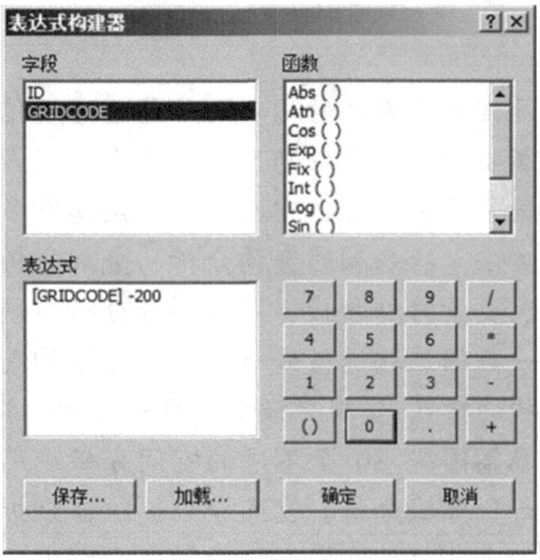

图 70.6　【表达式构建器】参数设置

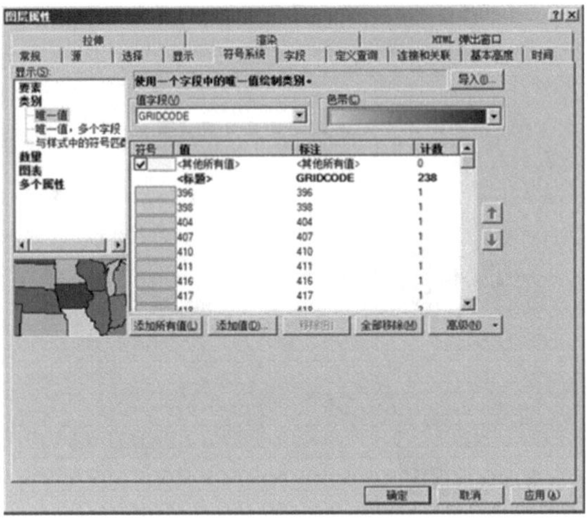

图 70.7　【符号系统】参数设置

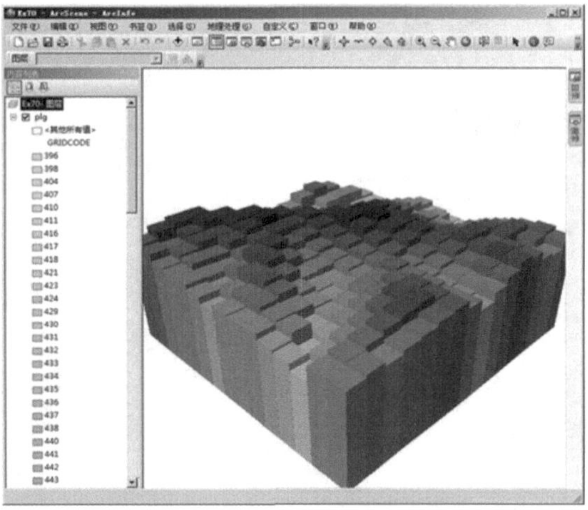

图 70.8　三维块状化表达效果

第四篇　空间分析篇

地理信息系统的核心就是基于地理信息数据进行多元、多功能、多层次的空间分析。空间分析功能是地理信息系统在各个领域内发挥空间管理、决策支持等作用的核心支撑。而面向不同的应用条件，空间分析方法具有多样性和关联性，需要结合分析条件选择合适的空间分析方法。从基础的查询分析、叠加分析、缓冲区分析，到专业领域的空间统计分析、邻近分析、要素特征分析、区域划分分析、趋势分析、剖面分析、三维分析等。GIS 不仅能够针对单一数据结构进行分析，如矢量结构或栅格结构，还能融合多元数据结构，充分利用各数据结构的特点，实现跨模型的数据分析功能，使得 GIS 的空间分析功能能够被应用于各个领域。

本篇围绕 30 个不同的空间分析应用实例，讲述地理信息系统的空间分析方法，包括分区统计、邻域分析、空间分配、综合分析、三维分析等，数据涵盖了矢量数据与栅格数据格式。读者可以从空间分析的解决方案中，理解并掌握地理信息系统最常用分析方法的原理和适用条件，深刻地认识和理解地理信息系统的数据结构，从而达到灵活运用空间分析方法进行空间管理、辅助决策等的目的。

实验 71　多图层叠加查询

【实验背景】

对地理数据进行空间分析时，最常用的分析操作就是查询。查询包括属性查询和位置查询，即基于要素属性进行查询和基于要素位置进行查询。基于位置的查询是进行多图层叠加分析的常用功能，突出了地理数据最关键的属性——位置，如查询某河流所流经的区域、某公路横跨的省份等。

本实验讲述使用地理信息系统软件实现多图层叠加查询的方法，通过河流线数据查询其所覆盖的格网单元。读者通过实验练习，应能够理解基于位置查询的基本思想，掌握该查询方法的运用。

【实验数据】

实验数据如表 71.1 所示。

表 71.1　实验数据

图层名称	格式	坐标系	说明
river	Shapefile 线要素	China_Lambert_Conformal_Conic	用于叠加查询的数据
grid	Shapefile 面要素	China_Lambert_Conformal_Conic	用于叠加查询的数据

【解决方法】

（1）使用【按位置选择图层】工具，设置查询参数，得到叠加查询结果。

（2）使用【导出数据】工具，导出叠加查询的结果数据（表 71.2）。

表 71.2　工具名称及位置

工具名称		工具位置
Select By Location	按位置选择图层	【菜单栏】→【选择】→【按位置选择图层】
Export Data	导出数据	【右键菜单】→【数据】→【导出数据】

【实验步骤】

1）查询河流经过的格网

如图 71.1 所示，打开【菜单栏】→【选择】→【按位置选择】工具，【目标图层】设置为格网数据“grid”，【源图层】设置为河流数据“rivers”，【空间选择方法】设置为“目标图层要素与源图层要素相交”，如图 71.2 所示；点击【应用】，河流经过的格网数据被高亮显示，如图 71.3 所示。

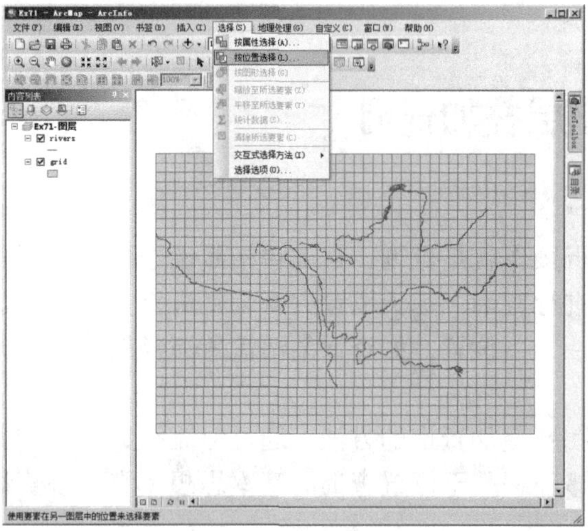

图 71.1　【按位置选择】工具

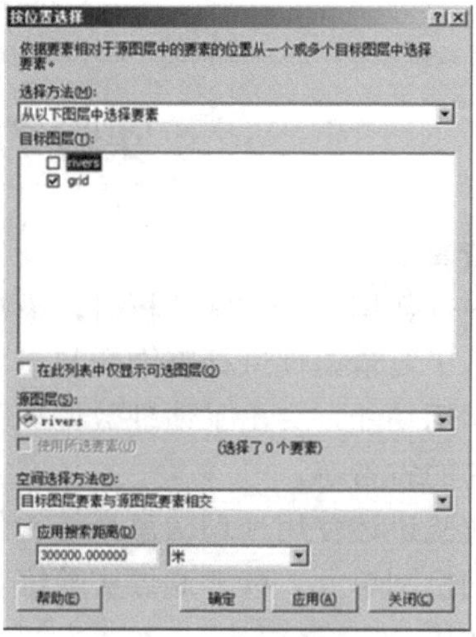

图 71.2　工具参数设置

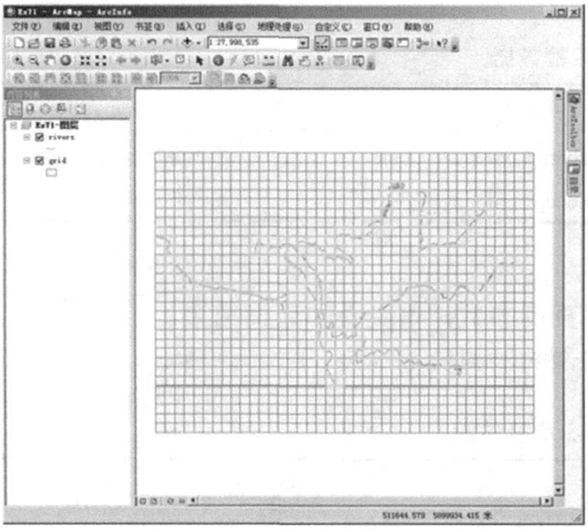

图 71.3　结果被高亮显示

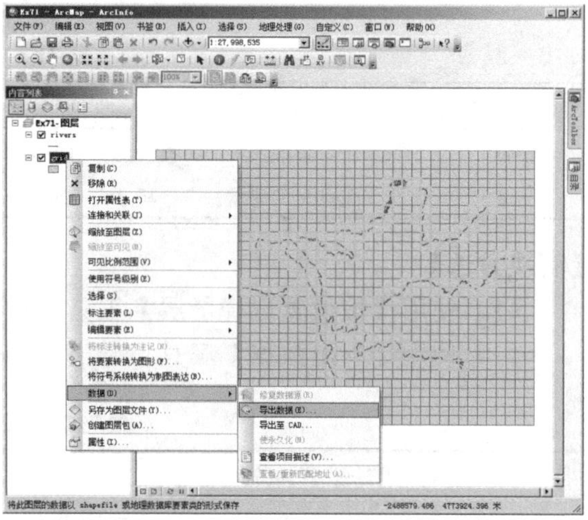

图 71.4　【导出数据】工具

2）导出查询结果

如图 71.4 所示，右击“grid”数据，选择【数据】→【导出数据】，打开【导出数据】对话框，设置存储文件名“result”及路径，如图 71.5 所示。显示结果图层如图 71.6 所示。

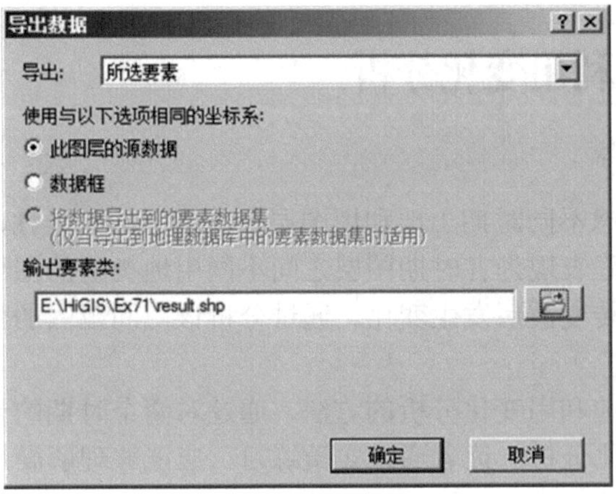

图 71.5　工具参数设置

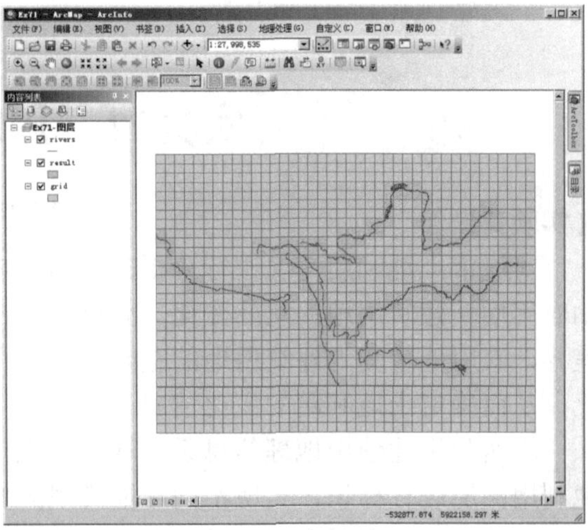

图 71.6　显示结果图层

实验 72　土地利用变化分析

【实验背景】

对城市土地利用情况进行分析时，需要考虑不同时期土地利用图层在空间上的差异性，如农用地转建筑用地的空间变化。而该变化过程表现为各时期图层之间不同用地类型的图形差异，农用地转变为建筑用地的空间范围将在转变前后发生变化，通过分析该空间范围的变化，从而确定土地利用的变化情况。

本实验讲述使用地理信息系统软件实现土地利用变化分析的方法，通过对两个时期的土地利用图层进行标识，实现不同用地类型的变化分析。读者通过实验练习，应能够理解叠加分析的功能，掌握对多图层进行变化分析的方法。

【实验数据】

实验数据如表 72.1 所示。

表 72.1　实验数据

图层名称	格式	坐标系	说明
1995	Shapefile 面要素	Krasovsky_1940_Albers	用于叠加查询的数据
1998	Shapefile 面要素	Krasovsky_1940_Albers	用于叠加查询的数据

【解决方法】

（1）使用【标识】工具，输入标识要素，生成标识结果数据。

（2）使用【按属性选择】工具，设置查询参数，提取出土地利用变化的区域数据。

（3）使用【导出数据】工具，导出叠加查询的结果数据（表 72.2）。

表 72.2　工具名称及位置

工具名称		工具位置
Identity	标识	【ArcToolbox】→【分析工具】→【叠加分析】→【标识】
Select by Attributes	按属性选择	【属性表】→【表】→【按属性选择】
Export Data	导出数据	【右键菜单】→【数据】→【导出数据】

【实验步骤】

1）执行标识操作

在 ArcToolbox 中，打开【分析工具】→【叠加分析】→【标识】对话框，如图 72.1 所示，【输入要素】设置为“1995”，【标识要素】设置为“1998”，【连接属性】设置为“ALL”。此处选择“ALL”后，两个图层中土地利用的字段会被保留，便于后期提取土地利用变化使用，如图 72.2 所示。

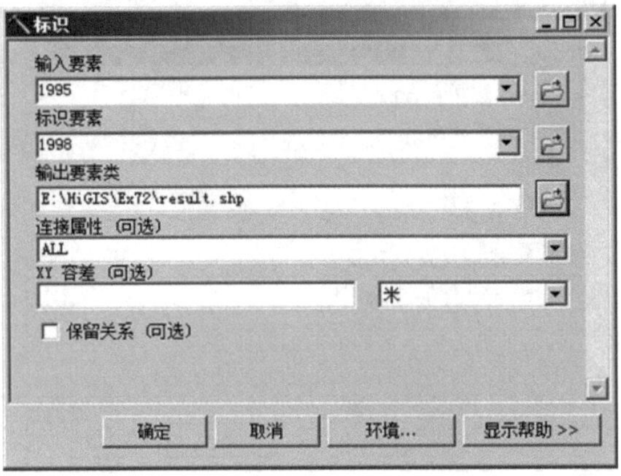

图 72.1　【标识】参数设置

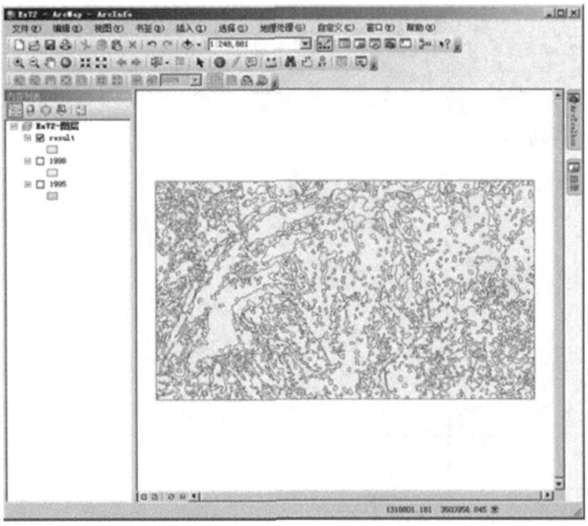

图 72.2　标识后结果

2）提取土地利用变化的区域

1995 年的土地利用字段为“LANDP_ID”，1998 年的土地利用字段为“LAND80_ID”；打开标识结果属性表，点击【表】选项按钮，选择【按属性选择】工具，如图 72.3 所示；输入表达式："LANDP_ID"< >"LAND80_ID"，即两个字段不相等的记录为变化的区域，如图 72.4 所示；右击“result”数据，选择【数据】→【导出数据】，打开【导出数据】对话框，如图 72.5 所示；设置存储文件名“land_change”及路径，如图 72.6 所示。变化区域提取结果数据如图 72.7 所示。

图 72.3　【按属性选择】工具

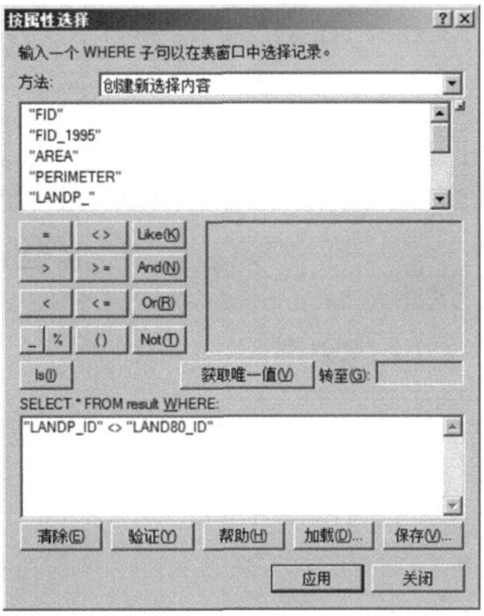

图 72.4　选择表达式

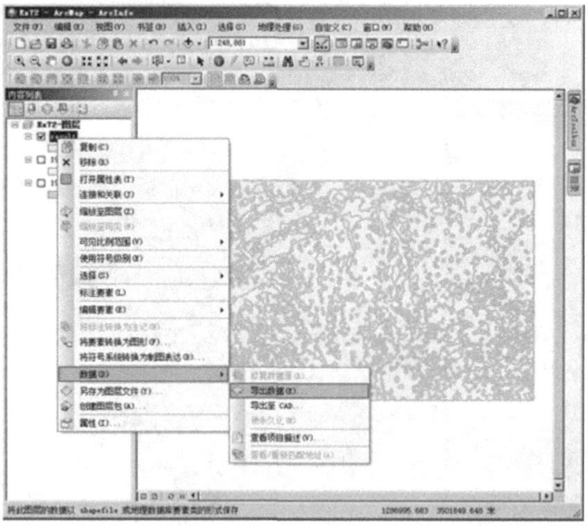

图 72.5　【导出数据】工具

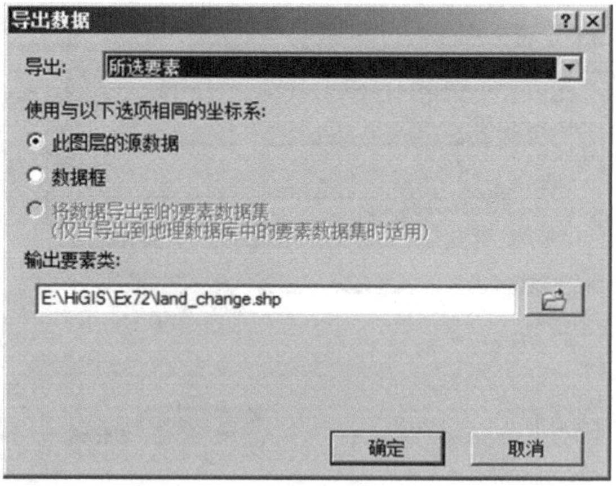

图 72.6　【导出数据】参数设置

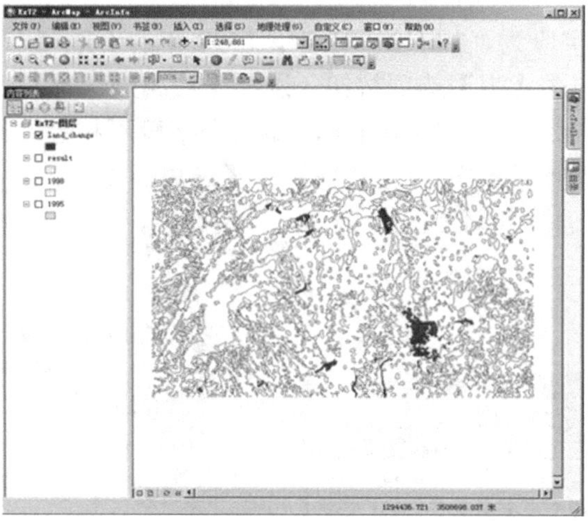

图 72.7　变化区域提取结果

实验 73　创建闭合线内部缓冲区

【实验背景】

缓冲区分析是基于地理数据进行空间分析的重要方法之一，分析对象包括点要素、线要素和面要素。线要素不具有宽度属性，对其进行缓冲区分析时，以线要素的两侧作为分析范围。创建线要素的单侧缓冲区时，需要进行后期处理，如对闭合线创建内部缓冲区。

本实验讲述使用地理信息系统软件实现闭合线内部缓冲区的创建方法，分析内部缓冲区相对线要素方向的位置特征，实现有效创建。读者通过实验练习，应能够理解缓冲区的分析原理，掌握特殊缓冲区的创建方法。

【实验数据】

实验数据如表 73.1 所示。

表 73.1　实验数据

名称	格式	坐标系	说明
line	Shapefile 线要素	Krasovsky_1940_Transverse_Mercator	用于生成缓冲区的线要素

【解决方法】

（1）使用【缓冲区】工具，输入线要素，生成初始内部缓冲区。

（2）使用【要素转面】工具，输入线要素，生成线要素涵盖范围。

（3）使用【裁剪】工具，输入缓冲区与涵盖范围，生成线要素内部缓冲区（表 73.2）。

表 73.2　工具名称及位置

工具名称		工具位置
Buffer	缓冲区	【ArcToolbox】→【分析工具】→【邻域分析】→【缓冲区】
Feature To Polygon	要素转面	【ArcToolbox】→【数据管理工具】→【要素】→【要素转面】
Clip	裁剪	【ArcToolbox】→【分析工具】→【提取】→【裁剪】

【实验步骤】

1）符号化线的方向

双击线图层，打开【图层属性】对话框，选择【符号系统】选项卡，如图 73.1 所示；点击【符号】按钮，打开【符号选择器】对话框；如图 73.2 所示，在符号库中，选择“Arrow at End”符号，点击【确定】；可以观察到，该线的方向是顺时针方向；因此，该线的内部缓冲区范围在沿线方向的右侧。

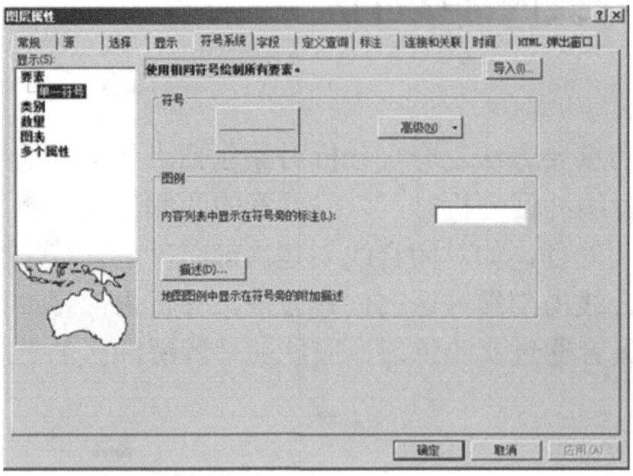

图 73.1　属性对话框

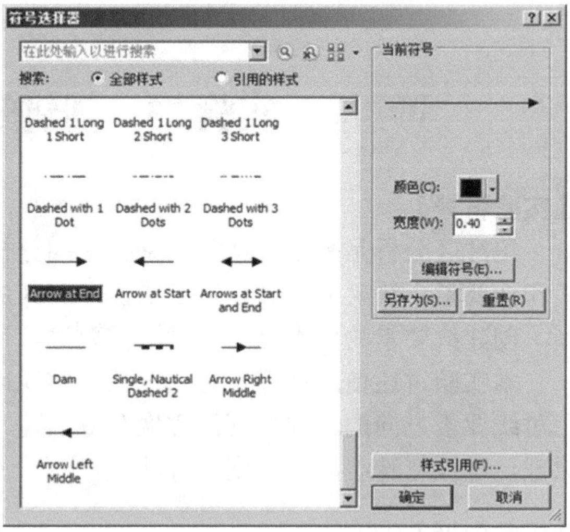

图 73.2　符号选择器

2）创建内部缓冲区

在 ArcToolbox 中，打开【分析工具】→【邻域分析】→【缓冲区】对话框，如图 73.3 所示，【输入要素】设置为“line”，【输出要素类】设置为“buffer”，【距离】值设置为“300 米”，【侧类型】设置为“RIGHT”，【末端类型】设置为“FLAT”，其余参数默认；点击【确定】，得到线内部缓冲区图层，如图 73.4 所示。

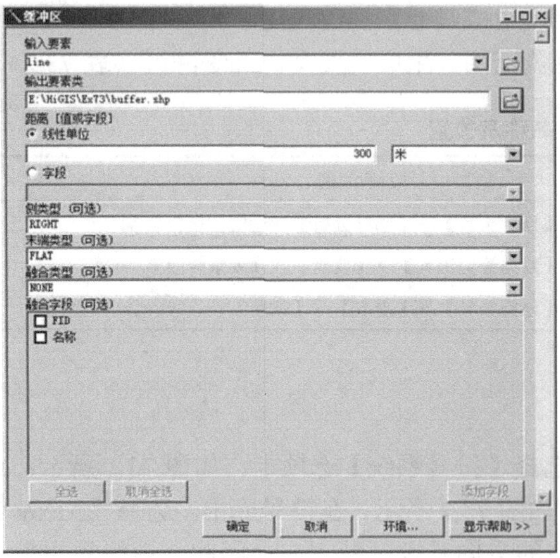

图 73.3　【缓冲区】参数设置

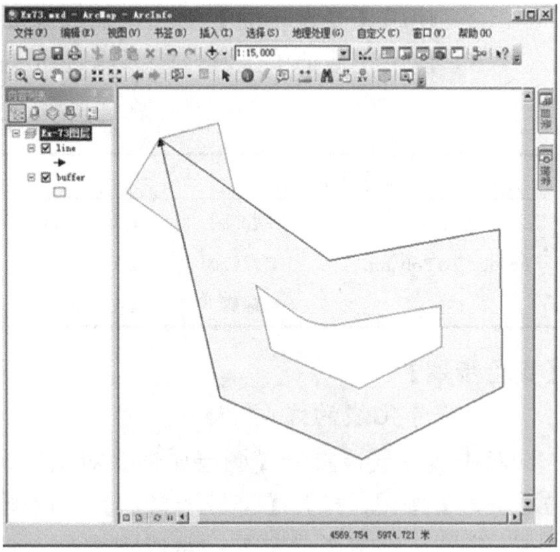

图 73.4　生成内侧缓冲区

3）处理缓冲区

若出现如图 73.5 的情况，内侧缓冲区超出界限，则要对结果进行进一步的处理。打开【数据管理工具】→【要素】→【要素转面】对话框，【输入要素】设置为“line”，【输出要素类】设置为“polygon”；点击【确定】，得到线要素涵盖的区域面要素，如图 73.6 所示；打开【分析工具】→【提取】→【裁剪】对话框，如图 73.7 所示，【输入要素】设置为“buffer”，【裁剪要素】设置为“polygon”，【输出要素类】设置为“buffer_clip”；点击【确定】，得到线要素内部完整缓冲区，如图 73.8 所示。

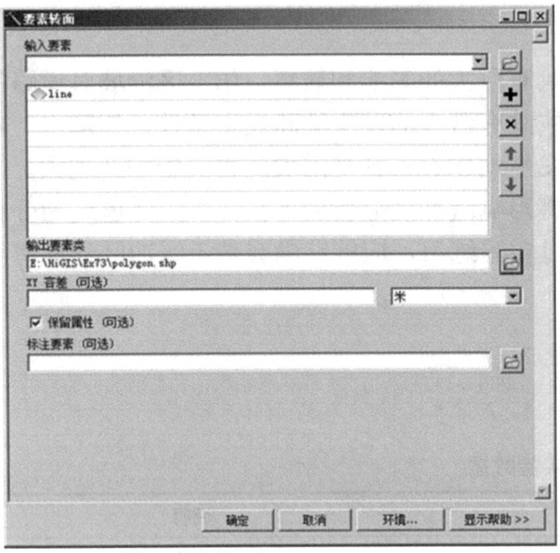

图 73.5　【要素转面】参数设置

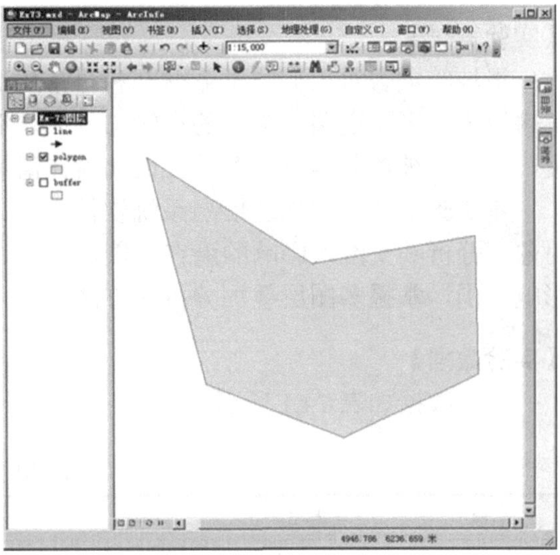

图 73.6　线要素涵盖区域

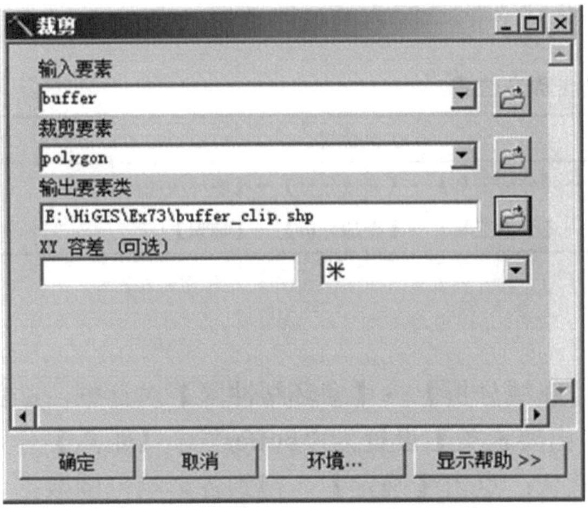

图 73.7　【裁剪】参数设置

图 73.8　完整内部缓冲区

实验 74　灾害影响缓冲区分析

【实验背景】

滑坡等灾害对人们的生命财产和日常生活具有巨大的影响和破坏，如山区滑坡对道路的危害巨大，影响道路上来往的车辆与行人。滑坡具有潜在的发生地和发生条件，如降水、坡度、地表植被覆盖等发生条件。而离潜在滑坡发生地越近，其受滑坡灾害的影响就越大。

本实验讲述使用地理信息系统软件实现灾害影响缓冲区分析的方法，以山区道路为分析对象，分析其受滑坡影响的潜在范围。读者通过实验练习，应能够学会基于缓冲区计算滑坡影响范围，掌握多图层叠加分析的方法。

【实验数据】

实验数据如表 74.1 所示。

表 74.1　实验数据

名称	格式	坐标系	说明
road	Shapefile 线要素	Unknown	受灾害影响的道路数据
area	Shapefile 面要素	Unknown	灾害范围数据

【解决方法】

（1）使用【多环缓冲区】工具，设置距离条件，生成灾害影响的范围数据。

（2）使用【标识】工具，输入道路数据，生成各影响区内的道路数据（表 74.2）。

表 74.2　工具名称及位置

工具名称		工具位置
Multiple Ring Buffer	多环缓冲区	【ArcToolbox】→【分析工具】→【邻域分析】→【多环缓冲区】
Identity	标识	【ArcToolbox】→【分析工具】→【叠加分析】→【标识】

【实验步骤】

1）计算潜在影响范围数据

在 ArcToolbox 中，打开【分析工具】→【邻域分析】→【多环缓冲区】对话框，如图 74.1 所示，【输入要素】设置为“area”，【输出要素类】设置为“buffer”，【距离】分别设置为“100、200、300 和 400”，其余参数默认；点击【确定】，得到各影响范围数据，如图 74.2 所示。注：本例中潜在影响范围设定为以上 4 个距离范围；由于本例中数据坐标系为“Unknown”，因此缓冲区单位选择“Default”；若实际操作是数据具有坐标系单位，请务必选择该坐标系下的距离单位，否则无法生成。

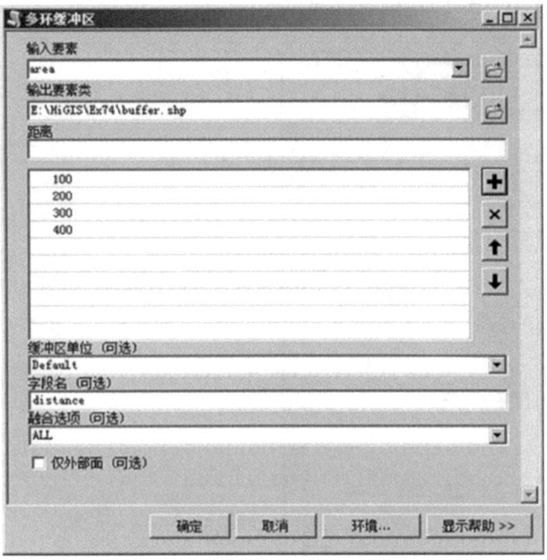

图 74.1　【多环缓冲区】参数设置

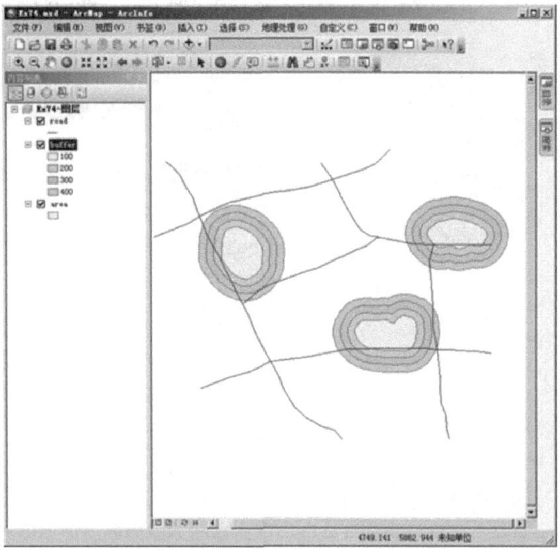

图 74.2　多环缓冲区结果

2）叠加分析各影响区内的道路

打开【分析工具】→【叠加分析】→【标识】对话框，如图 74.3 所示，【输入要素】设置为“road”，【标识要素】设置为“buffer”，【输出要素类】设置为“buffer_affect”，其余参数默认；点击【确定】，得到各影响区内的道路数据，如图 74.4 所示。

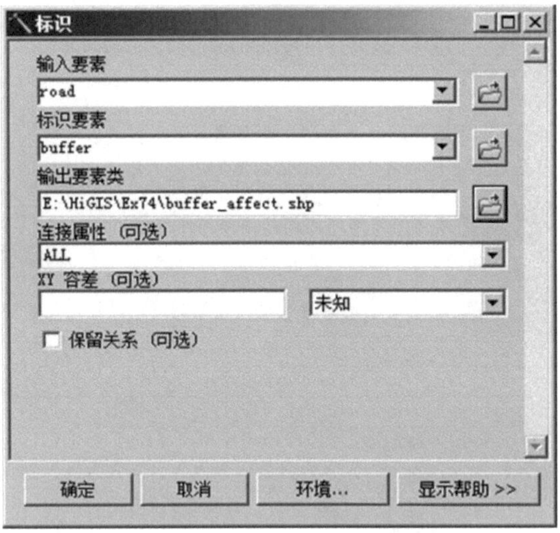

图 74.3　【标识】参数设置

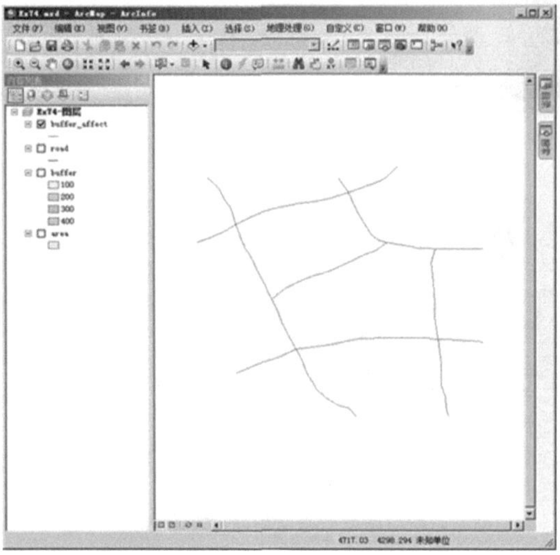

图 74.4　不同影响程度道路

3）符号化显示不同影响下的道路

双击 buffer_affect 图层，打开【图层属性】对话框；选择【符号系统】选项卡，【显示】方法选择【类别】，【值字段】设置为“distance”；点击【添加所有值】按钮后，列出了当前 4 个不同的影响级别（0 表示未受影响，使用细线表示）。为了突出显示不同影响级别，按照线符号粗细来表示受影响强度，显示结果如图 74.5 所示。

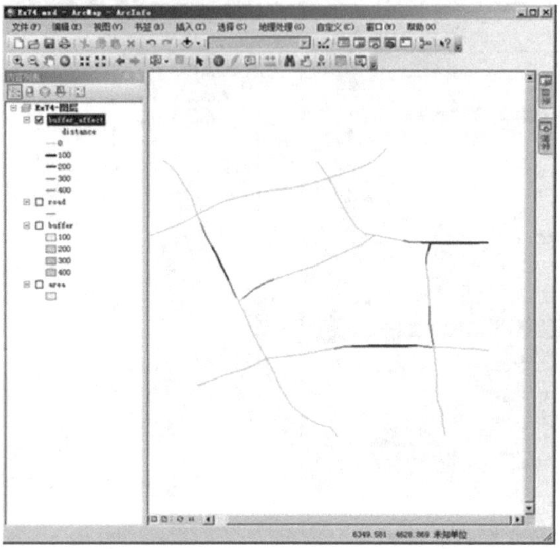

图 74.5　符号化显示道路

实验 75　气体扩散空间分析

【实验背景】

在对城市空间进行分析时，可将城市空间分为开敞空间和密闭空间。开敞空间可认为是建筑体以外的空间，即道路、绿地等。而建筑体可视为一般的密闭空间，不考虑建筑体内部空间。当物质在城市空间中扩散时，只能在开敞空间进行扩散，如气体。

本实验讲述使用地理信息系统软件进行气体扩散的空间分析方法，以区域土地利用数据作为数据基础，包括建筑和绿地的斑块数据，而斑块外部的区域为道路数据。读者通过实验练习，应能够理解开敞与密闭空间的概念及其属性特征，学会分析城市空间内的特殊地理对象。

【实验数据】

实验数据如表 75.1 所示。

表 75.1　实验数据

名称	格式	坐标系	说明
spot	Shapefile 点要素	Unknown	气体泄漏地点
landuse	Shapefile 面要素	Unknown	土地利用类型数据

【解决方法】

（1）使用【缓冲区】工具，输入点要素，生成气体扩散的影响范围。

（2）使用【按属性选择】工具，输入查询公式，选中建筑数据。

（3）使用【擦除】工具，输入建筑数据，生成扩散区域数据。

（4）使用【添加字段】工具，创建新字段，用于记录扩散面积。

（5）使用【计算几何】工具，设置工具参数，计算得到扩散面积值（表 75.2）。

表 75.2　工具名称及位置

工具名称		工具位置
Buffer	缓冲区	【ArcToolbox】→【分析工具】→【邻域分析】→【缓冲区】
Select By Attributes	按属性选择	【属性表】→【表选项】→【按属性选择】
Erase	擦除	【ArcToolbox】→【分析工具】→【叠加分析】→【擦除】
Add Field	添加字段	【属性表】→【表选项】→【添加字段】
Calculate Geometry	计算几何	【属性表】→【右键菜单】→【计算几何】

【实验步骤】

1）符号化显示土地利用

右击 landuse 图层，打开【图层属性】对话框，选择【符号系统】选项卡，如图 75.1 所示，【显示】类型选择“类别”下的“唯一值”，【值字段】选择“TYPE”，添加所有值后，将 Building 设置为橙色符号，Grass 设置为绿色符号；点击【确定】，得到符号化后的土地利用数据，如图 75.2 所示。

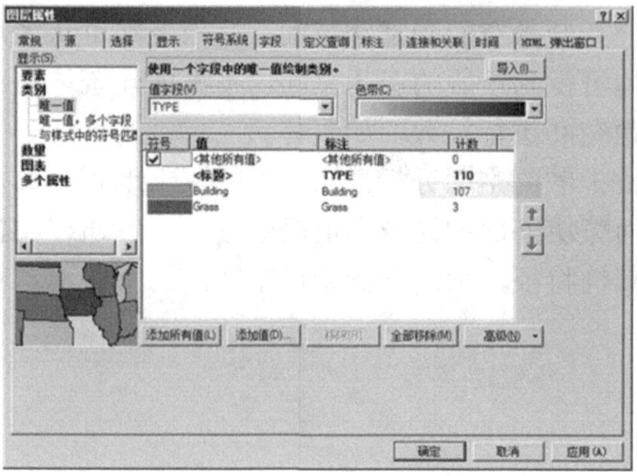

图 75.1　符号系统设置

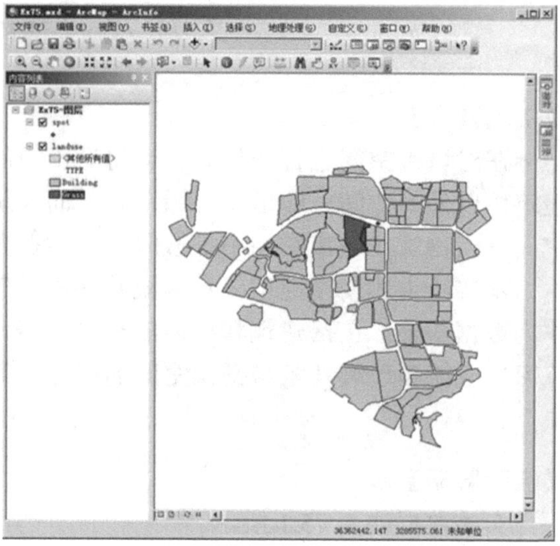

图 75.2　符号化后的土地利用数据

2）计算扩散范围

在 ArcToolbox 中，打开【分析工具】→【邻域分析】→【缓冲区】对话框，如图 75.3 所示，【输入要素】设置为“spot”，【输出要素类】设置为“affected”，【距离】值设置为“300”米；点击【确定】，得到气体扩散的范围数据，如图 75.4 所示。

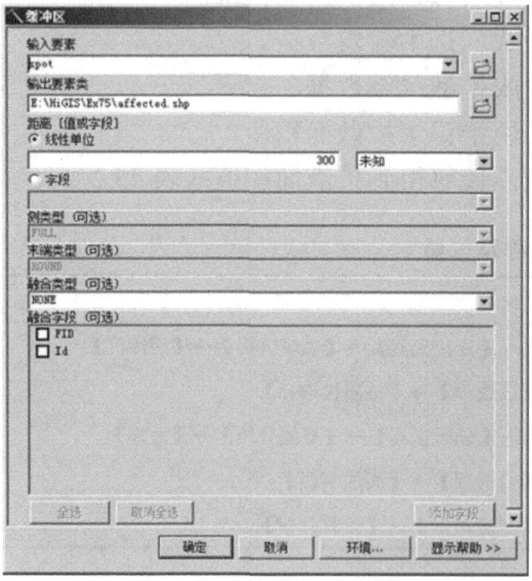

图 75.3　【缓冲区】参数设置

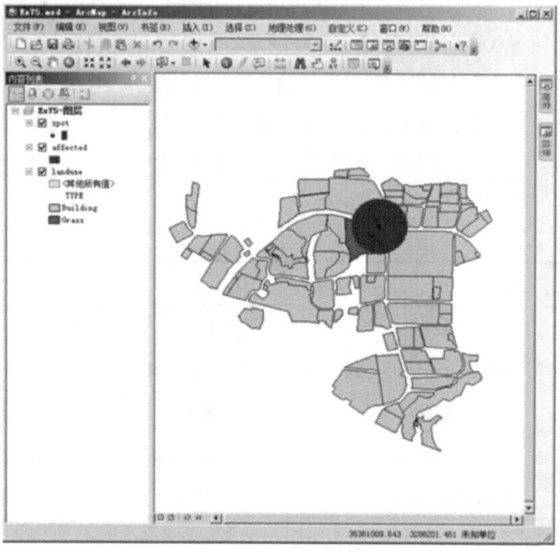

图 75.4　扩散范围数据

3）提取密闭空间——建筑

右击 landuse 图层，打开属性表，打开【表选项】→【按属性选择】对话框，如图 75.5

所示，输入公式："TYPE" = 'Building'；点击【应用】，选中所有建筑要素，如图 75.6 所示。

图 75.5　【按属性选择】参数设置

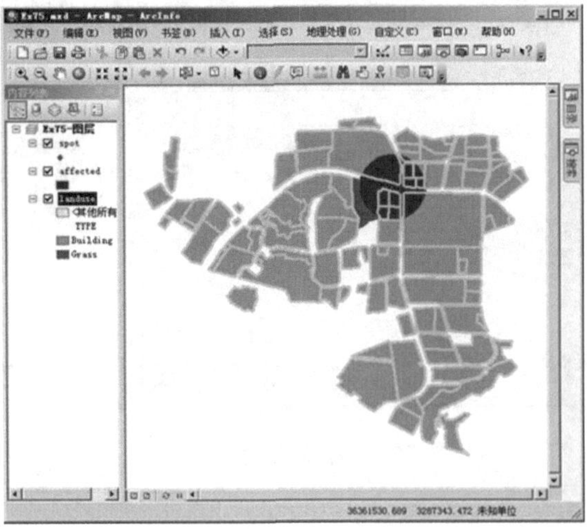

图 75.6　选中所有建筑物

4）提取开敞区域

打开【分析工具】→【叠加分析】→【擦除】对话框，如图 75.7 所示，【输入要素】设置为“affected”，【擦除要素】设置为“landuse”，【输出要素类】设置为“open”；点击【确定】，得到开敞空间数据，如图 75.8 所示。

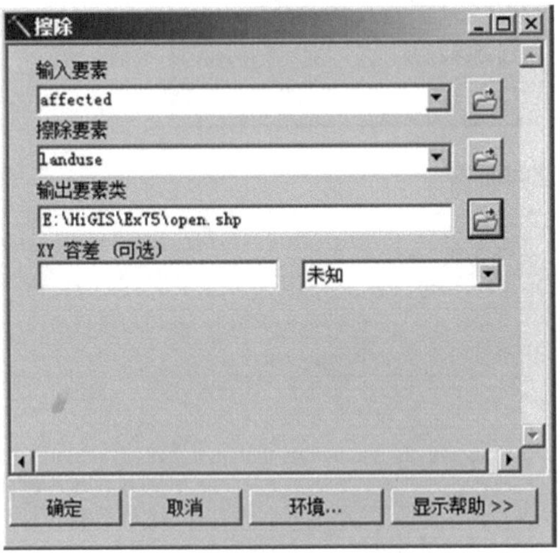

图 75.7　【擦除】参数设置

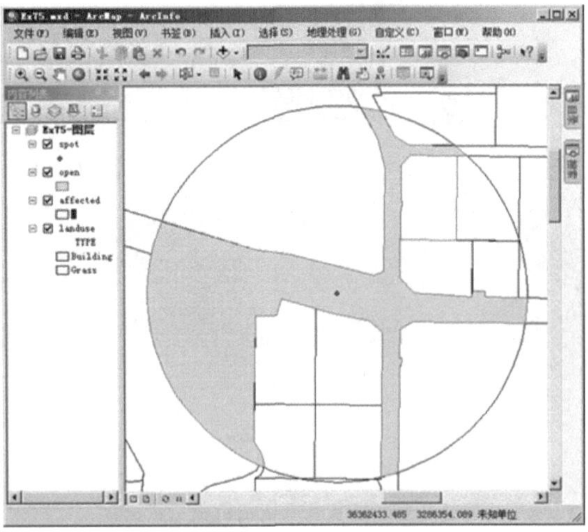

图 75.8　开敞空间数据

5）计算开敞空间面积

打开 open 图层属性表，如图 75.9 所示，【添加字段】中的【名称】设置为“AREA”，【类型】选择“浮点型”；右击 AREA 字段，选择【计算几何】菜单，【属性】选择“面积”，如图 75.10 所示；点击【确定】，得到开敞空间的面积，如图 75.11 所示。

图 75.9　添加字段

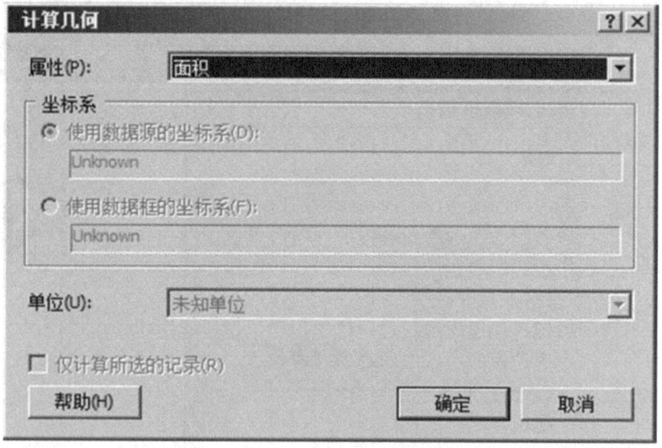

图 75.10　【计算几何】参数设置

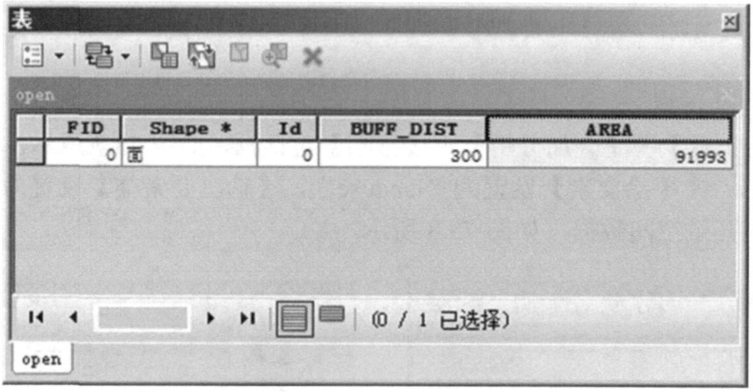

图 75.11　开敞空间面积

实验 76　按格网统计点要素

【实验背景】

点要素是对单个地理事件的抽象表达，能够有效地表达事件的空间位置特征和数量特征，如社交网站用户的实时地理位置分布情况。对点群进行空间分析统计，能够对地理事件的空间分布趋势有很好地把握和信息挖掘，如不同时刻用户的空间聚集区。

本实验讲述使用地理信息系统软件实现按格网统计点要素的方法，以公里网格为统计单元对点群进行空间分析。读者通过实验练习，应能够理解以点要素表达地理事件的优点，学会使用格网分析点群空间分布的统计特征。

【实验数据】

实验数据如表 76.1 所示。

表 76.1　实验数据

名称	格式	坐标系	说明
positions	Shapefile 点要素	Xian_1980_3_Degree_GK_CM_120E	待统计点数据
extent	Shapefile 面要素	Xian_1980_3_Degree_GK_CM_120E	格网范围

【解决方法】

（1）使用【创建鱼网】工具，输入鱼网参数，创建公里网格统计单元。

（2）使用【连接】工具，设置连接参数，得到汇总统计图层（表 76.2）。

表 76.2　工具名称及位置

工具名称		工具位置
Create Fishnet	创建鱼网	【ArcToolbox】→【数据管理工具】→【要素类】→【创建鱼网】
Join	连接	【右键菜单】→【连接和关联】→【连接】

【实验步骤】

1）创建公里网格统计单元

在 ArcToolbox 中，打开【数据管理工具】→【要素类】→【创建鱼网】对话框，如图 76.1 所示，【输出要素类】设置为“grid”，【模板范围】设置为“与图层 extent 相同”，【像元宽度】和【像元高度】都设置为“1000”，根据范围数据计算【行数】和【列数】分别为“34”和“38”，【几何类型】设置为“POLYGON”；点击【确定】，得到公里网格统计单元，如图 76.2 所示。

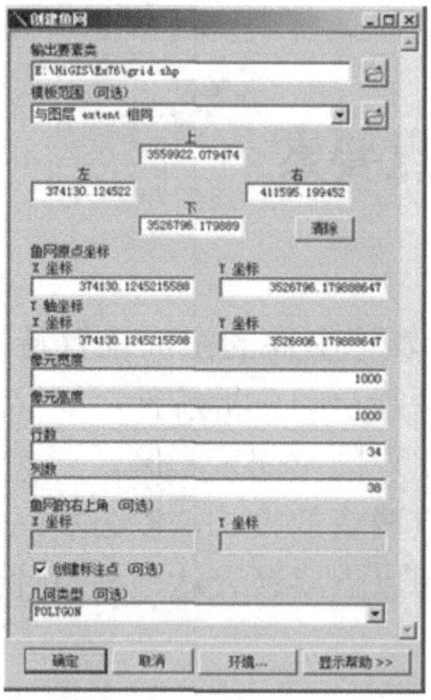

图 76.1　【创建鱼网】参数设置

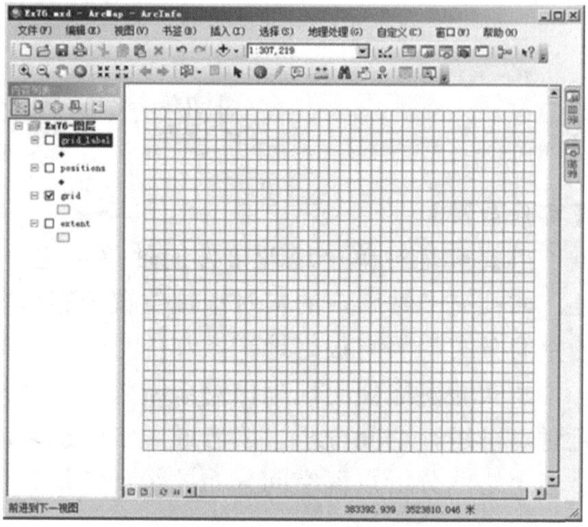

图 76.2　鱼网结果

2）格网统计

右击格网数据“grid”，选择【连接和关联】→【连接数据】对话框，如图 76.3 所示，连接内容设置为“另一个基于空间位置的图层的连接数据”，选择连接到此图层的图层为“positions”，汇总属性选择“总和”，连接结果保存为新图层“statistic”；点击【确定】，得到格网统计结果图层，图层属性表如图 76.4 所示。

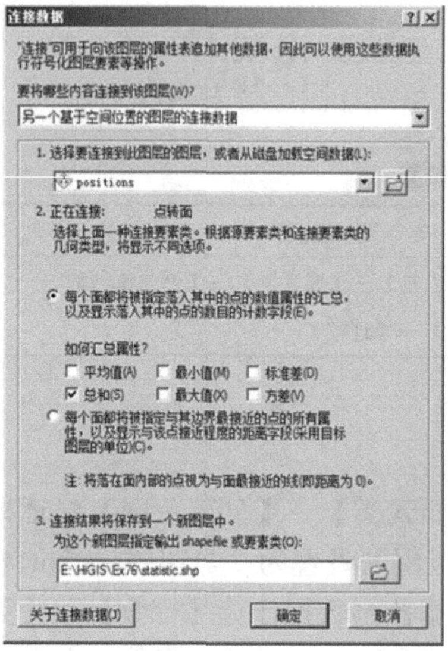

图 76.3　【连接数据】参数设置

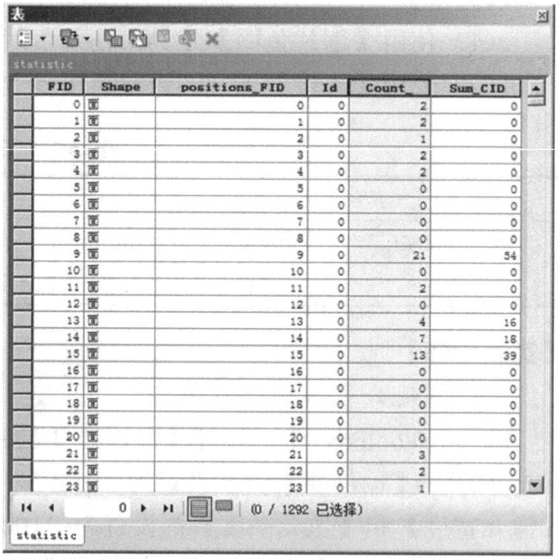
表

statistic

FID	Shape	positions_FID	Id	Count_	Sum_CID
0	面	0	0	2	0
1	面	1	0	2	0
2	面	2	0	1	0
3	面	3	0	2	0
4	面	4	0	2	0
5	面	5	0	0	0
6	面	6	0	0	0
7	面	7	0	0	0
8	面	8	0	0	0
9	面	9	0	21	54
10	面	10	0	0	0
11	面	11	0	2	0
12	面	12	0	0	0
13	面	13	0	4	16
14	面	14	0	7	18
15	面	15	0	13	39
16	面	16	0	0	0
17	面	17	0	0	0
18	面	18	0	0	0
19	面	19	0	0	0
20	面	20	0	0	0
21	面	21	0	3	0
22	面	22	0	2	0
23	面	23	0	1	0

0　(0 / 1292 已选择)

statistic

图 76.4　统计结果属性表

3）制作用户登录人数的空间分布图

右击 statistic 图层，打开【图层属性】对话框，选择【符号系统】选项卡；如图 76.5 所示，【显示】方式选择“类别”中的“唯一值”，【值字段】选择“count_”，点击【添加所有值】；点击【确定】，得到以公里网格为统计单元的用户登录空间分布图，如图 76.6 所示。

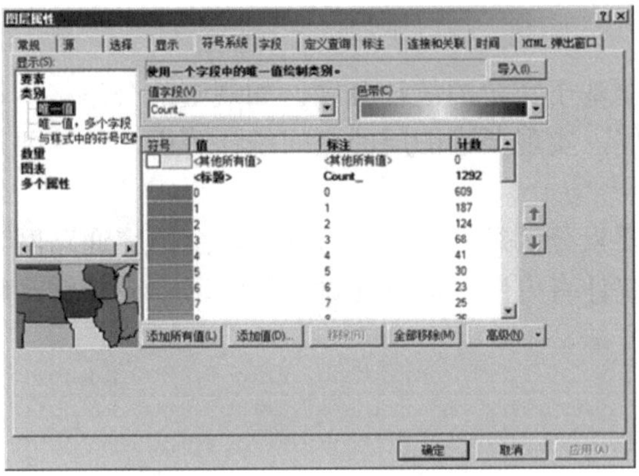

图 76.5　符号系统参数设置

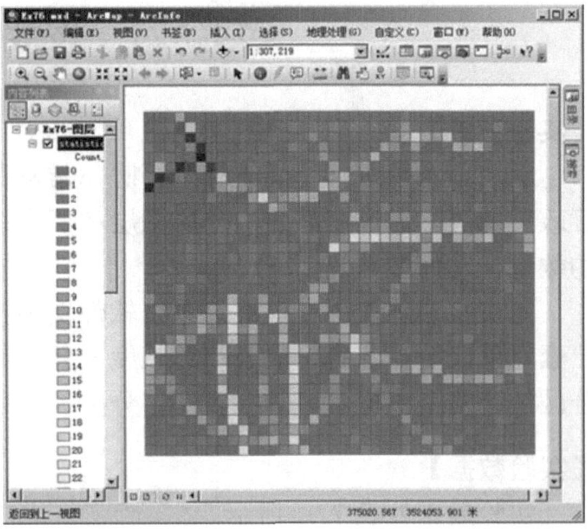

图 76.6　用户登录空间分布图

实验 77　按要素分区统计路网

【实验背景】

对地理对象进行空间统计分析时，常常需要基于特定的统计分区，如规则的公里格网、行政区域等。通过空间叠加分区图层和要素图层，实现要素图层的空间统计分析，包括要素的数量、几何参数等。

本实验讲述使用地理信息系统软件实现按要素分区统计路网的方法，以全国交通路网为要素对象，统计各省份的公路总长度，并制作统计直方图。读者通过实验练习，应能够理解分区统计的基本概念，掌握多图层分区统计的方法。

【实验数据】

实验数据如表 77.1 所示。

表 77.1　实验数据

名称	格式	坐标系	说明
country	Shapefile 线要素	China_Lambert_Conformal_Conic	国界线
roads	Shapefile 线要素	China_Lambert_Conformal_Conic	全国公路数据
province	Shapefile 面要素	China_Lambert_Conformal_Conic	各省份省界线

【解决方法】

（1）使用【标识】工具，输入标识图层和公路图层，生成被省份标识的公路数据。

（2）使用【添加字段】工具，创建新字段用于记录长度值。

（3）使用【计算几何】工具，计算公路的长度值。

（4）使用【汇总】工具，设置汇总参数，计算汇总长度值（表 77.2）。

表 77.2　工具名称及位置

工具名称		工具位置
Identity	标识	【ArcToolbox】→【分析工具】→【叠加分析】→【标识】
Add Field	添加字段	【属性表】→【表选项】→【添加字段】
Calculate Geometry	计算几何	【属性表】→【右键菜单】→【计算几何】

【实验步骤】

1）标识公路数据

打开 ArcMap 软件，加载全国各县区与主要公路数据；在 ArcToolbox 中，打开【分析工具】→【叠加分析】→【标识】对话框，如图 77.1 所示，【输入要素】为“roads”，【标识要素】为“province”，【输出要素类】为“marked_line”，其余默认；点击【确定】，得到被省份分区所标识的公路数据。**注：**同一个公路数据在边界处被分割。

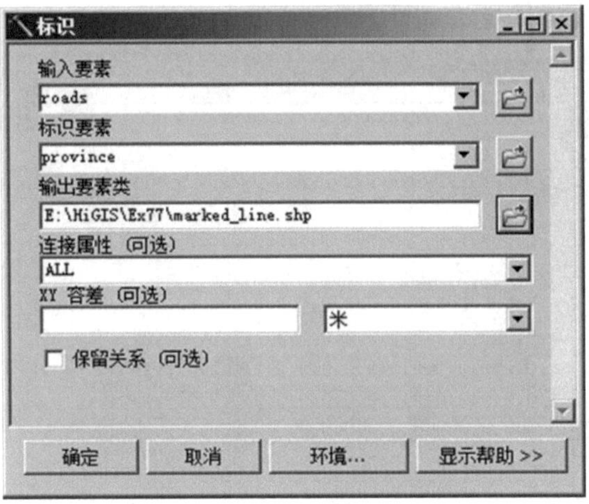

图 77.1　【标识】参数设置

图 77.2　【添加字段】参数设置

2）计算公路长度

打开 marked_line 图层属性表，单击【表】选项按钮，选择【添加字段】工具；如图 77.2 所示，字段【名称】为“road_len”，【类型】为“浮点型”；右击“road_len”字段，选择【计算几何】工具，【属性】为“长度”，其余参数默认，如图 77.3 所示；点击【确定】，得到各公路记录的长度属性值，如图 77.4 所示。

图 77.3　【计算几何】工具参数设置

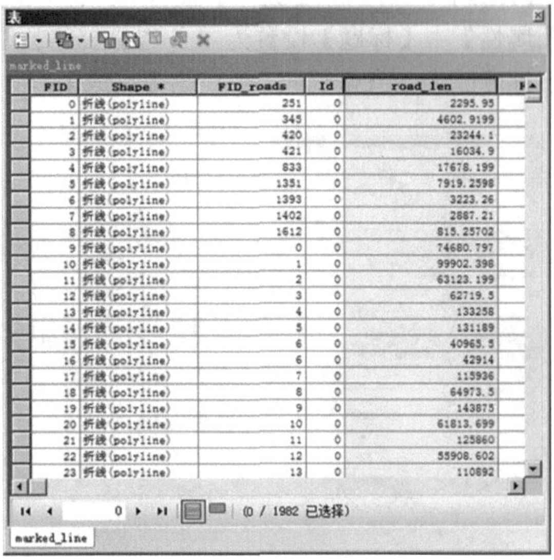

FID	Shape *	FID_roads	Id	road_len
0	折线(polyline)	251	0	2295.95
1	折线(polyline)	345	0	4602.9199
2	折线(polyline)	420	0	23244.1
3	折线(polyline)	421	0	16034.9
4	折线(polyline)	833	0	17678.199
5	折线(polyline)	1351	0	7919.2598
6	折线(polyline)	1393	0	3223.26
7	折线(polyline)	1402	0	2887.21
8	折线(polyline)	1612	0	815.25702
9	折线(polyline)	0	0	74680.797
10	折线(polyline)	1	0	99902.398
11	折线(polyline)	2	0	63123.199
12	折线(polyline)	3	0	62719.5
13	折线(polyline)	4	0	133258
14	折线(polyline)	5	0	131189
15	折线(polyline)	6	0	40965.5
16	折线(polyline)	6	0	42914
17	折线(polyline)	7	0	115936
18	折线(polyline)	8	0	64973.5
19	折线(polyline)	9	0	143875
20	折线(polyline)	10	0	61813.699
21	折线(polyline)	11	0	125860
22	折线(polyline)	12	0	55908.602
23	折线(polyline)	13	0	110892

图 77.4　长度属性结果

3）统计各省份公路长度

右击“PROVINCE_”字段，选择【汇总】工具，如图 77.5 所示，【汇总统计】中选择“road_len”字段的“总和”属性；点击【确定】，得到统计结果表数据，如图 77.6 所示。

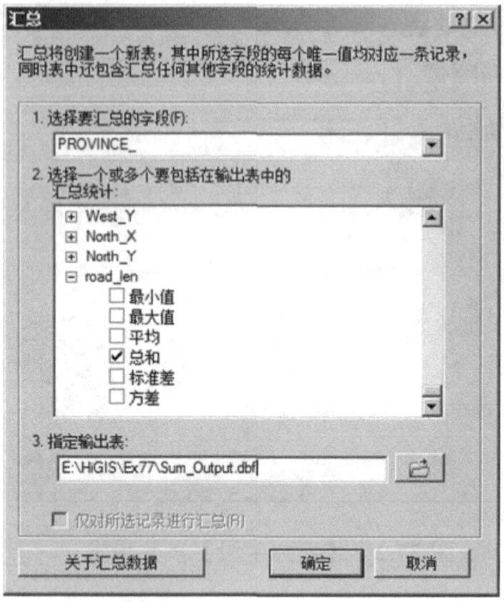

图 77.5　【汇总】参数设置

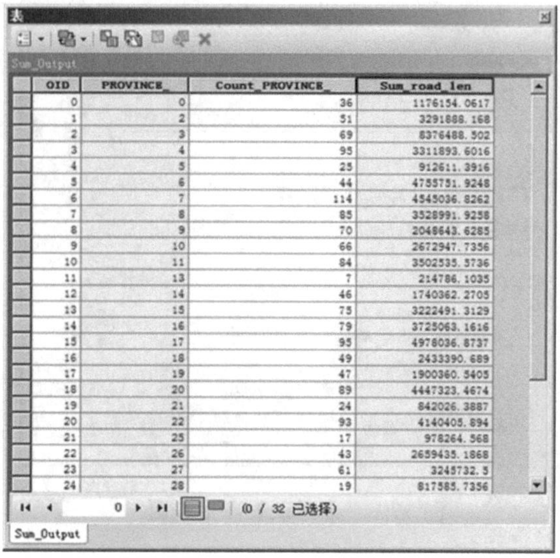

OID	PROVINCE_	Count_PROVINCE_	Sum_road_len
0	0	36	1176154.0617
1	2	51	3291888.168
2	3	69	8376488.502
3	4	95	3311893.6016
4	5	25	912611.3916
5	6	44	4755751.9248
6	7	114	4545036.8262
7	8	85	3528991.9258
8	9	70	2048643.6285
9	10	66	2672947.7356
10	11	84	3502535.5736
11	13	7	214786.1035
12	14	46	1740362.2705
13	15	75	3222491.3129
14	16	79	3725063.1616
15	17	95	4978036.8737
16	18	49	2433390.689
17	19	47	1900360.5405
18	20	89	4447323.4674
19	21	24	842026.3887
20	22	93	4140405.894
21	25	17	978264.568
22	26	43	2659435.1868
23	27	61	3245732.5
24	28	19	817585.7356

图 77.6　统计结果表数据

4）绘制统计直方图

打开【菜单栏】→【视图】→【图】→【创建】菜单，如图 77.7 所示，设置【图层/表】为“Sum_Output”，【值字段】为“Sum_ road_len”，【X 字段】和【X 标注字段】为“PROVINCE_”，【颜色】设置为“选项板”；点击【下一步】，如图 77.8 所示，【常规图属性】中【标题】设置为“各省份公路长度”，【轴属性】中左标题改为“长度（米）”，下标题改为“省份代码”；点击【完成】，得到各省份公路长度统计直方图，如图 77.9 所示。

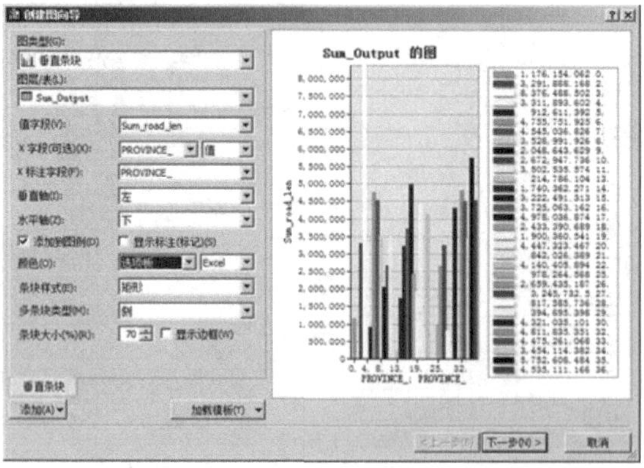

图 77.7　【创建图向导】值字段设置

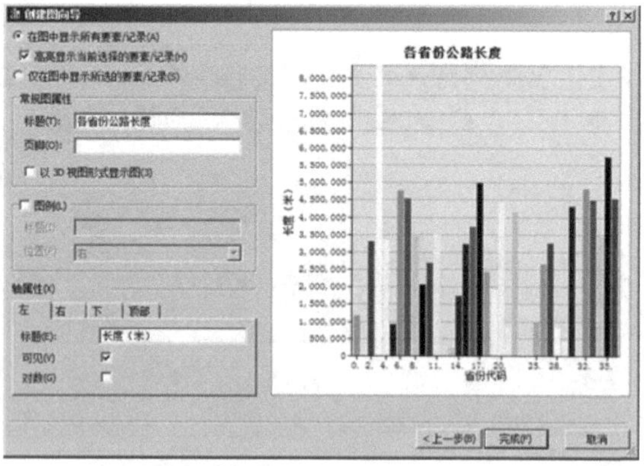

图 77.8　标题设计

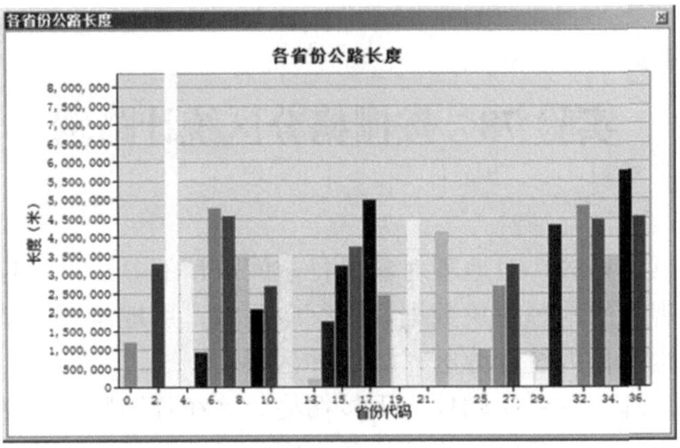

图 77.9　各省份公路长度统计直方图

实验 78 按栅格分区统计路网

【实验背景】

根据不同地理数据的格式，对地理对象进行空间统计的分区单元包括矢量分区和栅格分区。分区数据可以是现有的地理对象数据，如行政区域、用地斑块区域等。同时，通过分析处理得到的结果数据也可作为统计分区，如缓冲区等。

本实验讲述使用地理信息系统软件实现按栅格分区统计路网的方法，以到超市的直线距离为依据，划分各超市的影响范围，并统计各范围内道路总长度。读者通过实验练习，应能够学会矢量与栅格数据叠加的分区统计方法，并灵活地运用不同方法创建统计分区。

【实验数据】

实验数据如表 78.1 所示。

表 78.1 实验数据

名称	格式	坐标系	说明
market	Shapefile 点要素	Xian_1980_3_Degree_GK_CM_120E	超市点数据
road	Shapefile 线要素	Xian_1980_3_Degree_GK_CM_120E	道路网数据

【解决方法】

（1）使用【欧氏分配】工具，输入超市点数据，生成各超市的栅格分区范围。

（2）使用【栅格转面】工具，输入栅格分区数据生成矢量分区数据集。

（3）使用【标识】工具，输入道路图层和标识图层，生成被分区所标识的道路数据。

（4）使用【汇总】工具，输入汇总字段，计算得到统计数据（表 78.2）。

表 78.2 工具名称及位置

工具名称		工具位置
Euclidean Allocation	欧氏分配	【ArcToolbox】→【Spatial Analyst 工具】→【距离】→【欧氏分配】
Raster To Polygon	栅格转面	【ArcToolbox】→【转换工具】→【由栅格转出】→【栅格转面】
Identity	标识	【ArcToolbox】→【分析工具】→【叠加分析】→【标识】

【实验步骤】

1）创建直线距离分区

在 ArcToolbox 中，打开【Spatial Analyst 工具】→【距离】→【欧氏分配】对话框，如图 78.1 所示，【输入栅格数据或要素源数据】设置为“market”，【源字段】设置为“Id”，【输出分配栅格数据】设置为“region_raster”，其余参数默认；点击【环境】，设置【处理范围】参数“与图层 road 相同”，如图 78.2 所示；点击【确定】，得到点要素的分区结果，如图 78.3 所示。

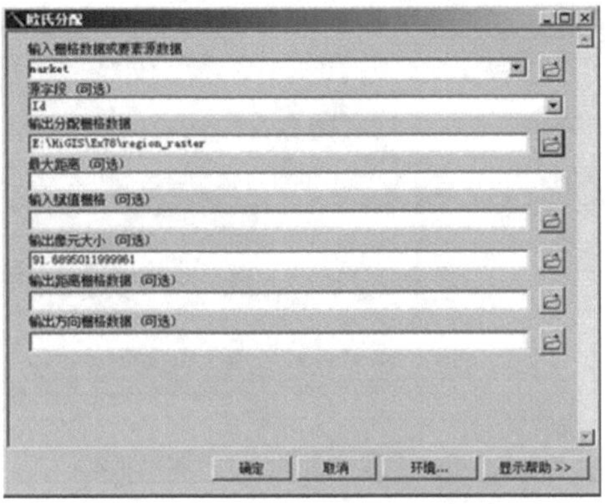

图 78.1　【欧氏分配】参数设置

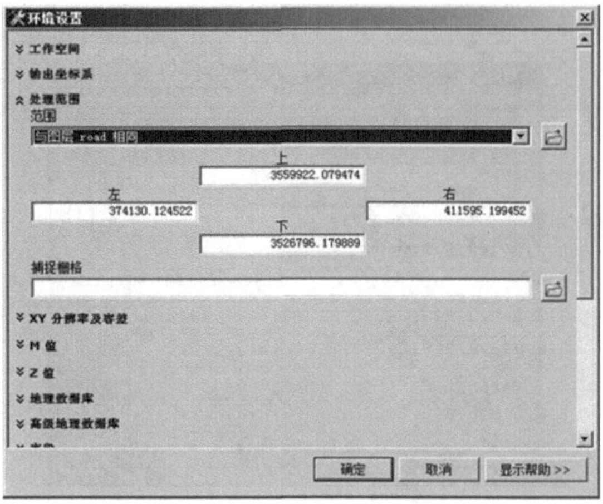

图 78.2　环境参数设置

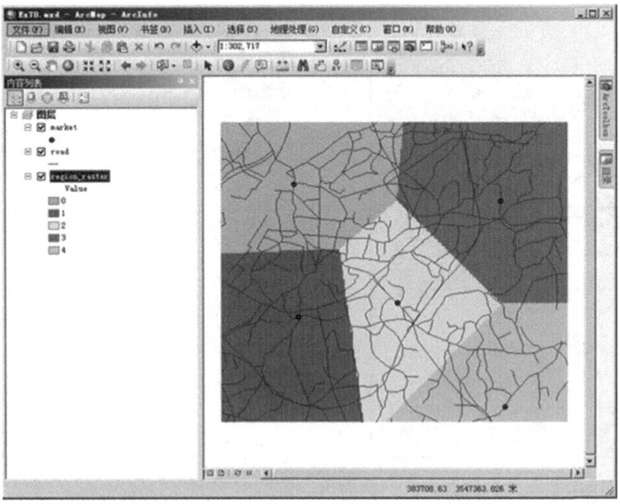

图 78.3　欧氏分配结果

2）栅格数据转矢量面

打开【转换工具】→【由栅格转出】→【栅格转面】对话框，如图 78.4 所示，【输入栅格】设置为“region_raster”，【字段】设置为“VALUE”，【输出面要素】设置为“region”；点击【确定】，得到矢量面分区数据，如图 78.5 所示。

3）标识道路数据

打开【分析工具】→【叠加分析】→【标识】对话框，如图 78.6 所示，【输入要素】设置为“road”，【标识要素】设置为“region”，【输出要素类】设置为“marked_road”，其余默认；点击【确定】，得到各分区内标识的道路数据，如图 78.7 所示。

4）统计各分区道路总长度

打开 marked_road 图层属性表，右击“Input_FID”字段，选择【汇总】工具，汇总统计中选择“Shape_Length”字段的“总和”属性；点击【确定】，得到统计结果表数据，如图 78.8 所示。

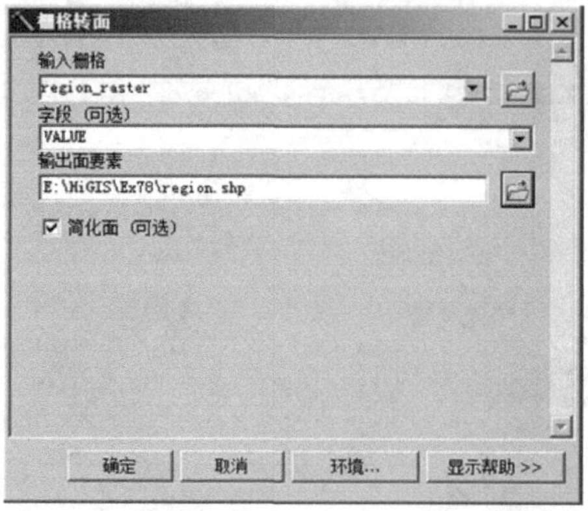

图 78.4　【栅格转面】参数设置

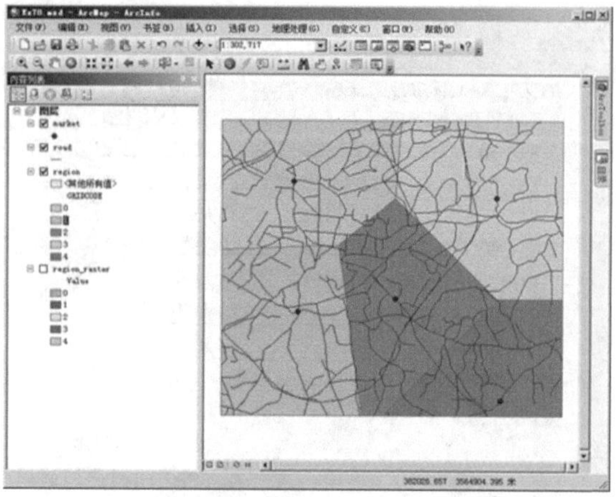

图 78.5　矢量面结果数据

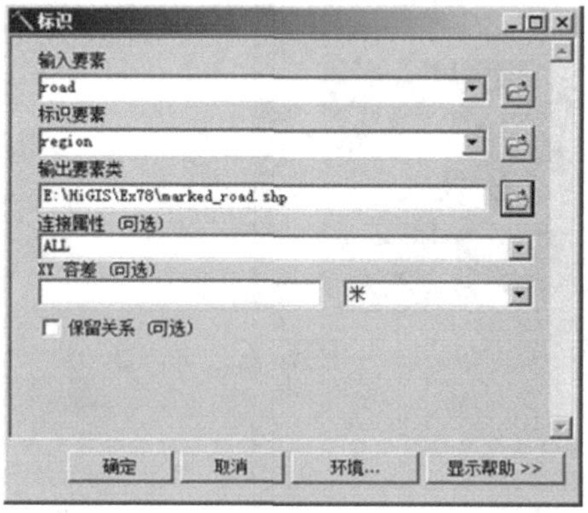

图 78.6　【标识】参数设置

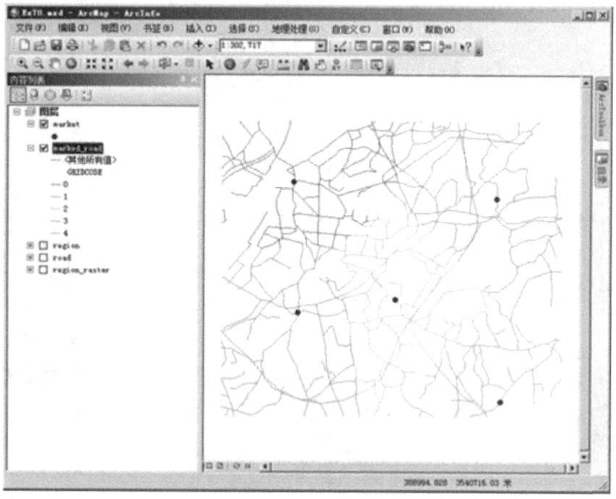

图 78.7　标识结果数据

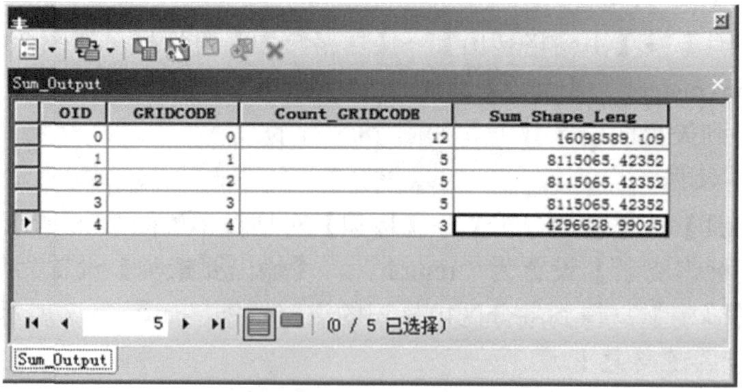

OID	GRIDCODE	Count_GRIDCODE	Sum_Shape_Leng
0	0	12	16098589.109
1	1	5	8115065.42352
2	2	5	8115065.42352
3	3	5	8115065.42352
4	4	3	4296628.99025

图 78.8　各分区道路长度统计结果

实验 79　分区统计降雨量

【实验背景】

对地理数据进行分区统计时，矢量格式与栅格格式的分区图层的处理方法不同。而对于矢量格式与栅格格式的被统计图层，也需要使用不同的处理方法。例如，对某区域进行降雨量统计分析时，需要对区域降雨量进行模拟，将降雨量分布数据按照各分区进行统计。

本实验讲述使用地理信息系统软件实现分区统计降雨量的方法，通过空间采样点处的降雨量构建全区降雨量空间分布数据，以分区数据对降雨量进行空间统计。读者通过实验练习，应能够理解降雨量区域模拟的基本方法，掌握以栅格数据作为被统计对象的分区统计方法。

【实验数据】

实验数据如表 79.1 所示。

表 79.1　实验数据

名称	格式	坐标系	说明
zone	Shapefile 面要素	WGS_1984_UTM_Zone_50N	用于统计的区域面
rainfall	TXT 文本数据	Unknown	各区域降雨观测数据

【解决方法】

（1）使用【添加 XY 数据】工具，导入 GPS 采样点数据，生成 Shapefile 点要素。

（2）使用【反距离权重法】工具，输入样点数据，插值生成全区域的降雨数据。

（3）使用【分区统计】工具，输入降雨插值数据，统计各区的降雨量。

（4）使用【以表格显示分区统计】工具，输入降雨插值数据，生成统计表格数据。

（5）使用【创建】工具，输入统计表，设置统计图参数，制作统计图（表 79.2）。

表 79.2　工具名称及位置

工具名称		工具位置
Add XY Data	添加 XY 数据	【菜单栏】→【文件】→【添加数据】→【添加 XY 数据】
Export Data	导出数据	【右键菜单】→【数据】→【导出数据】
IDW	反距离权重法	【ArcToolbox】→【Spatial Analyst 工具】→【插值】→【反距离权重法】
Zonal Statistics	分区统计	【ArcToolbox】→【Spatial Analyst 工具】→【区域分析】→【分区统计】
Zonal Statistics As Table	以表格显示分区统计	【ArcToolbox】→【Spatial Analyst 工具】→【区域分析】→【以表格显示分区统计】
Create Graph Wizard	创建图表	【菜单栏】→【视图】→【图】→【创建图表】

【实验步骤】

1）导入采样点数据

打开 ArcMap 软件，打开【菜单栏】→【文件】→【添加数据】→【添加 XY 数据】对话框，如图 79.1 所示，指定导入文件为“rainfall.txt”，设置【X 字段】、【Y 字段】对应于文本中的数据列，【Z 字段】默认；点击【编辑】，设置空间坐标系与区域数据 zone 一致，如图 79.2 所示；点击【确定】，得到“rainfall.txt 个事件”图层；右击该图层，选择【数据】→【导出数据】，打开【导出数据】对话框；如图 79.3 所示，设置【输出要素类】为“points”，得到采样点矢量点数据，如图 79.4 所示。

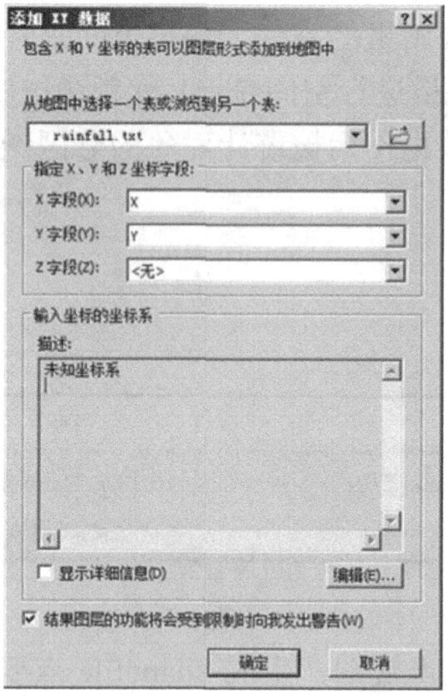

图 79.1　【添加 XY 数据】参数设置

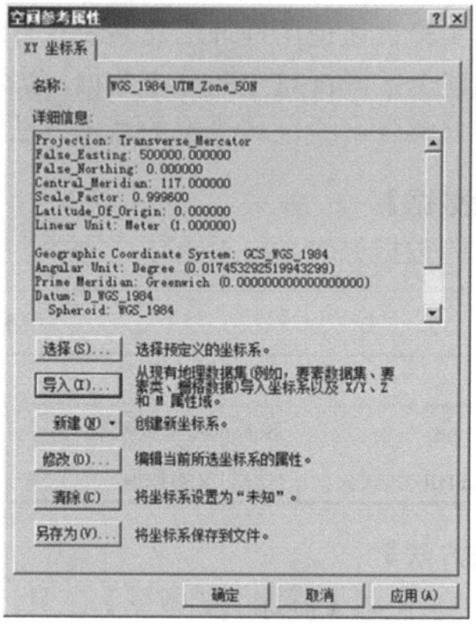

图 79.2　导入 zone 坐标系信息

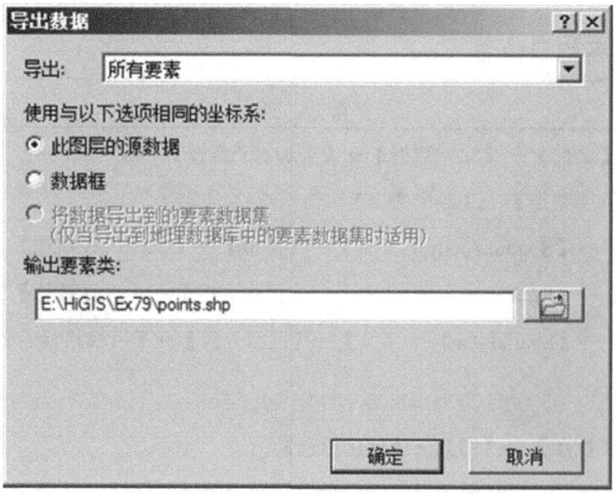

图 79.3　【导出数据】参数设置

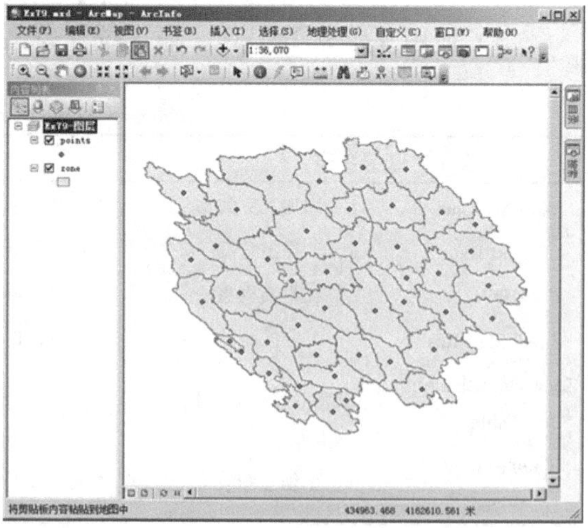

图 79.4　采样点矢量数据

2）生成全区降雨量数据

在 ArcToolbox 中，打开【Spatial Analyst 工具】→【插值】→【反距离权重法】对话框，如图 79.5 所示，【输入点要素】设置为“points”，【Z 值字段】设置为“P”，【输出栅格】设置为“rainfall”；本例中像元大小和搜索半径均默认设置；点击【环境】打开【环境设置】对话框，如图 79.6 所示，【处理范围】设置为“与图层 zone 相同”；点击【确定】，得到插值结果，如图 79.7 所示。**注**：不同的插值工具得到的结果不同，使用时建议根据实际情况而定。一般的，采用反距离权重法来进行插值。

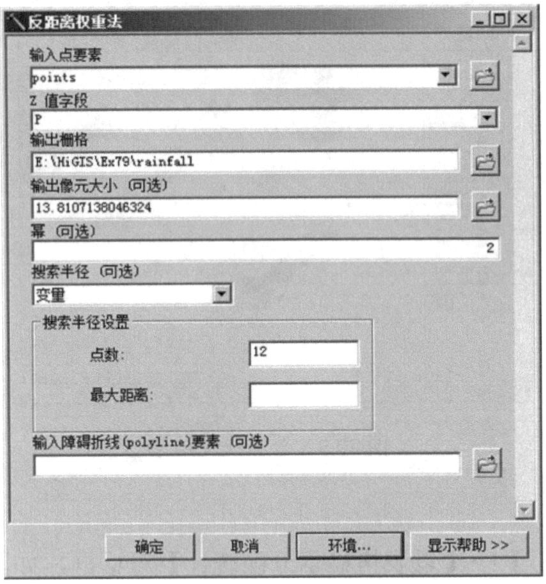

图 79.5　【反距离权重】参数设置

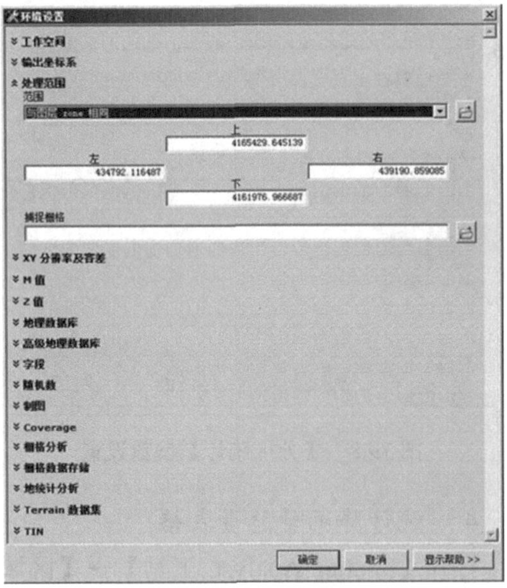

图 79.6　环境参数设置

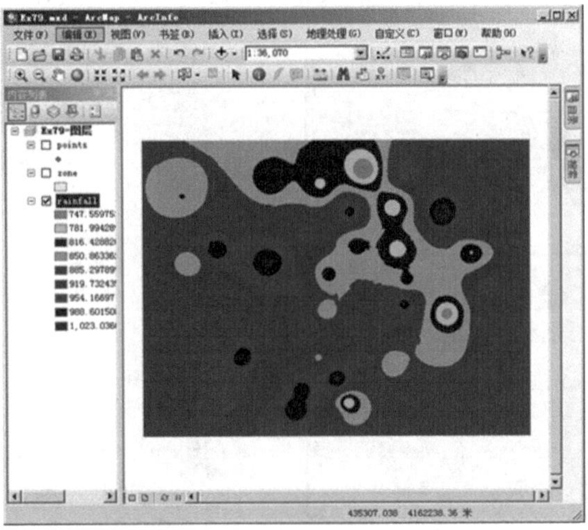

图 79.7　插值结果

3）统计各管理区降雨量总量

打开【Spatial Analyst 工具】→【区域分析】→【分区统计】对话框，如图 79.8 所示，【输入栅格数据或要素区域数据】设置为“zone”，【区域字段】设置为“index”，【输入赋值栅格】设置为“rainfall”，【输出栅格】设置为“sum_P”，【统计类型】选择“SUM”；点击【确定】，得到统计结果栅格数据，如图 79.9 所示。

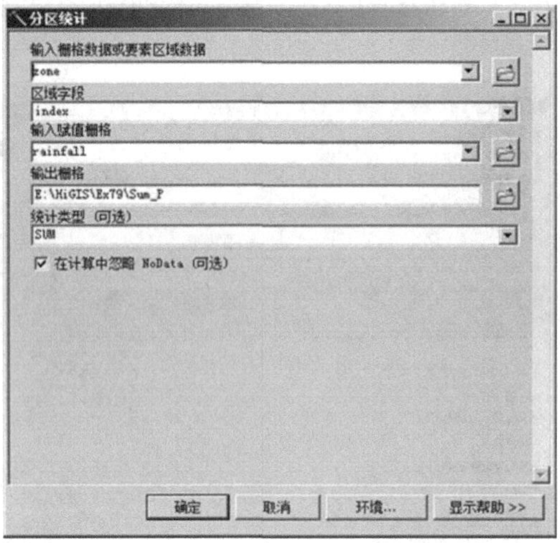

图 79.8　【分区统计】参数设置

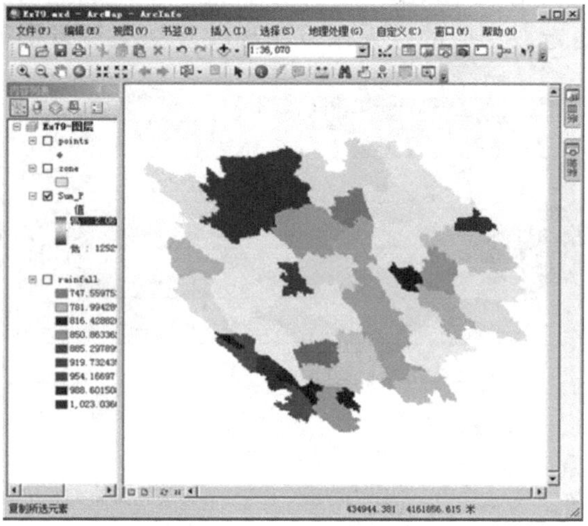

图 79.9　分区统计结果

4）统计降雨量总量表格

打开【Spatial Analyst 工具】→【区域分析】→【以表格显示分区统计】对话框，如图 79.10 所示，【输入栅格数据或要素区域数据】设置为“zone”，【区域字段】设置为“index”，【输入赋值栅格】设置为“rainfall”，【输出表】设置为“t_sum_P”，【统计类型】选择“SUM”；点击【确定】，得到统计结果表格，如图 79.11 所示。

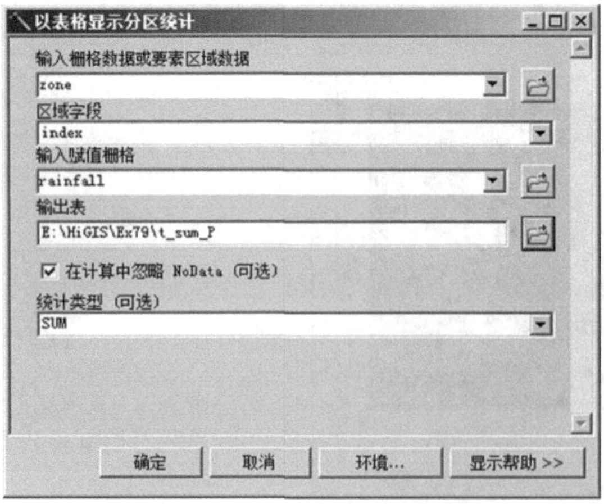

图 79.10　参数设置

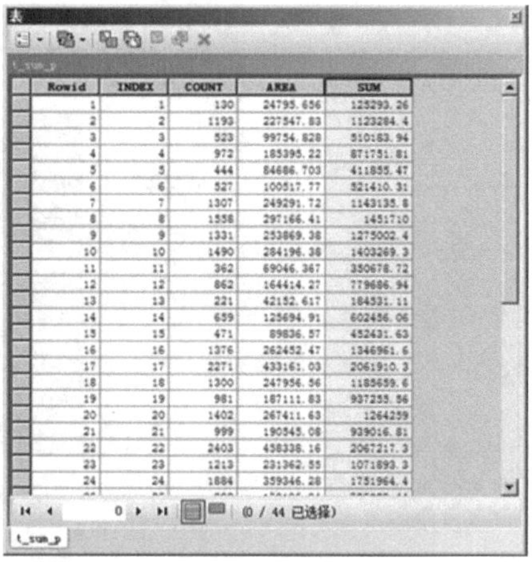

Rowid	INDEX	COUNT	AREA	SUM
1	1	130	24795.656	125293.26
2	2	1193	227547.83	1123284.4
3	3	523	99754.828	510183.94
4	4	972	185395.22	871751.81
5	5	444	84686.703	411855.47
6	6	527	100517.77	521410.31
7	7	1307	249291.72	1143135.8
8	8	1558	297166.41	1451710
9	9	1331	253869.38	1275002.4
10	10	1490	284196.38	1403269.3
11	11	362	69046.367	350678.72
12	12	862	164414.27	779686.94
13	13	221	42152.617	184331.11
14	14	659	125694.91	602456.06
15	15	471	89836.57	452431.63
16	16	1376	262452.47	1346961.6
17	17	2271	433161.03	2061910.3
18	18	1300	247956.56	1185659.6
19	19	981	187111.83	937255.56
20	20	1402	267411.63	1264259
21	21	999	190545.08	939016.81
22	22	2403	458338.16	2067217.3
23	23	1213	231362.55	1071893.3
24	24	1884	359346.28	1751964.4

(0 / 44 已选择)

t_sum_p

图 79.11　分区统计表格

5）绘制统计直方图

打开【菜单栏】→【视图】→【图】→【创建】工具，如图 79.12 所示，【图层/表】设置为“t_sum_p”，【值字段】设置为“SUM”，【X 字段】设置为“INDEX”；如图 79.13 所示，【常规图属性】中【标题】设置为“各管理区降雨量总量”，取消【图例】，【轴属性】中分别修改左标题为“降雨量”，下标题为“管理区编号”；点击【完成】，得到统计图，如图 79.14 所示。

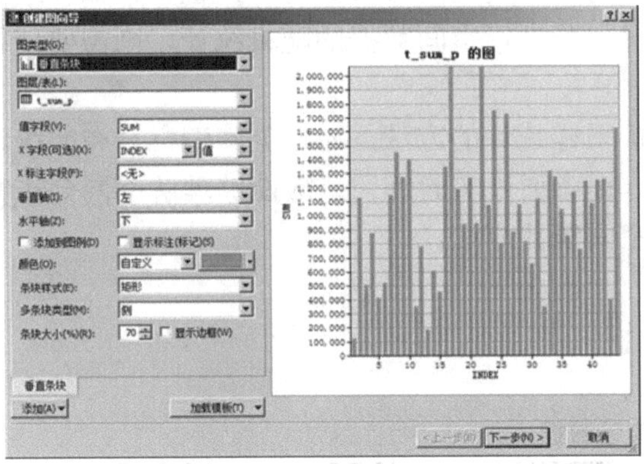

图 79.12 设置值字段

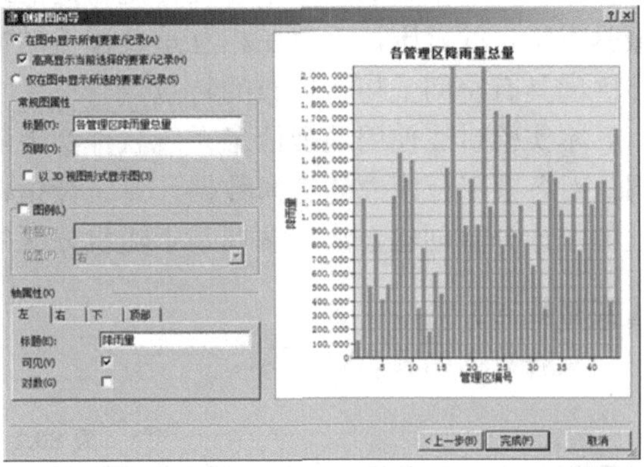

图 79.13 设置标题

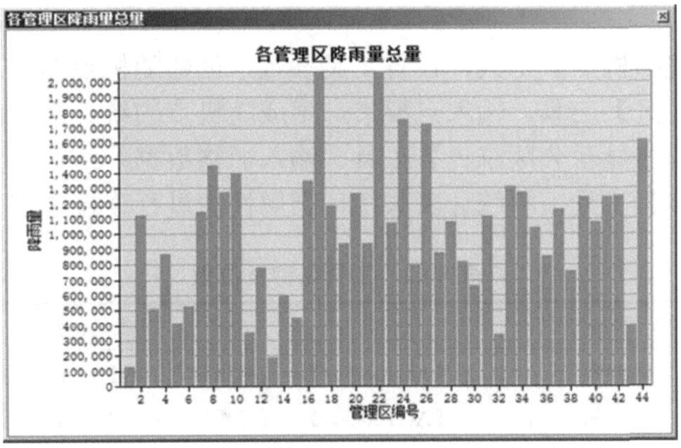

图 79.14 统计结果图

实验 80　随机采样统计

【实验背景】

空间分区统计的基本单元往往是特定的地理对象，其空间分布具有特定位置，如行政区域具有特定的范围，不存在相互重叠覆盖的情况。若进行空间数据的随机统计，则需要使统计区间具有空间上随机分布的特点。

本实验讲述使用地理信息系统软件实现随机采样统计的方法，通过创建随机分布的统计圆，对各圆形范围内的空间数据计算统计指标。读者通过实验练习，应能够理解不同分布特征的统计分区创建方法，掌握基于随机分区的空间统计方法。

【实验数据】

实验数据如表 80.1 所示。

表 80.1　实验数据

名称	格式	坐标系	说明
dem	GRID 栅格数据	Krasovsky_1940_Transverse_Mercator	分析地区 DEM 数据

【解决方法】

（1）使用【创建随机点】工具，设置工具参数，创建随机点图层。

（2）使用【缓冲区】工具，输入点要素，生成随机点的统计圆单元。

（3）使用【以表格显示分区统计】工具，输入栅格数据，统计单元内所有指标。

（4）使用【连接】工具，将统计表与统计圆属性表进行连接（表 80.2）。

表 80.2　工具名称及位置

工具名称		工具位置
Create Random Points	创建随机点	【ArcToolbox】→【数据管理工具】→【要素类】→【创建随机点】
Buffer	缓冲区	【ArcToolbox】→【分析工具】→【邻域分析】→【缓冲区】
Zonal Statistics As Table	以表格显示分区统计	【ArcToolbox】→【Spatial Analyst 工具】→【区域分析】→【以表格显示分区统计】
Join	连接	【右键菜单】→【连接和关联】→【连接】

【实验步骤】

1）创建随机分布点

在 ArcToolbox 中，打开【数据管理工具】→【要素类】→【创建随机点】对话框，如图 80.1 所示，【输出位置】设置为随机分布点的存储文件夹，【输出点要素类】设置为“sample_pts”，【约束范围】设置为“与图层 dem 相同”，【点数】设置为“100”，【最小允许距离】设置为“10 米”；点击【确定】，得到随机分布点数据，如图 80.2 所示。**注：**约束范围的设置必须与 dem 相同；最小允许距离限制了临近两点的最短距离，保证了点能够不集中在 10m 范围内。

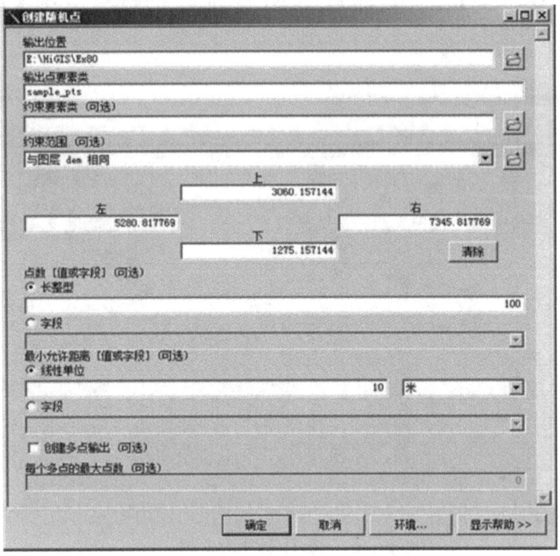

图 80.1　【创建随机点】参数设置

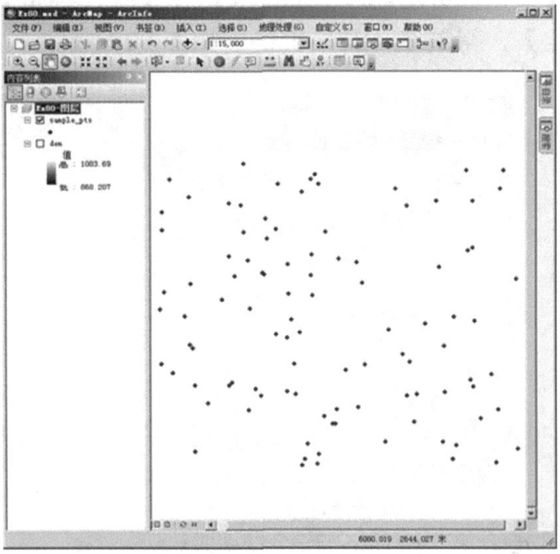

图 80.2　随机分布点

2） 创建统计圆单元

打开【分析工具】→【邻域分析】→【缓冲区】对话框，如图 80.3 所示，【输入要素】设置为“sample_pts”，【输出要素类】设置为“circles”，【距离】设置为“100 米”，【融合类型】选择“NONE”；点击【确定】，得到随机分布统计圆单元，如图 80.4 所示。

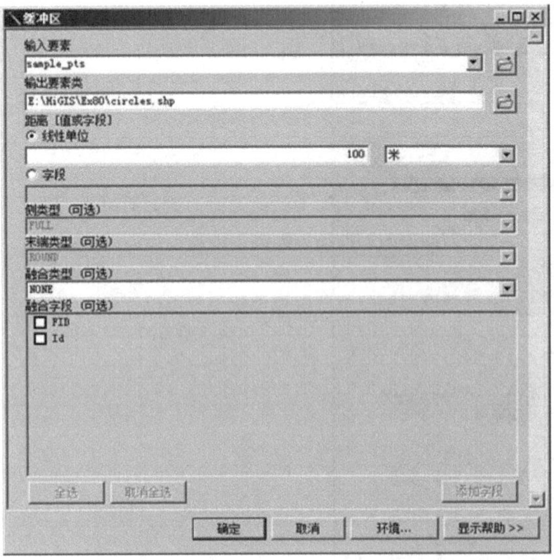

图 80.3　【缓冲区】参数设置

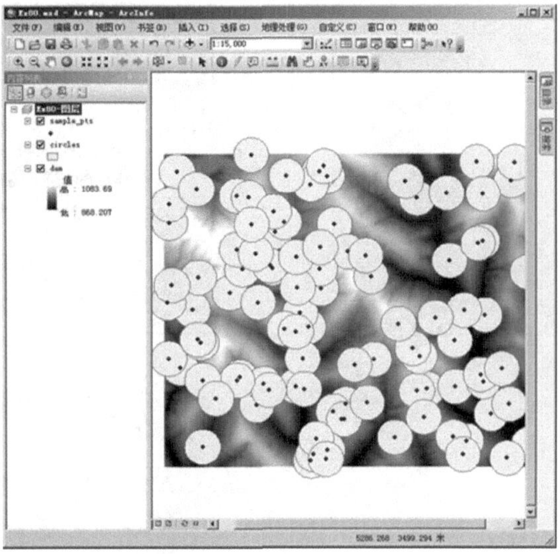

图 80.4　统计圆结果

3） 以圆为单元统计高程值

打开【Spatial Analyst 工具】→【区域分析】→【以表格显示分区统计】对话框，如图

80.5 所示，【输入栅格数据或要素区域数据】设置为“circles”，【区域字段】设置为“FID”，【输出表】设置为“statistics”，【统计类型】选择“ALL”，即计算所有统计指标；点击【确定】，得到统计结果表格，如图 80.6 所示。

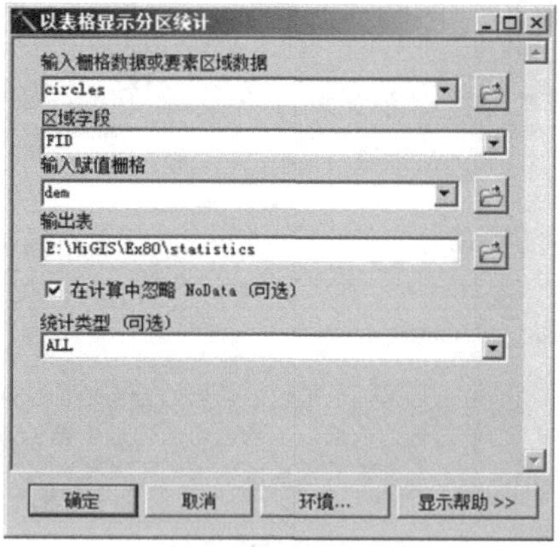

图 80.5　【以表格显示分区统计】参数设置

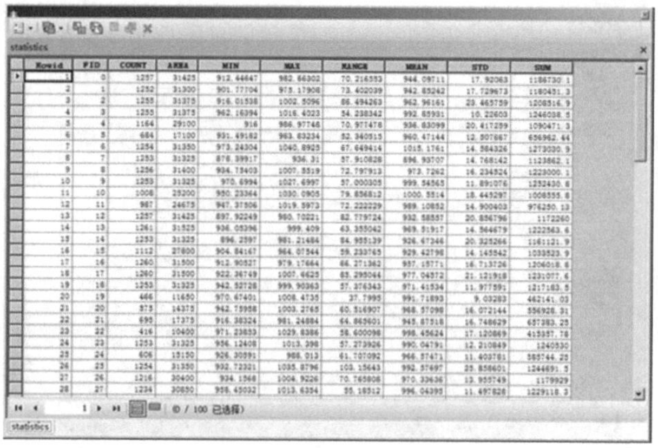

图 80.6　统计指标结果

4）将统计结果表连接至统计圆图层

由于表格数据无法直观地查看空间的分布情况，因此本例将表格统计结果连接至统计圆图层中，而表格与统计圆图层的连接关系为字段“FID”。右击 circles 图层，打开【连接和关联】→【连接】对话框，如图 80.7 所示，选择“表的连接属性”，基于的字段选择“FID”，连接到图层的表选择“statistics”，连接基础的字段选择“FID”。连接结果如图 80.8 所示。

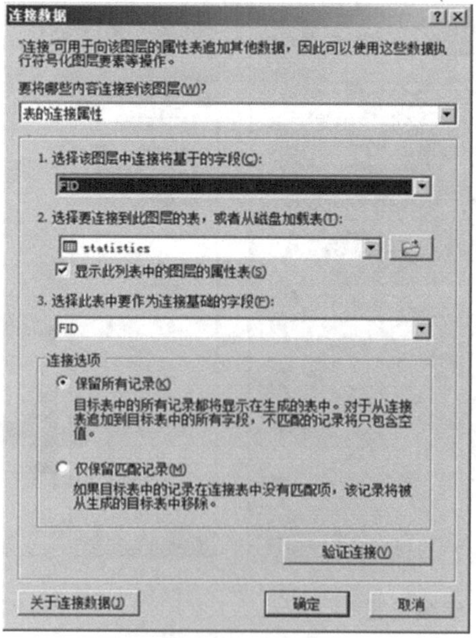

图 80.7　【连接数据】对话框

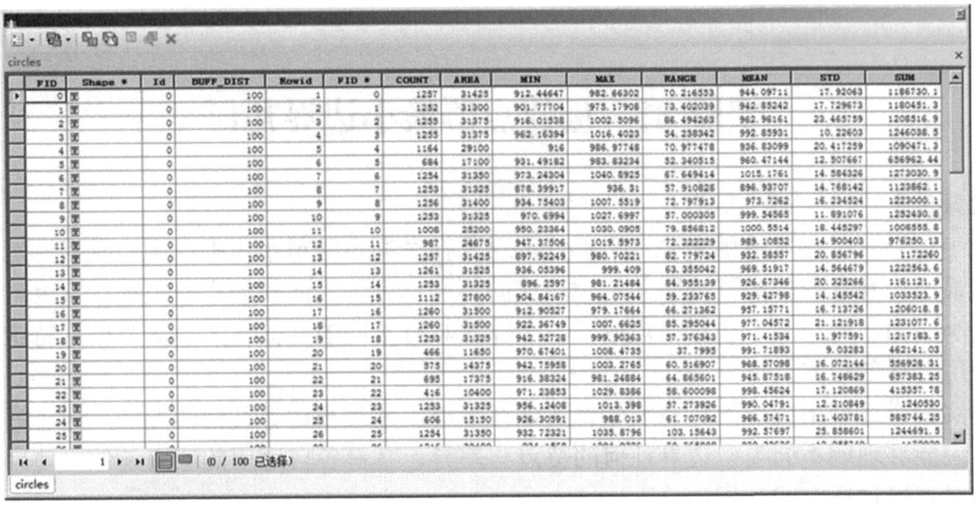

circles

FID	Shape *	Id	BUFF_DIST	Rowid	FID *	COUNT	AREA	MIN	MAX	RANGE	MEAN	STD	SUM
0	面	0	100	1	0	1257	31425	912.44647	982.66302	70.216553	944.09711	17.92063	1186730.1
1	面	0	100	2	1	1252	31300	901.77704	975.17908	73.402039	942.85242	17.729673	1180451.3
2	面	0	100	3	2	1255	31375	916.01538	1002.5096	86.494263	962.96161	23.465739	1208516.9
3	面	0	100	4	3	1255	31375	962.16394	1016.4023	54.238342	992.85931	10.22603	1246038.5
4	面	0	100	5	4	1164	29100	916	986.97748	70.977478	936.83099	20.417259	1090471.3
5	面	0	100	6	5	684	17100	931.49182	983.83234	52.340515	960.47144	12.507667	656962.44
6	面	0	100	7	6	1254	31350	973.24304	1040.8925	67.649414	1015.1761	14.584326	1273030.9
7	面	0	100	8	7	1253	31325	878.39917	936.31	57.910828	896.93707	14.768142	1123862.1
8	面	0	100	9	8	1256	31400	934.75403	1007.5519	72.797913	973.7262	16.234524	1223000.1
9	面	0	100	10	9	1253	31325	970.6994	1027.6997	57.000305	999.54565	11.891076	1252430.8
10	面	0	100	11	10	1008	25200	950.23364	1030.0905	79.856812	1000.5514	18.445297	1008555.8
11	面	0	100	12	11	987	24675	947.37506	1019.5973	72.222229	989.10852	14.900403	976250.13
12	面	0	100	13	12	1257	31425	897.92249	980.70221	82.779724	932.58557	20.856796	1172260
13	面	0	100	14	13	1261	31525	936.05396	999.409	63.355042	969.51917	14.564679	1222563.6
14	面	0	100	15	14	1253	31325	896.2597	981.21484	84.955139	926.67346	20.325266	1161121.9
15	面	0	100	16	15	1112	27800	904.84167	964.07544	59.233765	929.42798	14.145542	1033523.9
16	面	0	100	17	16	1260	31500	912.90527	979.17664	66.271362	957.15771	16.713726	1206018.8
17	面	0	100	18	17	1260	31500	922.36749	1007.6625	85.295044	977.04572	21.121918	1231077.6
18	面	0	100	19	18	1253	31325	942.52728	999.90363	57.376343	971.41534	11.977591	1217183.5
19	面	0	100	20	19	466	11650	970.67401	1008.4735	37.7995	991.71893	9.03283	462141.03
20	面	0	100	21	20	575	14375	942.75958	1003.2765	60.516907	968.57098	16.072144	556928.31
21	面	0	100	22	21	695	17375	916.38324	981.24884	64.865601	945.87518	16.748629	657383.25
22	面	0	100	23	22	416	10400	971.23853	1029.8386	58.600098	998.45624	17.120869	415357.78
23	面	0	100	24	23	1253	31325	956.12408	1013.398	57.273926	990.04791	12.210849	1240530
24	面	0	100	25	24	606	15150	926.30591	988.013	61.707092	966.57471	11.403781	585744.25
25	面	0	100	26	25	1254	31350	932.72321	1035.8796	103.15643	992.57697	25.858601	1244691.5

(0 / 100 已选择)

circles

图 80.8　图层连接结果

5）符号化统计圆

双击连接后的统计圆图层，打开【图层属性】对话框，选择【符号系统】，如图 80.9 所示，【显示】选择“类别”中的“唯一值”，【值字段】设置为“MEAN”，点击【添加所有值】；点击【确定】，对统计圆按平均高程值进行符号显示，如图 80.10 所示。

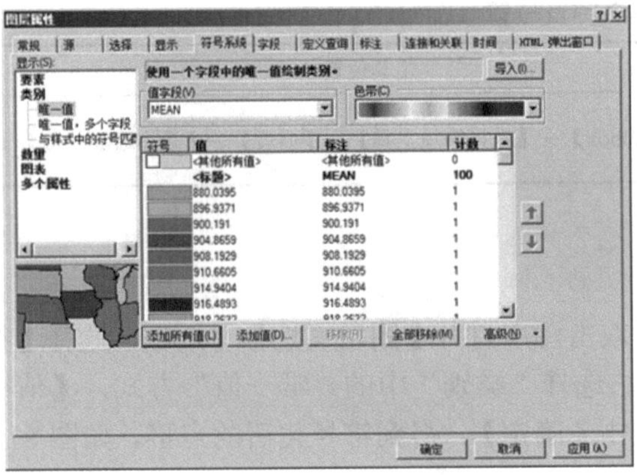

图 80.9　【符号系统】参数设置

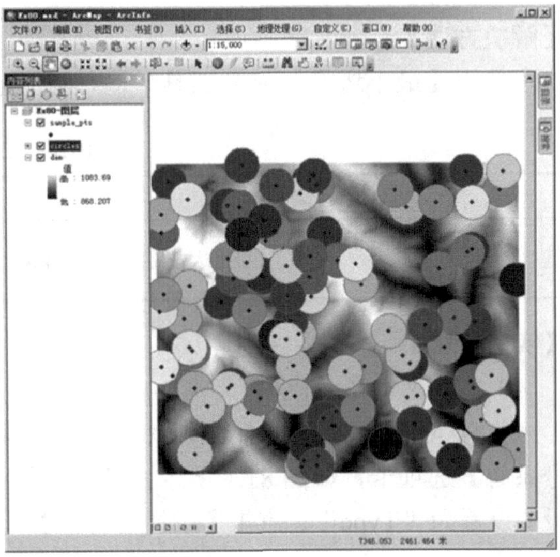

图 80.10　统计圆符号化

实验 81　创建点群最小边界几何

【实验背景】

最小边界几何时常被用来确定当前分析对象在空间上的最小占据范围，具有深远的研究意义。最小边界几何的类型按照其创建算法的不同，可分为面积最小的矩形、宽度最小的矩形、最小凸面、最小圆形和包络矩形。各个算法具有不同的几何含义，需要根据特定的应用场景使用合适的边界几何。

本实验讲述使用地理信息系统软件实现对点群创建最小边界几何的方法，读者通过实验练习，应能够理解不同类型边界几何的特点与差异，掌握各自适用的应用条件，使用最小边界几何对点群进行空间分析。

【实验数据】

实验数据如表 81.1 所示。

表 81.1　实验数据

图层名称	格式	坐标系	说明
point	Shapefile 点要素	Krasovsky_1940_Transverse_Mercator	用于实验的点数据

【解决方法】

使用【最小边界几何】工具，输入点要素图层，得到最小边界几何数据（表 81.2）。

表 81.2　工具名称及位置

工具名称		工具位置
Minimum Bounding Geometry	最小边界几何	【ArcToolbox】→【数据管理工具】→【要素】→【最小边界几何】

【实验步骤】

1）符号化显示点群

打开 ArcMap 软件，加载点群数据 points；双击图层打开【图层属性】对话框，选择【符号系统】选项卡，如图 81.1 所示，【显示】方法选择“类别”中的“唯一值”方式，【值字段】设置为“Type”，点击【添加所有值】；点击【确定】，得到符号化后的点群，如图 81.2 所示。

2）提取最小边界几何数据

在 ArcToolbox 中，打开【数据管理工具】→【要素】→【最小边界几何】对话框，如图 81.3 所示，【输入要素】设置为“points”，【输出要素类】设置为“area_min”，【几何类型】设置为“RECTANGLE_BY_AREA”，【选项组】设置为“LIST”，勾选【分组字段】“Type”；点击【确定】，得到面积最小的矩形，如图 81.4 所示。

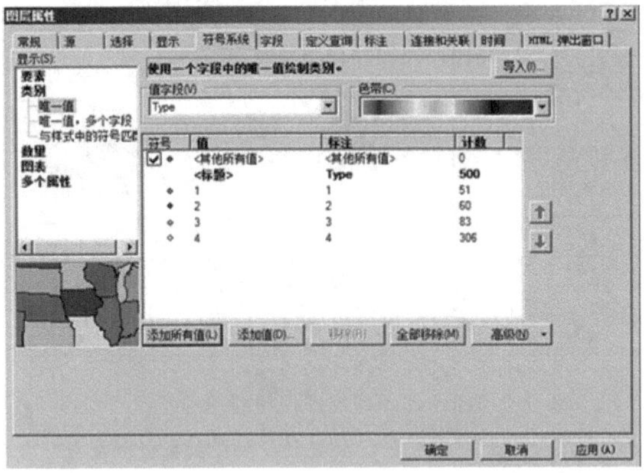

图 81.1　【图层属性】对话框

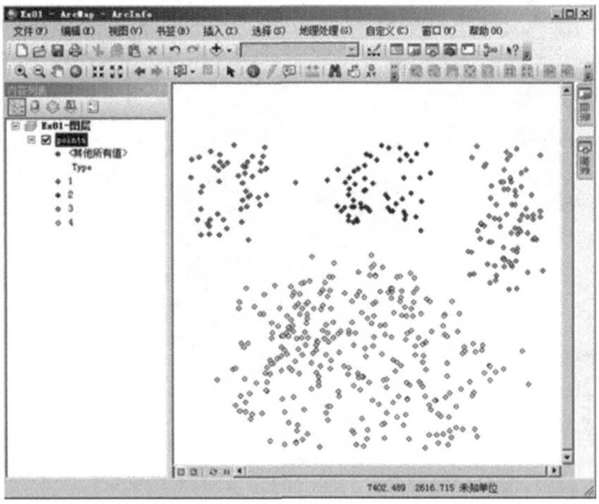

图 81.2　符号化后的点群

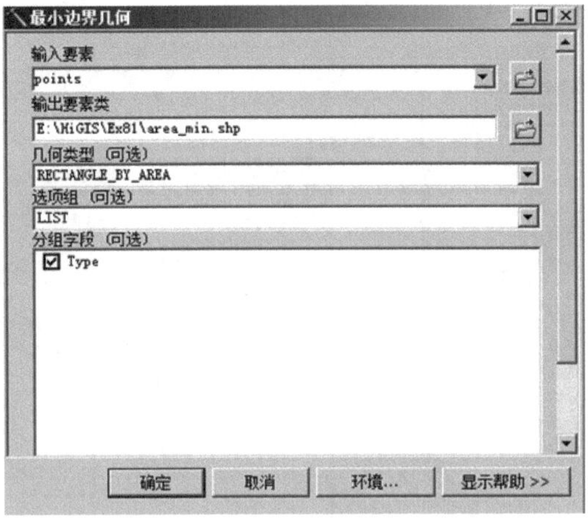

图 81.3　【最小边界几何】参数设置

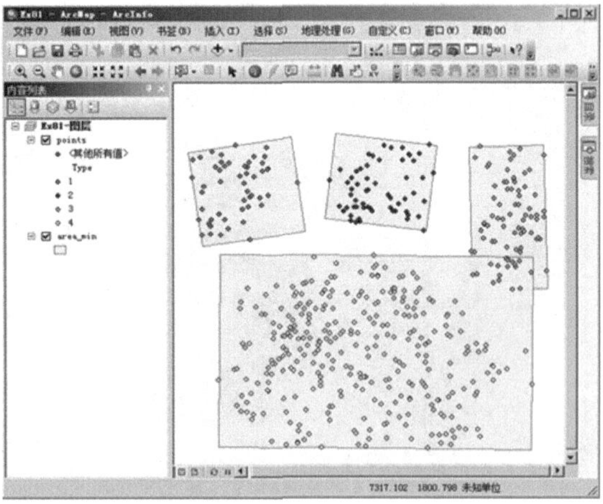

图 81.4　面积最小矩形结果

3）其他边界几何

同理，修改几何类型参数，可以获得不同计算模型的最小边界几何数据。宽度最小矩形如图 81.5 所示；最小凸多边形如图 81.6 所示；最小圆形如图 81.7 所示；包络矩形如图 81.8 所示。

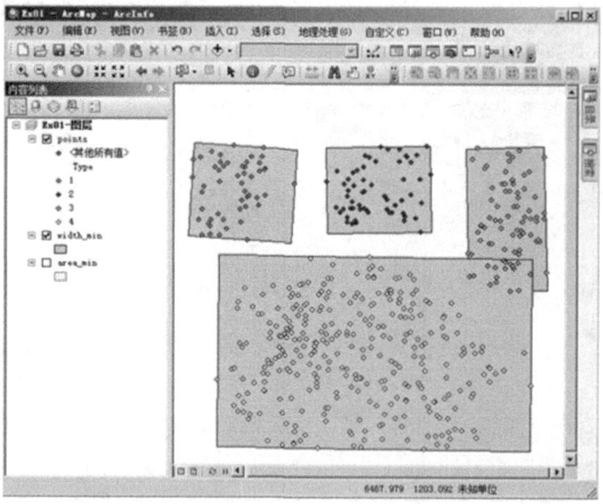

图 81.5　宽度最小矩形

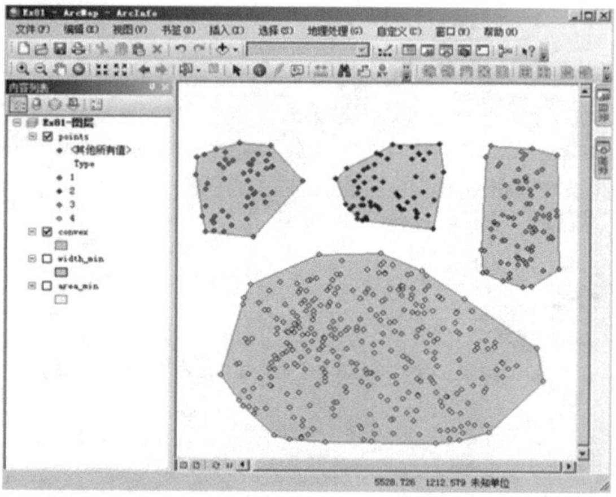

图 81.6　最小凸多边形

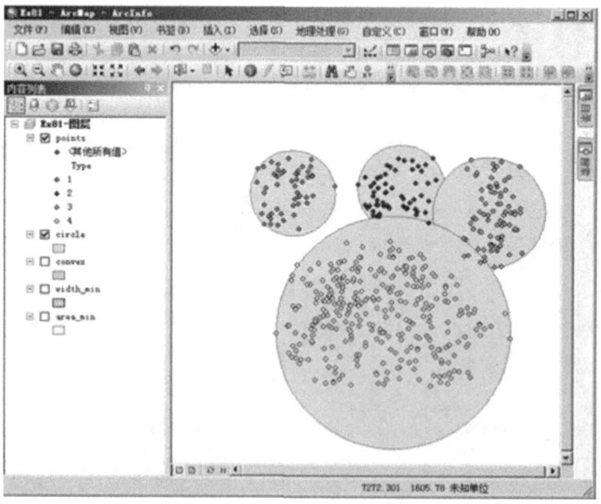

图 81.7　最小圆形

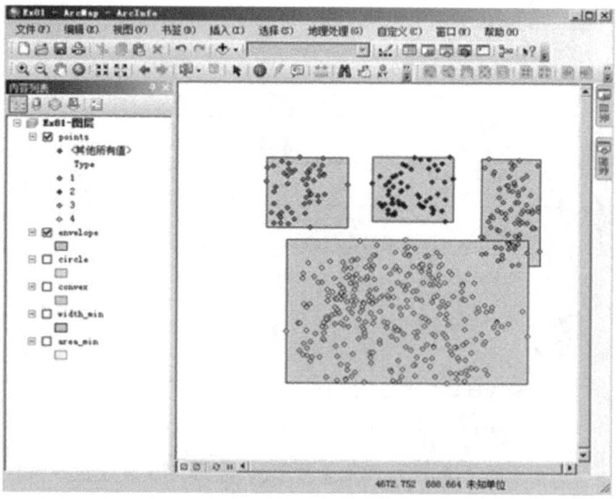

图 81.8　包络矩形

实验 82　聚集点空间特征分析

【实验背景】

地理要素在空间上具有中心趋势、离散和方向趋势等特征，如城市聚落、飞行的鸟群等。对于聚集的点要素，可以计算并显示出聚集点的空间分布特征值，如聚集点中心位置、在 X、Y 方向上的标准差、聚集点趋势方向。

本实验讲述使用地理信息系统软件对聚集点进行空间分布特征分析的方法，计算各个聚集特征的指标。读者通过实验练习，应能够理解聚集特征指标的基本概念，掌握对聚集点特征的分析方法。值得注意的是，本实验不涉及点数据的聚类、分类操作，即该聚集点已被聚类、分类。

【实验数据】

实验数据如表 82.1 所示。

表 82.1　实验数据

图层名称	格式	坐标系	说明
point	Shapefile 点要素	Krasovsky_1940_Transverse_Mercator	用于分析的点数据

【解决方法】

使用【方向分布】工具，输入点要素，生成方向分布椭圆数据（表 82.2）。

表 82.2　工具名称及位置

工具名称		工具位置
Directional Distribution	方向分布	【ArcToolbox】→【空间统计工具】→【度量地理分布】→【方向分布】

【实验步骤】

1）符号化显示分类的点数据

在 ArcMap 软件中，加载点数据 point；右击图层，打开【图层属性】对话框，选择【符号系统】选项卡；如图 82.1 所示，设置【显示】方法为“类别”中的“唯一值”，设置【值字段】为“Type”，单击【添加所有值】进行所有类型的符号设置；点击【确定】，分类符号化显示聚集点数据，如图 82.2 所示。

2）计算空间分布特征

在 ArcToolbox 中，打开【空间统计工具】→【度量地理分布】→【方向分布】对话框，如图 82.3 所示，【输入要素类】设置为“points”，【输出椭圆要素类】设置为“circles”，【椭圆大小】默认设置，【案例分组字段】设置为“Type”；点击【确定】，得到方向分布椭圆数据，如图 82.4 所示。**注：**椭圆大小与数据的标准差距离值有关，按标准差数量计，默认为 1 个标准差的大小。

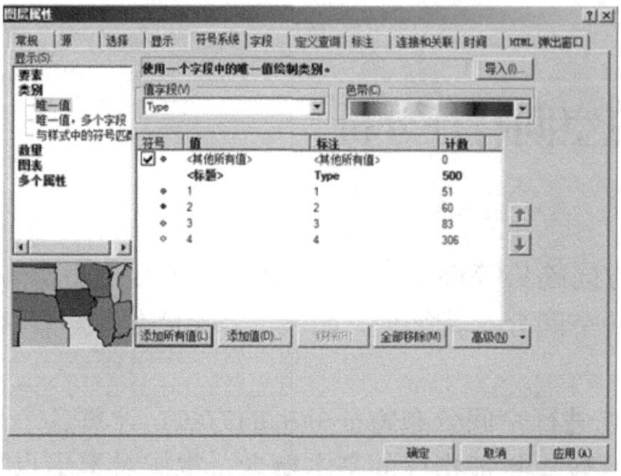

图 82.1　【图层属性】对话框

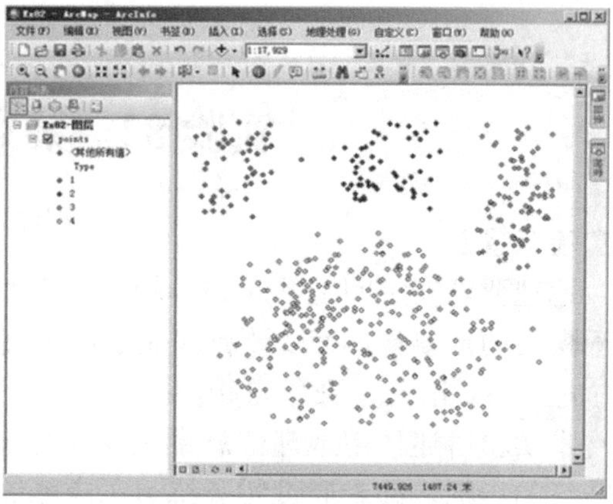

图 82.2　符号化显示点数据

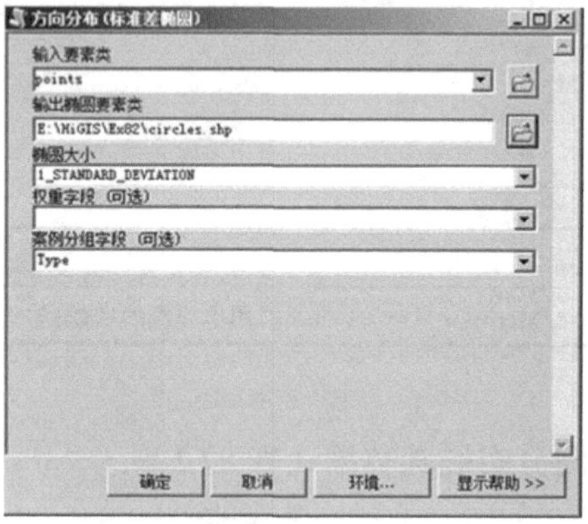

图 82.3　【方向分布】参数设置

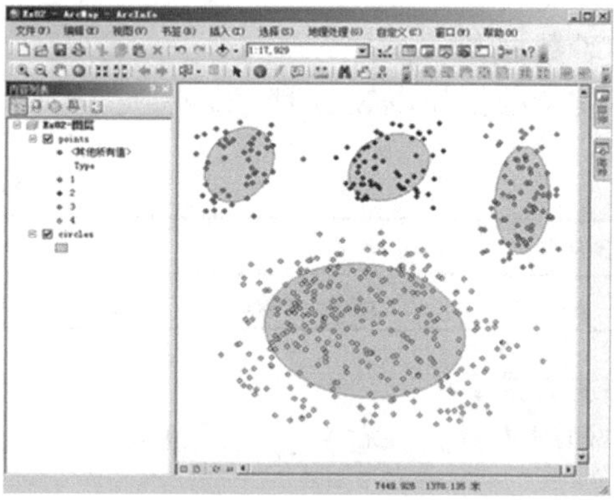

图 82.4　椭圆数据

3）查看空间分布特征值

右击椭圆图层，打开属性表，如图 82.5 所示，可以查看到：聚集点中心坐标（CenterX、CenterY）、在 *X*、*Y* 方向上的标准差距离值（XStdDist、YStdDist）、聚集点趋势方向（旋转）。**注**：趋势方向的起始方向为正北。

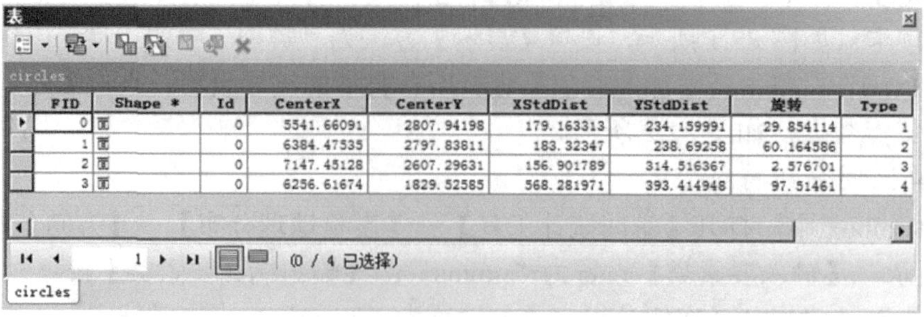

FID	Shape *	Id	CenterX	CenterY	XStdDist	YStdDist	旋转	Type
0	面	0	5541.66091	2807.94198	179.163313	234.159991	29.854114	1
1	面	0	6384.47535	2797.83811	183.32347	238.69258	60.164586	2
2	面	0	7147.45128	2607.29631	156.901789	314.516367	2.576701	3
3	面	0	6256.61674	1829.52585	568.281971	393.414948	97.51461	4

图 82.5　空间分布特征值

实验 83　查找点集中最近最远点

【实验背景】

点集整体在空间上具有不同的分布特征，如聚集、离散等。而组成点集的点要素之间，也存在相互的空间关系，如点集中距离最近、最远的点对等。点要素之间的相互关系具有较多的应用场景，如分析空间上具有特定联系的城市、通信基站、观测站等。

本实验讲述使用地理信息系统软件查找点集中最近、最远点的方法，读者通过实验练习，应能够理解点集中点对分析的基本思路，掌握基于点对连线的方法对点与点之间联系进行分析。

【实验数据】

实验数据如表 83.1 所示。

表 83.1　实验数据

图层名称	格式	坐标系	说明
point	Shapefile 点要素	Krasovsky_1940_Transverse_Mercator	用于实验的点数据

【解决方法】

（1）使用【点距离】工具，输入点要素，生成点集两两点的距离属性表。

（2）使用【升序排列】和【降序排列】，查找最近、最远的点对（表 83.2）。

表 83.2　工具名称及位置

工具名称		工具位置
Point Distance	点距离	【ArcToolbox】→【分析工具】→【邻域分析】→【点距离】
Sort Ascending	升序排列	【右键菜单】→【升序排列】
Sort Descending	降序排列	【右键菜单】→【降序排列】

【实验步骤】

1）计算点距离

在 ArcToolbox 中，打开【分析工具】→【邻域分析】→【点距离】对话框，如图 83.1 所示，【输入要素】和【邻近要素】均设置为“points”，【输出表】设置为“distance”；点击【确定】，得到点集两两点距离属性表，如图 83.2 所示。注：本例中查找的是点集自身中最近、最远的点，所以【输入要素】与【邻近要素】均为该点集，【搜索半径】默认即全局点均参与计算。结果属性表中共有 9900 条记录，即 100 个点两两计算后忽略了点与自身的计算结果。

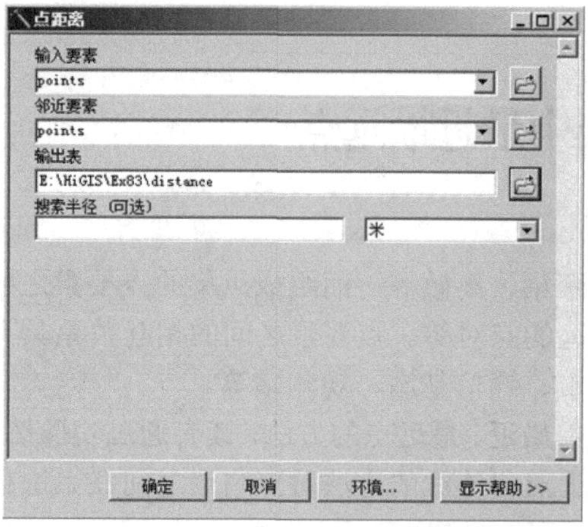

图 83.1　【点距离】参数设置

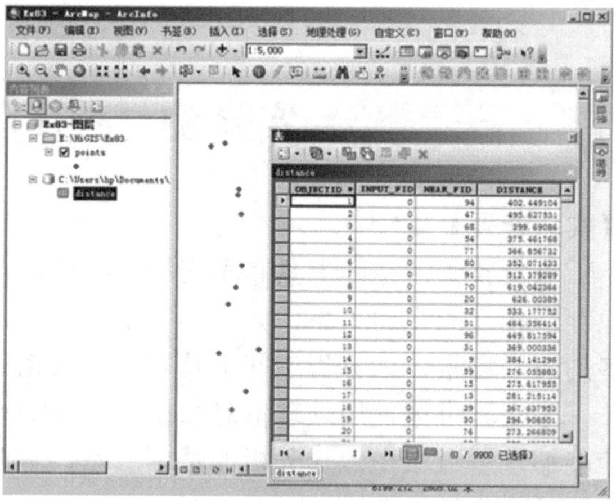

图 83.2　点距离计算结果表

2）查找最近、最远的点对

打开该点距离属性表，右击【DISTANCE】字段，选择“升序排列”，即得到最近的两点为“49”和“62”， 如图 83.3 所示；选择“降序排列”，即得到最远的两点为“11”和“80”， 如图 83.4 所示；

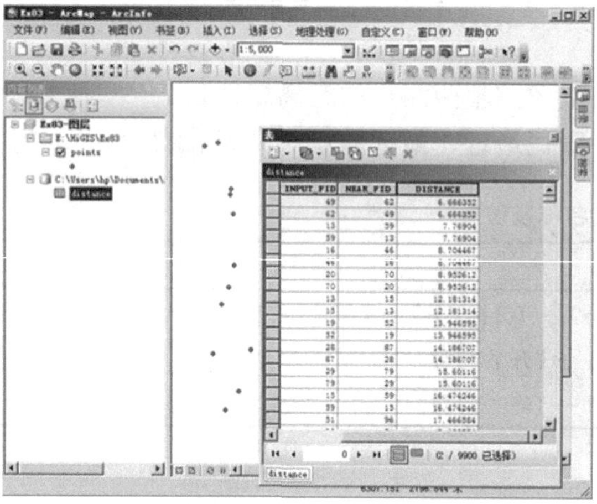

图 83.3　最近两点

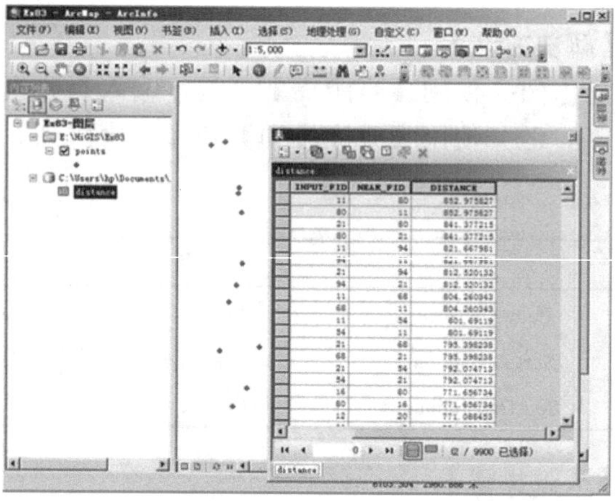

图 83.4　最远两点

实验 84　查找面到直线的最近点位置

【实验背景】

常规的二维地理矢量数据是由点、线、面所表达的几何图形要素。面图形一般为多边形要素，主要由面图形的折点来决定其边界范围，折点可视为面图形最外侧的点位置。对矢量图形进行几何分析时，通常需要基于要素的节点进行几何计算，如要素间距等。

本实验讲述使用地理信息系统软件查找面要素到直线的最近点位置，以面要素的各个节点作为分析对象，求算各节点到直线的最近距离，实现面要素与直线的距离计算。读者通过实验练习，应能够理解矢量要素的几何组成，熟练掌握对矢量要素进行几何分析的方法。

【实验数据】

实验数据如表 84.1 所示。

表 84.1　实验数据

图层名称	格式	坐标系	说明
Line	Shapefile 线要素	Unknown	用于分析的参考直线
Area	Shapefile 面要素	Unknown	用于分析的参考平面

【解决方法】

（1）使用【要素折点转点】工具，输入点要素，生成折点要素。

（2）使用【近邻分析】工具，输入折点要素，得到折点与线要素的最近距离。

（3）使用【汇总】工具，设置参数，查询各面要素折点距离直线的最近距离。

（4）使用【连接】工具，连接属性表，查看每个面图形的最近点位置（表 84.2）。

表 84.2　工具名称及位置

工具名称		工具位置
Feature Vertices To Points	要素折点转点	【ArcToolbox】→【数据管理工具】→【要素】→【要素折点转点】
Near	近邻分析	【ArcToolbox】→【分析工具】→【邻域分析】→【近邻分析】
Summarize	汇总	【右键菜单】→【汇总】
Join	连接	【右键菜单】→【连接和关联】→【连接】

【实验步骤】

1）*面要素转折点*

在 ArcToolbox 中，打开【数据管理工具】→【要素】→【要素折点转点】对话框，如图 84.1 所示，【输入要素】设置为“area”，【输出要素类】设置为“vertices”，【点类型】选择“ALL”（全部折点）；点击【确定】，得到折点要素，如图 84.2 所示。

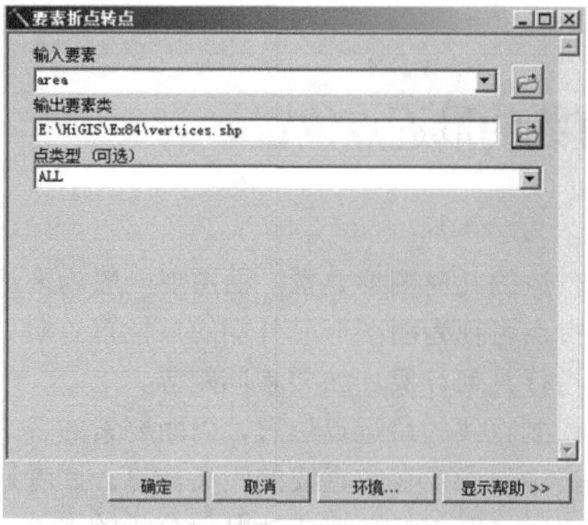

图 84.1　【要素折点转点】参数设置

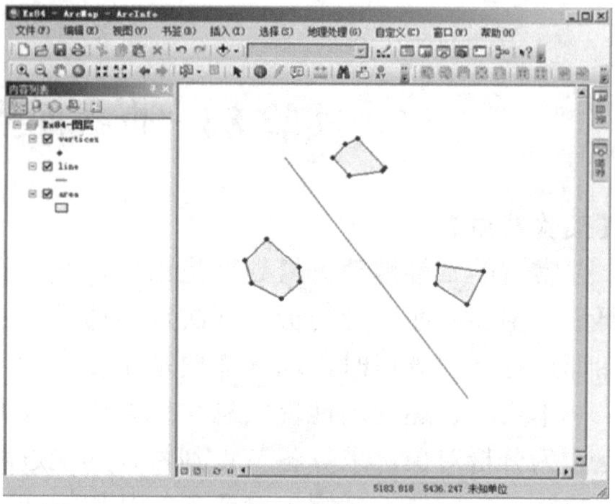

图 84.2　折点要素结果

2）计算折点与线的最近距离

打开【分析工具】→【邻域分析】→【近邻分析】对话框，如图 84.3 所示，【输入要素】设置为“vertices”，【邻近要素】设置为“line”，其余参数默认；点击【确定】，折点属性表内已记录到线要素的最近距离，如图 84.4 所示。

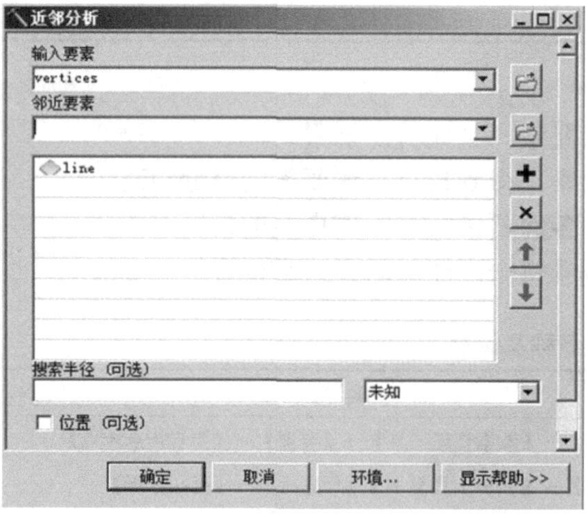

图 84.3　【近邻分析】参数设置

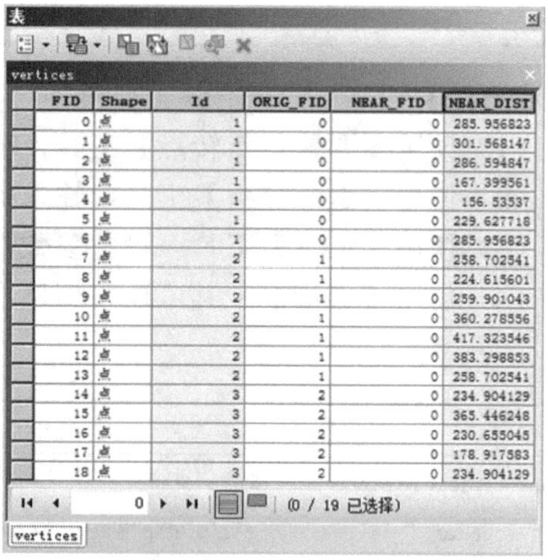
表

vertices

FID	Shape	Id	ORIG_FID	NEAR_FID	NEAR_DIST
0	点	1	0	0	285.956823
1	点	1	0	0	301.568147
2	点	1	0	0	286.594847
3	点	1	0	0	167.399561
4	点	1	0	0	156.53537
5	点	1	0	0	229.627718
6	点	1	0	0	285.956823
7	点	2	1	0	258.702541
8	点	2	1	0	224.615601
9	点	2	1	0	259.901043
10	点	2	1	0	360.278556
11	点	2	1	0	417.323546
12	点	2	1	0	383.298853
13	点	2	1	0	258.702541
14	点	3	2	0	234.904129
15	点	3	2	0	365.446248
16	点	3	2	0	230.655045
17	点	3	2	0	178.917583
18	点	3	2	0	234.904129

(0 / 19 已选择)

vertices

图 84.4　折点与线要素的最近距离值

3）查询各面要素折点距离直线的最近距离

将面要素转折点后，每个点都有一个字段来记录其所属的面要素，即字段【Id】；如图 84.5 所示，右击字段“Id”，选择【汇总】工具，【汇总统计】字段中“NEAR_DIST”统计值选择“最小值”，【指定输出表】设置为“nearest.dbf”，如图 84.6 所示。点击【确定】，得到每个面的统计表，如图 84.7 所示。

图 84.5　表格【汇总】工具

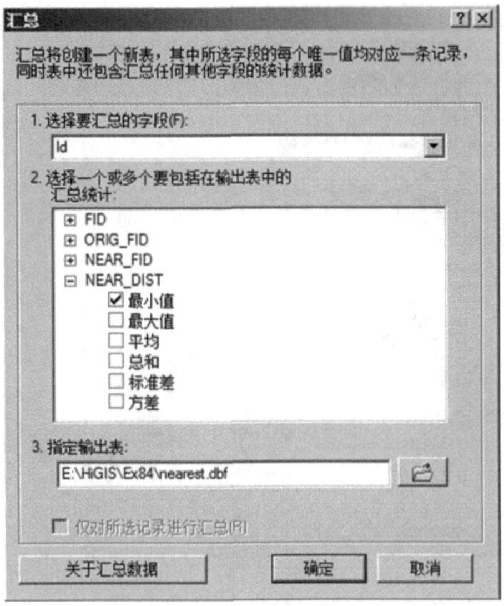

图 84.6　【汇总】参数设置

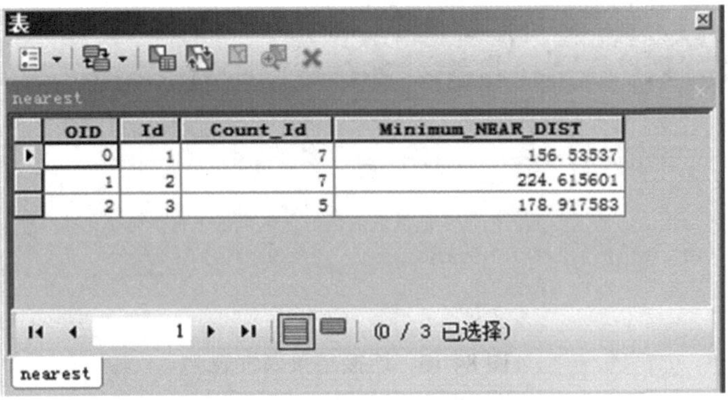

图 84.7　汇总结果属性表

4）确定各面要素的最近点位置

右击 vertices 图层，选择【连接和关联】→【连接】，打开【连接数据】对话框，如图 84.8 所示，将连接到该图层设置为“表的连接属性”，连接的字段设置为“NEAR_DIST”，连接到此图层的表设置为“nearest”，该表中的连接字段设置为“Minimum_NEAR_DIST”，【连接选项】选择“仅保留匹配记录”；点击【确定】，通过连接结果属性表，可查看到每个面图形的最近点位置，如图 84.9 所示。连接结果属性表如图 84.10 所示。

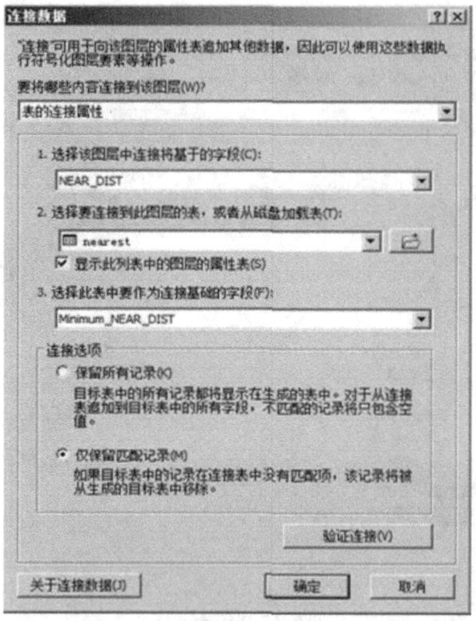

图 84.8　【连接数据】参数设置

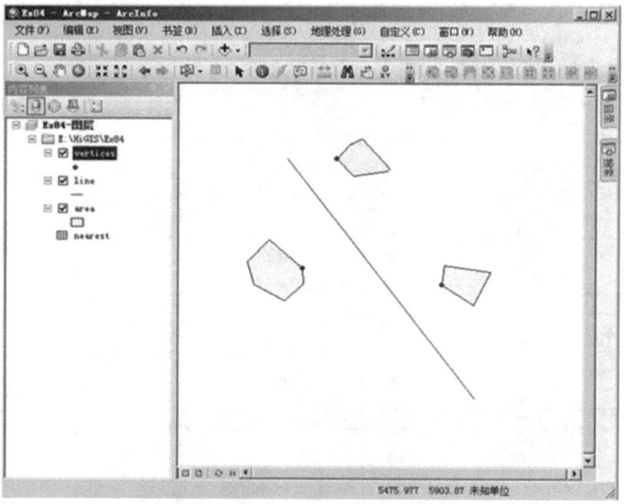

图 84.9　最近点位置

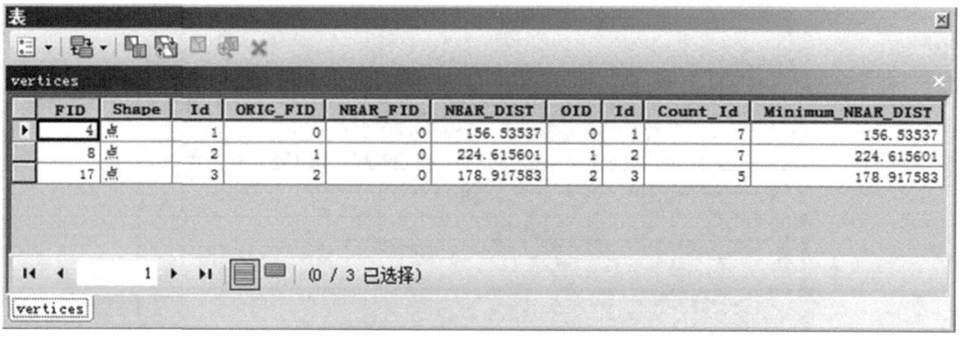

FID	Shape	Id	ORIG_FID	NEAR_FID	NEAR_DIST	OID	Id	Count_Id	Minimum_NEAR_DIST
4	点	1	0	0	156.53537	0	1	7	156.53537
8	点	2	1	0	224.615601	1	2	7	224.615601
17	点	3	2	0	178.917583	2	3	5	178.917583

(0 / 3 已选择)

图 84.10　连接结果属性表

实验 85　创建线要素间的最近垂线

【实验背景】

在欧氏空间的条件下，要素与要素之间的最近距离可以视为两要素上任意位置组合之间距离最小的位置连线。而线要素和面要素都由节点要素组成，若要计算线要素或面要素之间的最近距离，可以先将线要素或面要素转为点要素进行处理。

本实验讲述使用地理信息系统软件计算曲线到直线之间最近垂线的位置，并将最近垂线生成为线要素。读者通过实验练习，应能够理解矢量要素的几何特征，掌握基于几何结构的要素分析方法。

【实验数据】

实验数据如表 85.1 所示。

表 85.1　实验数据

图层名称	格式	坐标系	说明
Line	Shapefile 线要素	Krasovsky_1940_Transverse_Mercator	用于分析的线要素
Road	Shapefile 线要素	Krasovsky_1940_Transverse_Mercator	用于分析的线要素

【解决方法】

（1）使用【要素折点转点】工具，输入线要素，生成折点要素。

（2）使用【近邻分析】工具，输入折点要素，得到线要素上离折点距离最近的点坐标。

（3）使用【添加 XY 坐标】工具，输入折点要素，得到折点要素坐标。

（4）使用【XY 转线】工具，输入点要素，生成折点与最近点的连线。

（5）使用【升序排列】工具，查询最近点要素；重复步骤（4），生成最近垂线（表 85.2）。

表 85.2　工具名称及位置

工具名称		工具位置
Feature Vertices To Points	要素折点转点	【ArcToolbox】→【数据管理工具】→【要素】→【要素折点转点】
Near	近邻分析	【ArcToolbox】→【分析工具】→【邻域分析】→【近邻分析】
Add XY	添加 XY 坐标	【ArcToolbox】→【数据管理工具】→【要素】→【添加 XY 坐标】
XY To Line	XY 转线	【ArcToolbox】→【数据管理工具】→【要素】→【XY 转线】
Sort Ascending	升序排列	【右键菜单】→【升序排列】

【实验步骤】

1）线要素转折点要素

在 ArcToolbox 中，打开【数据管理工具】→【要素】→【要素折点转点】对话框，如图 85.1 所示，【输入要素】设置为“road”，【输出要素类】设置为“point”，【点类型】设置为“ALL”；点击【确定】，得到折点要素，如图 85.2 所示。

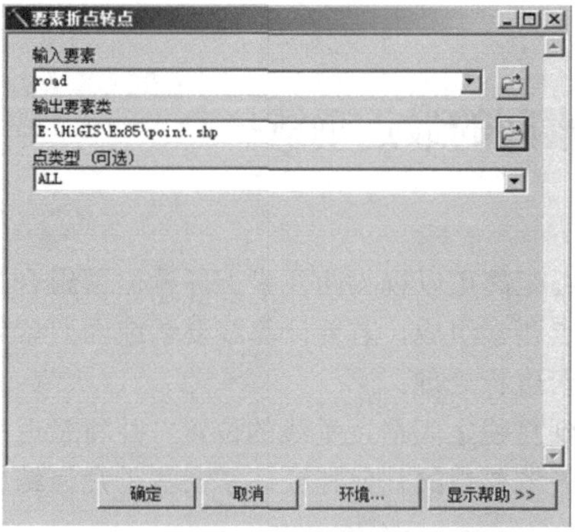

图 85.1　【要素折点转点】参数设置

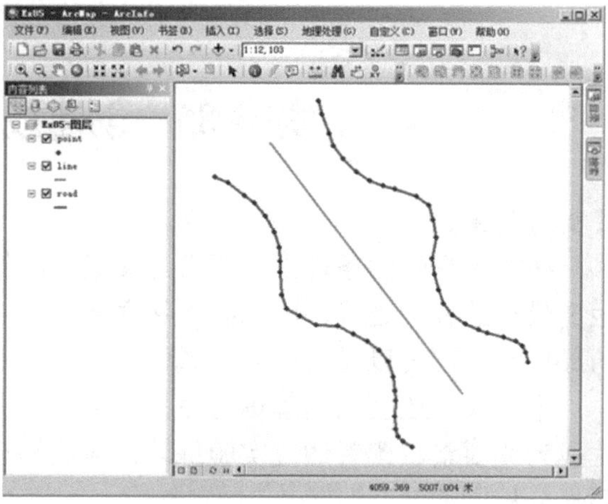

图 85.2　线要素折点结果

2）近邻分析

打开【分析工具】→【邻域分析】→【近邻分析】对话框，如图 85.3 所示，【输入要素】设置为“point”，【邻近要素】设置为“line”，勾选【位置】选项；点击【确定】，近邻分析的结果被写入 point 图层的属性表中，如图 85.4 所示。**注**：在勾选【位置】选项后，对 point 图层每个要素进行近邻分析时，line 图层上距离 point 要素最近的距离值将被记录到该 point 要素的属性中，同时该最近位置的坐标也会一并记录，即最终得到的字段“NEAR_DIST”“NEAR_X”和“NEAR_Y”。

图 85.3　【近邻分析】参数设置

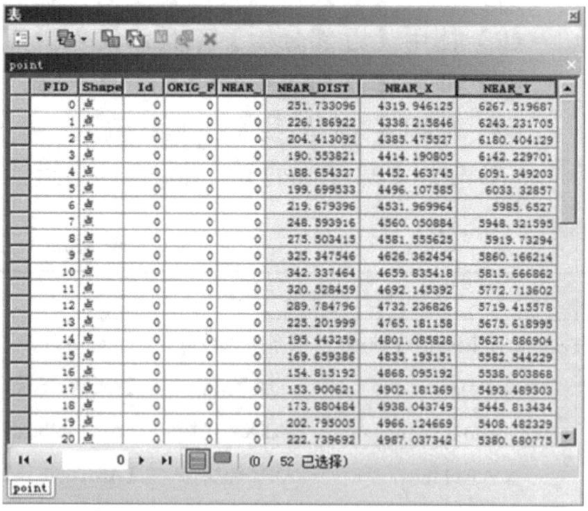

point

FID	Shape	Id	ORIG_F	NEAR_	NEAR_DIST	NEAR_X	NEAR_Y
0	点	0	0	0	251.733096	4319.946125	6267.519687
1	点	0	0	0	226.186922	4338.215846	6243.231705
2	点	0	0	0	204.413092	4385.475527	6180.404129
3	点	0	0	0	190.553821	4414.190805	6142.229701
4	点	0	0	0	188.654327	4452.463745	6091.349203
5	点	0	0	0	199.699533	4496.107585	6033.32857
6	点	0	0	0	219.679396	4531.969964	5985.6527
7	点	0	0	0	248.593916	4560.050884	5948.321595
8	点	0	0	0	275.503415	4581.555625	5919.73294
9	点	0	0	0	325.347546	4626.362454	5860.166214
10	点	0	0	0	342.337464	4659.835418	5815.666862
11	点	0	0	0	320.528459	4692.145392	5772.713602
12	点	0	0	0	289.784796	4732.236826	5719.415578
13	点	0	0	0	225.201999	4765.181158	5675.618995
14	点	0	0	0	195.443259	4801.085828	5627.886904
15	点	0	0	0	169.659386	4835.193151	5582.544229
16	点	0	0	0	154.815192	4868.095192	5538.803868
17	点	0	0	0	153.900621	4902.181369	5493.489303
18	点	0	0	0	173.880484	4938.043749	5445.813434
19	点	0	0	0	202.795005	4966.124669	5408.482329
20	点	0	0	0	222.739692	4987.037342	5380.680775

(0 / 52 已选择)

图 85.4　近邻分析结果

3）添加折点坐标

打开【数据管理工具】→【要素】→【添加 XY 坐标】对话框，如图 85.5 所示，【输入要素】设置为“point”；点击【确定】，折点要素的坐标值被写入其属性表中，如图 85.6 所示。

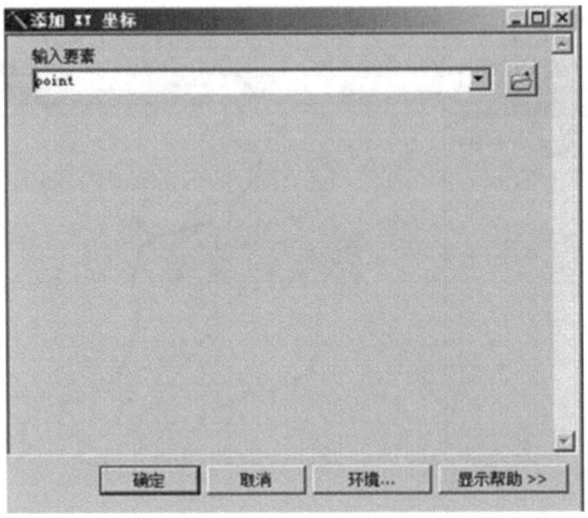

图 85.5　【添加 XY 坐标】参数设置

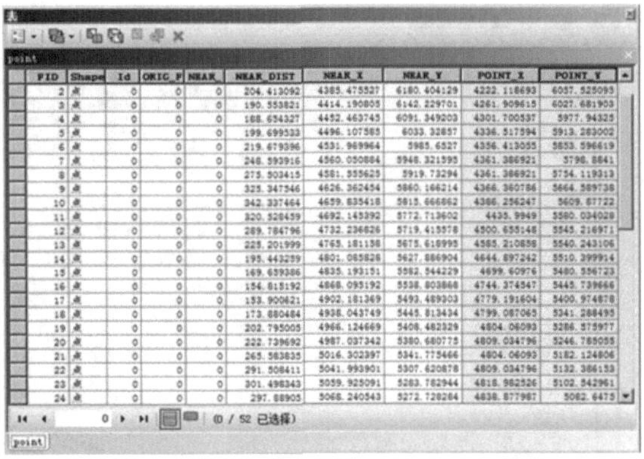

图 85.6　点要素自身坐标值

4）创建近邻分析结果的连线要素

打开【数据管理工具】→【要素】→【XY 转线】对话框，如图 85.7 所示，【输入表】设置为“point”，【输出要素类】设置为“xyline”，【起点 X 字段】设置为“POINT_X”，【起点 Y 字段】设置为“POINT_Y”，【终点 X 字段】设置为“NEAR_X”，【终点 Y 字段】设置为“NEAR_Y”，其余参数默认；点击【确定】，生成折点要素至线要素对应最近点的连线，如图 85.8 所示。**注**：实现【XY 转线】工具，必须要保证折点要素带有坐标信息。

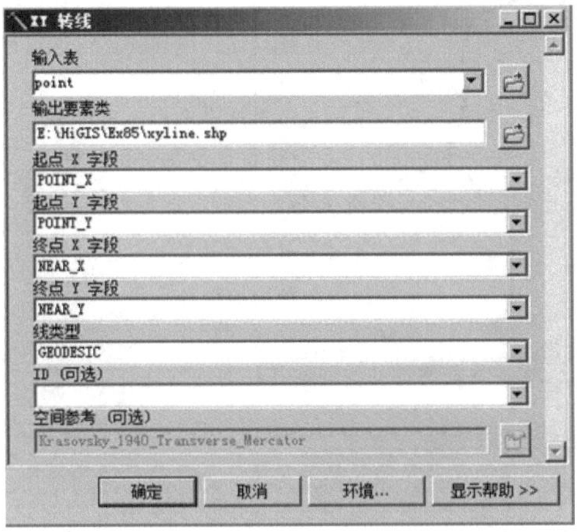

图 85.7　【XY 转线】工具参数设置

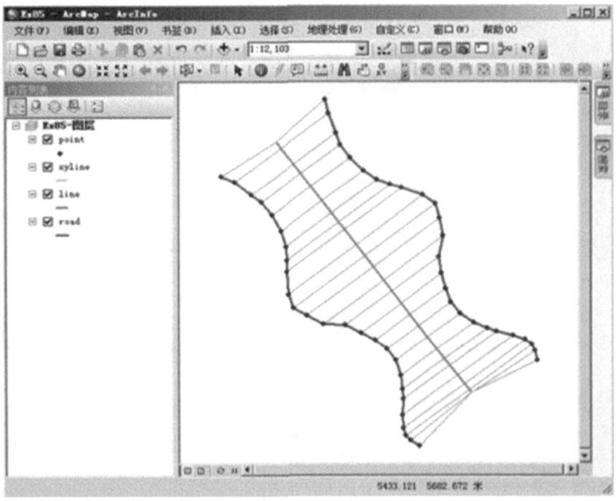

图 85.8　近邻分析结果连线

5）创建最近垂线要素

打开 point 图层属性表，如图 85.9 所示，依据“NEAR_DIST”字段从小到大排序，即可得到两个距离最近的点要素，选中这两个点要素，如图 85.10 所示；重复步骤 4），即可得到最近垂线要素“nearline”， 如图 85.11 所示。**注**：本实验中两条曲线图层 road 关于直线 line 图层对称，所以最近距离相等；实际情况中应使用恰当方法查找最近距离的点。

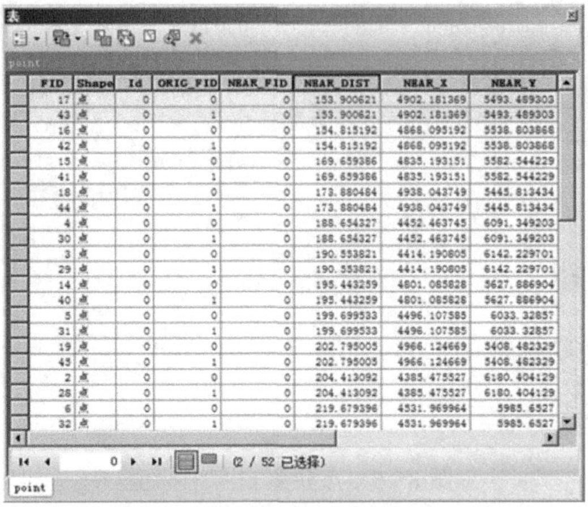

FID	Shape	Id	ORIG_FID	NEAR_FID	NEAR_DIST	NEAR_X	NEAR_Y
17	点	0	0	0	153.900621	4902.181369	5493.489303
43	点	0	1	0	153.900621	4902.181369	5493.489303
16	点	0	0	0	154.815192	4868.095192	5538.803868
42	点	0	1	0	154.815192	4868.095192	5538.803868
15	点	0	0	0	169.659386	4835.193151	5582.544229
41	点	0	1	0	169.659386	4835.193151	5582.544229
18	点	0	0	0	173.880484	4938.043749	5445.813434
44	点	0	1	0	173.880484	4938.043749	5445.813434
4	点	0	0	0	188.654327	4452.463745	6091.349203
30	点	0	1	0	188.654327	4452.463745	6091.349203
3	点	0	0	0	190.553821	4414.190805	6142.229701
29	点	0	1	0	190.553821	4414.190805	6142.229701
14	点	0	0	0	195.443259	4801.085828	5627.886904
40	点	0	1	0	195.443259	4801.085828	5627.886904
5	点	0	0	0	199.699533	4496.107585	6033.32857
31	点	0	1	0	199.699533	4496.107585	6033.32857
19	点	0	0	0	202.795005	4966.124669	5408.482329
45	点	0	1	0	202.795005	4966.124669	5408.482329
2	点	0	0	0	204.413092	4385.475527	6180.404129
28	点	0	1	0	204.413092	4385.475527	6180.404129
6	点	0	0	0	219.679396	4531.969964	5985.6527
32	点	0	1	0	219.679396	4531.969964	5985.6527

图 85.9　查找最近点要素

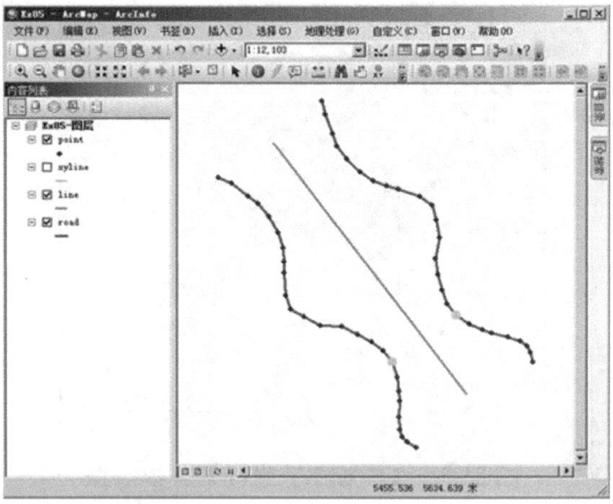

图 85.10　选中的最近点要素

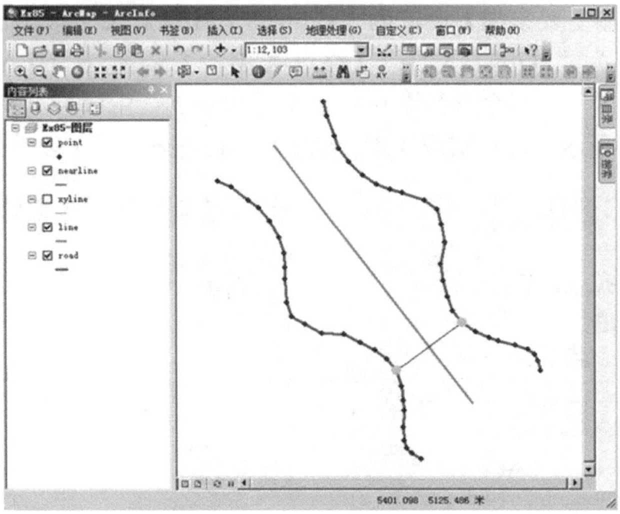

图 85.11　最近垂线要素

实验 86　矢量面重叠分析

【实验背景】

地理矢量数据不仅在多图层间存在叠合关系，在同图层的多个要素间也存在叠合关系。同图层间的叠合要素有时是地理对象间存在叠合关系，有时是数字化采集过程中的不合理操作造成的。分析地理对象存在的叠合关系时，可以根据重叠区域来构建重叠要素之间的联系。

本实验讲述使用地理信息系统软件实现矢量面重叠分析的方法，分析发生重叠的要素。读者通过实验练习，应能够理解要素重叠的基本特征，学会利用重叠区域建立重叠关系，以此对重叠要素进行分析与检测。

【实验数据】

实验数据如表 86.1 所示。

表 86.1　实验数据

图层名称	格式	坐标系	说明
Circles	Shapefile 面要素	Krasovsky_1940_Transverse_Mercator	用于分析的面要素

【解决方法】

（1）使用【要素转面】工具，输入面要素，生成含重叠区域的面要素。

（2）使用【空间连接】工具，设置参数，得到包含原始圆属性的重叠图层（表 86.2）。

表 86.2　工具名称及位置

工具名称		工具位置
Feature To Polygon	要素转面	【ArcToolbox】→【数据管理工具】→【要素】→【要素转面】
Spatial Join	空间连接	【ArcToolbox】→【分析工具】→【叠加分析】→【空间连接】

【实验步骤】

1）提取重叠区域数据

在 ArcToolbox 中，打开【数据管理工具】→【要素】→【要素转面】对话框，如图 86.1 所示，【输入要素】设置为“circles”，【输出要素类】设置为“overlay”；点击【确定】，得到含有重叠区域的图层数据，如图 86.2 所示。**注**：该工具将发生重叠的区域生成为新的面图形。

2）传递属性信息

打开【分析工具】→【叠加分析】→【空间连接】对话框，如图 86.3 所示，【目标要素】设置为“overlay”，【连接要素】设置为“circles”，【输出要素类】设置为“results”，【连接操作】设置为“JOIN_ONE_TO_MANY”，【匹配选项】设置为“WITHIN”；点击【确定】，得到具有原始圆属性的重叠图层，如图 86.4 所示。**注**：对于重叠的区域，其空间位置在原始的圆图形内，因此通过一对多连接操作，原始的圆图形属性会记录到重叠的区域中。

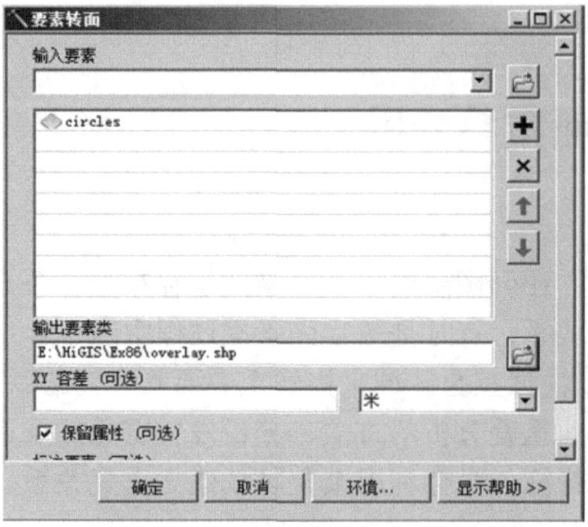

图 86.1　【要素转面】参数设置

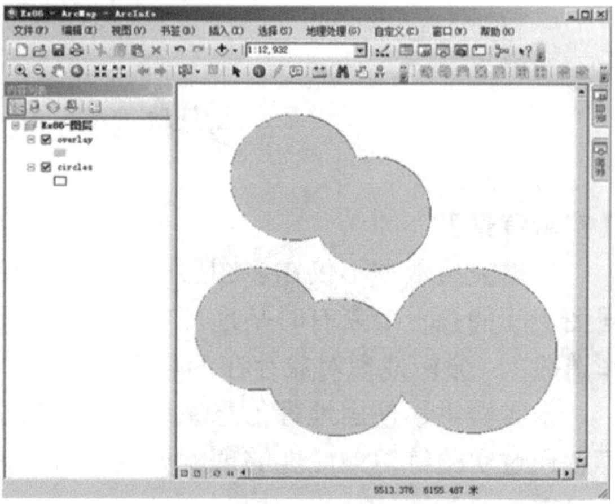

图 86.2　重叠区域图层数据

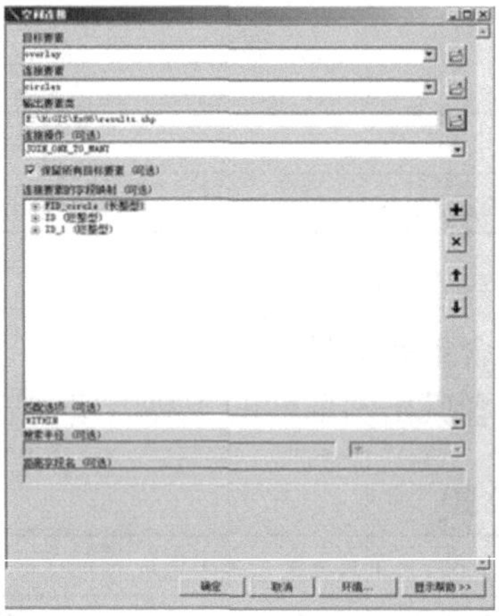

图 86.3　【空间连接】参数设置

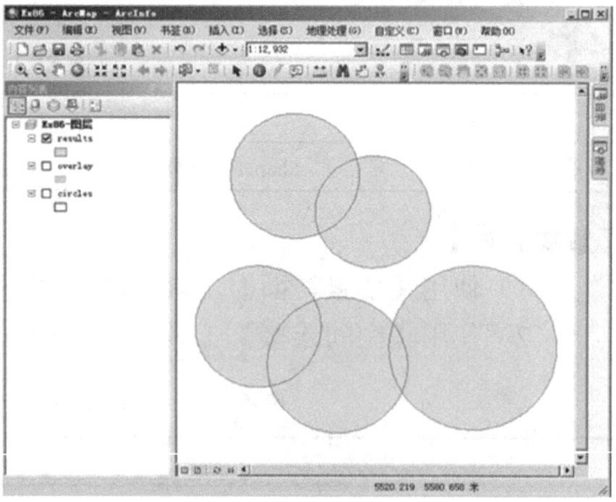

图 86.4　空间连接结果

3）分析发生重叠的图形关系

右击 results 图层，打开属性表，查看字段“TARGET_FID”，相同字段值即表明有重叠发生，而发生重叠的圆图形 ID 值就是字段“JOIN_FID”中所列出的值。圆 3 和圆 4 的重叠情况如图 86.5 所示；圆 0、圆 1 和圆 2 的重叠情况如图 86.6 所示。

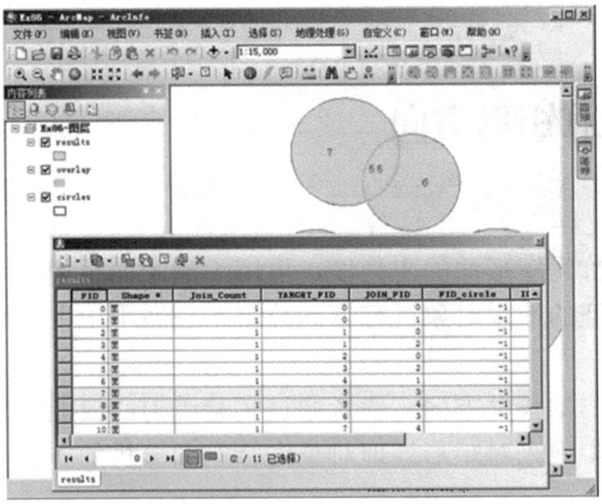

图 86.5　圆 3 和圆 4 的重叠情况

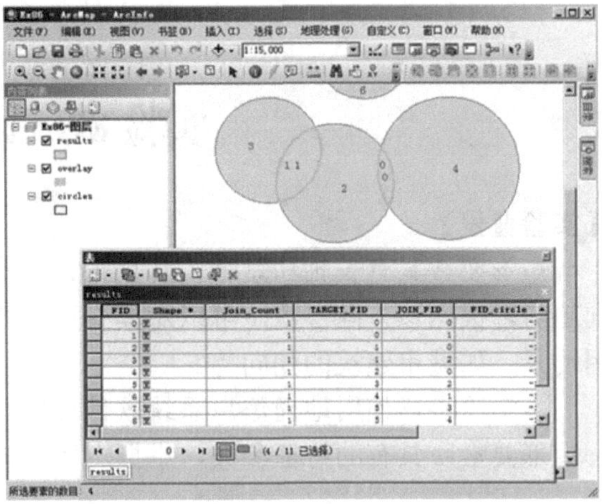

图 86.6　圆 0、圆 1 和圆 2 的重叠情况

实验 87　计算矩形方向

【实验背景】

矩形要素具有长轴和短轴，其长轴方向也称为矩形面的主角度，可用于确定面要素的走向趋势。根据该方向参数，可以对具有矩形特征的地理对象进行方向分析，且适用于很多应用场景，如城市建筑的朝向等。

本实验讲述使用地理信息系统软件计算矩形的长轴方向，读者通过实验练习，应能够理解矩形要素所具有的特征参数，掌握运用方向参数来对矩形地理对象进行空间分析的方法。

【实验数据】

实验数据如表 87.1 所示。

表 87.1　实验数据

图层名称	格式	坐标系	说明
Rectangles	Shapefile 面要素	Xian_1980_3_Degree_GK_CM_120E	用于计算的面要素

【解决方法】

（1）使用【添加字段】工具，创建新字段用于记录角度。

（2）使用【计算面的主角度】工具，输入面要素，得到矩形长轴方向角度（表 87.2）。

表 87.2　工具名称及位置

工具名称		工具位置
Add Field	添加字段	【属性表】→【表选项】→【添加字段】
Calculate Polygon Main Angle	计算面的主角度	【ArcToolbox】→【制图工具】→【制图优化】→【计算面的主角度】

【实验步骤】

1）创建角度字段

在 ArcMap 中，加载 rectangles 图层；右击打开【属性表】，选择【表选项】→【添加字段】菜单，如图 87.1 所示，新建字段【名称】设置为“Direction”，【类型】设置为“浮点型”；点击【确定】，完成字段创建，如图 87.2 所示。

2）计算矩形长轴方向

在 ArcToolbox 中，打开【制图工具】→【制图优化】→【计算面的主角度】对话框，如图 87.3 所示，【输入要素】设置为“rectangles”，【角度字段】设置为“Direction”；点击【确定】，矩形长轴方向记录在字段中，如图 87.4 所示。**注**：正东为 0°，顺时针为负，逆时针为正。

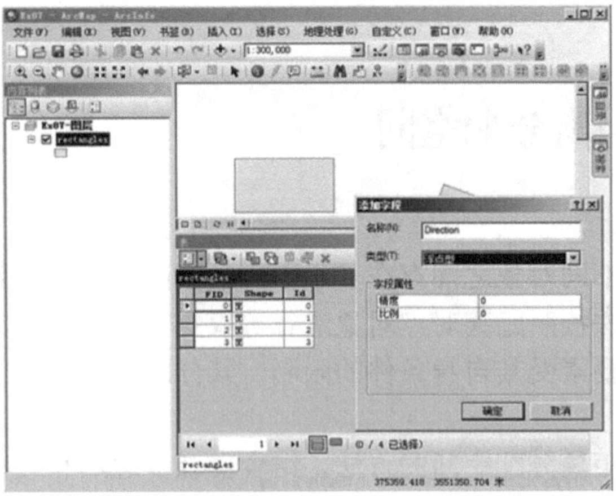

图 87.1　【添加字段】参数设置

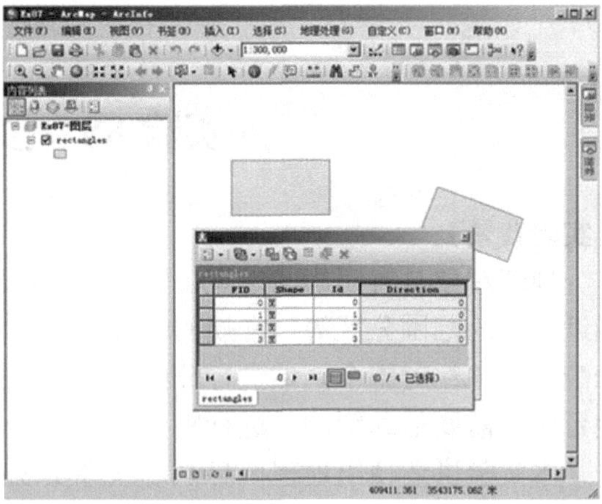

图 87.2　新建 Direction 字段

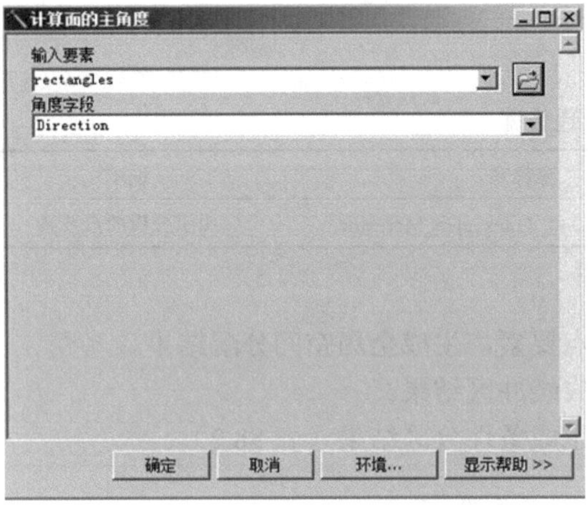

图 87.3　【计算面的主角度】参数设置

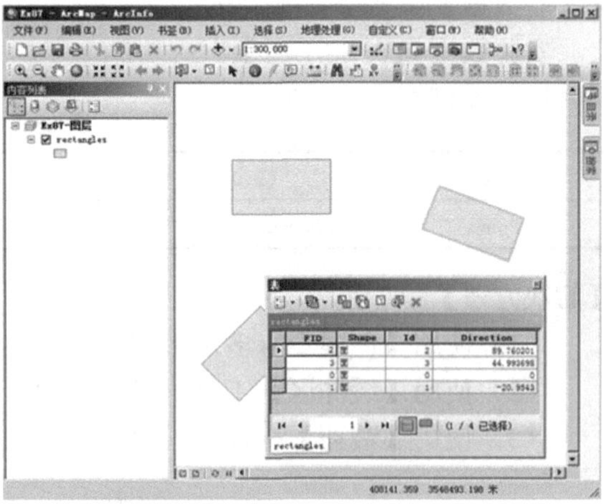

图 87.4　检验矩形长轴方向值

实验 88 按距离分配空间

【实验背景】

地理对象具有明确的地理位置特征，使得不同对象之间存在基于距离的空间关系，如到最近要素的范围分区等。常规的泰森多边形算法按照距离对点对象进行等权重空间分配，其分配结果往往对整个区域进行分配。而每个点要素受其自身条件的限制，其分配区域存在一定范围，需要借助缓冲区进行限定。

本实验讲述使用地理信息系统软件实现按距离分配空间的方法，结合泰森多边形和缓冲区算法，充分考虑距离条件对空间分配的作用。读者通过实验练习，应能够理解基于空间距离的分配原理，灵活运用缓冲区来作为限制条件，掌握复杂的空间分配方法。

【实验数据】

实验数据如表 88.1 所示。

表 88.1 实验数据

图层名称	格式	坐标系	说明
Points	Shapefile 点要素	Krasovsky_1940_Transverse_Mercator	用于分析的点要素

【解决方法】

（1）使用【创建泰森多边形】工具，输入点要素，生成全局空间分配结果。

（2）使用【缓冲区】工具，设置参数，生成缓冲区结果。

（3）使用【裁剪】工具，设置裁剪参数，生成条件分区结果（表 88.2）。

表 88.2 工具名称及位置

工具名称		工具位置
Create Thiessen Polygons	创建泰森多边形	【ArcToolbox】→【分析工具】→【邻域分析】→【创建泰森多边形】
Buffer	缓冲区	【ArcToolbox】→【分析工具】→【邻域分析】→【缓冲区】
Clip	裁剪	【ArcToolbox】→【分析工具】→【提取】→【裁剪】

【实验步骤】

1）全局空间分配

在 ArcToolbox 中，打开【分析工具】→【邻域分析】→【创建泰森多边形】对话框，如图 88.1 所示，【输入要素】设置为“points”，【输出要素类】设置为“Thiessen”，【输出字段】设置为“ONLY_FID”；点击【确定】，得到全局空间分配结果，如图 88.2 所示。

2）提取缓冲区

打开【分析工具】→【邻域分析】→【缓冲区】对话框，如图 88.3 所示，【输入要素】设置为“points”，【输出要素类】设置为“buffer”，【距离】参数设置为线性单位“500 米”，【融合类型】设置为“ALL”；点击【确定】，得到缓冲区数据，如图 88.4 所示。

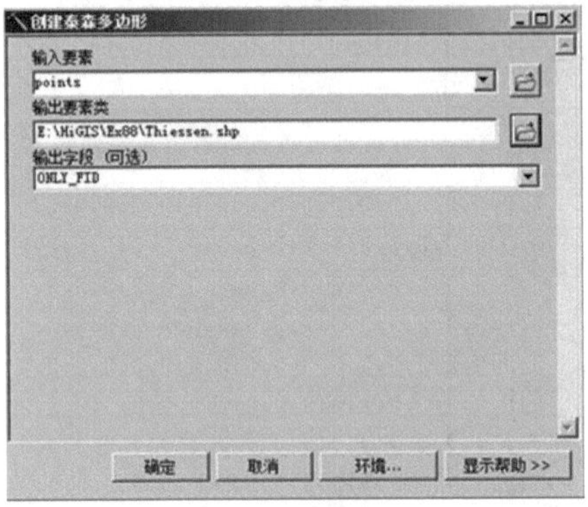

图 88.1　【创建泰森多边形】参数设置

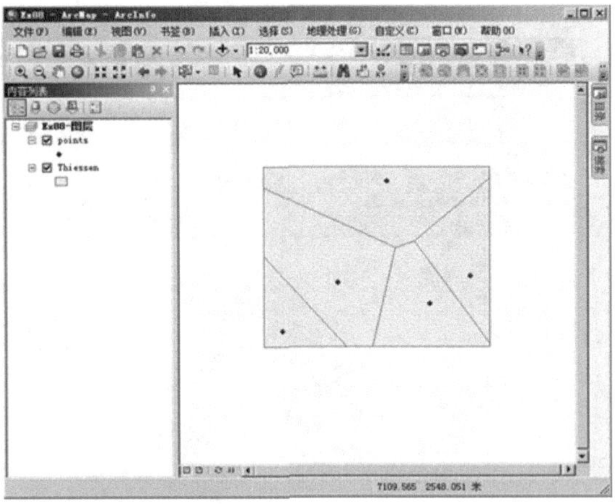

图 88.2　泰森多边形结果

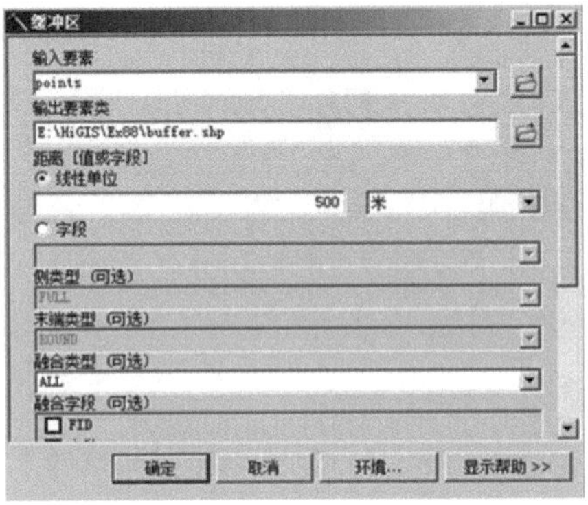

图 88.3　【缓冲区】参数设置

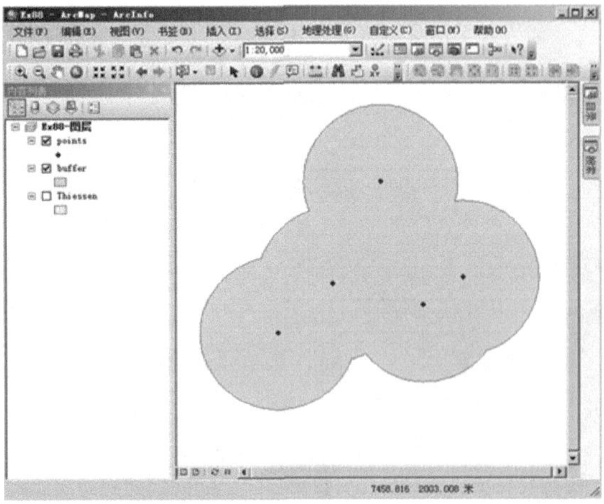

图 88.4　缓冲区结果

3）裁剪条件分区

打开【分析工具】→【提取】→【裁剪】对话框，如图 88.5 所示，【输入要素】设置为“Thiessen”，【裁剪要素】设置为“buffer”，【输出要素类】设置为“regions”；点击【确定】，得到条件分区结果，如图 88.6 所示。

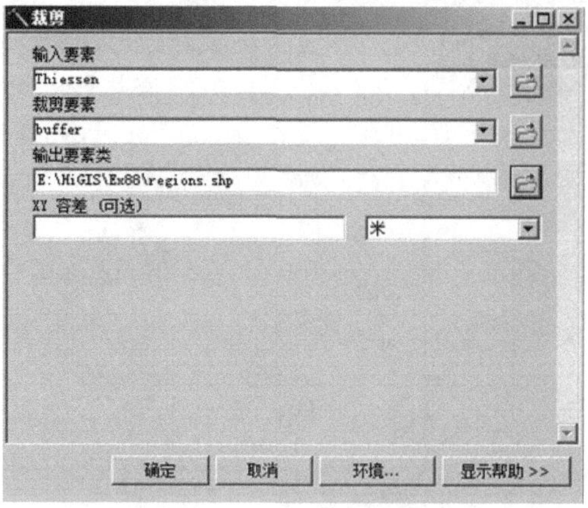

图 88.5　【裁剪】参数设置

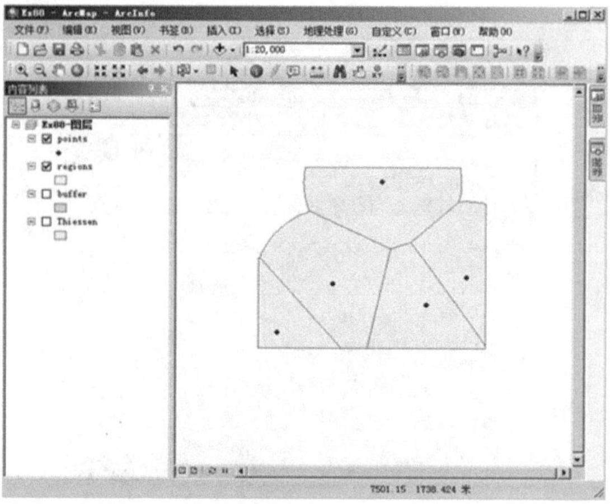

图 88.6　条件分区结果

实验 89　创建面要素的 Voronoi

【实验背景】

常规的泰森多边形算法主要面向点要素进行空间分配，对于线要素和面要素来说，其几何结构复杂，无法直接进行分配计算。而基于面要素的距离分配具有较多的应用场景，如在城市空间分析时，计算到各建筑的最近距离范围等。

本实验讲述使用地理信息系统软件创建面要素泰森多边形的方法，以节点要素代替面要素进行空间分配，通过融合同一面域的分区实现面要素的距离分配。读者通过实验练习，应能够理解距离分配的基本原理，学会结合要素几何结构对分配算法进行扩展，掌握复杂要素的距离分配方法。

【实验数据】

实验数据如表 89.1 所示。

表 89.1　实验数据

名称	格式	坐标系	说明
Buildings	Shapefile 面要素	Unknown	用于空间分配的面要素

【解决方法】

（1）使用【要素折点转点】工具，输入面要素，生成边界折点要素。

（2）使用【创建泰森多边形】工具，输入折点要素，生成泰森多边形。

（3）使用【更新】工具，输入面要素和泰森多边形，生成面要素的空间分配（表 89.2）。

表 89.2　工具名称及位置

工具名称		工具位置
Feature Vertices to Points	要素折点转点	【ArcToolbox】→【数据管理工具】→【要素】→【要素折点转点】
Create Thiessen Polygons	创建泰森多边形	【ArcToolbox】→【分析工具】→【邻域分析】→【创建泰森多边形】
Update	更新	【ArcToolbox】→【分析工具】→【叠加分析】→【更新】

【实验步骤】

1）提取面要素边界折点

由于面要素无法直接进行距离分配，可先依据其边界的各节点进行替代性的空间分配。在 ArcToolbox 中，打开【数据管理工具】→【要素】→【要素折点转点】对话框，如图 89.1 所示，【输入要素】设置为“buildings”，【输出要素类】设置为“vertices”，【点类型】设置为“ALL”；点击【确定】，得到面要素的边界折点，如图 89.2 所示。

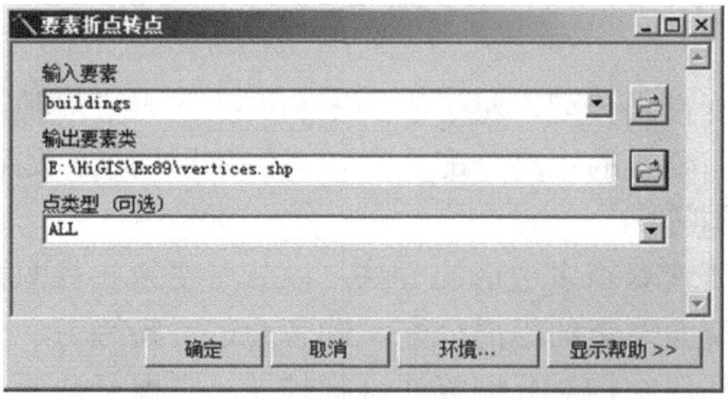

图 89.1　【要素折点转点】参数设置

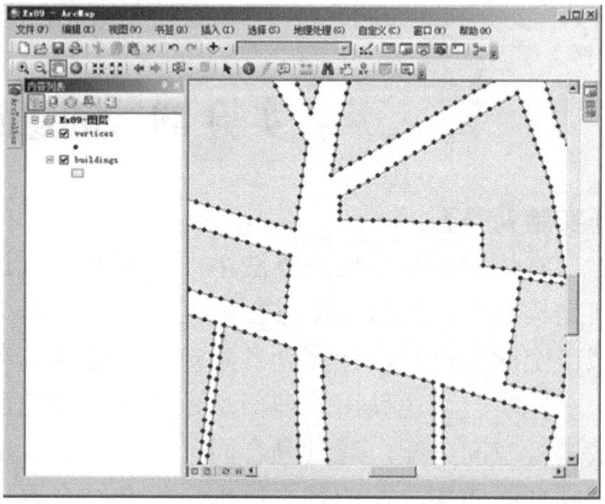

图 89.2　面要素的折点结果

2）对节点进行空间分配

打开【分析工具】→【邻域分析】→【创建泰森多边形】对话框，如图 89.3 所示，【输入要素】设置为“vertices”，【输出要素类】设置为“voronoi”，【输出字段】设置为“ONLY_FID”；点击【确定】，得到所有折点的空间分配结果，如图 89.4 所示。分配结果与节点的局部结果如图 89.5 所示。

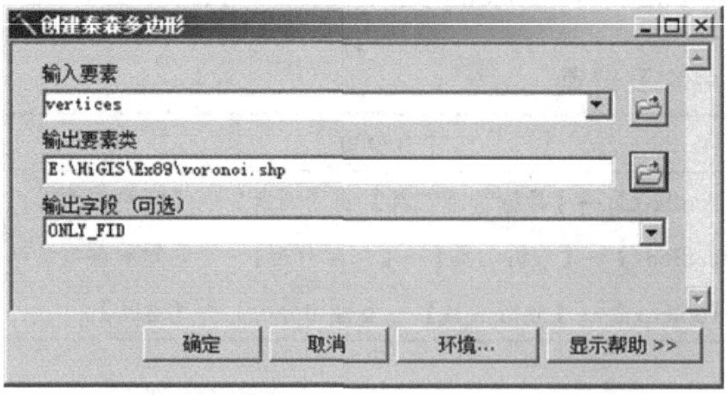

图 89.3　【创建泰森多边形】参数设置

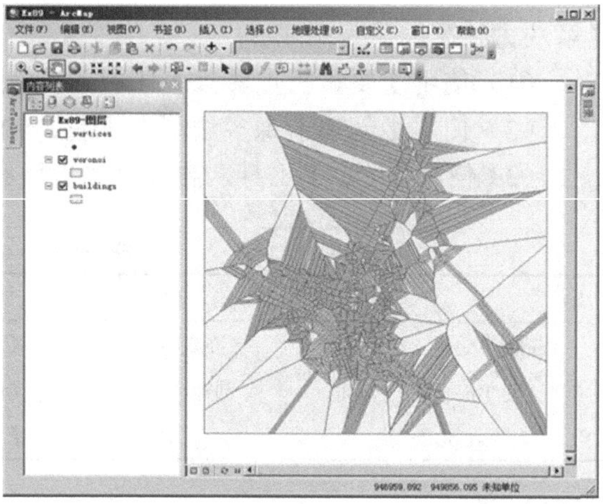

图 89.4　节点的空间分配结果

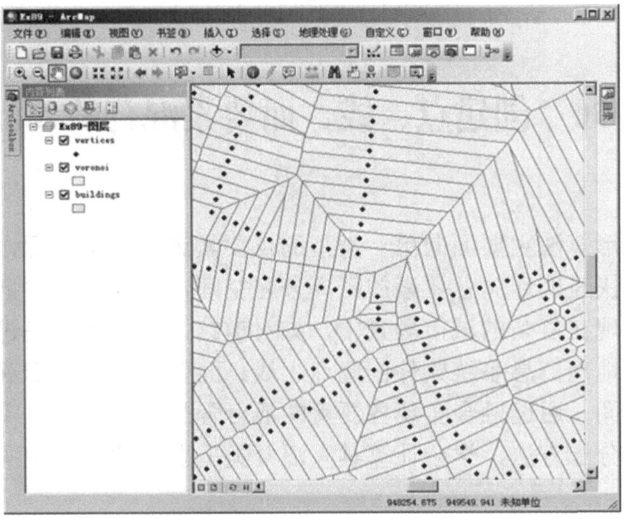

图 89.5　局部结果

3）生成面要素的空间分配结果

通过面要素融合所有其边界折点的分配空间，从而得到面要素的分配空间。打开【分析工具】→【叠加分析】→【更新】对话框，如图 89.6 所示，【输入要素】设置为“voronoi”，【更新要素】设置为“buildings”，【输出要素类】设置为“results”，取消勾选【边框】；点击【确定】，得到面要素的空间分配结果，如图 89.7 所示。

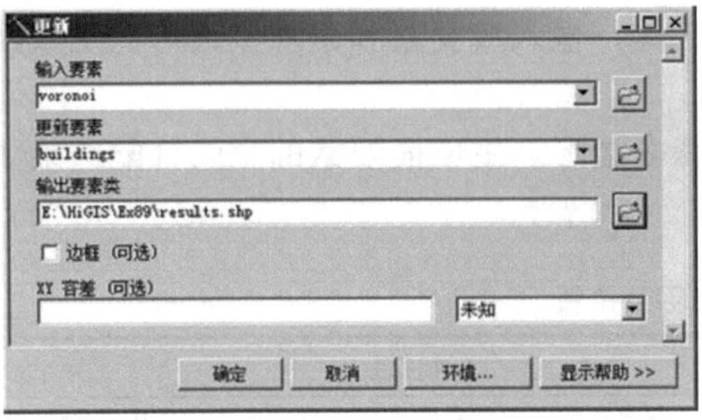

图 89.6　【更新】工具参数设置

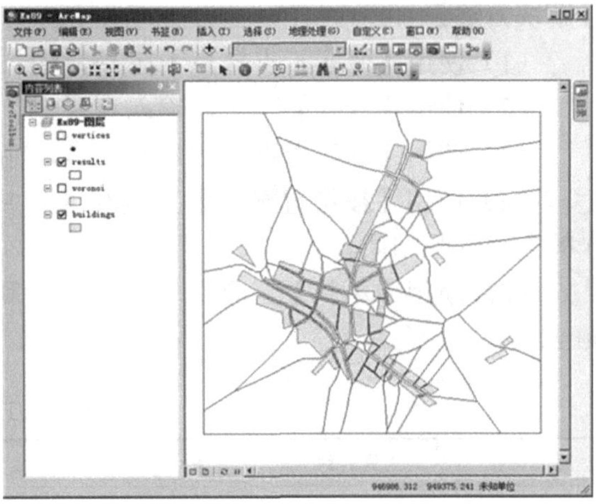

图 89.7　面要素的空间分配结果

实验 90　创建点、线、面要素混合的 Voronoi

【实验背景】

常规的泰森多边形算法主要面向单一类型的点要素进行空间分配，而对于点、线、面要素混合的情况，无法快速地计算各要素的距离分配空间，需要对点要素、线要素和面要素分别计算。该情况常出现在复杂的城市场景中，如对道路、建筑和水塔进行空间距离分配。

本实验讲述使用地理信息系统软件创建点、线、面要素混合的泰森多边形，分别对各类型的要素计算分配空间，通过融合实现各要素的混合分配。读者通过实验练习，应能够理解不同要素类型的距离分配方法，学会计算具有混合类型要素的分配空间。

【实验数据】

实验数据如表 90.1 所示。

表 90.1　实验数据

名称	格式	坐标系	说明
Tower	Shapefile 点要素	Unknown	用于空间分配的点要素
Road	Shapefile 线要素	Unknown	用于空间分配的线要素
Buildings	Shapefile 面要素	Unknown	用于空间分配的面要素

【解决方法】

（1）使用【要素折点转点】工具，输入线、面要素，生成折点要素。

（2）使用【合并】工具，输入点要素，生成点要素集合。

（3）使用【创建泰森多边形】工具，输入点要素，生成点要素的泰森多边形。

（4）使用【按位置选择】工具和【合并】工具，输入线要素和泰森多边形，生成线要素的空间分配结果。

（5）使用【更新】工具，输入面要素和泰森多边形，生成面要素的空间分配结果（表 90.2）。

表 90.2　工具名称及位置

工具名称		工具位置
Feature Vertices To Points	要素折点转点	【ArcToolbox】→【数据管理工具】→【要素】→【要素折点转点】
Merge	合并	【ArcToolbox】→【数据管理工具】→【常规】→【合并】
Create Thiessen Polygons	创建泰森多边形	【ArcToolbox】→【分析工具】→【邻域分析】→【创建泰森多边形】
Select By Location	按位置选择	【菜单栏】→【选择】→【按位置选择】
Update	更新	【ArcToolbox】→【分析工具】→【叠加分析】→【更新】

【实验步骤】

1）提取线要素和面要素的折点

受工具算法的限制，对于跨数据维度的分析必须统一数据至相同维度。在 ArcToolbox 中，打开【数据管理工具】→【要素】→【要素折点转点】对话框，如图 90.1 所示，【输入要素】设置为“road”，【输出要素类】设置为“road_pts”，【点类型】设置为“ALL”；点击【确定】，得到线要素的所有节点，如图 90.2 所示。同理，得到面要素节点“buildings_pts”，如图 90.3 所示。

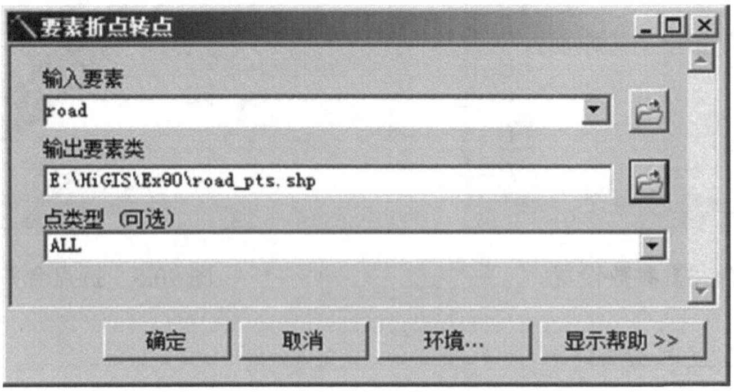

图 90.1　【要素折点转点】参数设置

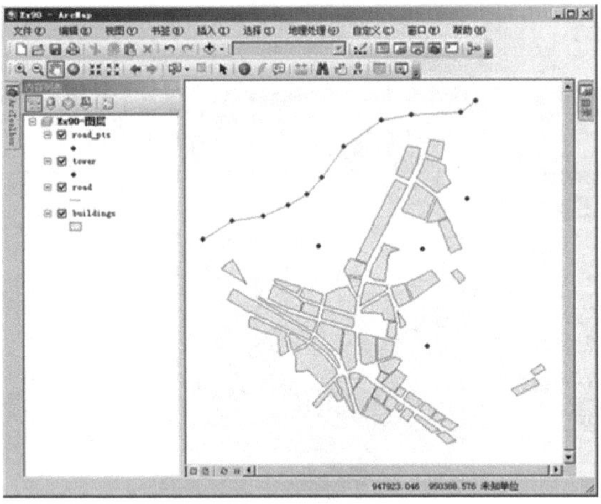

图 90.2　线要素折点结果

图 90.3　面要素折点结果

2）合并点、线、面要素的折点

打开【数据管理工具】→【常规】→【合并】对话框，如图 90.4 所示，【输入数据集】设置为“tower”“road_pts”和“buildings_pts”，【输出数据集】设置为“pts”；点击【确定】，得到合并后的折点数据，如图 90.5 所示。

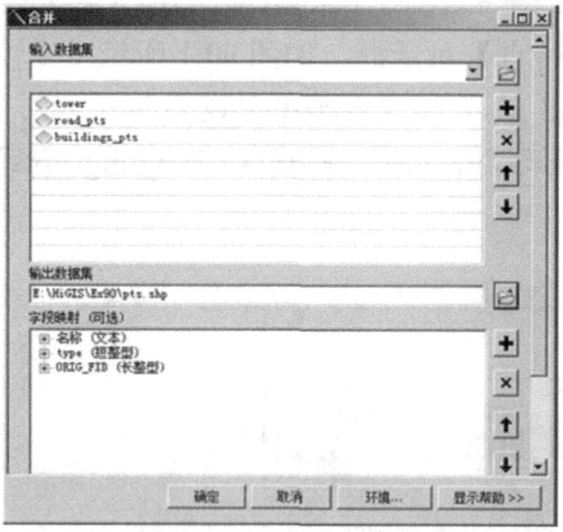

图 90.4　【合并】参数设置

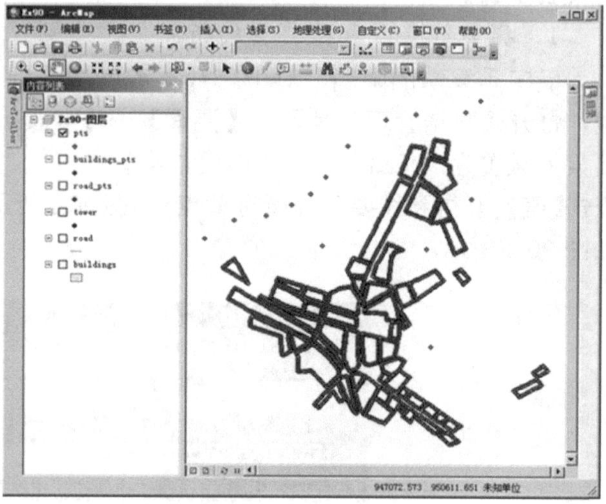

图 90.5　折点合并结果

3）对折点进行空间分配

打开【分析工具】→【邻域分析】→【创建泰森多边形】对话框，如图 90.6 所示，【输入要素】设置为“pts”，【输出要素类】设置为“voronoi”，【输出字段】设置为“ONLY_FID”；点击【确定】，得到所有折点的空间分配结果，如图 90.7 所示。线要素和面要素分配的局部效果分别如图 90.8 和 90.9 所示。

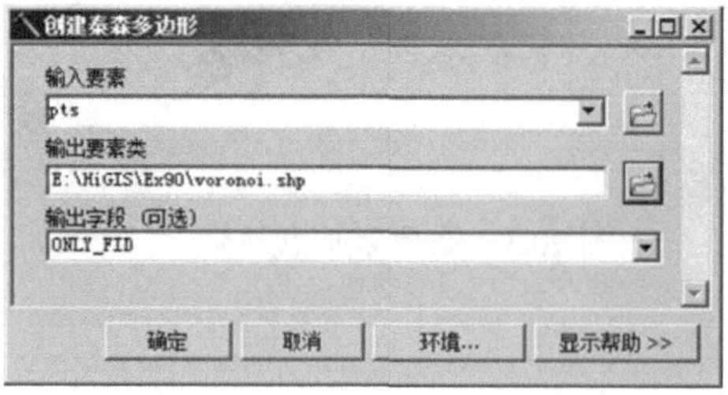

图 90.6　【创建泰森多边形】参数设置

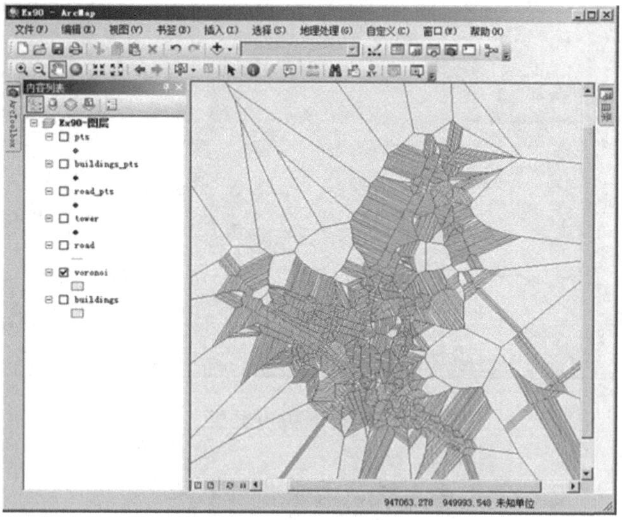

图 90.7　节点的空间分配结果

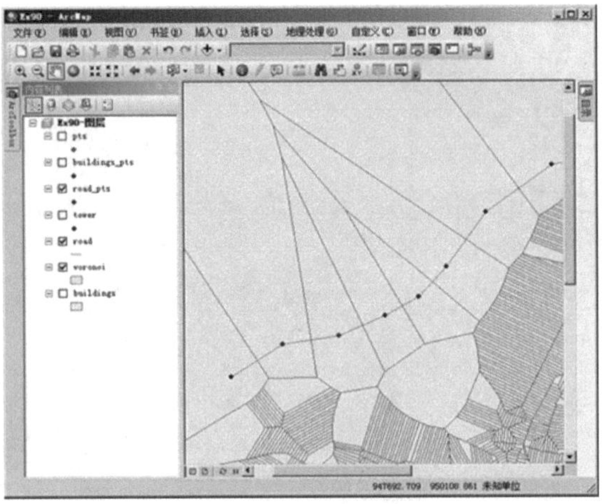

图 90.8　线要素局部结果

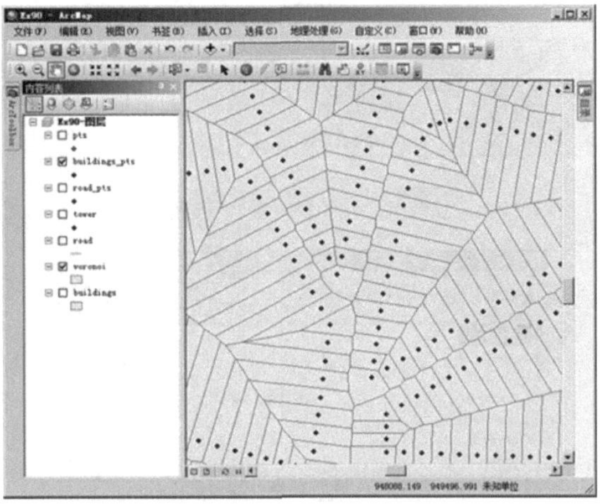

图 90.9　面要素局部结果

4）选择线要素的空间分配结果

打开【菜单栏】→【选择】→【按位置选择】对话框，如图 90.10 所示，【目标图层】勾选“voronoi”，【源图层】设置为“road”，【目标图层要素的空间选择方法】设置为“与源图层要素相交”；点击【应用】，选中线要素的空间分配范围，如图 90.11 所示。

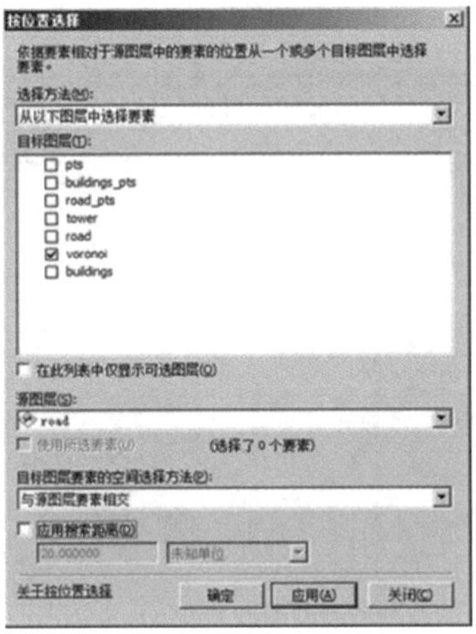

图 90.10　【按位置选择】工具参数设置

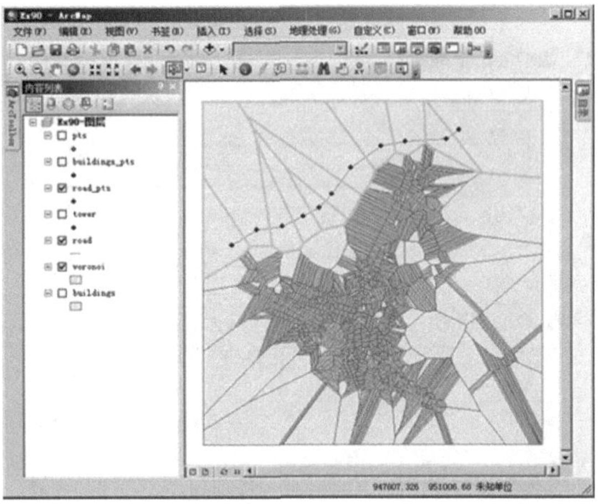

图 90.11　选择结果

5）生成线要素的空间分配结果

保持分配结果的选中状态；打开【编辑器】工具条，选择【编辑器】→【开始编辑】选项；选择【编辑器】→【合并】工具，任意选择一个合并的要素，如图 90.12 所示；点击【确定】，得到线要素的空间分配结果面数据；保存并停止编辑，如图 90.13 所示。

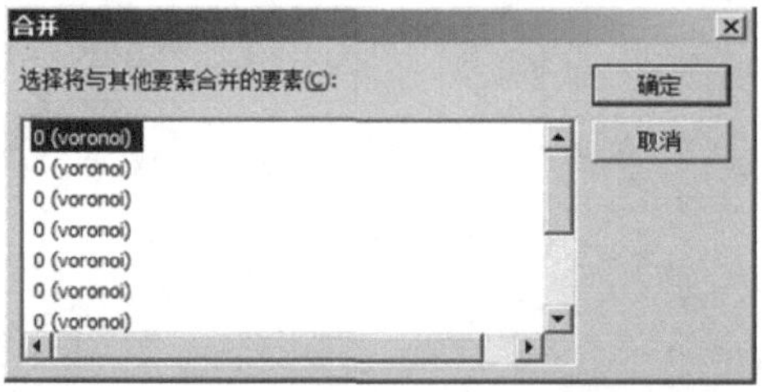

图 90.12　合并要素

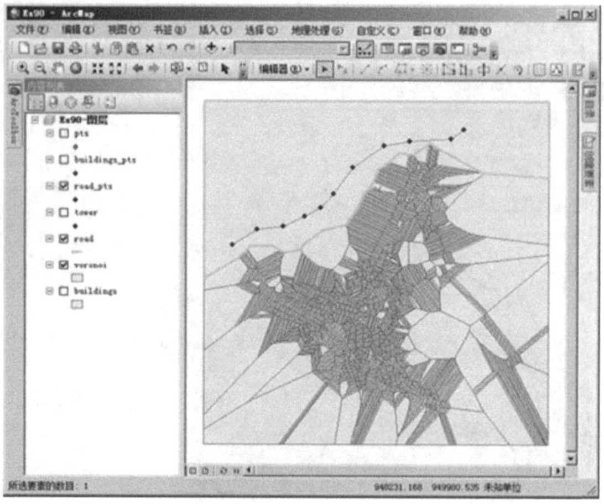

图 90.13　线要素的空间分配结果

6）生成最终的空间分配结果

先清除所选要素；打开【分析工具】→【叠加分析】→【更新】对话框，如图 90.14 所示，【输入要素】设置为“voronoi”，【更新要素】设置为“buildings”，【输出要素类】设置为“results”，取消勾选【边框】；得到最终点、线、面要素的空间分配结果“regions”，如图 90.15 所示。

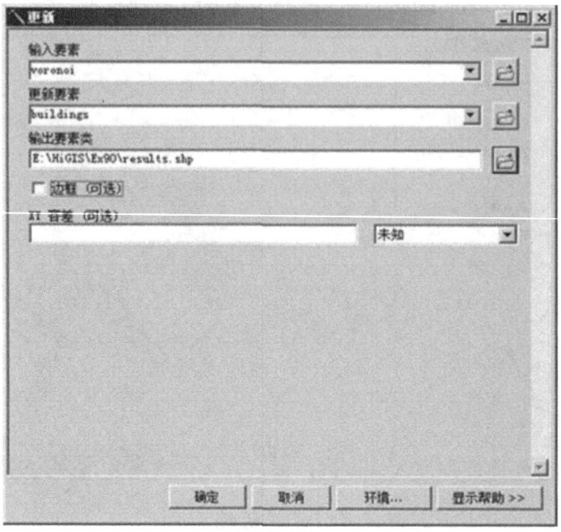

图 90.14　【更新】参数设置

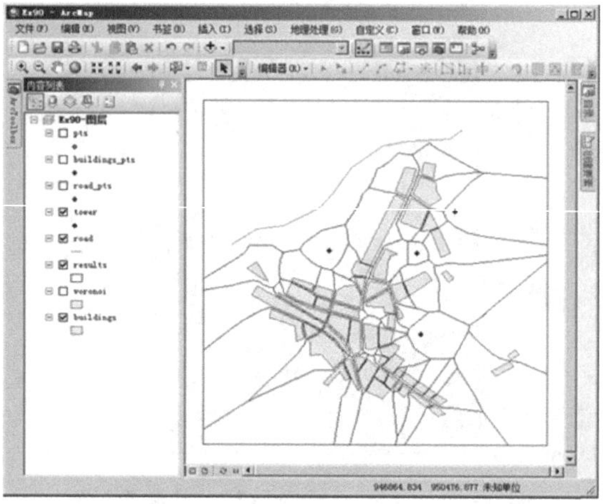

图 90.15　点、线、面要素的空间分配结果

实验 91　栅格欧氏分配

【实验背景】

基于距离的空间分配方法常采用矢量数据的形式进行计算，而栅格数据具有其独特性，也可基于栅格像元计算面向像元的距离分配范围。栅格分配算法直接将栅格数据作为模型基础，基于像元间距进行最近距离的计算与分配，不受限于分析对象的几何类型，即点、线、面要素均可直接计算分配范围。

本实验讲述使用地理信息系统软件实现栅格欧氏分配的方法，分别对点、线、面要素计算其各自的距离分配空间。读者通过实验练习，对比矢量分配方法，应能够理解矢量与栅格方法的差异，学会灵活使用两种不同的方法来解决类似问题。

【实验数据】

实验数据如表 91.1 所示。

表 91.1　实验数据

名称	格式	坐标系	说明
Tower	Shapefile 点要素	Unknown	用于欧氏分配的点要素
Road	Shapefile 线要素	Unknown	用于欧氏分配的线要素
Buildings	Shapefile 面要素	Unknown	用于欧氏分配的面要素

【解决方法】

使用【欧氏分配】工具，分别输入点、线、面要素，完成各要素的空间分配（表 91.2）。

表 91.2　工具名称及位置

工具名称		工具位置
Euclidean Allocation	欧氏分配	【ArcToolbox】→【Spatial Analyst 工具】→【距离分析】→【欧氏分配】

【实验步骤】

1）对点要素进行空间分配

在 ArcToolbox 中，打开【Spatial Analyst 工具】→【距离分析】→【欧氏分配】对话框，如图 91.1 所示，【输入栅格数据或要素源数据】设置为“tower”，【源字段】设置为“FID”，【输出分配栅格数据】设置为“region_pt”，其余参数默认；如图 91.2 所示，点击【环境】，设置【处理范围】参数“与图层 road 相同”；点击【确定】，得到点要素的空间分配结果，如图 91.3 所示。**注：**输出像元大小及分配数据的范围需要根据实际情况设置，本例中分配范围默认与 road 的范围一致。

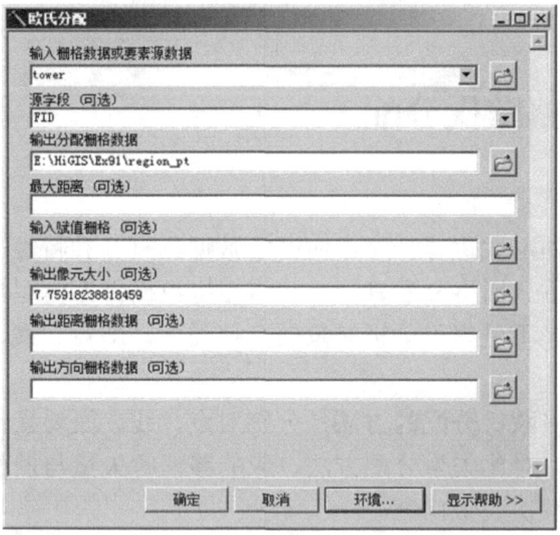

图 91.1　【欧氏分配】参数设置

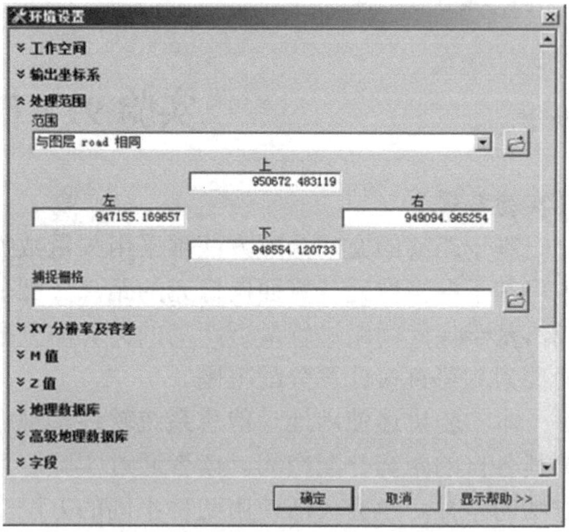

图 91.2　设置【处理范围】参数

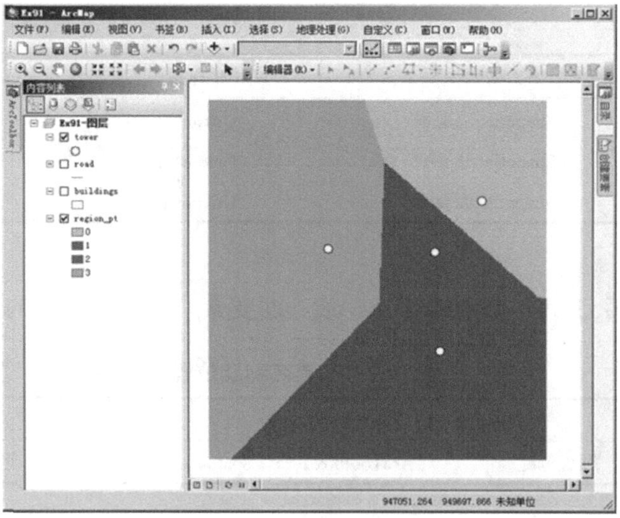

图 91.3　点要素分配结果

2）对线要素进行空间分配

同理，使用【欧氏分配】工具，如图 91.4 所示，【处理范围】参数设置为“与图层 road 相同”，为了保证每个图层的结果栅格数据的像元大小一致，【输出像元大小】设置与 region_pt 图层一致；点击【确定】，得到线要素空间分配，如图 91.5 所示。

3）对面要素进行空间分配

同上，使用【欧氏分配】工具，如图 91.6 所示，【处理范围】参数设置为“与图层 road 相同”，【输出像元大小】设置与 region_pt 图层一致；点击【确定】，得到面要素空间分配，如图 91.7 所示。

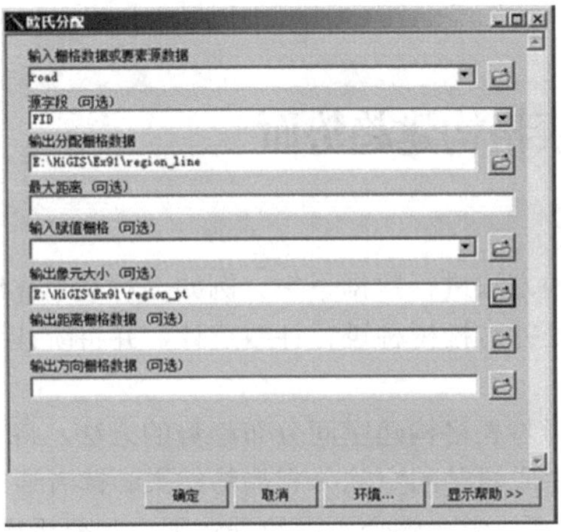

图 91.4　【欧氏分配】参数设置

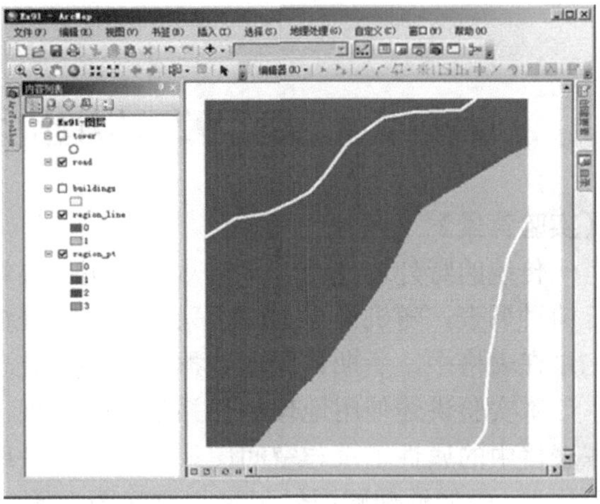

图 91.5　线要素分配结果

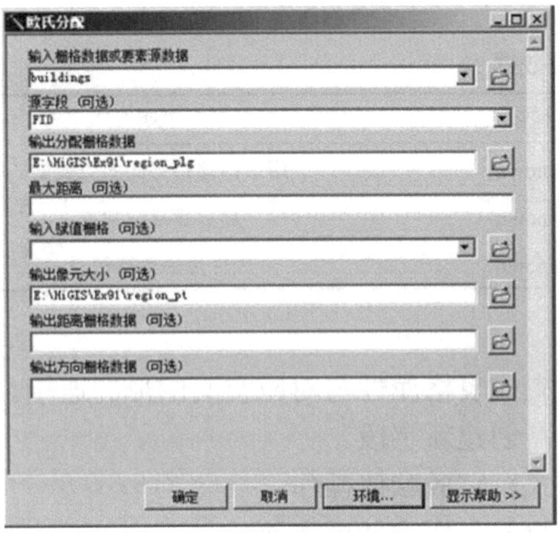

图 91.6　【欧氏分配】参数设置

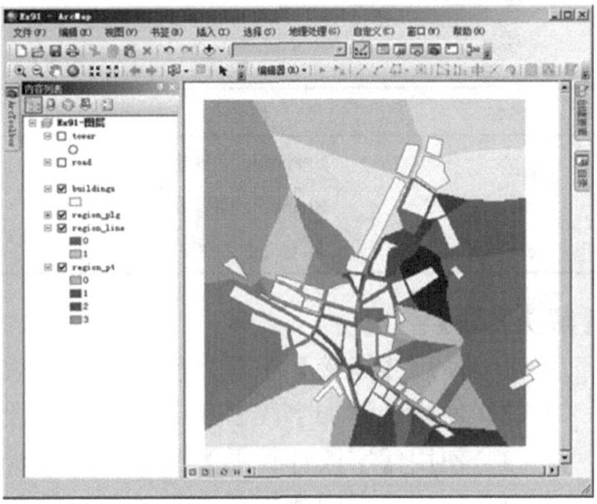

图 91.7　面要素分配结果

实验 92　以图形与表格构建趋势面

【实验背景】

传统的野外地理调查，常常会采用抽样调查的方法进行数据采集。例如，对某个林地进行树种调查，随机设立 100 个采样点，在采样点处针对松树种进行计数统计，并将统计数据记录在表格中，后期与图形数据进行融合处理。

本实验讲述使用地理信息系统软件实现以图形与表格构建空间分布趋势的方法，将记录在表格中的属性记录与空间图形位置进行关联，生成树种的空间分布趋势结果。读者通过实验练习，应能够理解属性记录与空间图形的对应关系，学会整合不同数据实现空间分析操作。

【实验数据】

实验数据如表 92.1 所示。

表 92.1　实验数据

名称	格式	坐标系	说明
pts	Shapefile 点要素	Unknown	用于构建趋势面的点要素
forest	Shapefile 面要素	Unknown	趋势面范围数据
frequency	Excel 文件	Unknown	采样点的数据记录

【解决方法】

（1）使用【连接】工具，输入样点和表格，完成表格属性与对应空间图形的连接。

（2）使用【添加字段】工具，设置字段参数，创建新字段。

（3）使用【字段计算器】工具，输入计算公式，完成赋值操作。

（4）使用【反距离权重法】工具，输入样点数据，生成插值表面。

（5）使用【按掩膜提取】工具，输入范围数据和插值数据，生成范围的趋势分布数据（表 92.2）。

表 92.2　工具名称及位置

工具名称		工具位置
Join	连接	【右键菜单】→【连接和关联】→【连接】
Add Field	添加字段	【属性表】→【表选项】→【添加字段】
Field Calculator	字段计算器	【属性表】→【右键菜单】→【字段计算器】
IDW	反距离权重法	【ArcToolbox】→【Spatial Analyst 工具】→【插值】→【反距离权重法】
Extract by Mask	按掩膜提取	【ArcToolbox】→【Spatial Analyst 工具】→【提取分析】→【按掩膜提取】

【实验步骤】

1）*加载 Excel 表格数据*

打开 ArcMap 软件，点击【添加数据】按钮，指定到 frequency.xls 表格中的“pts$”，如

图 92.1 所示，添加；右击样点图层 pts，选择【打开属性表】，如图 92.2 所示；同理，打开加载的“pts$”表格，如图 92.3 所示。**注**：为保证图层属性表能够与 Excel 表格进行对应连接，至少需要有一个相同的字段，如本例中两个表格都有字段【Id】。

图 92.1　加载 Excel 文件中 sheet 表格

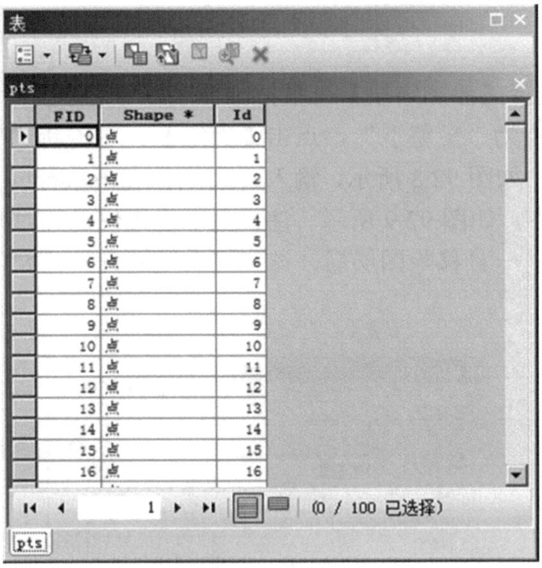

图 92.2　样点属性表

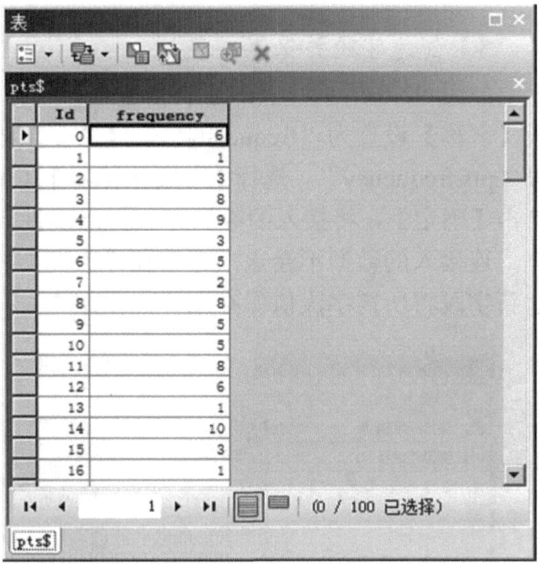

图 92.3　pts 表格

2）连接表格

将“pts$”表格数据连接到样点属性表中。右击样点图层 pts，选择【连接和关联】→【连接】，打开【连接数据】对话框；如图 92.4 所示，选择“表的连接属性”，基于字段“Id”，连接此图层的表为“pts$”，连接基础字段为“Id”；点击【确定】，连接完成，如图 92.5 所示。

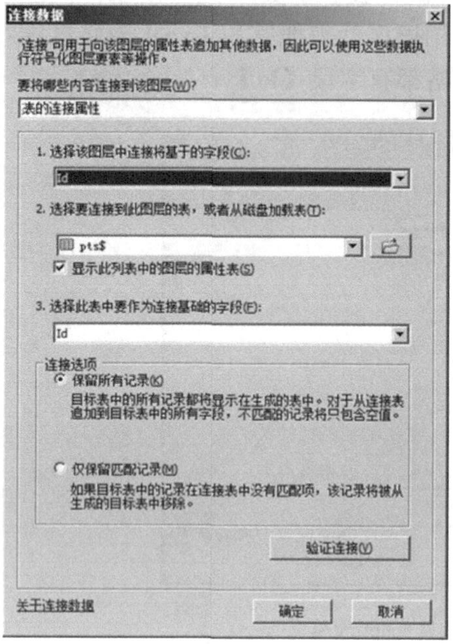

图 92.4　【连接数据】对话框

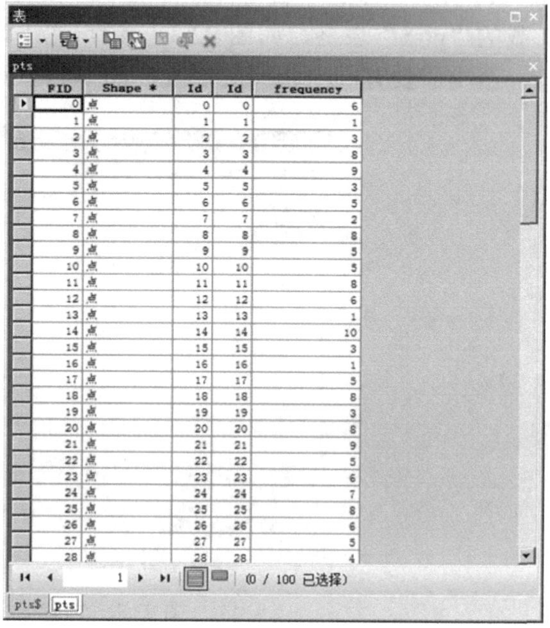

图 92.5　连接结果

3）创建字段并保存字段值

如图 92.6 所示，点击【表】选项按钮，选择【添加字段】工具；如图 92.7 所示，新字段【名称】设置为“frequency”，【类型】设置为“短整型”，点击【确定】；右击新建字段“pts.frequency”，选择【字段计算器】工具，如图 92.8 所示，输入公式：[pts$.frequency]；点击【确定】，将接入的数据存入样点属性表中，如图 92.9 所示。**注**：由于连接仅是临时操作，连接入的数据不会永久存储在样点图层中，一旦移除图层后，该连接自动断开，需要创建新字段将所需字段值保存在样点图层中。

图 92.6　添加字段按钮

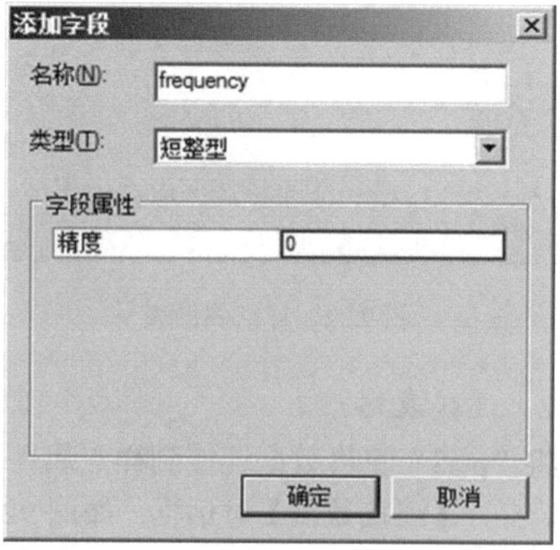

图 92.7　字段参数设置

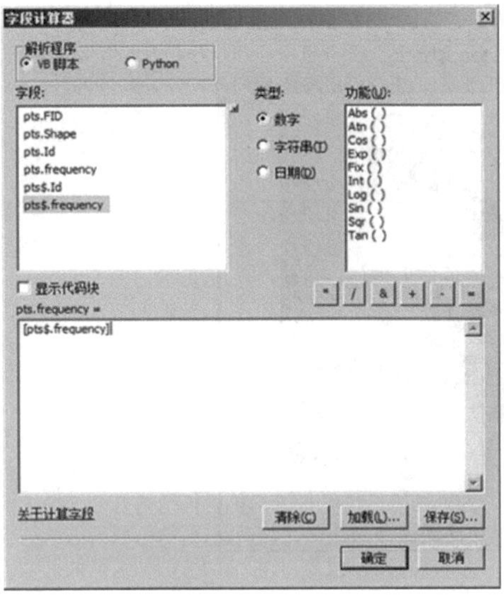

图 92.8 字段计算器

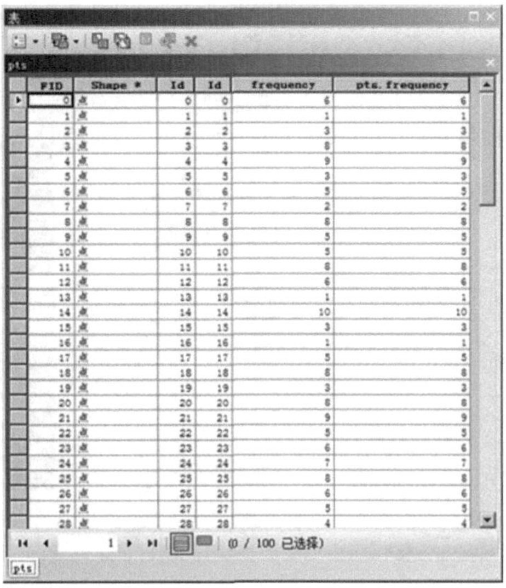

图 92.9 计算结果

4）创建空间趋势面数据

在 ArcToolbox 中，打开【Spatial Analyst 工具】→【插值】→【反距离权重法】对话框，如图 92.10 所示，【输入点要素】设置为“pts”，【Z 值字段】设置为“pts.frequency”，【输出栅格】设置为“idw”，【输出像元大小】设置为“5”，其余参数默认；点击【环境】，打开【环境设置】对话框，【处理范围】设置为“与图层 forest 相同”，如图 92.11 所示；点击【确定】，得到插值结果数据，如图 92.12 所示。**注**：由于本例中样点数据范围并未全部包含林地范围数据 forest，需要进行环境参数设置。

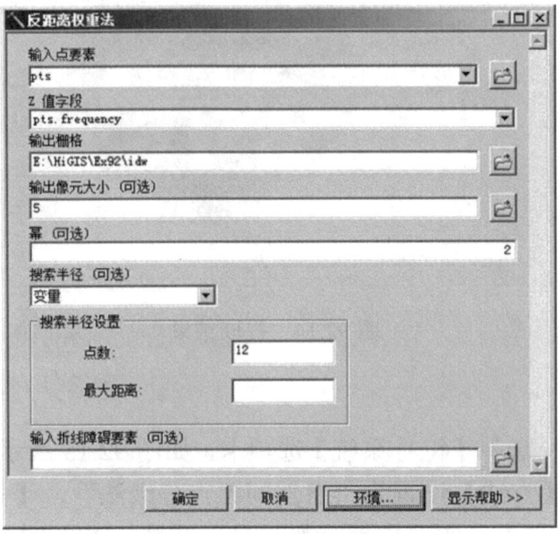

图 92.10 【反距离权重法】参数设置

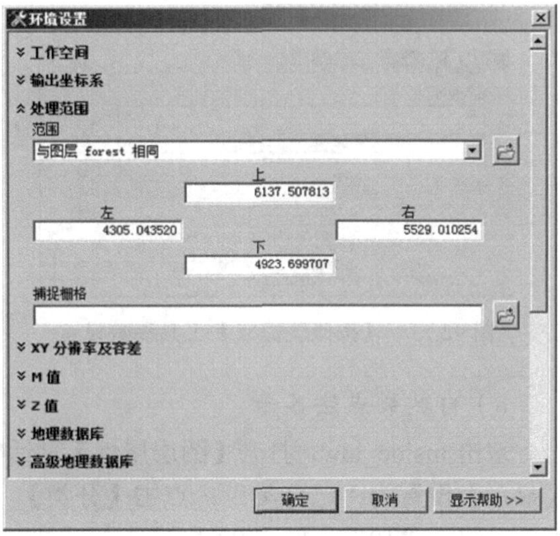

图 92.11 【环境设置】对话框

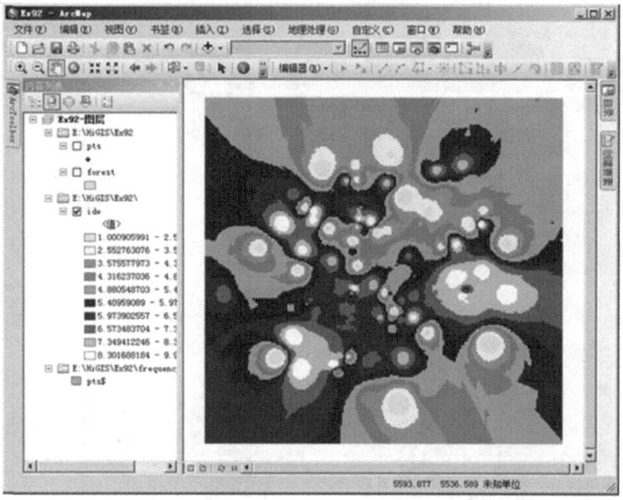

图 92.12　插值结果

5）裁剪出林地范围内数据

打开【Spatial Analyst 工具】→【提取分析】→【按掩膜提取】对话框，如图 92.13 所示，【输入栅格】设置为“idw”，【输入栅格数据或要素掩膜数据】设置为“forest”，【输出栅格】设置为“inside_idw”；点击【确定】，得到林地范围内的插值数据，如图 92.14 所示。

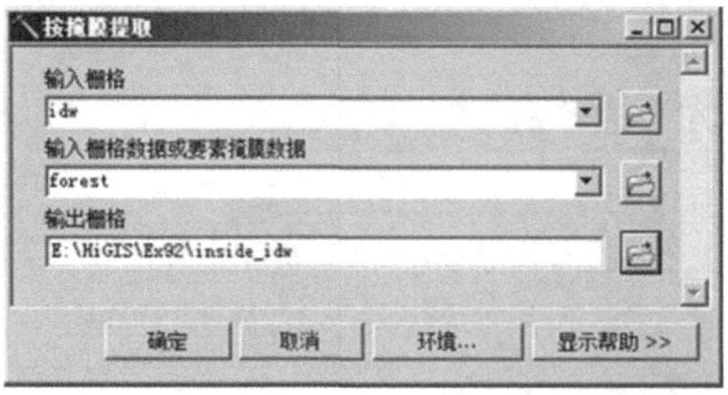

图 92.13　【按掩膜提取】工具参数设置

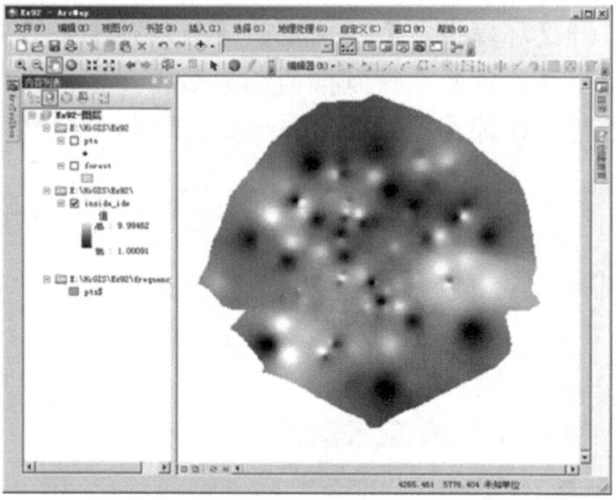

图 92.14　提取结果

6）自然裂点法显示

双击 inside_idw，打开【图层属性】对话框；选择【符号系统】选项卡，如图 92.15 所示，【显示】设置为“已分类”，点击【分类】，【方法】设置为“自然间断点分级法”，【类别】设置为“10”，如图 92.16 所示；点击【确定】，实现自然分裂点显示符号，如图 92.17 所示。

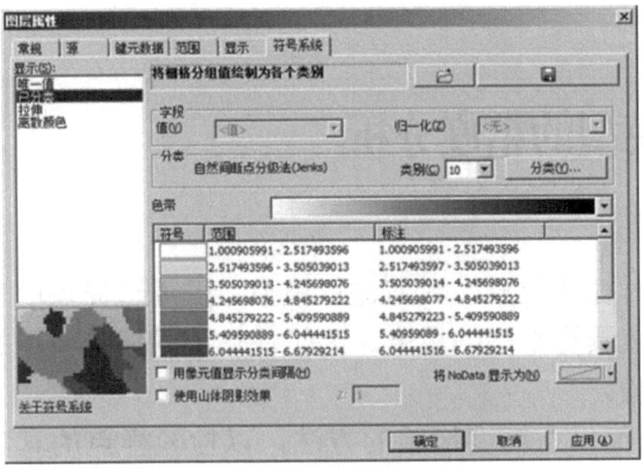

图 92.15　【图层属性】对话框

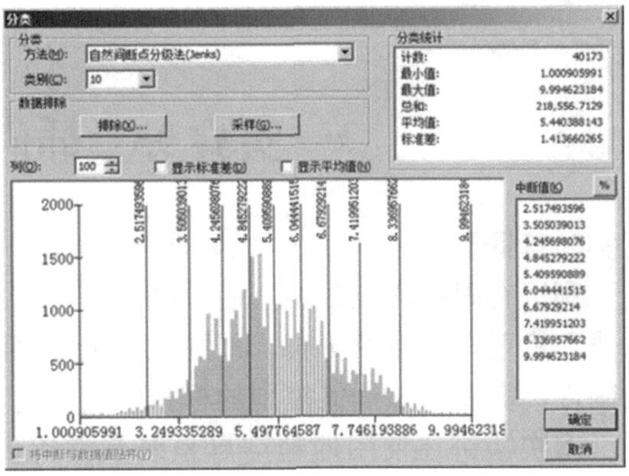

图 92.16　【分类】对话框

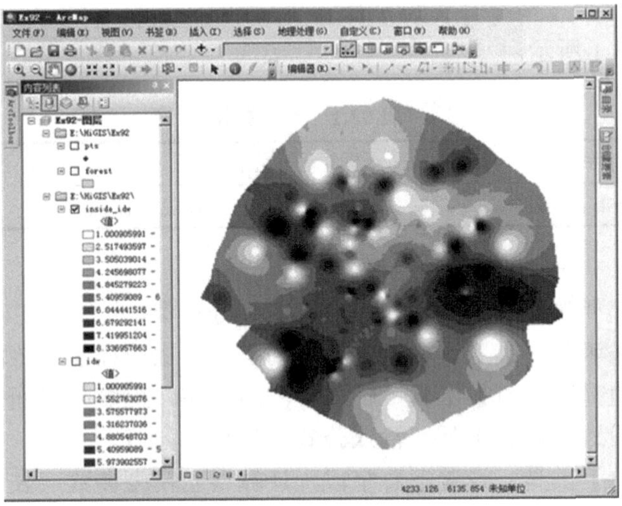

图 92.17　自然分裂点法显示

实验 93　插值模型的精度分析

【实验背景】

利用有限的样点数据，通过插值模型能够对任意位置的数值进行模拟。受周边样点的数据量和模型有效性的影响，不同位置处的模拟值具有不同的精度。为了评估不同插值模型的准确性，需要对该插值模型的模拟精度进行检验。

本实验讲述使用地理信息系统软件实现插值模型精度检验的方法，以检验样点的真实值，对插值结果进行误差计算，从而判断插值精度。读者通过实验练习，应能够理解插值模拟的基本方法，学会通过检验点进行误差计算，从而对插值模型精度进行简单地评估。

【实验数据】

实验数据如表 93.1 所示。

表 93.1　实验数据

名称	格式	坐标系	说明
points	Shapefile 点要素	Krasovsky_1940_Transverse_Mercator	原始采样点数据

【解决方法】

（1）使用【子集要素】工具，输入点要素，划分点集。

（2）使用【样条函数法】工具，输入插值用点集，生成插值趋势面。

（3）使用【多值提取至点】工具，输入检测用点集，提取趋势面值。

（4）使用【字段计算器】工具，输入公式，计算差异值。

（5）使用【汇总】工具，设置汇总字段，计算误差精度参数（表 93.2）。

表 93.2　工具名称及位置

工具名称		工具位置
Subset Features	子集要素	【ArcToolbox】→【Geostatistical Analyst 工具】→【工具】→【子集要素】
Spline	样条函数法	【ArcToolbox】→【Spatial Analyst 工具】→【插值】→【样条函数法】
Extract Multi Values to Points	多值提取至点	【ArcToolbox】→【Spatial Analyst 工具】→【提取分析】→【多值提取至点】
Field Calculator	字段计算器	【属性表】→【右键菜单】→【字段计算器】
Summarize	汇总	【属性表】→【右键菜单】→【汇总】

【实验步骤】

1）抽取采样点

在 ArcToolbox 中，打开【Geostatistical Analyst 工具】→【工具】→【子集要素】对话框，如图 93.1 所示，【输入要素】设置为“points”，【输出训练要素类】设置为“train”，【输出测试要素类】设置为“test”，【训练要素子集的大小】设置为“70”，【子集大小单位】设置为“PERCENTAGE_OF_INPUT”；点击【确定】，得到 30%的检验点集，如图 93.2 所示。

注：本例中【子集大小单位】为百分比，还可设置为固定点数类型“ABSOLUTE_VALUE”。

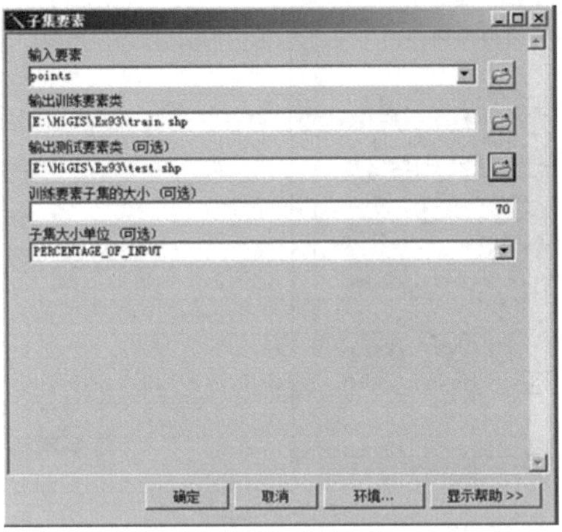

图 93.1　【子集要素】参数设置

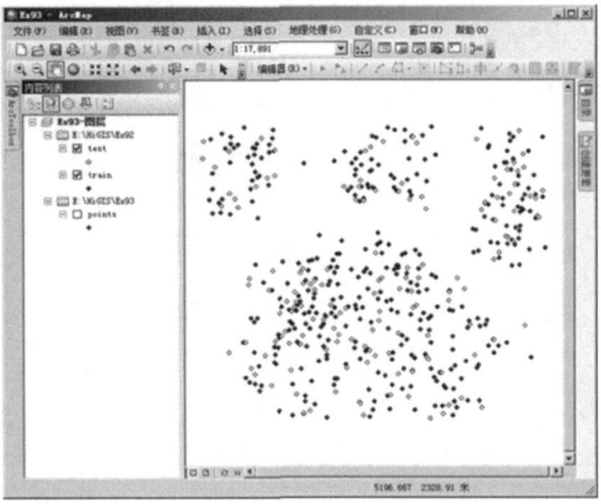

图 93.2　采样点数据

2）计算插值表面

train 图层属性表如图 93.3 所示；打开【Spatial Analyst 工具】→【插值】→【样条函数法】对话框，如图 93.4 所示，【输入点要素】设置为“train”，【Z 值字段】设置为点集属性表中的“value”字段，【输出栅格】设置为“spline”，【输出像元大小】和其他参数默认；点击【确定】，得到训练点集的插值表面，如图 93.5 所示。**注**：本例中部分参数默认设置，具体应用请结合实际情况进行设置；本例将原始点集分为 70%的训练点集和 30%的检验点集，训练点集用于插值表面的生成，检验点集用于计算插值误差。

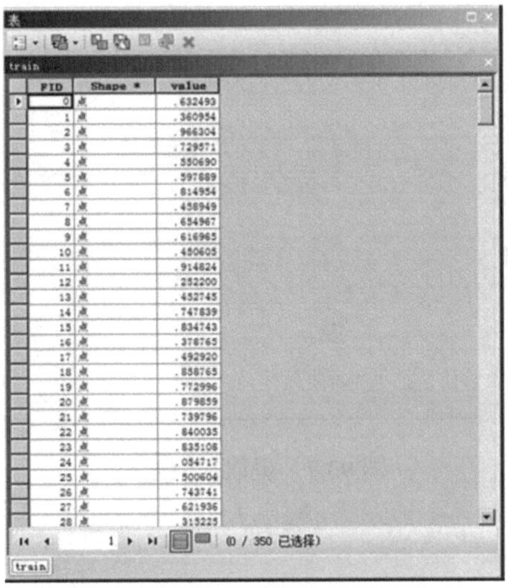

FID	Shape *	value
0	点	.632493
1	点	.360954
2	点	.966304
3	点	.729571
4	点	.550690
5	点	.597889
6	点	.814954
7	点	.458949
8	点	.654967
9	点	.616965
10	点	.480605
11	点	.914824
12	点	.252200
13	点	.452745
14	点	.747839
15	点	.834743
16	点	.378765
17	点	.492920
18	点	.858765
19	点	.772996
20	点	.879859
21	点	.739796
22	点	.840035
23	点	.835108
24	点	.054717
25	点	.500604
26	点	.743741
27	点	.621936
28	点	.315225

图 93.3　点集属性表

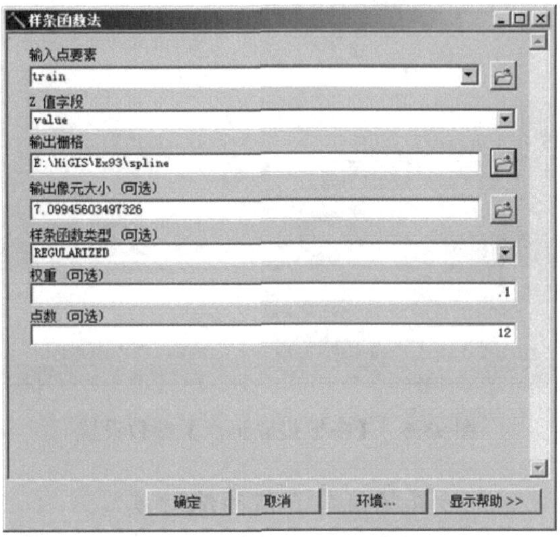

图 93.4　【样条函数法】参数设置

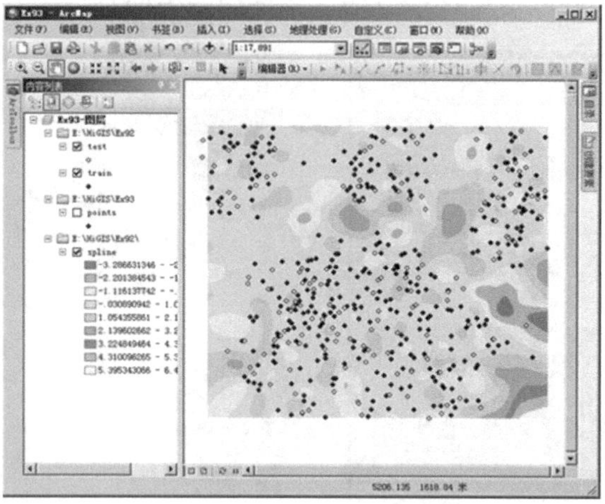

图 93.5　插值结果

3）提取趋势面值

打开【Spatial Analyst 工具】→【提取分析】→【多值提取至点】对话框，如图 93.6 所示，【输入点要素】设置为“test”，【输入栅格】设置为“spline”，其余参数默认；点击【确定】，将检验点处的趋势面值记录到该点集属性表中，如图 93.7 所示。

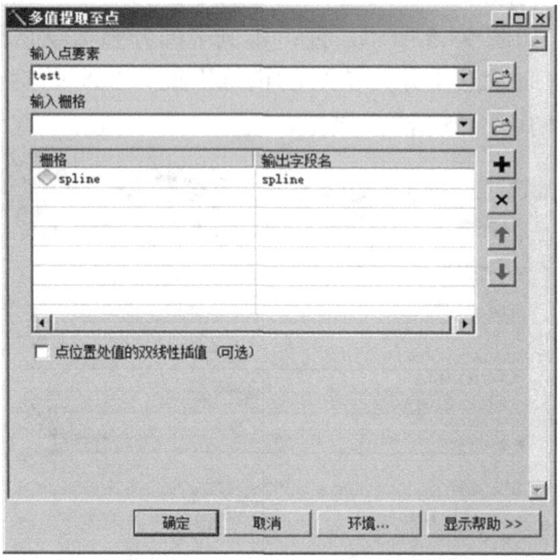

图 93.6　【多值提取至点】参数设置

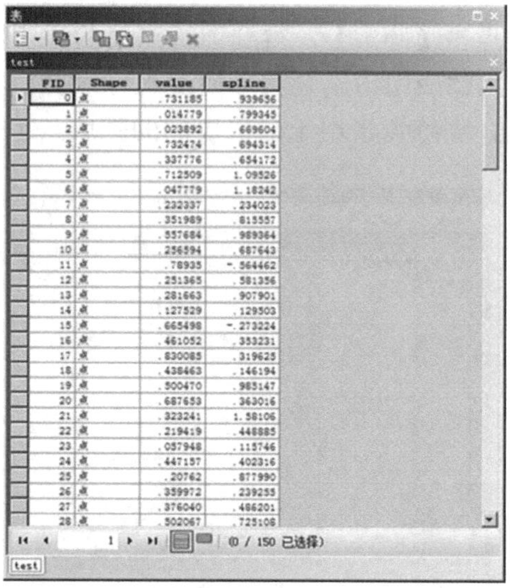

FID	Shape	value	spline
0	点	.731185	.939656
1	点	.014779	.799345
2	点	.023892	.669604
3	点	.732474	.694314
4	点	.337776	.654172
5	点	.712509	1.09526
6	点	.047779	1.18242
7	点	.232337	.234023
8	点	.351989	.815557
9	点	.557684	.989364
10	点	.256594	.687643
11	点	.78935	-.564462
12	点	.251365	.581356
13	点	.281663	.907901
14	点	.127529	.129503
15	点	.665498	-.273224
16	点	.461052	.353231
17	点	.830085	.319625
18	点	.438463	.146194
19	点	.500470	.985147
20	点	.687653	.363016
21	点	.323241	1.58106
22	点	.219419	.448885
23	点	.057948	.115746
24	点	.447157	.402316
25	点	.20762	.877990
26	点	.359972	.239255
27	点	.376040	.486201
28	点	.502067	.725108

(0 / 150 已选择)

图 93.7　提取插值结果

4）计算插值与真值的绝对差

在 test 图层属性表中，新建浮点型字段“Diff”，如图 93.8 所示；右击 Diff 字段，打开【字段计算器】工具，使用公式：Abs ([value] – [spline])，计算“Diff”字段，如图 93.9 所示。计算结果如图 93.10 所示。

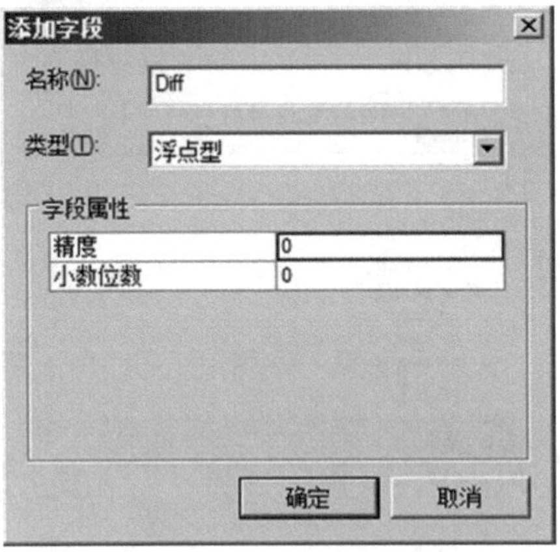

图 93.8　新建 Diff 字段

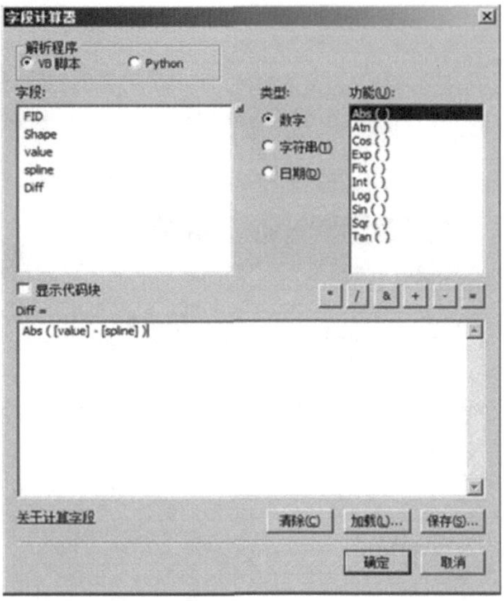

图 93.9　【字段计算器】参数设置

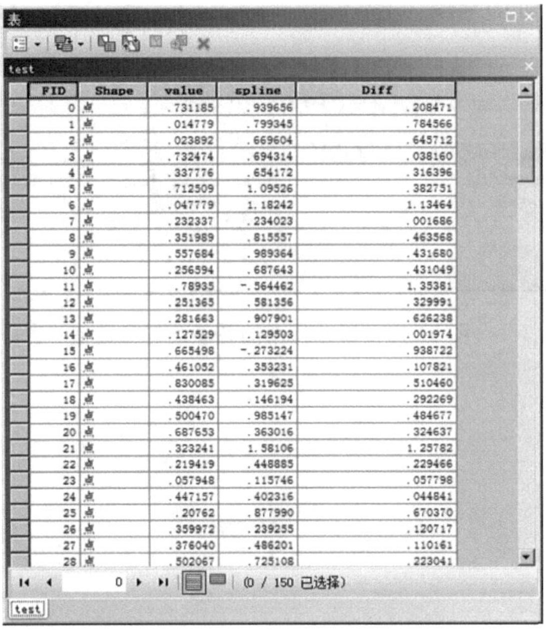

FID	Shape	value	spline	Diff
0	点	.731185	.939656	.208471
1	点	.014779	.799345	.784566
2	点	.023892	.669604	.645712
3	点	.732474	.694314	.038160
4	点	.337776	.654172	.316396
5	点	.712509	1.09526	.382751
6	点	.047779	1.18242	1.13464
7	点	.232337	.234023	.001686
8	点	.351989	.815557	.463568
9	点	.557684	.989364	.431680
10	点	.256594	.687643	.431049
11	点	.78935	-.564462	1.35381
12	点	.251365	.581356	.329991
13	点	.281663	.907901	.626238
14	点	.127529	.129503	.001974
15	点	.665498	-.273224	.938722
16	点	.461052	.353231	.107821
17	点	.830085	.319625	.510460
18	点	.438463	.146194	.292269
19	点	.500470	.985147	.484677
20	点	.687653	.363016	.324637
21	点	.323241	1.58106	1.25782
22	点	.219419	.448885	.229466
23	点	.057948	.115746	.057798
24	点	.447157	.402316	.044841
25	点	.20762	.877990	.670370
26	点	.359972	.239255	.120717
27	点	.376040	.486201	.110161
28	点	.502067	.725108	.223041

图 93.10　绝对差值计算结果

5）计算误差精度的各项统计参数

在 test 图层属性表中，新建整型字段“ID”，默认值均为 0，如图 93.11 所示；右击 ID 字段，打开【汇总】对话框，如图 93.12 所示，【汇总统计信息】设置为 Diff 字段下的“最小值、最大值、平均、总和、标准差和方差”等统计指标，【指定输出表】设置为“statistics.dbf”；点击【确定】，得到误差精度的各项统计参数值，如图 93.13 所示。

图 93.11　添加 ID 字段

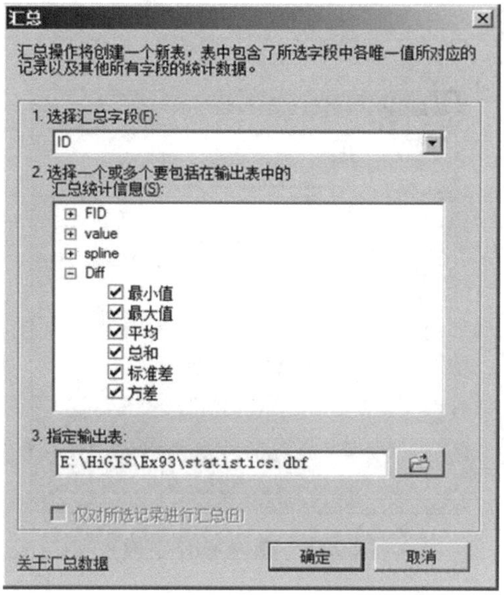

图 93.12　【汇总】参数设置

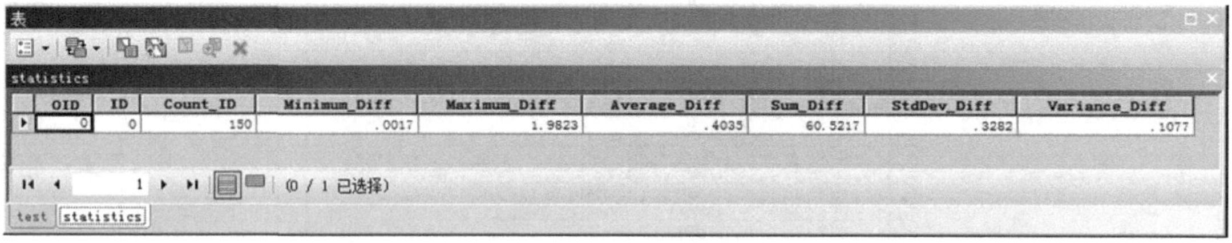

OID	ID	Count_ID	Minimum_Diff	Maximum_Diff	Average_Diff	Sum_Diff	StdDev_Diff	Variance_Diff
0	0	150	.0017	1.9823	.4035	60.5217	.3282	.1077

图 93.13　误差精度的各项统计参数值

实验 94　计算栅格图层总和值

【实验背景】

栅格数据具有特殊的数据结构，其属性值与栅格像元同步存储，无独立的属性表。因此，对栅格数据的属性值进行统计分析时，无法快速地通过查询得到，需要基于像元结构对属性值进行统计分析，如整个栅格图层的总和值、众数、中值等。

本实验讲述使用地理信息系统软件计算栅格图层总和值的方法，通过创建栅格分区，对整个分区内的栅格像元值进行统计。读者通过实验练习，应能够理解栅格数据的基本格式，学会使用分区的思想对栅格数据进行统计分析。

【实验数据】

实验数据如表 94.1 所示。

表 94.1　实验数据

名称	格式	坐标系	说明
dem	GRID 栅格	Krasovsky_1940_Transverse_Mercator	用于计算的栅格

【解决方法】

（1）使用【栅格计算器】工具，输入计算公式，完成统计区域创建。

（2）使用【分区统计】工具，输入统计类型和窗口大小等，完成各统计参数计算（表 94.2）。

表 94.2　工具名称及位置

工具名称		工具位置
Raster Calculator	栅格计算器	【ArcToolbox】→【Spatial Analyst 工具】→【地图代数】→【栅格计算器】
Zonal Statistics	分区统计	【ArcToolbox】→【Spatial Analyst 工具】→【区域分析】→【分区统计】

【实验步骤】

1）查看默认统计参数

右击栅格图层，打开【图层属性】对话框，选择【源】选项卡，可以查看到【栅格信息】和【统计值】，如图 94.1 和图 94.2 所示。

2）创建统计区域

为了统计整个栅格区域值的总和，统计区域需设置为整个栅格范围；在 ArcToolbox 中，打开【Spatial Analyst 工具】→【地图代数】→【栅格计算器】对话框，如图 94.3 所示，输入公式："dem" > 0；点击【确定】，得到整个栅格范围图层，如图 94.4 所示。

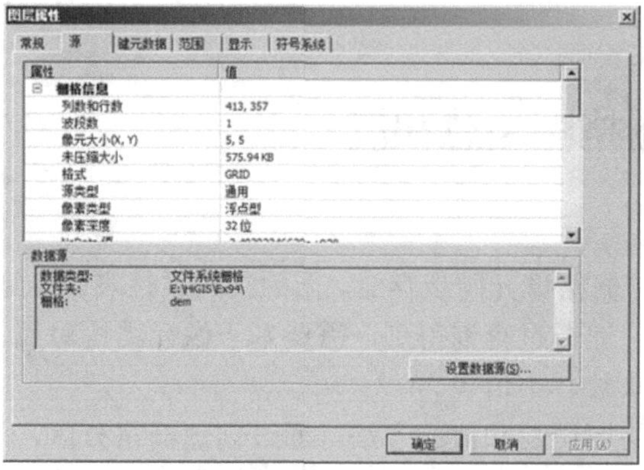

图 94.1　栅格信息

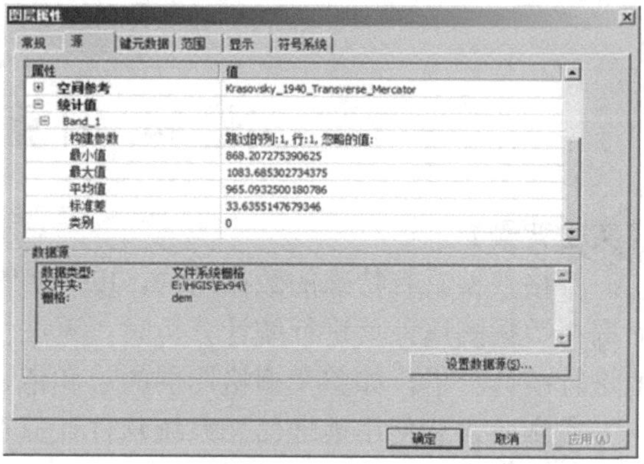

图 94.2　统计值

图 94.3　【栅格计算器】参数设置

图 94.4　栅格区域结果

3）统计栅格区域值的总和

打开【Spatial Analyst 工具】→【区域分析】→【分区统计】对话框，如图 94.5 所示，【输入栅格数据或要素区域数据】设置为“region”，【输入赋值栅格】设置为“dem”，【输出栅格】设置为“sum”，【统计类型】设置为“SUM”；点击【确定】，得到统计结果图层，如图 94.6 所示；右击该结果图层，打开【图层属性】对话框，在【源】选项卡中可以查看到，当前默认统计参数都为值“142294320”，该值即为栅格区域值的总和，如图 94.7 所示。

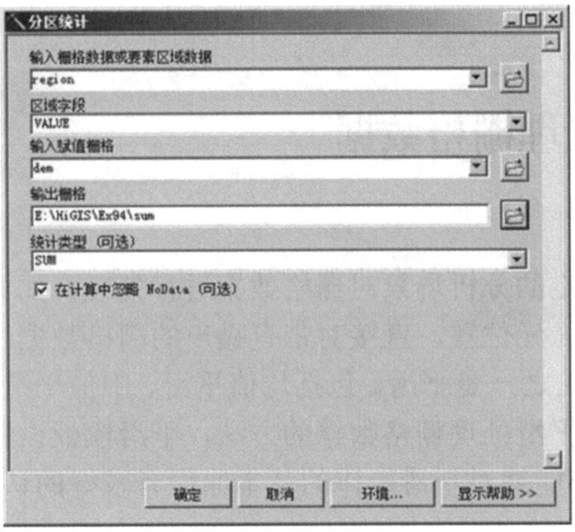

图 94.5　【分区统计】参数设置

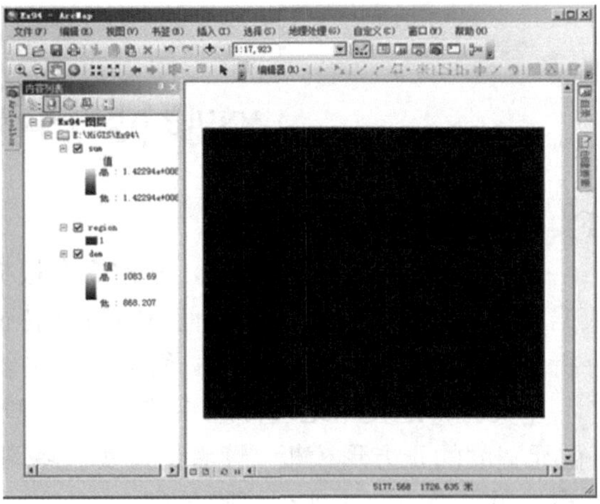

图 94.6　统计结果图层

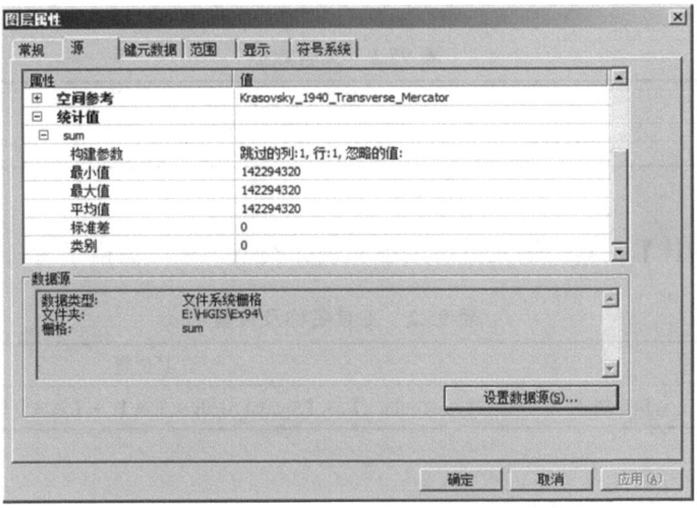

图 95.7　结果统计信息

实验 95　平滑处理栅格数据

【实验背景】

基于栅格数据的空间分析，常常需要根据特定的分析场景对栅格数据进行处理，如栅格数据的噪声处理。噪声是属性值具有突跃特征的像元位置，直接对带有噪声的栅格数据进行分析会对结果造成较大的影响。而降噪的主要方法之一是平滑，包括均值平滑、中值平滑等。

本实验讲述使用地理信息系统软件实现均值平滑处理栅格数据的方法，平滑模板设置为 3 像元宽度的正方形模板。读者通过实验练习，应能够对平滑操作的基本原理有较好的认识，掌握运用平滑方法来实现降噪处理。

【实验数据】

实验数据如表 95.1 所示。

表 95.1　实验数据

名称	格式	坐标系	说明
raster	GRID 栅格	Unknown	待平滑的栅格数据

【解决方法】

使用【焦点统计】工具，输入窗口大小和统计类型，完成栅格平滑（表 95.2）。

表 95.2　工具名称及位置

工具名称		工具位置
Focal Statistics	焦点统计	【ArcToolbox】→【Spatial Analyst 工具】→【邻域分析】→【焦点统计】

【实验步骤】

1）查看当前栅格数据属性

双击 raster 图层，打开【图层属性】对话框；选择【源】选项卡，可以查看到当前栅格数据的统计数据参数，如图 95.1 所示。

2）平滑处理

在 ArcToolbox 中，打开【Spatial Analyst 工具】→【邻域分析】→【焦点统计】对话框，如图 95.2 所示，【输入栅格】设置为“raster”，【输出栅格】设置为“smooth”，【邻域分析】设置为“矩形”，【高度】和【宽度】均设置为“3”，【单位】为“像元”，注意在具体情况中应设置对应的类型和参数，【统计类型】设置为“MEAN”；点击【确定】，得到均值平滑后的栅格，如图 95.3 所示。平滑后统计值如图 95.4 所示。

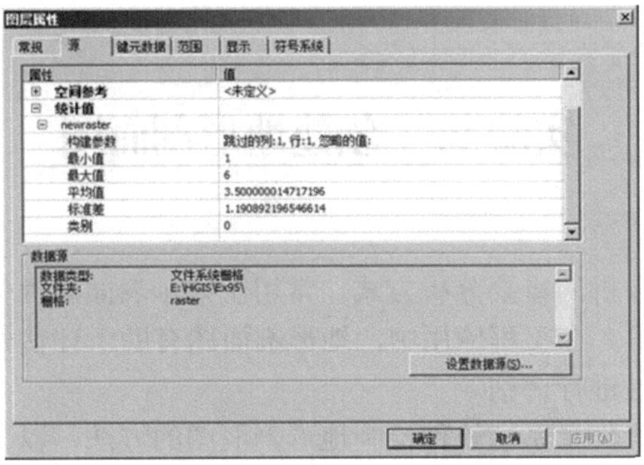

图 95.1　栅格图层统计参数

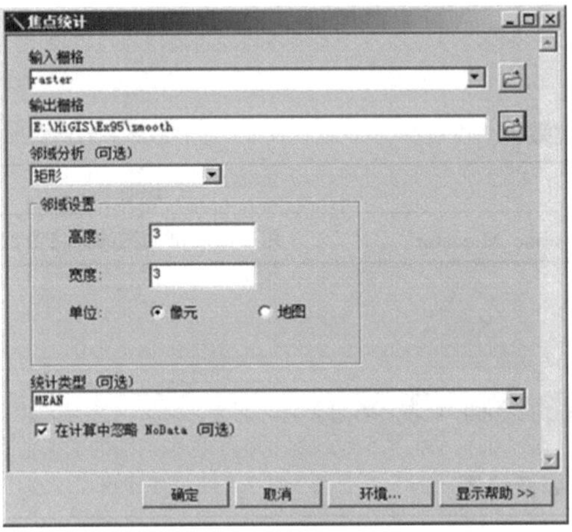

图 95.2　【焦点统计】参数设置

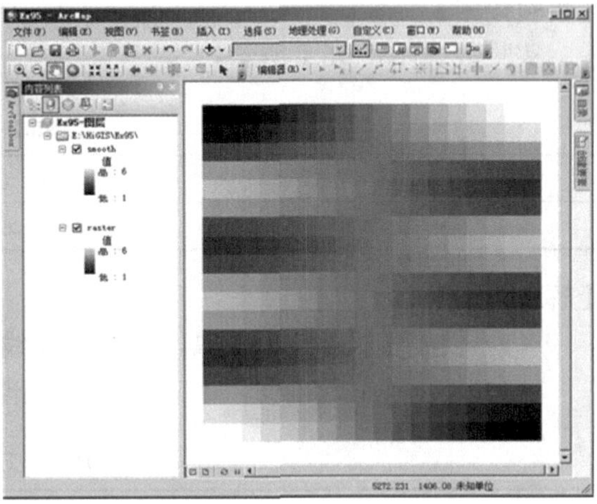

图 95.3　均值平滑结果

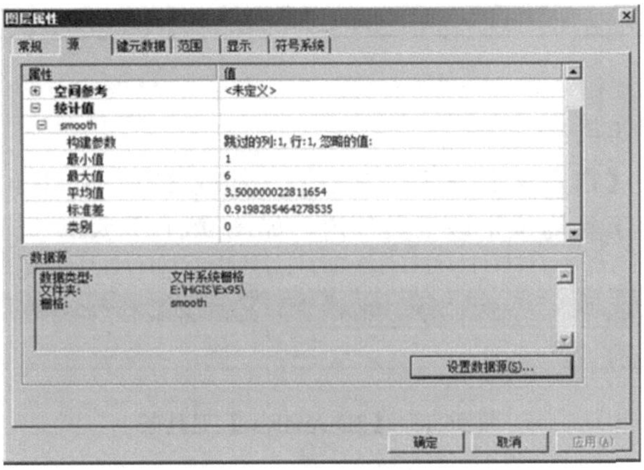

图 95.4　平滑后统计值

实验 96　创建地形剖面图

【实验背景】

绘制剖面图是空间分析的重要分析方式，常用于显示表面属性值沿某条线的变化情况，如地形高程、气温变化等。在工程应用中，地形剖面图有助于评估建造道路的难度或对沿指定路径铺设铁路的可行性进行评估。

本实验讲述使用地理信息系统软件绘制地形剖面图的方法，以 DEM 数据为基础，绘制某条线的剖面图。读者通过实验练习，应能够理解剖面图绘制的基本原理，掌握运用剖面图进行空间分析与评估的方法。

【实验数据】

实验数据如表 96.1 所示。

表 96.1　实验数据

名称	格式	坐标系	说明
dem	GRID 栅格	Krasovsky_1940_Transverse_Mercator	用于绘制剖面图的栅格数据

【解决方法】

（1）使用【线插值】工具，绘制剖面线。

（2）使用【创建剖面图】工具，完成剖面图的绘制（表 96.2）。

表 96.2　工具名称及位置

工具名称		工具位置
Interpolate Line	线插值	【菜单栏】→【自定义】→【工具条】→【3D Analyst】
Create Profile Graph	创建剖面图	【菜单栏】→【自定义】→【工具条】→【3D Analyst】

【实验步骤】

1）添加三维分析工具条

打开【菜单栏】→【自定义】→【工具条】，加载【3D Analyst】工具条，【线插值】工具和【创建剖面图】工具均位于该工具条内，如图 96.1 所示。

图 96.1　【3D Analyst】工具条

2）设置剖面图相关参数

选择【3D Analyst】工具条下拉菜单中【选项】菜单，打开【3D Analyst 选项】对话框，选择【图形数据】选项卡，设置剖面图数据保存位置为“Ex96”， 如图 96.2 所示；选择【插值】选项卡，可以设置生成剖面图所使用的插值方法、剖面图的采样方法等参数，如图 96.3 所示。本例中以默认参数进行设置。

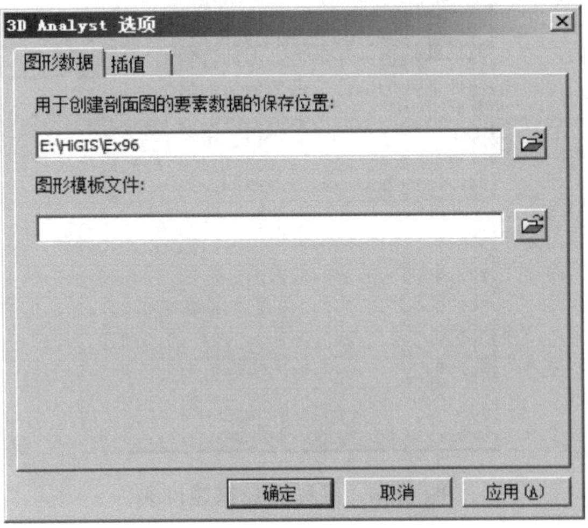

图 96.2　设置图形数据保存位置

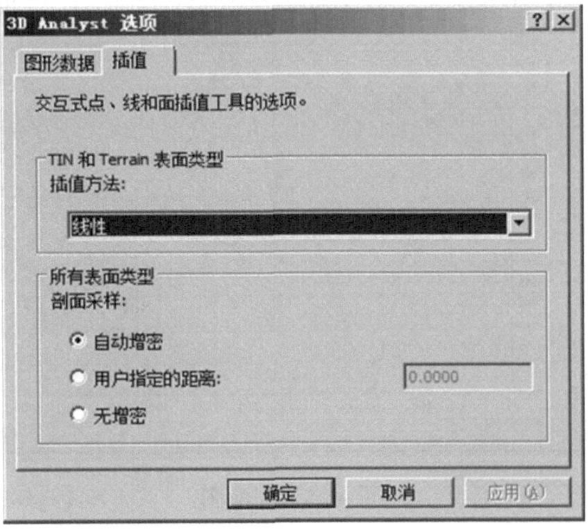

图 96.3　插值方法参数设置

3）绘制剖面线

选择【3D Analyst】工具条中的【线插值】工具，在栅格数据上方选择合适的位置，绘制一条直线或者折线，即需要获得剖面图的位置，如图 96.4 所示。

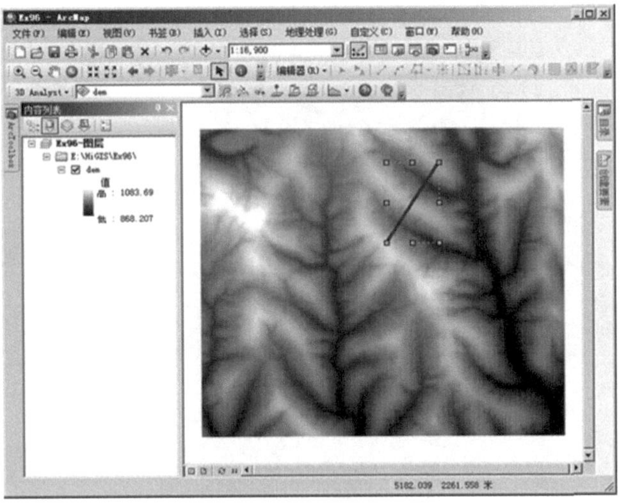

图 96.4　绘制剖面线

4）生成剖面图

生成剖面图前，必须选中一条剖面线；选中剖面线后，点击【3D Analyst】工具条中的【创建剖面图】工具，即可获得当前剖面线所形成的纵剖面图，如图 96.5 所示；同时，由该剖面线采样、插值生成的采样点数据也被保存至 Ex96 文件夹下，名字为“PG1.shp”；加载该文件并打开采样点图层的属性表，可以查看每个样点的高程值，如图 96.6 所示。

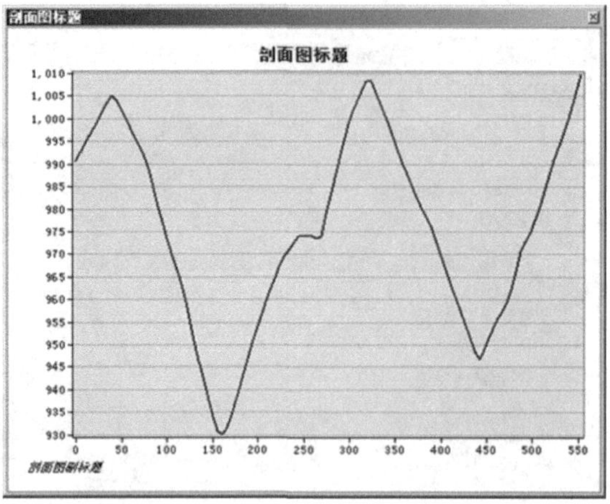

图 96.5　剖面图

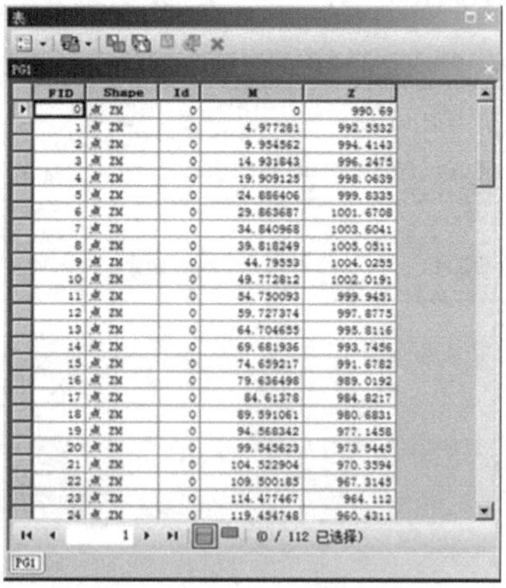

表

PG1

FID	Shape	Id	M	Z
0	点 ZM	0	0	990.69
1	点 ZM	0	4.977281	992.5532
2	点 ZM	0	9.954562	994.4143
3	点 ZM	0	14.931843	996.2475
4	点 ZM	0	19.909125	998.0639
5	点 ZM	0	24.886406	999.8335
6	点 ZM	0	29.863687	1001.6708
7	点 ZM	0	34.840968	1003.6041
8	点 ZM	0	39.818249	1005.0511
9	点 ZM	0	44.79553	1004.0255
10	点 ZM	0	49.772812	1002.0191
11	点 ZM	0	54.750093	999.9451
12	点 ZM	0	59.727374	997.8775
13	点 ZM	0	64.704655	995.8116
14	点 ZM	0	69.681936	993.7456
15	点 ZM	0	74.659217	991.6782
16	点 ZM	0	79.636498	989.0192
17	点 ZM	0	84.61378	984.8217
18	点 ZM	0	89.591061	980.6831
19	点 ZM	0	94.568342	977.1458
20	点 ZM	0	99.545623	973.5445
21	点 ZM	0	104.522904	970.3594
22	点 ZM	0	109.500185	967.3145
23	点 ZM	0	114.477467	964.112
24	点 ZM	0	119.454748	960.4311

1　(0 / 112 已选择)

PG1

图 96.6　采样点数据属性表

实验 97 计算河道方向坡度

【实验背景】

河道方向坡度是指沿着河道方向上的纵剖面坡度值，其计算方法与常规的区域内坡度值计算方法相区别，特殊的地学意义使其成为地形分析中的重要指标。而坡度与高程值具有依赖关系，提取出河道上各处的高程值是计算河道方向坡度值的前提。

本实验讲述使用地理信息系统软件以数字高程模型作为高程数据，对矢量河道数据进行河道方向坡度计算，包括矢量河道数据的栅格化处理、河道高程值的提取及河道方向上坡度的计算，使读者灵活使用地理信息系统软件对地形指标进行快速计算。

【实验数据】

实验数据如表 97.1 所示。

表 97.1 实验数据

图层名称	格式	坐标系	说明
dem	GRID 栅格	Krasovsky_1940_Transverse_Mercator	数字高程模型数据
rivers	Shapefile 线要素	Krasovsky_1940_Transverse_Mercator	矢量河道线数据

【解决方法】

（1）使用【折线转栅格】工具，输入栅格分辨率，得到栅格化的河道数据。

（2）使用【栅格计算器】工具，输入计算公式，提取河道高程数据。

（3）使用【坡度】工具，输入河道高程数据，计算河道方向的坡度数据（表 97.2）。

表 97.2 工具名称及位置

工具名称		工具位置
Polyline To Raster	折线转栅格	【ArcToolbox】→【转换工具】→【转为栅格】→【折线转栅格】
Raster Calculator	栅格计算器	【ArcToolbox】→【Spatial Analyst 工具】→【地图代数】→【栅格计算器】
Slope	坡度	【ArcToolbox】→【Spatial Analyst 工具】→【表面分析】→【坡度】

【实验步骤】

1）*栅格化河道数据*

在 ArcToolbox 中，打开【转换工具】→【转为栅格】→【折线转栅格】对话框，如图 97.1 所示，【输入要素】设置为“rivers”，【值字段】设置为“GRID_CODE”，【输出栅格数据集】设置为“str”，【像元大小】设置为与“dem”相同；点击【确定】，得到栅格化后的河道数据，如图 97.2 所示。**注：**本实验中的河道栅格值由 GRID_CODE 字段决定，即等于 1；在进行栅格分析时，必须保证所有栅格图层的分辨率一致。

图 97.1　【折线转栅格】参数设置

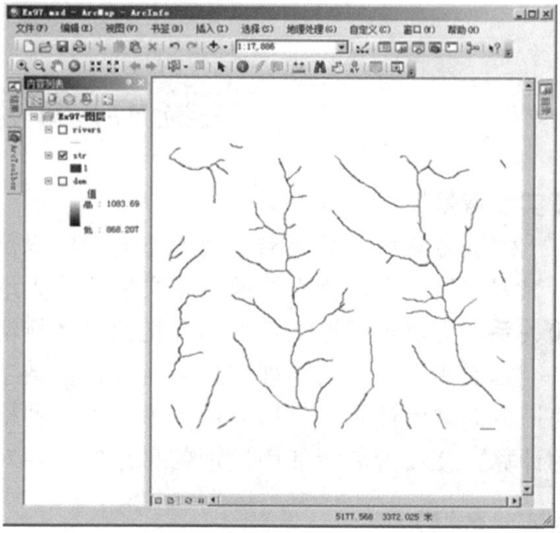

图 97.2　河道栅格化结果

2）提取河道高程值

打开【Spatial Analyst 工具】→【地图代数】→【栅格计算器】对话框，如图 97.3 所示，输入公式："str" * "dem"，【输出栅格】设置为“str_dem”；点击【确定】，得到河道的高程数据，如图 97.4 所示。注：第 1）步中生成的河道栅格值为 1，非河道栅格值为 NoData，所以执行公式计算后，河道栅格值变为高程值，而非河道栅格值仍为 NoData。

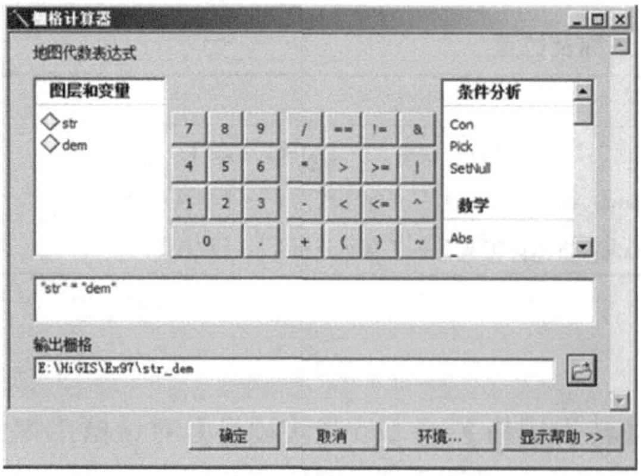

图 97.3　【栅格计算器】参数设置

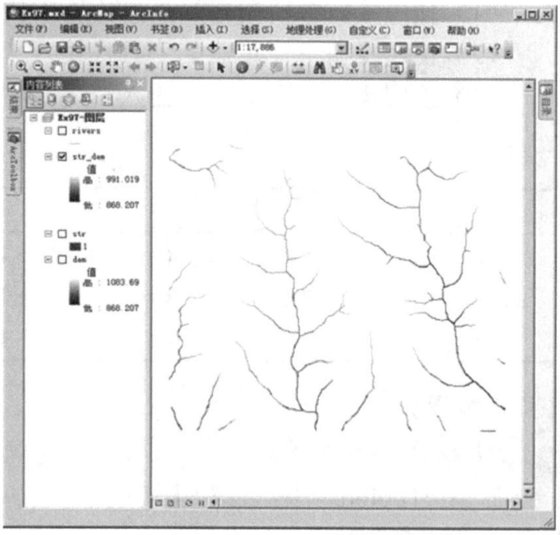

图 97.4　河道高程数据

3）计算坡度数据

打开【Spatial Analyst 工具】→【表面分析】→【坡度】对话框，如图 97.5 所示，【输入栅格】设置为“str_dem”，【输出栅格】设置为“str_slope”；点击【确定】，得到河道方向上的坡度数据，如图 97.6 所示。**注**：由于仅河道栅格有值，非河道栅格值为 NoData，在坡度计算时，NoData 不参与计算，所以结果坡度为河道方向上的坡度值。

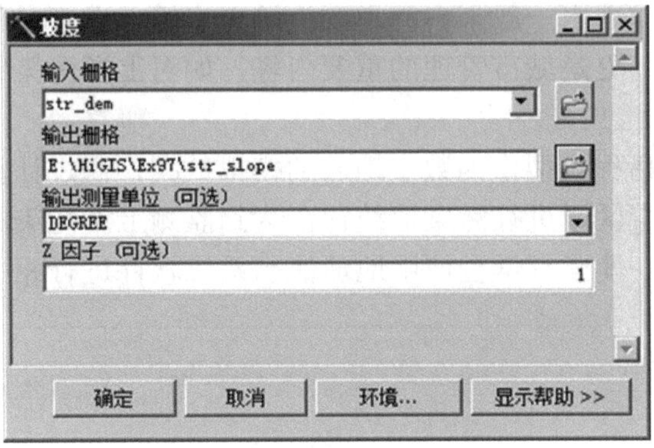

图 97.5　【坡度】参数设置

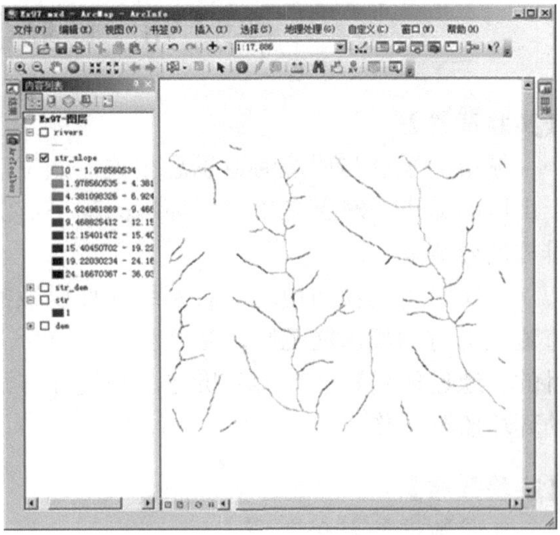

图 97.6　河道坡度数据

实验 98　计算上游集水区污染值

【实验背景】

城市的发展与周边河道息息相关，如生活饮用水一般来自河道的上游来水等。尤其是位于山区的城市，对上游集水区环境的动态监测，更是城市管理的重要内容，如对上游污染物排放的监测等。

本实验讲述使用地理信息系统软件以数字高程模型作为数字地表的模拟数据，通过计算监测点上游的集水区范围，对监测点的整个上游区域进行污染值统计，达到监测上游污染的目的。通过使用数字地形分析方法和统计方法，使读者学会使用地理信息系统软件进行相关的环境监测工作。

【实验数据】

实验数据如表 98.1 所示。

表 98.1　实验数据

图层名称	格式	坐标系	说明
dem	GRID 栅格	Krasovsky_1940_Transverse_Mercator	数字高程模型数据
pollution	GRID 栅格	Krasovsky_1940_Transverse_Mercator	污染物分布数据
position	Shapefile 点要素	Krasovsky_1940_Transverse_Mercator	监测点数据

【解决方法】

（1）使用【填洼】工具，输入高程栅格，得到去洼地后的高程栅格数据。

（2）使用【流向】工具，输入去洼地的高程栅格，提取水流流向数据。

（3）使用【分水岭】工具，输入监测点和流向数据，提取上游集水区数据。

（4）使用【分区统计】工具，输入污染分布和集水区数据，计算上游污染物值（表 98.2）。

表 98.2　工具名称及位置

工具名称		工具位置
Fill	填洼	【ArcToolbox】→【Spatial Analyst 工具】→【水文分析】→【填洼】
Flow Direction	流向	【ArcToolbox】→【Spatial Analyst 工具】→【水文分析】→【流向】
Watershed	分水岭	【ArcToolbox】→【Spatial Analyst 工具】→【水文分析】→【分水岭】
Zonal Statistics	分区统计	【ArcToolbox】→【Spatial Analyst 工具】→【区域分析】→【分区统计】

【实验步骤】

1）填洼处理

在 ArcToolbox 中，打开【Spatial Analyst 工具】→【水文分析】→【填洼】对话框，如图 98.1 所示，【输入表面栅格数据】设置为“dem”，【输出表面栅格】设置为“fill”；点击【确定】，得到填洼后的 DEM 数据，如图 98.2 所示。**注：**是否执行填洼操作需要根据具体情况来确定，如 DEM 中存在洼地等。

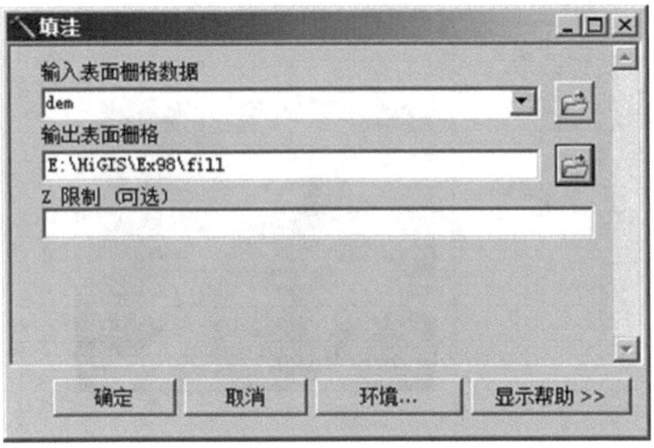

图 98.1　【填洼】参数设置

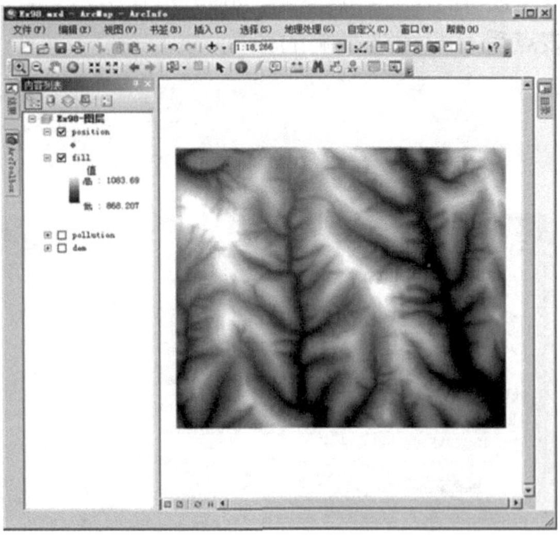

图 98.2　填洼结果

2）计算流向

打开【Spatial Analyst 工具】→【水文分析】→【流向】对话框，如图 98.3 所示，【输入表面栅格数据】设置为“fill”，【输出流向栅格数据】设置为“dir”；点击【确定】，得到流向数据，如图 98.4 所示。

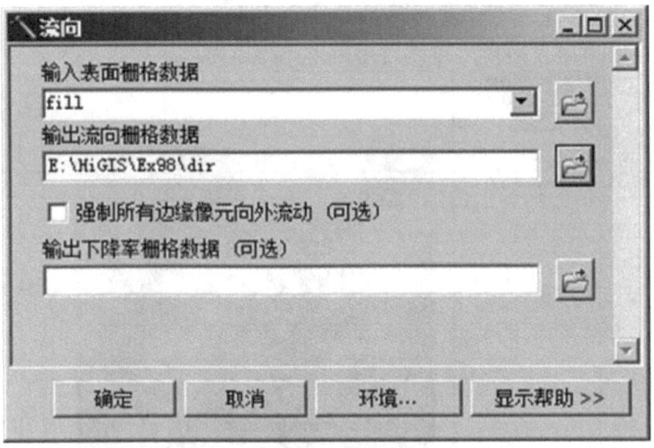

图 98.3　【流向】工具参数设置

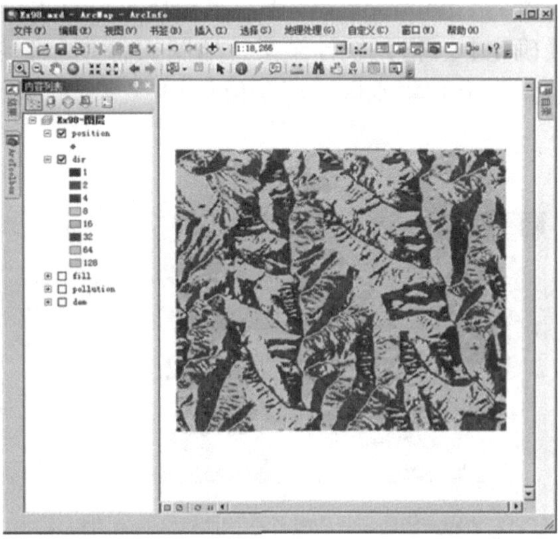

图 98.4　流向数据结果

3）计算上游集水区

打开【Spatial Analyst 工具】→【水文分析】→【分水岭】对话框，如图 98.5 所示，【输入流向栅格数据】设置为“dir”，【输入栅格数据或要素倾泻点数据】设置为“position”，

【倾泻点字段】设置为“Id”，【输出栅格】设置为“watershed”；点击【确定】，获得该点上游集水区范围数据，如图 98.6 所示。注：根据流向获得的上游集水区范围数据，限定了该点受上游污染影响的范围。

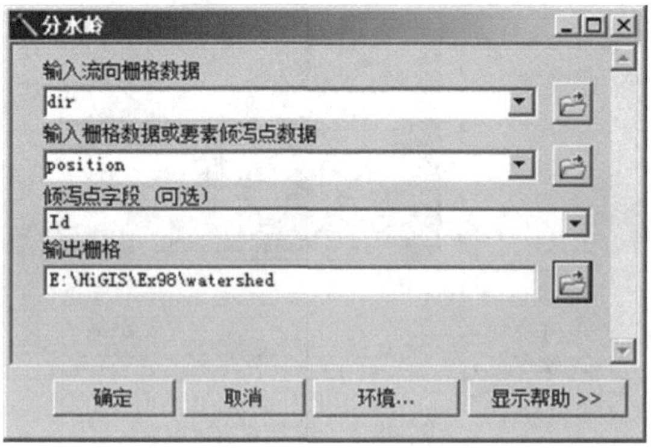

图 98.5　【分水岭】工具参数设置

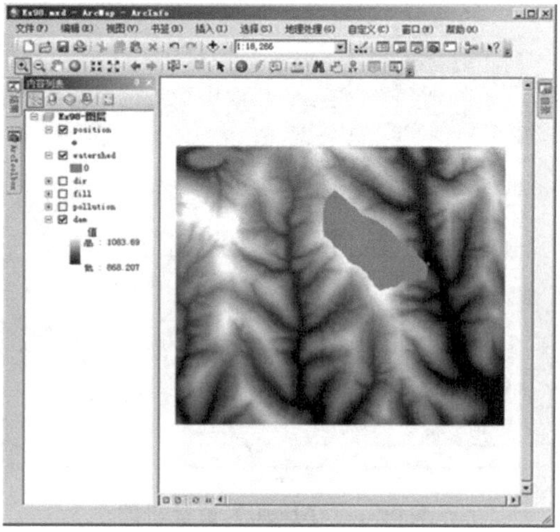

图 98.6　上游集水区范围结果

4）统计上游集水区内污染值总和

打开【Spatial Analyst 工具】→【区域分析】→【分区统计】对话框，如图 98.7 所示，【输入栅格数据】设置为“watershed”，【区域字段】设置为“VALUE”，【输入赋值栅格】设置为“pollution”，【输出栅格】设置为“affect”，【统计类型】设置为“SUM”；点击【确定】，得到统计结果，如图 98.8 所示。注：affect 栅格数据的值均为 50066.72266，即该监测点上游集水区内污染值总和。

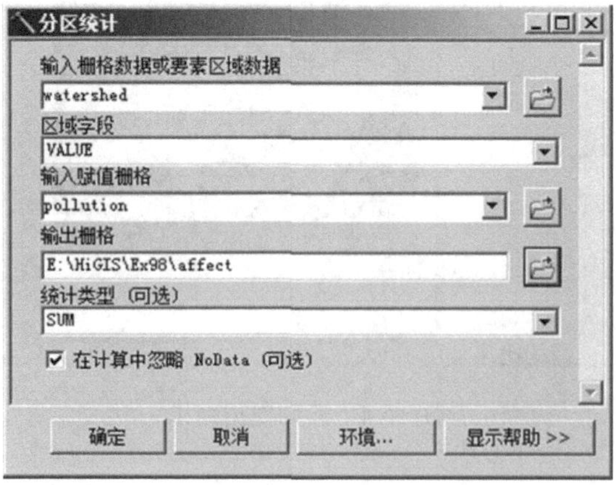

图 98.7　【分区统计】参数设置

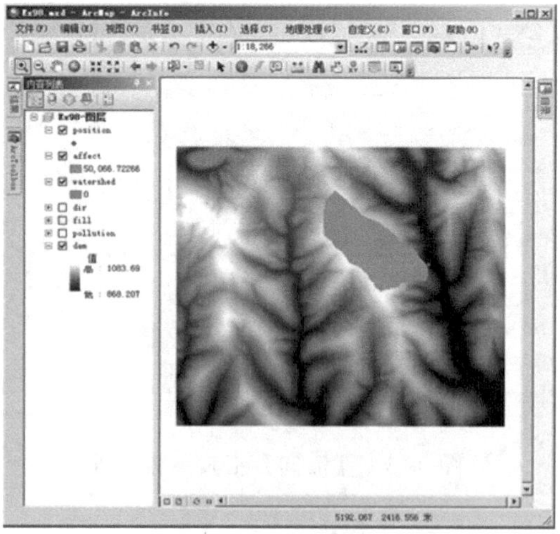

图 98.8　分区统计结果

实验 99　三维爆炸分析

【实验背景】

对三维空间数据的分析逐渐成为 GIS 空间分析的重点，尤其对于城市规划来说，对城市建筑物的三维分析具有重要的意义，如爆炸分析、可视性分析等。

本实验讲述使用地理信息系统软件以三维体数据来模拟城市建筑群，假设某地发生爆炸事故，运用地理信息系统的三维分析工具，对爆炸范围进行三维可视化表达，并分析出爆炸所影响的建筑物，使读者对三维空间分析的应用有较好的认识和理解。

【实验数据】

实验数据如表 99.1 所示。

表 99.1　实验数据

图层名称	格式	坐标系	说明
buildings_3d	Multipatch 多面体	British_National_Grid	三维建筑体数据
views	Shapefile 点要素	British_National_Grid	爆炸点数据

【解决方法】

（1）使用【依据属性实现要素转 3D】工具，输入高度字段，得到三维点要素。

（2）使用【符号属性编辑器】工具，设置爆炸球体参数，三维符号化爆炸范围。

（3）使用【3D 图层转要素类】工具，输入三维爆炸范围符号，得到三维爆炸体数据。

（4）使用【3D 相交】工具，输入参与相交的图层，得到爆炸影响区数据。

（5）使用【按位置选择】工具，设置选择参数，得到爆炸影响的建筑物数据（表 99.2）。

表 99.2　工具名称及位置

工具名称		工具位置
Feature to 3D By Attribute	依据属性实现要素转 3D	【ArcToolbox】→【3D Analyst 工具】→【3D 要素】→【依据属性实现要素转 3D】
Symbol Property Editor	符号属性编辑器	【图层属性】→【符号系统】→【符号选择器】→【符号属性编辑器】
Layer 3D to Feature Class	3D 图层转要素类	【ArcToolbox】→【3D Analyst 工具】→【转换】→【3D 图层转要素类】
Intersect 3D	3D 相交	【ArcToolbox】→【3D Analyst 工具】→【3D 要素】→【3D 相交】
Select By Location	按位置选择	【菜单栏】→【选择】→【按位置选择】

【实验步骤】

1）创建爆炸点三维数据

打开 ArcScene 软件，加载爆炸点二维数据“views”，如图 99.1 所示。在 ArcToolbox 中，打开【3D Analyst 工具】→【3D 要素】→【依据属性实现要素转 3D】对话框，如图 99.2

所示，【输入要素】设置为 views，【输出要素类】设置为“views3d”，【高度字段】指定为“height”字段。点击【确定】，得到三维爆炸点数据，如图 99.3 所示。

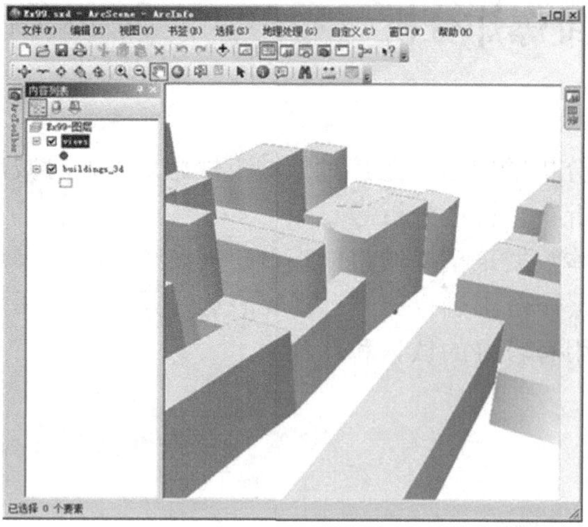

图 99.1　爆炸点二维数据

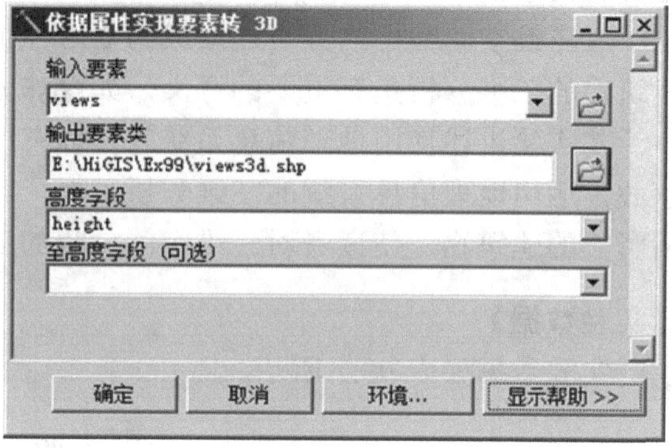

图 99.2　【依据属性实现要素转 3D】参数设置

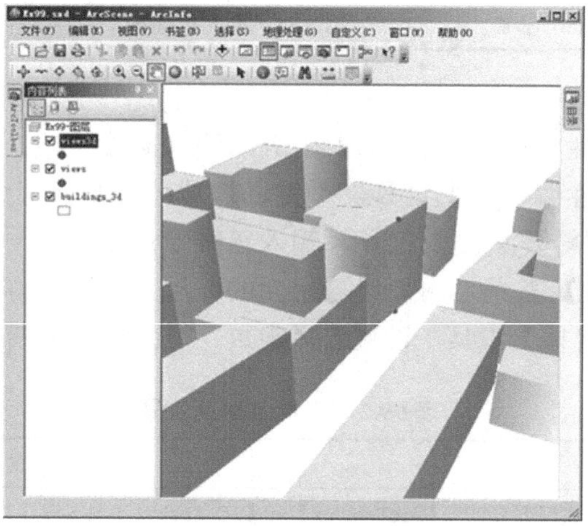

图 99.3　爆炸点三维数据

2）三维符号化爆炸的影响范围

根据爆炸的直接影响范围为 100m，创建半径为 100m 球体符号。右击图层 views3d，如图 99.4 所示，打开【图层属性】对话框，选择【符号系统】选项卡；如图 99.5 所示，选择符号按钮，打开【符号选择器】，选择【编辑符号】按钮打开【符号属性编辑器】；如图 99.6 所示，【类型】选择“3D 简单标记符号”，【样式】选择“球体”，【宽度】和【深度】都设置为“100”；点击【确定】，将爆炸点三维符号化显示；在图层属性对话框【显示】选项卡中，设置【透明度】为“50%”， 如图 99.7 所示；点击【确定】，完成三维符号化设置，如图 99.8 所示。**注：**宽度和深度单位与地图单位一致，此例中地图单位为米。

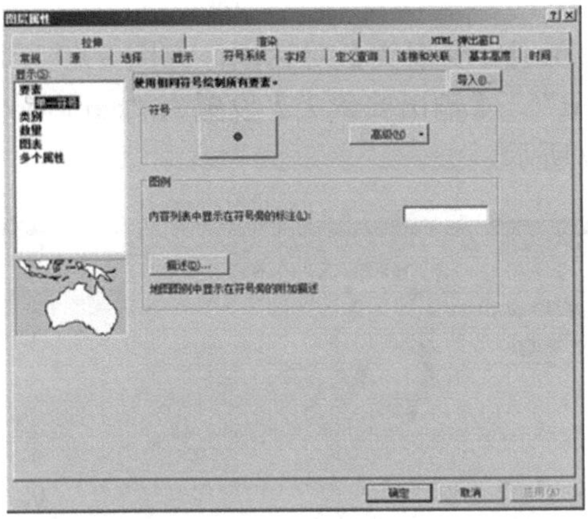

图 99.4　【符号系统】选项卡

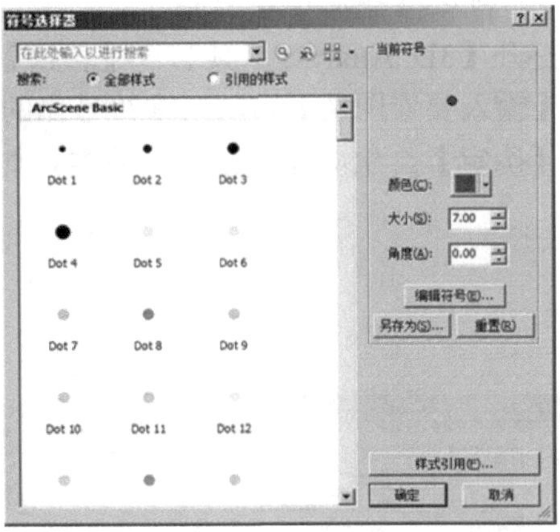

图 99.5　符号选择器

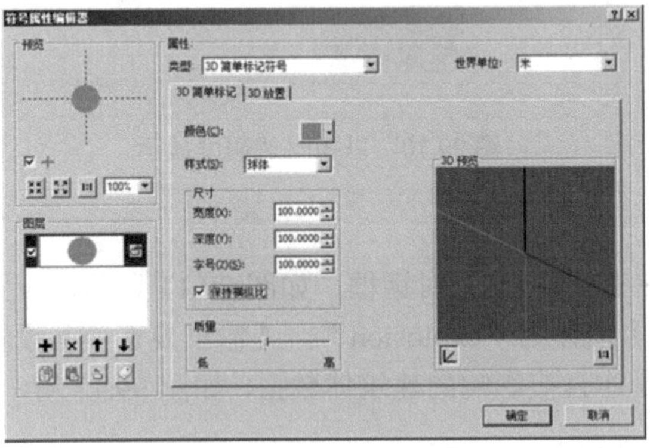

图 99.6　符号属性编辑器

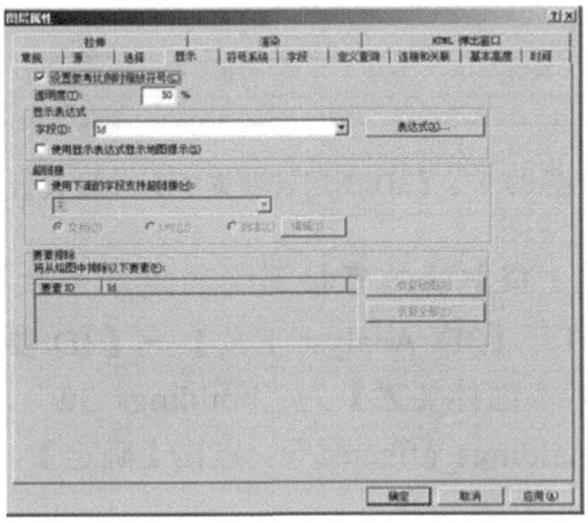

图 99.7　以 50%透明度显示

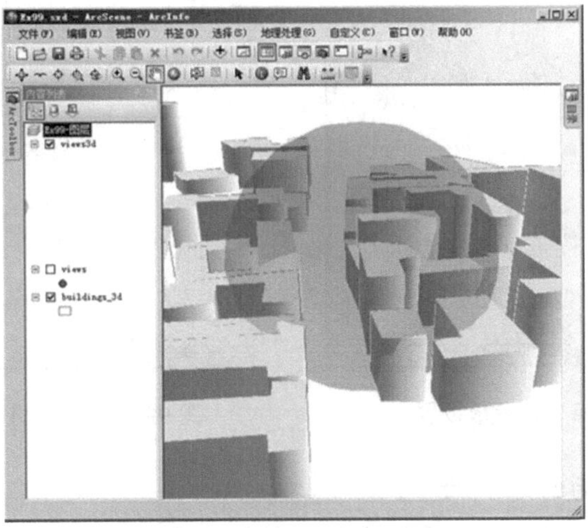

图 99.8　爆炸范围体三维符号

3）创建爆炸范围体数据

打开【3D Analyst 工具】→【转换】→【3D 图层转要素类】对话框，如图 99.9 所示，设置【输入要素图层】为已三维符号化的“views3d”，【输出要素类】设置为“explosion”；点击【确定】，生成爆炸范围体数据，如图 99.10 所示。

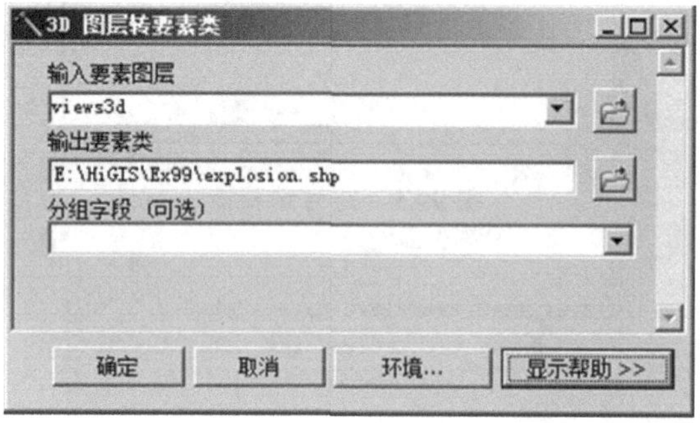

图 99.9 【3D 图层转要素类】参数设置

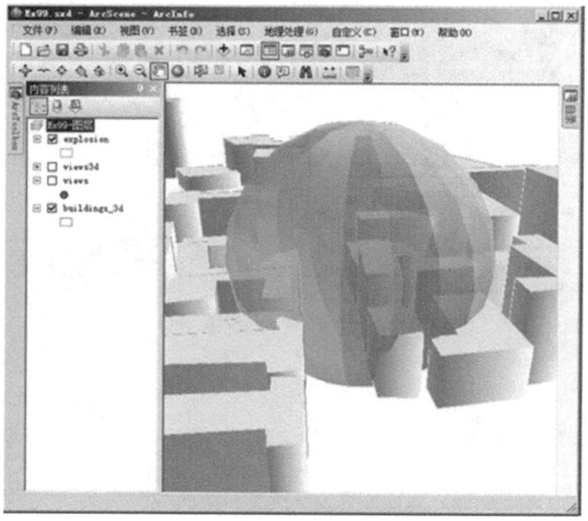

图 99.10 以 30%透明度显示

4）提取爆炸直接影响的建筑体数据

打开【3D Analyst 工具】→【3D 要素】→【3D 相交】对话框，如图 99.11 所示，设置【输入多面体要素】为“buildings_3d”，另一多面体为“explosion”，【输出要素类】设置为“buildings_affected”；点击【确定】，得到爆炸直接影响的建筑体数据，如图 99.12 所示。

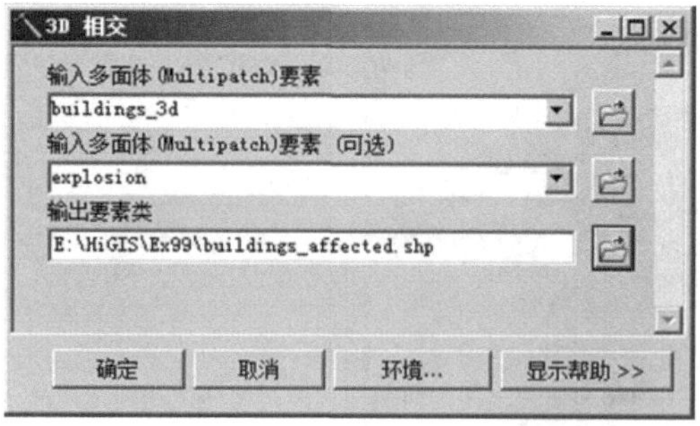

图 99.11 【3D 相交】参数设置

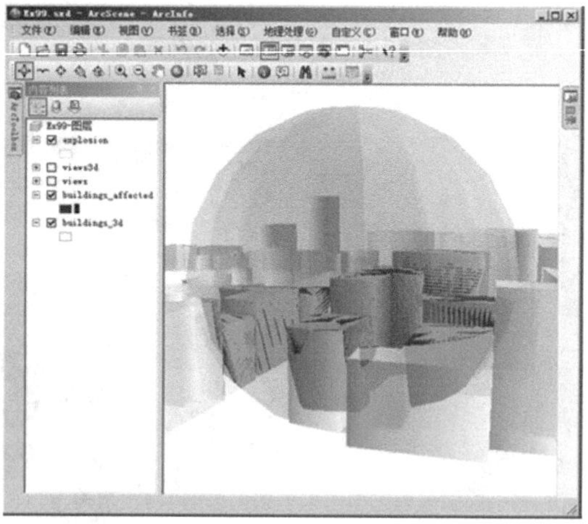

图 99.12 爆炸直接影响的建筑体数据

5）提取受爆炸影响的建筑物

打开【菜单栏】→【选择】→【按位置选择】对话框，如图 99.13 所示，设置【目标图层】为“buildings_3d”，【源图层】为“buildings_affected”，【空间选择方法】默认“目标图层要素与源图层要素相交（3d）”；点击【确定】，得到受爆炸影响的建筑物，如图 99.14 所示。

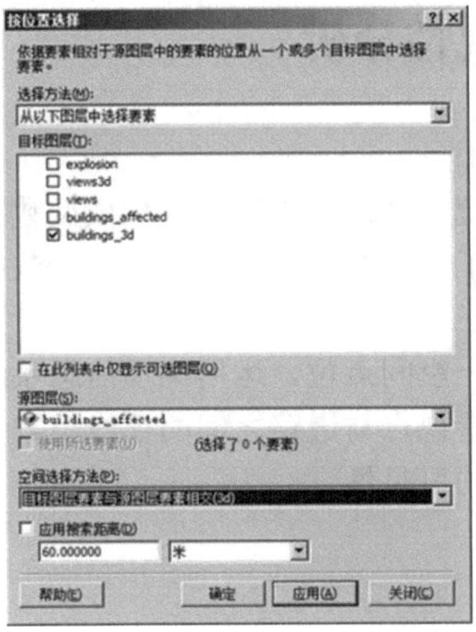

图 99.13　【按位置选择】参数设置

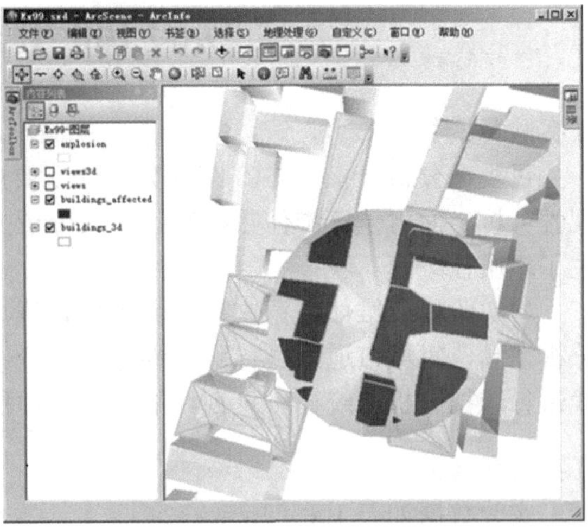

图 99.14　受影响的建筑物

实验 100　三维可视性分析

【实验背景】

可视性分析一直是 GIS 空间分析的重要内容，传统大多是基于数字高程模型数据进行可视性分析。而对于三维体数据来说，其分析方法发生了一定的改变，主要是因为数据模型发生了本质性改变。

本实验以三维体数据来模拟城市建筑群，针对某一空间点位，运用地理信息系统的三维分析工具，对城市道路进行可视性分析评价。通过构造视点与道路之间的视线集数据，对视线进行遮挡分析，统计可见视线的占比来评价该道路的可见性。

【实验数据】

实验数据如表 100.1 所示。

表 100.1　实验数据

图层名称	格式	坐标系	说明
CityModel	Multipatch 多面体	British_National_Grid	三维建筑体数据
road	Shapefile 线要素	British_National_Grid	矢量道路线数据
view_point	Shapefile 点要素	British_National_Grid	矢量观测点数据

【解决方法】

（1）使用【构造通视线】工具，输入观察点和道路数据，得到视线数据。

（2）使用【3D 线与多面体相交】工具，输入视线与建筑物数据，提取视线与建筑相交数据。

（3）使用【汇总】工具，设置汇总字段，计算视线分段总数。

（4）使用【按属性选择】工具，输入选择公式，选取未遮挡视线以计算可见程度（表 100.2）。

表 100.2　工具名称及位置

工具名称		工具位置
Construct Sight Lines	构造通视线	【ArcToolbox】→【3D Analyst Tools】→【3D 要素】→【构造通视线】
Intersect 3D Line With MultiPatch	3D 线与多面体相交	【ArcToolbox】→【3D Analyst Tools】→【3D 要素】→【3D 线与多面体相交】
Summarize	汇总	【右键菜单】→【汇总】
Select By Attribute	按属性选择	【属性表】→【表选项】→【按属性选择】

【实验步骤】

1）构造视点与道路的视线集

打开【3D Analyst Tools】→【3D 要素】→【构造通视线】对话框，如图 100.1 所示，【视

点分析】设置为“view_point”，【目标要素】设置为“road”，【输出】设置为“sights”，【观察者高度字段】为 view_point 图层的“height”字段，【目标高度字段】为 road 图层的“height”字段；【采样距离】默认为“1”；点击【确定】，得到视线集数据，如图 100.2 所示。

图 100.1　【构造通视线】参数设置

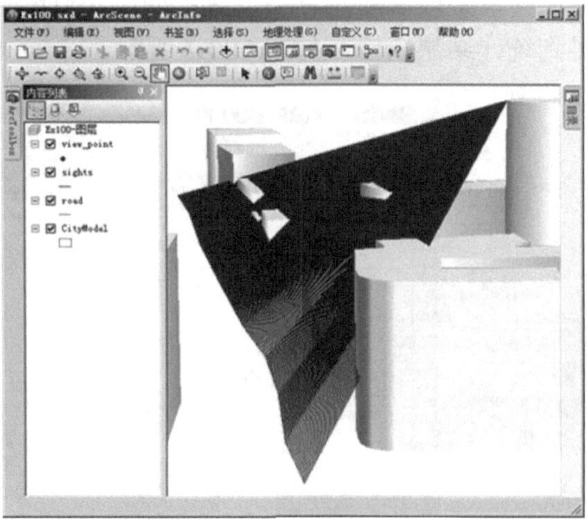

图 100.2　视线集数据

2）视线与建筑体的相交处理

打开【3D Analyst Tools】→【3D 要素】→【3D 线与多面体相交】对话框，如图 100.3 所示，【输入线要素】设置为“sights”，【输入多面体要素】设置为“CityModel”，【连接属性】选择 “ALL”，【输出点要素类】设置为“int_pt”，【输出线要素类】设置为“int_line”；点击【确定】，得到相交结果，如图 100.4 所示。

图 100.3　【3D 线与多面体相交】参数设置

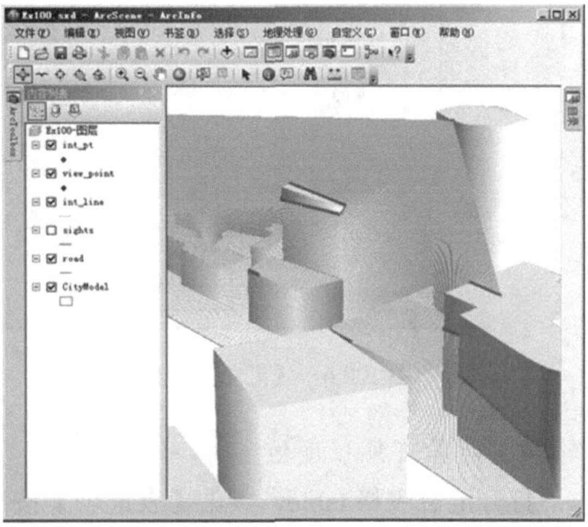

图 100.4　相交结果

3）依据可通视性划分视线集

打开相交线段属性表，右击“LINE_OID”字段，选择【汇总】工具；**注**：相交线段属性表中 LINE_OID 字段对应于原始视线的 ID 值，若 LINE_OID 字段同一值的个数大于 1，则表明原始视线被建筑体分割成线段，如图 100.5 所示。因此，本例对 LINE_OID 字段汇总统计，其余字段不涉及可不设置；如图 100.6 所示，设置输出表格为“table”；点击【确定】，得到统计结果表格，如图 100.7 所示。

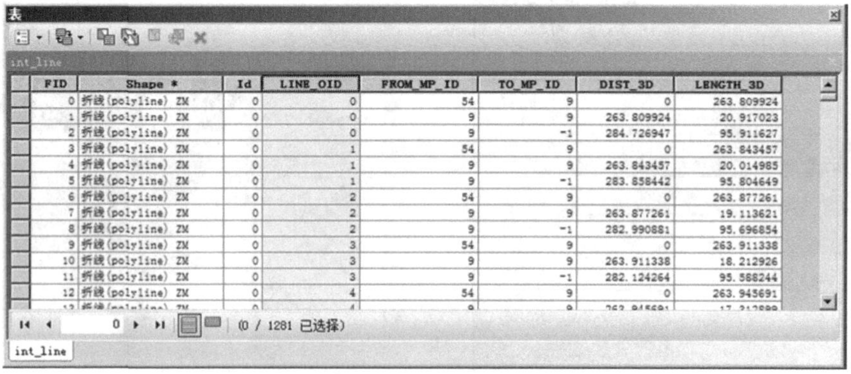
表
int_line

FID	Shape *	Id	LINE_OID	FROM_MP_ID	TO_MP_ID	DIST_3D	LENGTH_3D
0	折线(polyline) ZM	0	0	54	9	0	263.809924
1	折线(polyline) ZM	0	0	9	9	263.809924	20.917023
2	折线(polyline) ZM	0	0	9	-1	284.726947	95.911627
3	折线(polyline) ZM	0	1	54	9	0	263.843457
4	折线(polyline) ZM	0	1	9	9	263.843457	20.014985
5	折线(polyline) ZM	0	1	9	-1	283.858442	95.804649
6	折线(polyline) ZM	0	2	54	9	0	263.877261
7	折线(polyline) ZM	0	2	9	9	263.877261	19.113621
8	折线(polyline) ZM	0	2	9	-1	282.990881	95.696854
9	折线(polyline) ZM	0	3	54	9	0	263.911338
10	折线(polyline) ZM	0	3	9	9	263.911338	18.212926
11	折线(polyline) ZM	0	3	9	-1	282.124264	95.588244
12	折线(polyline) ZM	0	4	54	9	0	263.945691

(0 / 1281 已选择)
int_line

图 100.5　相交线段属性表

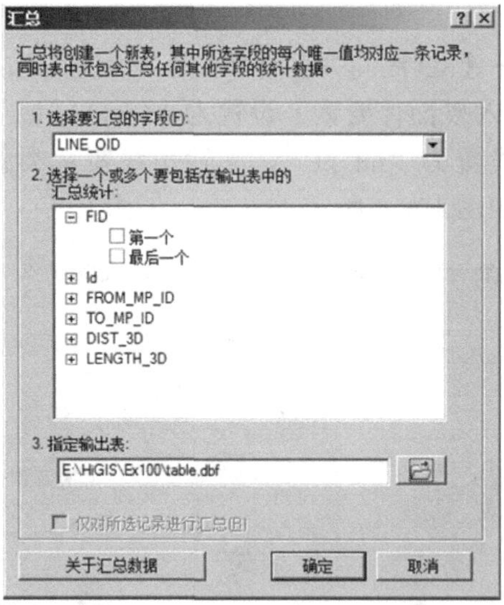

图 100.6　【汇总】参数设置

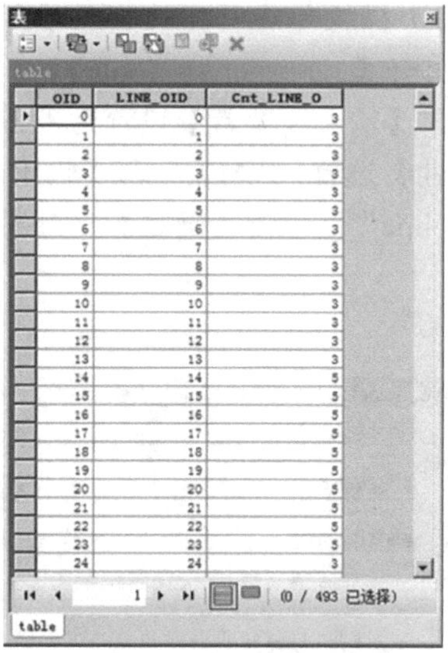
表
table

OID	LINE_OID	Cnt_LINE_O
0	0	3
1	1	3
2	2	3
3	3	3
4	4	3
5	5	3
6	6	3
7	7	3
8	8	3
9	9	3
10	10	3
11	11	3
12	12	3
13	13	3
14	14	5
15	15	5
16	16	5
17	17	5
18	18	5
19	19	5
20	20	5
21	21	5
22	22	5
23	23	5
24	24	3

(0 / 493 已选择)
table

图 100.7　汇总统计结果

4）计算可见程度值

打开汇总表格 table，点击【表选项】按钮，选择【按属性选择】工具，打开查询器；如图 100.8 所示，输入表达式："Cnt_LINE_O" =1；点击【应用】，找出可通视的视线记录；如图 100.9 所示，从表格提示可知有 138 条视线未被遮挡，而视线总数为 493 条；可见程度计算结果为 27.99%。

图 100.8　查询表达式

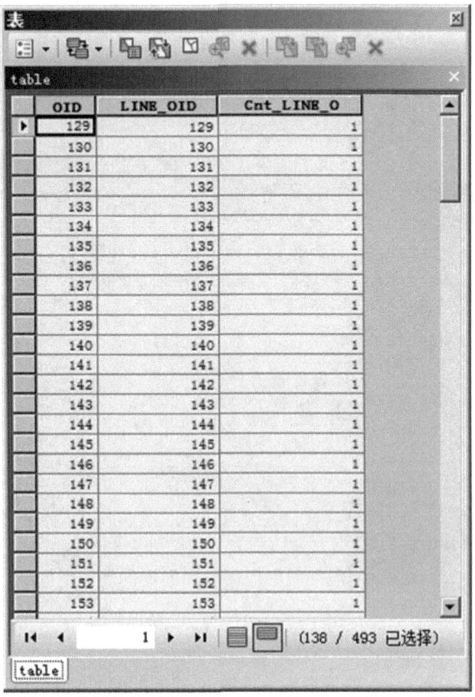

图 100.9　选择可见视线